CW01626730

Ciudades de humo

Biografía

Joana Marcús (Mallorca, 2000). Actualmente estudia Psicología y vive con su familia en un pequeño pueblo de la isla. Se inició como escritora en Wattpad, donde sus novelas han obtenido diversos reconocimientos y premios. *Ciudades de humo* es la primera parte de la Trilogía Fuego, que también comprende *Ciudades de cenizas* y *Ciudades de fuego*.

@joanamarcusx

@joanamarcusx

Joana Marcús

Ciudades de humo

Trilogía Fuego, 1

CROSS BOOKS

PEFC Certificado

Este libro procede de
bosques gestionados
de forma sostenible

PEFC

PEFC/14-38-00305 www.pefc.es

La lectura abre horizontes, iguala oportunidades y construye una sociedad mejor.
La propiedad intelectual es clave en la creación de contenidos culturales porque sostiene el ecosistema de quienes escriben y de nuestras librerías.
Al comprar este libro estarás contribuyendo a mantener dicho ecosistema vivo y en crecimiento.
En **Grupo Planeta** agradecemos que nos ayudes a apoyar así la autonomía creativa de autoras y autores para que puedan seguir desempeñando su labor.
Dirígete a CEDRO (Centro Español de Derechos Reprográficos) si necesitas fotocopiar o escanear algún fragmento de esta obra. Puedes contactar con CEDRO a través de la web www.conlicencia.com o por teléfono en el 91 702 19 70 / 93 272 04 47.
Queda expresamente prohibida la utilización o reproducción de este libro o de cualquiera de sus partes con el propósito de entrenar o alimentar sistemas o tecnologías de inteligencia artificial.

© Joana Marcús, 2022
© Editorial Planeta, S. A., 2022
Avda. Diagonal, 662-664, 08034 Barcelona (España)
www.planetadelibros.com

Adaptación de la cubierta: Booket / Área Editorial Grupo Planeta
Ilustración de la cubierta, guardas y cantos: © Ana Santos
Primera edición en Colección Booket: septiembre de 2023
Primera edición en esta presentación: noviembre de 2025

Depósito legal: B. 17.922-2025
ISBN: 978-84-08-31053-2
Impreso en España

A mis padres,
por apoyarme en todo siempre

ZONA
ANDROIDES
CIUDADE
MUERTAS
QUEM
ISLAS
ESCUDO
TIERRA SALVAJE
CIUDAD
GIRASOL
COSTA
AUSTERA

CIUDAD
CAPITAL
CIUDAD
CENTRAL
CIUDAD GRIS
BOSQUE
UDAD
AMANTE
LA UNIÓN
CIUDAD
JARDÍN
?

1
LA ANDROIDE QUE NO PODÍA DORMIR

Hacía días que se repetía exactamente el mismo sueño. O quizá meses. Era difícil saberlo con exactitud.

Allí el tiempo pasaba tan despacio que perdías la noción. Y ella ni siquiera recordaba haber soñado algo distinto en toda su vida.

No sabía si era del todo normal que un mismo sueño se repitiera una y otra vez, pero no se atrevía a preguntárselo a nadie. Después de todo, ella no debería tener la función de soñar. Era una androide y se suponía que estos no pensaban por sí mismos, no tenían imaginación. Los sueños formaban parte de la imaginación.

A veces, se preguntaba si los demás androides soñaban, como ella, y pensaban tanto en..., bueno, en todo. Nunca les preguntaría por miedo, pero quería pensar que sí lo hacían. Que ella no era tan diferente.

Aunque el padre John, su creador, solía decir que ella siempre había sido especial. Era su última creación y la más novedosa. Y todos sabían que él era el mejor creador de la ciudad.

Ella se llamaba 43. Un androide no tenía derecho a recibir un nombre humano, solo lo que los demás llamaban *número de serie*.

Aun así, su padre la llamaba Alice cuando estaban solos. A ella le gustaba ese nombre humano, así que mentalmente se refería a sí misma del mismo modo. Hacía que se sintiera algo más que un número cualquiera de una larga lista.

Por supuesto, no era algo que pudiera decir delante de sus compañeros o de los demás padres, así que en público seguía siendo la tranquila 43, tercera androide de la quinta y última generación.

A Alice le resultaba difícil dormir y, por si eso fuera poco, siempre era la primera en despertarse. Como no podía moverse de la cama hasta que sonara la sirena de buenos días, siempre esperaba pacientemente mirando el cielo a través del ventanuco que había a unos metros de distancia. Si bajaba un poco la mirada, entre su cama y el ventanuco, veía la cama de 42, que dormía plácidamente.

En ese aspecto, siempre la había envidiado. Se dormía nada más tocar la cama y, además, parecía tan tranquila... Ojalá Alice pudiera hacer lo mismo.

No obstante, despertarse la primera tenía sus ventajas. Todo estaba más silencioso cuando los demás dormían. Podía hacer lo que quisiera, siempre y cuando no se moviera de la cama, claro. Y era la única hora del día en la que nadie, absolutamente nadie, estaba vigilando sus movimientos. Era como quitarse un enorme peso de encima, aunque fuera solo por un rato.

A veces, también observaba la habitación. Dormía en el edificio principal, en la tercera planta. Tenían un pasillo solo para los androides, con habitaciones iguales para cada grupo. Las dos primeras puertas estaban reservadas para la primera generación; la de la derecha, para los chicos, y la de la izquierda, para las chicas. Y así hasta llegar a las últimas. Alice pertenecía al grupo de la última puerta a la izquierda, junto con el resto de las chicas de su generación.

Las habitaciones eran bastante austeras. Tenían forma cuadrada, las paredes estaban pintadas de blanco y el suelo era gris —Alice no conocía el nombre del material, pero no le gustaba, estaba bastante frío cuando ponía los pies descalzos en él por las mañanas—. Los únicos muebles eran las cinco camas repartidas para que cada una tuviera su propio espacio personal y la mesa que había junto a la puerta. Una mesa rectangular de metal en la que les ponían la ropa que debían llevar cada mañana.

Alice no sabía en qué momento ponían la ropa allí. Ella era la primera que se despertaba y, aun así, no había conseguido verlo nunca.

Justo entonces, Alice percibió un movimiento con el rabillo del ojo. 42 se había despertado y se estiraba perezosamente. Era la androide con la que más había hablado en su vida, pero nunca mantenían conversaciones muy extensas. Se limitaban a comentar el maravilloso tiempo que hacía, lo agradecidas que estaban a los padres por cuidarlas y lo felices que eran, aunque esa dicha nunca se reflejara en los ojos de ninguna.

—Buenos días, 43 —le dijo 42 con el cabello despeinado y una pequeña sonrisa.

—Buenos días. —Alice le devolvió el gesto.

—Hace un día precioso.

Alice se percató de que 42 no había mirado por la ventana y, por lo tanto, no podía saber si realmente hacía buen día o no.

—Sin duda —le respondió de todas formas.

Pareció que 42 iba a decir algo más, pero se contuvo cuando la sirena de buenos días empezó a sonar. Las demás se despertaron con el sonido, que se cortó al cabo de menos de un minuto, y Alice se puso de pie para ir a recoger su ropa con ellas.

Siempre era la misma indumentaria: un conjunto completamente blanco con una falda que les llegaba por las rodillas y una pieza superior que cubría su torso y su cuello, dejando los brazos al descubierto. Alice escondió los pliegues de la parte superior de la falda y la alisó, de modo que no quedara ni una sola arruga. Podían castigarla si encontraban alguna. Eran muy estrictos en ese sentido. Bueno, y en todos los demás.

A ella solo la habían castigado una vez. No había sido nada muy grave, pero prefería no volver a vivirlo jamás. Era mejor portarse bien.

Tomó sus zapatos: unas botas blancas sin ningún tipo de atadura que llegaban hasta los tobillos. Tras ponérselas, se recogió el pelo en una cola de caballo, como el resto de sus compañeras.

Después, formaron una fila siguiendo el orden de sus números y salieron de la habitación para dirigirse al comedor, que era la sala más grande del edificio después de la de conferencias, a la que acudían muy de vez en cuando, ya que en contadas ocasiones reunían a los androides allí. El comedor era un espacio enorme cuya pared del fondo estaba cubierta de ventanales que daban a los jardines traseros. Había varias decenas de mesas repartidas de forma organizada con sus respectivos bancos para que cada generación pudiera sentarse con sus compañeros. Esas eran las más cercanas a la puerta por la que salían las madres que repartían la comida. Las otras, las del fondo, eran las de los científicos. Parecían más cómodas que las suyas y, por supuesto, los androides no tenían derecho a sentarse en ellas. Los padres estaban a otro nivel: ni siquiera comían con ellos, sino que tenían una sala especial.

Alice se acercó a la última mesa de metal con sus compañeras y tomó asiento entre 42 y 44. Tras asegurarse de que todos se habían sentado ya, se tomaron las manos las unas a las otras —los chicos estaban delante de ellas— y cerraron los ojos. Sabía que antes la gente hacía eso para rezar a un dios, o a más de uno, pero no acababa de comprender su significado. Había partes de la cultura humana que seguía sin entender del todo.

Seguramente habría gente que todavía lo hacía, pero era un tema tabú en su zona. El silencio era, simplemente, una muestra de respeto por los padres, que les habían dado la vida sin pedir nada a cambio. Además, según ellos, la calma los ayudaba a empezar el día correctamente. Sea como fuere, no era opcional.

Se preguntó qué pasaría si se cruzara de brazos y se negase a agradecerles nada, porque no...

Cortó al instante esa clase de pensamiento, alarmada. ¿Por qué tenía que pensar esas cosas? ¿Acaso quería ponerse a sí misma en peligro? Miró a su alrededor, asustada, como siempre que le pasaba. Le daba la sensación de que algún día alguien, de alguna forma, la descubriría y se lo contaría a los padres.

Pero nunca lo hacían.

—¿Estás bien? —La vocecilla de 42 la devolvió a la realidad.

—Sí. —Alice intentó poner cara de confusión—. ¿Por qué no iba a estarlo?

—Porque ha terminado el silencio.

—Lo sé.

—Ya, pero... no me has soltado la mano.

Alice parpadeó, confusa de verdad, y sintió que su corazón se detenía un momento al ver que 42 tenía razón. De hecho, se la estaba apretando con fuerza. Se colocó ambas manos en el regazo al instante, nerviosa.

—Estoy bien, es que..., eh..., sigo medio dormida.

—Si tienes un problema de funcionamiento, deberíamos avisar a un padre —le dijo 44, que estaba sentada a su otro lado.

¡No! Alice contuvo la respiración, asustada.

—No hace falta —aseguró tan tranquila como pudo.

—¿Segura? —insistió 44—. Tienes mala cara. No quiero que me riñan por tu culpa.

Apenas había hablado un par de veces con ella, pero a Alice no le gustaba en absoluto 44. Era pelirroja, alta y tenía numerosas y llamativas pecas repartidas por toda la cara y sobre los hombros. Pero lo que disgustaba a Alice no era su aspecto, sino su forma de ser. Siempre parecía estar buscando fallos con la mirada para poder destacarlos y aclarar que ella no los tenía. Era como si se sintiera mejor menospreciando a los demás. Y, por si eso fuera poco, más de una vez había ido corriendo a contarles a los padres cosas que había visto entre sus compañeros.

Una vez había escuchado a un chico de la segunda generación llamarla «sapo», pero Alice no tenía muy claro qué tenía que ver un animalito con hacer de soplona a los padres.

—He dicho que estoy bien —recalcó Alice, retomando la conversación.

—A mí no me pareces muy segura. —44 entrecerró los ojos.

—A mí no me parece que sea tu problema.

Silencio.

Ambas se miraron. Alice se asustó por lo que había dicho. 44 estaba claramente molesta. Ay, no.

Pero entonces la vocecilla de 42 acudió a rescatarla.

—Lo que deberíamos hacer es dar las gracias por estos alimentos. Hoy en día, no es fácil conseguirlos.

—Sí, tienes razón —le concedió 41, una androide de pelo castaño y ojos alargados.

42 tenía un don para disolver situaciones conflictivas sin siquiera levantar la voz, cosa de la que Alice era incapaz. En ese aspecto, también la envidiaba un poco.

En realidad, la envidiaba en más aspectos. 42 era bajita, muy delgada, con el pelo rubio muy claro y la nariz respingona. Tenía los ojos muy grandes para su cara y solía moverlos a toda velocidad, como un cervatillo asustado.

Alice, por otro lado, era muy perfecta. Demasiado. Si es que eso tenía sentido.

Era casi aburrida.

Tenía los ojos redondos, grandes y azules. Simplemente azules. Había visto algunos con motas grises o verdes, pero los suyos no las tenían. Aburridos. Su pelo era lacio y negro. Nunca había sido capaz de darle ni un poquito de volumen. De nuevo, aburrido. Tenía la piel blanca e inmaculada, sin pecas, marcas o cicatrices. Solo unos cuantos lunares repartidos en una de sus mejillas, en el cuello y en el torso. Aburrido otra vez. Ni siquiera la forma de su cuerpo destacaba mucho. Estaba delgada y punto. Sin más. Y ¿qué era eso? Exacto, aburrido.

Las pocas veces que se había mirado a un espejo, había sido dolorosamente consciente de que no era humana. Los humanos no eran perfectos. Ellos eran interesantes. Habría preferido tener alguna tara, aunque fuera pequeñita.

Pero, en fin, eso dependía de su creador, no de ella. Después de todo, era una androide.

Los androides eran formas de vida artificiales, cada cual más avanzada que la anterior, más parecida a los humanos. Los primeros habían sido robots sin más, formas metálicas que se movían de manera evidentemente artificial y ni siquiera tenían voz. Ahora, eran réplicas exactas de las personas. Tanto, que la única forma de diferenciarlos era asegurándose de que tenían su número de serie tatuado en el estómago.

Alice no sabía por qué querrían hacer algo así teniendo a los propios humanos tan cerca, pero nunca lo había cuestionado nadie, así que ella no iba a ser la primera.

Tampoco es que viera mucho a los humanos, vivían en la zona..., bueno, de los humanos. Ella estaba en la de los androides. Las separaban cientos de kilómetros y además llevaban un estricto control sobre la gente que entraba y salía de ellas. Especialmente porque, entre zona y zona, estaban el bosque y las ciudades de los rebeldes, es decir, de las personas que estaban en contra de los androides y de todo lo relacionado con ellos.

—Hoy los padres están inquietos —escuchó decir a 47 al otro lado de la mesa.

Tenía razón. Pero ¿por qué lo había comentado en voz tan alta? Había tenido mucha suerte de no ser escuchado. Lo miró de reojo. No recordaba haberse fijado nunca en él. Era un chico con apariencia agradable, pero ese día estaba extraño. Parecía ¿nervioso? Repiqueteaba los dedos sobre la mesa compulsivamente.

Algunas cabezas se giraron hacia él. Su voz había resonado demasiado. Sí que lo habían escuchado, pero solo sus compañeros. Si tenía algún aprecio por sí mismo, mejor que las madres no lo oyeran. Por no hablar de los padres...

«Padres» era el término que usaban para referirse a los diez creadores de androides de la zona. Los demás, los hombres que se paseaban por el lugar con sus batas blancas y se dedicaban a formular preguntas, a sacarles muestras y demás información a los androides como ella, eran los científicos.

Ninguno de los dos grupos era muy simpático. El padre John era, en su opinión, el más agradable. En el polo opuesto estaba el padre Tristan. Jamás había sido cruel con ella ni con nadie, pero a Alice nunca le había dado buena sensación esa mirada de ojos azules acuosos y esa sonrisa que parecía ocultar algo retorcido.

Debían de ser imaginaciones suyas, porque nadie se había quejado de él. De hecho, parecían tenerle un cierto aprecio ciego que no llegaba a comprender y que estaba segura de que jamás compartiría.

Tomó el tenedor para mezclar su desayuno, que era una pasta de color verde ideada para incrementar la funcionalidad de sus neuronas, o eso les decían los padres. Fuera lo que fuese, no sabía a nada, pero quitaba el hambre. Lo comían cinco veces al día, junto con piezas de fruta fresca.

—Es verdad —la voz de 47 volvió a resonar, esta vez a mayor volumen. Alice contuvo la respiración cuando las madres, de pie a ambos lados de la cafetería, se volvieron hacia él—. No es justo.

—47, ten cuidado —le susurró su compañero, claramente nervioso—. Siéntate o...

—¡No, no me digas que no es cierto! —Él se puso de pie y golpeó la mesa con la cadera, lo que hizo que los platos temblaran y todo el mundo lo mirara—. ¡Sabes que lo es!

Una madre ya se había acercado con una sonrisa amable.

—¿Hay algún problema?

—No hay... —intentó decir su compañero.

—¡Sí, que quiero irme de aquí! —47 volvió a golpear la mesa y el vaso de agua de Alice vibró peligrosamente. 42 se lo sujetó para que no se derramara.

—Voy a tener que pedirte que mantengas la calma —replicó ella suavemente.

—¡No quiero mantener la calma, quiero irme de aquí!

La madre hizo un gesto a los científicos de la puerta, que se acercaron rápidamente. 47 ni siquiera los vio llegar. Entonces, lo agarraron de ambos brazos y lo sacaron de la cafetería sin que nadie dijera absolutamente nada. Los gritos de protesta de 47 resonaron en la sala silenciosa unos segundos antes de que todo el mundo siguiera comiendo como si no hubiera sucedido nada.

La última vez que había pasado algo así había sido con 49, un androide aparentemente perfecto que un día se había puesto a gritar en medio de uno de los pasillos. Nadie había vuelto a verlo. Y ya apenas lo recordaban.

Alice vio de reojo que las madres murmuraban entre sí mientras ellos se tomaban el desayuno. Ya habían terminado cuando le dio la extraña sensación de que hablaban de ella.

Quizá no fuera una sensación.

Cuando vio que una se acercaba a su mesa, clavó la mirada en su plato vacío, muy tensa.

—43 —llamó en tono amable y formal—, el padre John quiere verte.

Ella se alisó la falda y se puso de pie, aliviada. Solo era el padre John. Menos mal.

Y aun así, nunca era bueno que una madre viniera a buscarte fuera del horario habitual, que era por la tarde. Mantuvo la calma y se retorció los dedos mientras la seguía. Estaba nerviosa. Muy nerviosa.

El edificio principal era, básicamente, un conjunto de pasillos blancos e impolutos por los que madres y padres se paseaban de un lado a otro. Ellos, los androides, no podían pisarlos a no ser que fueran llamados.

Alice calculó los movimientos que hacían. Izquierda, derecha, el pasillo de las sillas, derecha, derecha. Puerta azul. Derecha. Escaleras. Izquierda. No sabía por qué lo hacía, era inconsciente, pero siempre se encontraba a sí misma haciéndolo.

—Espera aquí, por favor —pidió la madre, señalando el pasillo—. No te muevas.

Ella se mantuvo en su lugar con los dedos entrelazados. No tenía permitido hablar con madres, padres o científicos si no le preguntaban algo directamente. Vio que la mujer desaparecía por el pasillo y miró a su alrededor. Estaba completamente sola. Le resultó un poco extraño, pero la idea se fue de su cabeza antes de que pudiera siquiera considerarla porque un ruido parecido a un llanto sonó detrás de la puerta que tenía a su izquierda y la distrajo.

Se detuvo y escuchó más atentamente, curiosa y tensa a partes iguales. Incluso escuchar ya estaba tan prohibido que hacía que se pusiera nerviosa.

Pero solo tenía que hacerlo sin que la pillaran, ¿no? Si no la descubrían, no pasaba nada.

Dudó un momento, mordiéndose el labio inferior. La madre seguía sin aparecer. Estaba sola. Las demás puertas estaban cerradas. Esa era la única entreabierta.

Antes de darse cuenta siquiera, se acercó sin hacer un solo ruido. Se detuvo junto a la abertura y contuvo la respiración, agudizando el oído.

—No es culpa tuya, 47, créeme. —Era la suave voz del padre Tristan.

Un momento... ¿47? ¿El androide al que habían sacado de la cafetería?

—A veces, ocurren errores en los programas —siguió el padre—. Eso hace que vuestro cerebro emule emociones humanas como la angustia, el miedo, los nervios..., y no estáis preparados para sentiros así. Tu reacción ha sido natural. Te has sentido sobrepasado. Lo entiendo.

—Lo... lo siento. —47 estaba llorando.

Alice no quería, pero a la vez necesitaba mirar. Estaba segura de que había algo que solo podría entender espiando a través de la rendija de la puerta. Pero era muy arriesgado. Si la descubrían...

No. No la iban a pillar. Solo tenía que asomarse un poco más.

—No te disculpes, 47. Ya hemos arreglado el error de tu sistema. Espero que entiendas el castigo.

—Lo en-entiendo, padre Tristan. —El chico seguía llorando.

—No podemos permitir que se produzcan altercados en la cafetería sin consecuencias, ¿verdad?

—V-verdad, padre.

—¿Qué crees que pasaría si no te hubiéramos castigado?

—Q-que... no los tomarían en serio, padre.

—Exacto, 47. Eres un androide muy inteligente. Cuando te creé, supe que serías el mejor de tu generación. Muchos no lo entenderían, pero tú sí.

Alice no lo soportó más. Se asomó lentamente, con las manos sudorosas y el corazón latiéndole tan fuerte que le dolía el pecho. Alcanzó a ver la ventana del despacho y a 47 sentado delante de la mesa del padre Tristan, tapándose la cara con una mano. Seguía llorando. Su creador lo miraba casi con ternura.

—No hace falta que nadie se entere de lo que ha pasado —replicó el hombre suavemente, y Alice vio que hacía un gesto al otro lado de la habitación.

Se apartó de golpe cuando un guardia emergió de la nada, transportando algo. Sintió el cuerpo entumecerse por los nervios. Cuando los pasos se detuvieron, volvió a asomarse.

—Esto es para que sepas que lo que hiciste estaba mal, pero también para que veas que, pese a todo, sigo considerándote un androide válido y excelente.

Alice frunció el ceño cuando vio que le daban algo parecido a un guante de metal. No entendía nada. El guardia lo extendió hacia 47, que se frotó los ojos con el dorso de la mano derecha y lo alcanzó.

—Colócatela, 47 —lo apremió el padre Tristan como si hablara como un niño pequeño.

El joven seguía llorando cuando levantó el brazo izquierdo. Alice contuvo la respiración inconscientemente, llevándose una mano a la boca para no gritar. Se había quedado clavada en el sitio, paralizada.

47 no tenía mano.

No pudo verlo bien porque se había mareado, pero consiguió intuir que se colocaba el guante de metal. En cuanto lo tuvo puesto, Alice se dio cuenta de que era una imitación exacta de su mano. Era como si no hubiera pasado nada. Al menos, hasta que tuviera que usarla.

Se apartó de la puerta, pegándose a la pared con el corazón en un puño.

¿Así eran los castigos?

—¿Qué se dice cuando alguien te da un regalo, 47?

—G-gracias, padre Tristan.

—Eres un buen prototipo, 47. Esta noche la pasarás en el hospital y mañana volverás con tus compa...

Alice se apartó bruscamente cuando escuchó al guardia acercándose. Se detuvo de nuevo en el punto exacto en el que la madre la había dejado y cerró los ojos para recuperar la compostura. No podía dejar que la vieran alterada. Sabrían que había estado escuchando. Y no quería perder su mano. Solo pensarlo hacía que se le acelerara el pulso.

El guardia salió del despacho acompañando a 47. Alice levantó la mirada para encontrarse con la suya, aunque no pareció verla del todo. Estaba pálido, tembloroso y tenía mechones de pelo castaños pegados a la frente por el sudor frío. Parecía tan perdido...

—43 —la voz del padre Tristan la tensó de pies a cabeza—, ¿qué haces ahí?

Él también había salido del despacho tras ellos, aunque se detuvo al ver a Alice.

—El padre John ha solicitado verme —replicó ella con el tono de voz más neutral que fue capaz de encontrar—. Una madre me ha indicado que espere aquí.

La sonrisa del padre Tristan pareció un poco más desconfiada esa vez.

—Y ¿cuánto hace que esperas ahí?

Ella tragó saliva. No podía dudar. Levantó la cabeza y lo miró con falsa confusión.

—Padre Tristan, los androides no disponemos de recursos para saber la hora exacta.

Por un momento, pensó que se había pasado de lista. Pero él se limitó a negar con la cabeza.

—Eres muy locuaz —replicó, y casi parecía divertido. Macabramente divertido.

¿Qué significaba locuaz?

—Pero no verás al padre John —añadió suavemente—. Ven conmigo.

Ella abrió mucho los ojos. Desobedecer a un padre era impensable, pero el padre John quería verla. ¿A cuál de los dos tenía que obedecer?

—Pero...

—No te preocupes por tu creador. Yo hablaré con él. Ahora, ven conmigo.

No le quedó más remedio que hacerlo, incluso con las pocas ganas que tenía.

Se sentó en el lugar que había ocupado 47 unos segundos antes. La silla seguía caliente. Eso hizo que se sintiera peor. Alice se retorció los dedos de nuevo hasta que le dolieron y tragó saliva, fingiendo tranquilidad.

—¿Te importa que te haga algunas preguntas de calibración, 43?

Lo dijo como si le interesara su opinión, aunque realmente no era así.

—Por supuesto que no, padre Tristan.

—Bien. Preséntate.

Siempre, antes de una entrevista con un padre, tenían que decir todos sus datos.

—Número de serie: 43. Modelo: 4300067XG. Creación finalizada por el padre John Yadir el 17 de noviembre de 2045, a las 03:01 de la mañana. Recuerdos artificiales implantados por vía modular. Zona: androides. Función: androide de información. Especialidad: historia clásica humana.

—¿Puedes explicarme cuál es tu función exacta como androide de información?

—Claro, padre —replicó con voz automática—. Como androide de información, dispongo de una capacidad cerebral superior a la media para almacenarla. Mi especialidad es la historia clásica de la humanidad, aunque poseo algunos datos de los años anteriores a la guerra. Además de eso, puedo hablar veinticinco idiomas distintos y tengo la capacidad de aprender uno nuevo en un tiempo relativamente rápido.

—¿Qué me dirías si tuvieras que presentarte formalmente?

—Mi nombre de serie es 43. Es un placer conocerlo. Estoy a su disposición para guiarlo en cualquier problema o duda que tenga sobre nuestra zona. ¿Necesita ayuda en algún aspecto?

—Perfecto. —Él sacó un pequeño cuaderno digital y con uno de los lápices negros empezó a dibujar en la pantalla cosas que a Alice le resultaron imposibles de entender—. El otro día me hablaste de un sueño, ¿has vuelto a tenerlo?

En realidad, no se lo había dicho. Él siempre parecía saber cosas que no debería.

—Alguna noche, sí —mintió ella, olvidándose de los modales por un momento. Se apresuró a rectificar—..., padre.

—Y ¿puedes explicarme de qué trata el sueño?

—No lo recuerdo muy bien —repitió, como cada vez que le habían preguntado eso—. Es confuso.

—Cualquier cosa me irá bien.

—De verdad que no lo sé, padre. Es complicado.

—Soy bastante listo, inténtalo.

Ella nunca se lo contaría. Sin importar las veces que preguntara. No le gustaba ese hombre. Ni sus ojos, ni su escaso pelo blanco, ni su barriga regordeta, ni su voz amable. Especialmente su voz.

—Es sobre... —pensó un breve instante—. Una luz.

El hombre empezó a dibujar de nuevo símbolos extraños.

—¿Cómo es la luz?

—Brillante —replicó ella, con un ligero tono irónico. El padre Tristan levantó la cabeza y la miró un momento. Ya no sonreía tan abiertamente como antes—. Extraña.

¿Qué había sido eso? ¿Había hecho una broma? ¿Ella? ¿Podía hacer bromas?

—¿Nada más?

Por su mirada, él sabía que sí había más.

—No, padre.

El padre Tristan se quedó mirándola unos segundos, abrió la boca para replicar y, justo en ese momento, la puerta se abrió y el padre John entró con las mejillas rojas por la ira y el pelo castaño perfectamente ordenado. Alice se puso de pie automáticamente, como era de esperar en ella.

El padre Tristan parecía desconcertado.

—¿Qué haces aquí, John?

—He solicitado hablar con mi androide —replicó él en tono cortante—. Te agradecería que fuera la última vez que interrumpes mis sesiones.

—Lamento haberte enfadado —replicó el padre Tristan—. Solo quería preguntarle algunas cosas. Es toda tuya. Seguro que tenéis mucho de lo que hablar.

Alice siguió a su creador hacia el pasillo anterior, dejando al otro padre con una sonrisa pretendidamente amable que fue apagándose a medida que se acercaban a la puerta. Otra vez volvió a entrar en un despacho, aunque esta vez fue el de su querido padre John.

—Pa... —empezó, pero fue interrumpida.

—Escúchame bien, Alice. —El hombre se acercó a ella y la miró desde su altura. No podía tocarla, no debía acercarse más de medio metro. Era inapropiado—. Necesito que hagas exactamente lo que voy a decirte a continuación y, pase lo que pase, no lo cuestiones.

—¿Eh?

—Escúchame —repitió, y parecía nervioso—. Ha habido problemas en las otras zonas.

Alice parpadeó, confusa, pero él no le dio tiempo a decir nada antes de seguir hablando.

—No sé qué ha pasado exactamente, pero hemos perdido el contacto con los humanos. Todo indica que los rebeldes los han atacado... o se han aliado con ellos, no lo sé. Nadie lo sabe. No podemos estar seguros de nada.

Alice frunció el ceño. Era extraño que su padre le hablara de otros lugares. Y mucho más que le estuviera contando que había problemas en ellos.

—Nunca nos han tenido mucha estima —replicó el padre John con una sonrisa triste—. Temo que asuman que somos una amenaza para ellos, como creen esos indisciplinados de los rebeldes. Lo último que hemos sabido es que los humanos ya no hablan con nosotros y hay un grupo de rebeldes acercándose a nuestra zona.

—Los nuestros nos protegerán —replicó Alice aterrorizada, olvidando sus modales por completo—. Los... los científicos...

—No sabemos cuántos son, ni si van armados, ni siquiera si pretenden hacernos daño. No puedo arriesgarme a que vengan y te quedes desprotegida, Alice. Eres mi mejor creación.

Ella no sabía qué decir. Tampoco comprendía por qué le contaba eso, no tenía por qué hacerlo.

—No puedes estar aquí cuando eso ocurra, ¿lo entiendes? —siguió él—. Si percibes peligro, márchate. Toma todo lo que necesites y vete sin que nadie te vea.

—Pero, padre... —empezó—. No..., no entiendo cómo...

—No hay nada más que entender —replicó él, y dio la vuelta a su despacho para recoger algo de su mesa. Alice sintió un escalofrío cuando se lo puso en la mano—. Esto es un arma. Un revólver. Te ayudará.

—Padre...

—Créeme, lo necesitarás.

—No —replicó, y se lo devolvió—. Ni siquiera puedo salir del edificio.

—Y no te estoy pidiendo que lo hagas si no es necesario.

—Pero las reglas...

Las reglas eran en lo que se fundamentaban sus vidas. La base de todo lo que conocía. No entendía cómo a su padre no le asustaba decir todo aquello. Si lo escuchaban... La imagen de 47 le vino a la mente enseguida.

—¡Olvídate de las reglas! —replicó él, y, al ver que la había asustado, respiró hondo y se calmó un poco—. Alice, ¿te he mentido alguna vez?

—No...

—Bien, ¿confías en mí?

Ella asintió con la cabeza sin siquiera dudarlo.

—Entonces, toma el revólver. —Ella lo metió en el pliegue de su falda, sintiéndose incómoda ante la repentina frialdad del objeto—, mételo debajo de tu colchón o donde sea. Que no lo encuentren. Eso es crucial. Y prepárate para salir corriendo en cualquier momento.

—E-está bien...

—Está bien —repitió él, y pareció aliviado—. Alice, no le cuentes esto a nadie, ¿vale?

—Pero... —Ella seguía sin entender nada—. ¿Qué hay de los demás? ¿Y de ti? De usted, perdón.

—¿Crees que ahora me importa que te saltes los modales? —Casi pareció divertido, pero volvió a su cara de preocupación al instante—. No pienses en los demás. Piensa en ti misma. Eres la única persona en la que puedes confiar, Alice, nunca lo olvides.

Ella tardó un momento en poder formular una respuesta.

—Entonces, si pasa algo, ¿me voy corriendo? Y... ¿qué harás tú?

—Sabes que me las apañaré, y tus amigos también. Por el momento, no puedes ayudarlos.

—P-pero..., aunque consiguiera escapar..., no tengo ningún lugar al que ir. Soy una androide.

—Claro que lo tienes. Tú sigue el bosque hacia el este. El lado de las montañas por donde sale el sol cada mañana. Eso es el este. No te desvíes en ningún momento, ¿vale? Evita las ciudades y los caminos principales. Solo intenta no encontrarte con los rebeldes. No sé qué serían capaces de hacer si vieran el número en tu estómago.

—¿Qué hay al este?

—Una ciudad amiga. Tiene los muros grises y un gran edificio de madera en el centro. La reconocerás enseguida. Diles quién eres y cuidarán de ti.

—Padre, ¿por qué me está contando todo esto? Si alguien lo escucha..., podría castigarlo.

El hombre la miró un momento, y a Alice le pareció ver algo extraño en su mirada, algo que no había visto antes.

—Eres mi prototipo más perfecto —replicó—. Mi investigación completa se basa en ti. Si te matan, lo pierdo todo.

La puerta se abrió en ese momento y, antes de que Alice respondiera, una madre entró en el despacho con una sonrisa cordial.

—El padre George quiere hablar con usted —le dijo a su creador.

—Bien. —Él dirigió una mirada a Alice, una mirada significativa que prometía cualquier cosa y que rogaba que no hiciera ninguna estupidez—. 43, vete a atender tus tareas, hemos terminado.

—Sí, padre —replicó con voz temblorosa, y abandonó la habitación con el peso del revólver en su cintura.

2

EL REVÓLVER QUE SE ESCONDÍA BAJO LA CAMA

Había pasado una semana desde su charla.

Esos días habían sido los más largos de su vida. No dejaba de pensar que si unos rebeldes locos no entraban por la puerta y los mataban, lo harían los propios padres cortándoles las manos.

Miraba continuamente por encima de su hombro, tensa. No podía evitarlo. 42 había empezado a preguntarle si se encontraba bien, pero Alice era incapaz de decirle nada. Su padre le había pedido que no lo hiciera. Tenía que obedecer. No podía traicionarlo.

Las comidas de la cafetería le parecían eternas, sus horas en la biblioteca, sin sentido, y no dejaba de mirar a los padres y a los científicos como si fueran sus enemigos. En su cabeza, todos ellos sabían que podían atacarlos y no decían nada a nadie. Eran unos traidores.

Aunque, claro, eso también la convertía a ella en traidora.

Más de una vez se encontró a sí misma de pie en el vestíbulo del edificio principal, mirando la gran escultura que había en el centro. Era una estatua de unos cuatro metros de alto, blanca y perfecta, de un hombre con una bata de científico. No era nadie en concreto, sino que representaba a los padres. A Alice solía darle igual. No recordaba ni una sola vez en la que la hubiera mirado más de un segundo. Ahora, no podía dejar de contemplarla. Y le parecía sumamente estúpida.

También se había detenido varias veces durante esa semana junto a los ventanales del jardín trasero. No era tan bonito como las fotografías que había visto en algún que otro libro, con grandes y coloridas flores, enredaderas que llegaban hasta el techo y plantas verdes y frondosas que cuidar todos los días. No, era más bien una explanada de hierba que algunos androides de mantenimiento cortaban de vez en cuando para dar un mejor aspecto al edificio. No había flores, ni tampoco plantas o enredaderas. Solo arbustos y setos que no solían llegar ni a la altura de la cadera de Alice.

Y, aun así, era lo más cercano que conocía a salir de la zona, así que a menudo pedía permiso a su padre para dar un paseo por aquel escaso resquicio de naturaleza. Como no podía hacerlo sola, él solía ofrecerse a ir con ella. Caminaban uno al lado del otro, su padre con las manos detrás de la espalda y Alice con los dedos entrelazados ante ella, cada uno mirando a un lado y haciendo comentarios sobre el clima, la zona o cualquier otro tema trivial.

Curiosamente, su padre hacía que incluso aquellas conversaciones aparentemente aburridas parecieran fascinantes. Su forma de hablar siempre era muy dramática. Le gustaba imitar con gestos las acciones que describía, modular la voz en función de la parte de la historia que tratara y soltar pequeñas bromas que hacían que Alice se riera y se olvidara, aunque fuera solo durante unos instantes, de la presión que sentía dentro del edificio.

Solo en uno de aquellos paseos, y aprovechando que su padre parecía mucho más relajado y receptivo que en el interior, Alice se atrevió a preguntar sobre un tema menos liviano que los que solían tratar. Y, curiosamente, quien sacó el tema de conversación no fue ella.

En la zona final del jardín había un pequeño banco de madera pintado de blanco, donde solían dar la vuelta para regresar. Allí su padre levantó la cabeza y, a Alice, le pareció que su expresión se iluminaba como si acabara de descubrir algo importante.

—¿Lo has visto? —preguntó, señalando el cielo.

Ella levantó la cabeza para buscar lo que había llamado la atención de su padre, pero solo vio el mismo cielo parcialmente nublado y gris que de costumbre. De hecho, llegó a pensar que se refería a que iba a llover pronto —lo que era probable—, pero al parecer no se trataba del clima. Tras unos segundos, le pareció percibir un movimiento veloz. Alice agudizó la mirada, intrigada, y de pronto, lo vio. Dos pequeñas manchas de color en medio del paisaje gris pasando a toda velocidad por encima de sus cabezas. Siguió a los dos pajaritos con la mirada, fascinada, y vio que se detenían sobre el respaldo del banco. Sin embargo, apenas tardaron unos instantes en volver a emprender el vuelo y desaparecer en la lejanía.

—Nunca habías visto un pájaro tan de cerca, ¿verdad? —le preguntó su padre, que parecía tan fascinado como ella por el descubrimiento—. ¿Te has fijado en su color?

—Uno tenía tonos pardos por detrás, casi rojizos, y grisáceos por delante —respondió ella al instante—. Y el otro tenía el pico amarillento y la cabeza castaña.

—Exacto. Hace unas semanas me pediste un libro sobre naturaleza y te regalé uno de ornitología, así que, ¿qué espec...?

—*Passer domesticus*. —Alice le sonrió—. Dos gorriones. Hembra y macho. Y probablemente en época de apareamiento.

Su padre también había sonreído. Y, como cada vez que Alice respondía correctamente a una de sus preguntas, había asentido una vez con la cabeza en señal de aprobación.

—Tiendo a subestimar tus habilidades —confesó. Se pasó unos segundos en silencio, como si estuviera analizando sus propias palabras. Eso también lo hacía a menudo. Pero, finalmente, se volvió de nuevo hacia Alice—. Si están en época de apareamiento, quizá dentro de un tiempo veamos más gorriones por aquí. ¿Eso te gustaría?

—Sí, padre.

—A mí también. Después de la Gran Guerra, el paisaje parece tan funesto, tan vacío...

Y fue entonces, justo en ese punto de la conversación, cuando Alice se atrevió a arriesgarse y formularle una pregunta.

—¿Qué pasó en la Gran Guerra?

Pese a que su padre había parecido distraído, aquello hizo que se volviera a centrar al instante. Le dirigió una mirada algo suspicaz.

—Eso ya te lo explicó el padre Tristan.

Sí, aquel hombre les había dado tanto a ella como a sus compañeros alguna que otra lección acerca de cómo era la vida humana antes de la Gran Guerra, pero sus discursos solían centrarse principalmente en lo desgraciados que eran los humanos antes de que los científicos y los padres se aliaran para mejorar la especie, así que al final de esas explicaciones Alice seguía sin tener una idea muy clara de lo que era vivir como un humano antes de que el mundo se convirtiera en lo que era entonces.

—Pero sigo sin entenderlo del todo —añadió ella—. ¿Podría volver a explicármelo, padre?

Por un momento, pensó que se negaría. Pero entonces él suspiró y asintió con la cabeza. Hizo un gesto hacia el banco. Alice se sentó a toda velocidad, incapaz de ocultar su entusiasmo. Él se situó a su lado, pero con bastante menos emoción.

—Antes de la Gran Guerra, las cosas no eran como ahora —empezó—. En lugar de zonas y ciudades, había continentes y países. Cada uno tenía sus propios líderes y sus propias normas, y los mandatarios solo se reunían en caso de que hubiera un conflicto que los involucrara. Cosa que, afortunadamente, no ocurría muy a menudo.

—¿Como las Ciudades Rebeldes?

—No te adelantes a los acontecimientos, Alice. Hace quince años, dos de esos países que he mencionado, dos muy poderosos, entraron en conflicto por intereses comerciales. ¿Entiendes lo que es un conflicto de ese tipo?

—Sí. En el Imperio romano ocurrían continuamente. —Alice rememoró cada detalle que fue capaz de reunir sobre el tema—. Cuando dos ciudades exportaban el mismo producto, una de ellas bajaba el precio para que su oferta fuera más apetecible. La otra, por consiguiente, tenía que hacer lo mismo, y así se...

—No es tan simple, pero mantén esa idea. No es un mal símil. Esos dos países tenían muchos conflictos como el que tú comentas, pero a un nivel colosal. Cada vez que parecía que uno de ellos cedía, volvía a ganar terreno. Y todo empeoró cuando empezaron los rumores sobre espías. Se decía que ambos mandaban agentes encubiertos al otro para saber cuál era su estrategia y poder adelantarse. La gente se volvió completamente paranoica, empezó a ver enemigos donde no los había, y el conflicto solo empeoró. ¿Alguna vez te he hablado de la contaminación, Alice?

—Solo un poco. Es lo que hace que el aire sea difícil de respirar y las plantas se marchiten, ¿no?

—Se podría decir que, en parte, es así. Durante aquellos años la contaminación se volvió altísima, algunos lugares intentaron tomar medidas extremas para detenerla en la medida de lo posible, ralentizar los efectos que pudiera tener..., pero el conflicto entre esos dos países hizo que la polución pareciera un problema secundario. Todo empezó a desmoronarse. La falta de recursos solo incrementó la indignación de la gente, empezaron las protestas y, entonces, también se empezaron a movilizar los ejércitos de ambos países. Si te soy honesto, Alice, yo nunca lo supe de primera mano. En las noticias no se hablaba de ello, tampoco en los periódicos ni en las revistas digitales. Es curioso que lo llamen la Gran Guerra cuando la mayoría de los ciudadanos no llegamos a experimentarla. De hecho, todo el mundo fingía que no estaba pasando nada. El único indicio de peligro era que cada día había más publicidad para reclutar soldados, para animar a la gente a participar activamente en el ejército... y la tensión fue creciendo a lo largo de cuatro años, hasta llegar a 2034. Durante ese año lanzaron cuatro bombas; dos en uno de los países, otra en su aliado, y una última en el otro implicado en el conflicto.

Alice había escuchado atentamente cada palabra, pero le resultaba casi imposible hacerse una idea de la magnitud de los hechos. Sabía lo que era una bomba, pero no podía imaginar una tan grande como para ser capaz de paralizar al mundo con su detonación.

—Esas bombas hicieron que fuera imposible vivir en ciertas zonas del mundo —continuó su padre. Tenía la mirada perdida en la zona por donde habían desaparecido los gorriones—. No porque sea imposible sobrevivir allí, sino porque es demasiado difícil. El agua está mayoritariamente contaminada, apenas hay vida animal y el aire tiene unos niveles de radiación tan altos que probablemente terminarían afectando al cuerpo de un ser humano. Incluso ahora que han pasado once años, esas zonas siguen siendo prácticamente inhabitables, y no parece que vaya a cambiar en mucho tiempo. Por eso dais las gracias cada día,

Alice. Porque la zona en la que vivimos es un regalo que os han dado los padres y porque tenéis que estar agradecidos por esta oportunidad. Vosotros sois el futuro de la humanidad, pero no debes olvidar que nosotros os lo hemos proporcionado.

Esa parte del discurso le recordó las palabras que solía usar el padre Tristan para hablar de los científicos y los padres. Alice apartó la mirada, un poco incómoda, y se atrevió a volver a indagar.

—Si tan buenos somos, ¿por qué nos odian los rebeldes?

Al parecer, esa pregunta no era tan sencilla como lo había creído al formularla. Su padre la estuvo sospesando durante casi un minuto entero antes de negar con la cabeza.

—Rechazan cualquier tipo de tecnología. De hecho, varias veces nos hemos ofrecido a darles herramientas tanto de trabajo como de entretenimiento para facilitarles la vida y hacer las paces, pero siempre nos han rechazado. Prefieren vivir estancados en el pasado, en sus ciudades medio destruidas y carentes de recursos, que aceptar los avances de la humanidad y ayudarnos. Me gustan tan poco como a ti, Alice, pero no podemos obligarlos a que nos acepten.

—Pero quizá podríamos parlamentar con ellos. Tal vez, si un androide les demostrara sus capacidades y lo útiles que podemos llegar a ser...

—Las cosas no son tan sencillas. Y me temo que esta conversación ya ha llegado a su fin. Deberíamos regresar antes de que se ponga a llover, Alice.

Y, tras aquel día, su padre no había vuelto a mencionar la Gran Guerra, ni a los gorriones, y mucho menos a los rebeldes. De hecho, parecía querer fingir que nada de aquello había ocurrido. Alice quizá se habría atrevido a insistir si fuera otro androide, pero con un padre era otra historia. No podía hacerlo. Así que solo le quedaba repasar aquella conversación en busca de cualquier posible detalle que se le hubiera escapado.

Justo como hacía en aquel momento, de pie junto a los ventanales del jardín trasero. Y como había hecho ya varias veces aquella semana.

Sí, habían sido siete días muy largos. Hasta que llegó aquella noche.

Mientras subían la escalera hacia los dormitorios, le tocó andar a la par que 47. No pudo evitar mirarle la mano. A no ser que te fijaras mucho en ella, no podrías ver que no era la suya. Él pareció darse cuenta y la escondió mejor. Los chicos llevaban manga larga, así que no fue muy difícil.

Y, tras aquello, los dos se volvieron de nuevo hacia delante, incómodos.

Cuando por fin llegaron a sus camas, Alice supo que esa noche tampoco dormiría mucho. Como ya le había pasado todos aquellos días, miraría el techo durante horas y horas y le daría la sensación de que podía notar el bulto del revólver en la espalda, aunque en realidad los separara el colchón entero.

Estaba segura de que todo el mundo descubriría que lo tenía y, en cualquier momento, los científicos entrarían en la habitación y la llevarían con su padre para castigarlos a ambos. Incluso podía ver la malévola —y a la vez aterradoramente beatífica— sonrisa del padre Tristan mientras ordenaba a los guardias que les cortaran las manos a los androides.

Se tumbó de lado y se quedó mirando la cama de su compañera, 42. Dormía profundamente, con el cabello rubio desparramado sobre la almohada. Alice también tenía el pelo largo, concretamente hasta los omóplatos. Y estaba diseñado para no crecer más.

Había oído que en algunas partes se cortaba el pelo de las chicas como castigo, como una pérdida de su feminidad, aunque no lo entendía. ¿Qué tenía que ver el pelo con eso?

Seguían teniendo rasgos femeninos. Los humanos eran un verdadero misterio.

42 suspiró y murmuró algo en sueños. Se conocían desde el día de su creación, que había sido simultánea, pero con diferentes padres. El padre John y el padre George. Según lo que sabía Alice, su creación había sido dos años atrás, pero en su memoria sentía como si hubiera vivido toda una vida.

Se preguntó hasta qué punto podía confiar en 42 y se volvió hacia el otro lado, frunciendo el ceño. ¿Debía decirle que corría peligro? No, su padre le había indicado que no lo hiciera.

Justo en ese momento, escuchó un pequeño ruido que provenía del exterior. Frunció más el ceño. Apenas había sido un susurro, pero lo había percibido. Y nunca se oía ningún ruido tras el toque de queda. ¿Había alguien despierto a esas horas? Quizá fuera una madre vigilando los pasillos.

Intentó ignorarlo con todas sus fuerzas, convenciéndose de que no era real, pero justo en ese momento volvió a escucharlo, esta vez de forma más insistente. Sintió que se le erizaba el vello de todo el cuerpo y se incorporó inconscientemente.

—¿43?

Dio un respingo ante el susurro de su compañera 42, que la miraba con los ojos muy abiertos.

—¿Qué haces? —susurró esta asustada.

—¿Lo has oído? —preguntó Alice en voz baja.

Ella negó con la cabeza con tanta rapidez que Alice supo que mentía. En un momento de pura curiosidad, dejó los pies colgando de la cama —el suelo volvía a estar frío— y se levantó. Parecía que a 42 iba a darle un infarto en cualquier momento, pero también se incorporó.

—¡No puedes levantarte de la cama tras el toque de queda! —susurró, siguiéndola.

—Lo sé. —Alice empezó a dirigirse lentamente hacia la puerta—. Pero he oído algo.

—¿Y qué? No te preocupes, encontrarán al que lo haya causado. No es...

Pero la interrumpieron unos claros pasos alejándose por el pasillo, y el sonido de la puerta del pabellón del fondo abriéndose de un portazo. Las habitaciones estaban insonorizadas, por lo que apenas había sido un murmullo. Los demás seguían durmiendo.

—¿Q-qué ha sido eso? —preguntó 42 temblorosa.

—Alguien entrando en la otra habitación —susurró ella.

Y, sin pensarlo demasiado, abrió la puerta solo para ver a través de una rendija y se asomó. Pasmada, vio que 42 también se inclinaba justo debajo de ella.

El pasillo estaba en penumbra, pero sus ojos estaban adaptados a la oscuridad, así que un pequeño escudriño fue más que suficiente para ver la silueta de tres hombres vestidos de negro que llevaban... ¿Qué era eso? Parecía un saco. Frunció el ceño cuando vio que tiraban el saco al suelo y uno de los hombres levantaba algo que llevaba en los brazos para apuntar.

Cuando por fin se dio cuenta de lo que era, su cuerpo entero se congeló durante un instante. Su mano se movió antes de que ella pudiera darle la orden de hacerlo y cerró la puerta de golpe, justo a tiempo para que el disparo apenas se escuchara en la habitación.

No era un saco. Por supuesto que no. No era nada parecido a eso. Era una persona. Y le habían disparado.

—¿Eso era...? —preguntó 42 entrecortadamente.

Alice la miró un momento, su corazón iba a toda velocidad, apenas podía pensar.

—Tenemos que irnos —dijo.

—¿Cómo? ¿Irnos?

—Ya me has oído.

Se dirigió de nuevo a su cama y agarró el revólver con

una fuerza un poco desmesurada. Le dio la sensación de que pesaba más que la última vez. Por si eso no fuera suficiente, las manos le temblaban violentamente y hacían que el arma se tambaleara entre sus dedos.

42 dio un respingo al ver qué sujetaba y lo señaló con un dedo, horrorizada.

—¡Suelta eso, 43, vas a hacerte daño!

—¡Ellos nos harán daño si lo suelto!

—¡No sabes usarlo!

—¡Prefiero que me maten intentándolo!

Alguien se movió y ellas se dieron cuenta de que estaban hablando en voz demasiado alta. Sin embargo, nadie parecía haberse despertado. 41, 44 y 45 seguían durmiendo.

42, por su parte, parecía estar a punto de echarse a llorar.

—Tenemos que..., no sé..., avisar a las demás.

Alice pensó en lo que había dicho su padre, pero ahora no importaba, ¡no podía dejarlas morir de esa forma! ¿En qué clase de ser la convertiría eso?

Pero en ese momento la puerta se abrió de golpe. Las dos chicas se encontraban junto a ella, así que por poco no las aplastó contra la pared. Quedaron ocultas allí detrás mientras los mismos tres hombres que habían visto antes entraban en el dormitorio y empezaban a gritar. Las tres androides restantes se levantaron apresuradamente, desconcertadas, y los hombres las apuntaron con las armas.

—¡Faltan dos! —gritó uno.

Alice se sorprendió cuando 42 la tomó de la muñeca y se deslizó con ella hacia la puerta sin hacer ningún ruido. Cuando salieron al pasillo, como si estuvieran coordinadas, empezaron a correr con todas sus fuerzas. Los disparos empezaron, igual que los gritos. Gritos de 41, 44 y 45. Las habían abandonado a su suerte mientras ellas escapaban.

Pensó en 44. En lo molesta que le había parecido siempre. En que nunca la había soportado. Y ahora estaba a punto de llorar por haberla dejado atrás.

Alice sintió náuseas cuando vio montones de figuras en el suelo y tuvo que esquivarlas. No quería pensar en qué serían. O más bien en quiénes serían. Siguió corriendo y sus pies descalzos empezaron a humedecerse por los charcos que había en el suelo, pero no bajó la mirada. Necesitaban salir de ahí. No podían perder ni un minuto.

Sin darse cuenta, se había colocado en primer lugar y, al bajar la escalera, advirtió que los de su habitación no eran los únicos invasores que habían entrado en la zona, así que se detuvo de golpe en el segundo escalón. 42 chocó con ella y estuvieron a punto de rodar hasta el piso inferior.

—¿Qué haces? —preguntó la otra, casi gritando—. ¡Tenemos que avisar a alguien!

—No..., no podemos ir por aquí.

—¡Claro que podemos, mira!

Ella abrió la boca para replicar, pero 42 pasó por su lado y terminó de bajar la escalera. Apenas hubo tocado el pabellón inferior con la punta de los pies, volvió atrás, pálida, y miró a Alice con los ojos llenos de lágrimas.

—Están... están todos...

—Tranquila —no quería que lo dijera en voz alta. Allí dormía también su padre. ¿Estaría...? No. No quería pensarlo. Sin duda él estaría bien—. ¿Queda alguien vivo?

—No, pero no hay otro camino —murmuró 42, a punto de llorar—. Tenemos que pasar sí o sí.

Alice se frotó la cara con las manos. El revólver cada vez le parecía una opción más útil, aunque al final se limitó a asentir una vez con la cabeza.

—Tú, sígueme. Y no mires al suelo, ¿vale? Solo a mí.

—Pero...

—La mirada clavada en mi nuca, 42. ¿Puedes hacer eso?

Le sorprendió su propio tono autoritario. Ni siquiera sabía que lo tuviera. Pero al menos funcionó, porque su compañera asintió con la cabeza.

—Vale.

Bajó la escalera y 42 se apresuró a seguirla con la mirada clavada en su nuca. Alice no estaba segura de cómo conseguiría seguir, teniendo en cuenta que estaba tan asustada como ella. De todas formas, tomó una bocanada de aire, intentó que el miedo no se apoderara de toda su fuerza de voluntad y cruzó el pasillo con la vista al frente a pesar del característico olor que flotaba a su alrededor. Olor a metálico. A humedad. A sangre.

—43 —susurró su compañera.

Alice se puso en guardia, pero 42 solo estaba señalando un punto del suelo.

Eran dos mujeres vestidas como los invasores de su habitación. Llevaban ropa extraña para las androides, unos monos de cuerpo entero que, al fijarse más de cerca, se dieron cuenta de que no eran negros, sino gris ceniza. Ambas mujeres estaban tumbadas en el suelo, una todavía sujetaba un arma sobre su pecho, la otra yacía boca abajo.

—Se han defendido —susurró 42 como si fuera difícil de creer—. Los de nuestra zona se han defendido.

Alice, de manera instintiva, supo qué hacer.

—Tenemos que ponernos su ropa.

—¿Qué? —gritó la otra horrorizada.

—Si nos ven descalzas y en camisón nos atraparán enseguida. Tenemos que encontrar una manera de salir de aquí.

—¿Salir de aquí? ¿De la zona? ¿Te has vuelto loca?

—Ya te lo explicaré cuando logremos huir. Solo confía un poco en mí.

En realidad, lo que Alice quería hacer era encontrar a su padre y escapar los tres. Pero incluso ella sabía que no era una buena idea. Antes de proteger a alguien, tenía que salvarse a sí misma.

—Están cubiertas de sangre —susurró 42.

Alice se separó de ella, se aseguró de que nadie las veía y tomó del tobillo a una de las mujeres. La chica parecía estar a punto de vomitar cuando agarró a la que estaba boca abajo. Las metieron en los lavabos del pasillo y se empezaron a cambiar de ropa. Alice advirtió que casi todo le quedaba grande, pero no era nada comparado con 42. Era tan bajita y delgada que parecía una muñeca de trapo vestida con ropa de guerra. Tenía los ojos llenos de lágrimas mientras intentaba no mancharse.

Y, entonces, 42 le dio la vuelta a la mujer para desabrochar mejor las botas y retrocedió enseguida, soltando un grito.

—¡Silencio! —le espetó Alice sin poder contenerse.

Cuando miró abajo, deseó no haberlo hecho. Alguien había disparado a esa mujer en la cara y ahora parecía cualquier cosa menos una persona. Solo un cráneo aplastado, astillado y sanguinolento. Sintió una náusea subiendo por su garganta y se tapó la boca.

Pero no podían perder el tiempo, y menos después de ese grito.

—No la mires —le dijo a su compañera, recuperando la compostura—. Quítale las botas y ya está.

—No puedo... No...

—¡Hazlo de una vez!

No le gustó gritarle. Nunca había hablado así a nadie. Pero consiguió que 42 reaccionara. Siguió llorando, pero al menos le quitó los zapatos.

Alice terminó de atarse las botas y la esperó. Cuando estuvieron listas, se ataron el pelo, como cada mañana. Deseó poder decirle algo a 42 para tranquilizarla, pero no supo qué.

Al terminar de peinarse, Alice agarró el revólver y respiró hondo. Fingió tener más seguridad en sí misma de la que tenía en realidad y, sin tener otra opción, bajaron al piso inferior.

Las sorprendió encontrar las luces encendidas y ningún cuerpo en el suelo. Aceleraron el paso y miraron en cada habitación —los científicos tenían dormitorios individuales—, pero no encontraron a nadie. Ese pabellón estaba vacío. 42 pareció relajarse un poco.

—¿Dónde crees que están? —preguntó, como si Alice tuviera las respuestas a las preguntas que ambas se hacían.

—No lo sé. Quizá se hayan escondido.

Como con intención de contradecirla, escucharon un disparo en el patio delantero y las dos palidecieron. Bajaron rápidamente la escalera. Alice apretó el arma entre las manos y se preguntó cómo funcionaría.

El piso inferior albergaba el comedor, que estaba desierto y tranquilo. Lo cruzaron rápidamente y se asomaron a los ventanales del fondo. Alice era más alta, así que se puso de puntillas. 42 tuvo que subirse a una silla.

Había un grupo de gente vestida de gris ceniza que rodeaba a una hilera de gente vestida de blanco. Los científicos. ¿Y los padres?

Alice buscó con más desesperación, intentando encontrar a su padre, pero no lo veía por ningún lado. Uno de los hombres de gris exclamó algo que no pudo entender y vio que los invasores levantaban sus armas y apuntaban a la cabeza de un científico.

Fue entonces, justo en ese momento, cuando lo vio. A su creador. Al padre John.

Estaba de rodillas mirando al hombre que apretaba la pistola contra su frente. Sin embargo, en el último segundo, bajó la mirada y a Alice le pareció creer que sus ojos se cruzaban. Pero fue durante solo un segundo, un ínfimo y precioso segundo de esperanza que se desvaneció en cuanto los atacantes, a la vez, apretaron el gatillo.

Lo siguiente que vio fue el cuerpo de su padre dar un espasmo y caer rendido al suelo.

Por un momento, no se movió, solo se quedó mirando por la ventana mientras los hombres de gris, impasibles, arrastraban los cuerpos hacia un lado y los empezaban a amontonar en un rincón del patio. La pila se hacía más grande a medida que pasaban los segundos y ella siguió con la mirada clavada en su padre. No le veía la cara y no estaba segura de si quería hacerlo, pero sí distinguió sus piernas que eran arrastradas hacia el montón por un hombre desconocido.

Se sentía como si estuviera flotando. El cadáver de su padre empezó a desaparecer cuando amontonaron más sobre él. Y, justo en el momento en que volvía a la cordura, vio la cara del hombre que había dado la orden de disparar. Era el padre Tristan.

Apenas fue consciente de que estaban zarandeándola con violencia. De hecho, apenas fue consciente de nada aparte del picor punzante en la mejilla.

Parpadeó, volviendo a la realidad. Le zumbaban los oídos. Se llevó una mano a la mejilla, pasmada. 42 estaba a su lado, tirando de ella en dirección a la cocina. Estaba llorando. Acababa de darle un bofetón, desesperada.

—¡Tenemos que irnos, 43!

Ella clavó los ojos una última vez en el padre Tristan y se dejó guiar hacia las cocinas, como si no pudiera terminar de entender lo que sucedía.

—¡No sé cómo salir! —La chica estaba histérica.

Alice se llevó las manos a la cabeza. No podía concentrarse. No podía pensar. Parpadeó varias veces e intentó alejar tanto el mareo como el entumecimiento. Sí, tenían que salir de allí. Como fuera. Tenía que centrarse en eso. En nada más. En nadie más.

—Vámonos de aquí —murmuró, con voz ronca.

Las dos salieron de la cocina por la puerta trasera, que daba directamente a los patios del laboratorio. Los coches pequeños que utilizaban los padres para desplazarse de un lado a otro estaban desiertos. Eran una buena opción para escapar.

Alice agarró de la mano a 42 cuando vieron un grupo de gente de gris ceniza dirigiéndose a las cocinas. Reunió todo el coraje que pudo y se mantuvo firme hasta que llegaron a su altura. Los encabezaba una mujer de pelo negro recogido con firmeza, mandíbula cuadrada y rasgos duros.

Cuando ambos grupos se cruzaron, la mirada de la líder se levantó y automáticamente se clavó en Alice. Solo en ella. Por un breve momento de terror, pensó que iba a ordenar que las arrestaran, pero no. Se limitó a volver a apartar la mirada y a seguir su camino. Alice no pudo evitar leer la chapita de su pecho. Giulia.

Después de desaparecer en la cocina, tanto 42 como ella aceleraron el paso hasta que se encontraron corriendo. Alice abrió la puerta del conductor del coche más cercano que encontraron. Estuvo a punto de reírse cuando vio que tenía las llaves en el contacto.

Pero ¿cómo se usaba esa cosa? Puso las sudorosas manos en el volante. No se había dado cuenta hasta ese momento de que las tenía llenas de sangre. Intentó no pensar en ello.

—Tienes que apretar eso con el pie —señaló 42, para sorpresa de Alice—. Y el otro creo que es para parar el coche.

No necesitaba gran cosa más, así que encendió el motor, que apenas hizo ruido, y sin encender las luces avanzó lentamente a través de los senderos de piedra que rodeaban la cumbre de edificios en la que se erguía su zona. Los primeros movimientos fueron bruscos, pero después se encontró a sí misma conduciendo como si lo hubiera hecho toda la vida. 42 la miró, sorprendida, cuando ella cambió de marcha, pero no dijo nada. Alice avanzó hacia la desierta salida trasera, cruzó la valla abierta y plateada, y aceleró el coche para alejarse de lo que durante toda su vida ambas habían considerado su hogar.

Aun así, ninguna de las dos miró atrás.

3
EL CAMINO DE LA LIBERTAD

La carretera que las alejaba de su zona no cambió en absoluto por mucho que avanzaron. Era un sendero asfaltado rodeado de bosque. Los árboles enmarcaban el camino a la perfección y salpicaban con sombras extrañas la vía que tenían delante, especialmente cuando empezó a amanecer lentamente. Era extraño. Era todo muy grande. Muy vacío. Muy imperfecto.

Desde que habían salido de su hogar hacía dos horas, ninguna de las dos había dicho absolutamente nada. Alice tenía en la cabeza la imagen de su padre sacudiéndose justo antes de desplomarse en el suelo y esa maldita escena no dejaba de repetirse. Apretó las manos en el volante, pero no lloró. Nunca había llorado y, además, en ese momento de lo que tenía ganas era de matar al padre Tristan.

Era extraño, jamás había sentido algo así. Algo tan violento. Estaba prohibido en su zona. No podía permitirse siquiera considerarlo. Sin embargo, en ese momento, desearle la muerte a alguien no le pareció extraño. Mas bien, le parecía algo increíblemente real. Quería que sufriera una muerte lenta. Y dolorosa.

42 estaba apoyada con la cabeza en el respaldo de su asiento, lloriqueando sin hacer apenas ruido. A Alice le produjo una oleada de irritación y no supo por qué. En realidad, casi todo lo que había ocurrido la irritaba. ¿Por qué había pasado todo lo que había pasado? ¿Por qué a ellos? Y ¿por qué lo sabía su padre? ¿Y el padre Tristan? Eran demasiadas preguntas y le dolía la cabeza de tan solo imaginar sus posibles respuestas.

En realidad, no quería seguir por aquella carretera. No quería hacer nada. Desde el momento en que el cuerpo de su padre había tocado tierra lo único que había deseado era tumbarse en el suelo y echarse a llorar.

Pero no tenía fuerzas ni para eso. Se sentía vacía. Nunca se había sentido tan vacía.

—¿Estás cansada? —preguntó 42 al cabo de un rato.

Alice negó con la cabeza, aunque sí lo estaba.

—Podemos parar un poco.

—Si nos detenemos ahora —replicó Alice con voz monótona—, nos encontrarán.

—O no, no sabes si nos están buscando, con todo ese montón de cadáveres no creo que se den cuenta de nuestra desaparición.

—¿Es que no has oído al de la habitación? Saben que faltan dos.

—Entonces... quizá deberíamos escondernos.

Alice siguió, poco convencida. No había amanecido del todo. Ignoraba qué hora sería, pero quizá alrededor de las cinco o las seis de la mañana. Podían descansar un poco, hasta que saliera el sol, y averiguar cuál era el este. Su padre le había dicho que se dirigiera hacia allá.

42 pareció aliviada cuando Alice giró el volante y se metió lentamente en la zona boscosa. Recorrió un trecho, hasta que el coche quedó oculto. Sin decir una palabra, apagó el motor y ambas echaron los asientos hacia atrás para tumbarse.

Durante casi una hora, estuvieron inmersas en un profundo silencio, sin que ninguna pudiera dormir. Alice no era capaz de cerrar los ojos, tenía la sensación de que si lo hacía reviviría todo y no podía soportarlo. 42, por otro lado, seguía con ganas de llorar. Quizá por eso fue la primera que se animó a decir algo.

—¿Puedo preguntarte una cosa?

Alice asintió en la oscuridad.

—¿Tú tienes...? —se cortó y volvió a empezar—. Quiero decir..., no es que me haya pasado, pero..., ejem, ¿alguna vez has tenido el mismo sueño varias noches?

Alice frunció el ceño y la miró, aunque incluso con su vista mejorada lo único que alcanzaba a ver era su silueta. ¿A qué venía eso ahora, en aquellas circunstancias?

—¿A qué te refieres?

—Yo tengo uno —siguió ella—. Sueño que estoy jugando en una especie de rueda que gira y gira y yo voy sentada en ella. Entonces, intento bajarme y me caigo, justo antes de que una mujer venga a buscarme.

Alice siguió en silencio. No estaba segura de si sería buena idea confiar en 42.

—El padre Tristan siempre se interesaba por ese sueño —añadió la chica—. En realidad, quería saber si alguna vez había continuado. ¿A ti nunca te preguntó?

Alice se removió un poco en el asiento. ¿Realmente importaba si se lo revelaba o no? Su padre estaba muerto. Todos estaban muertos. Ya no había secretos que guardar.

—En realidad, sí —confesó finalmente—. Pero nunca le conté demasiado.

—¿Y de qué trata tu sueño?

—Yo solo veo mucha luz. Creo que estoy en una sala blanca, y una mujer se asoma y me mira y sonríe. No sé cómo explicarlo, pero me transmite paz. Es como si, no sé, como si quisiera cuidarme y yo lo supiera.

Ese era el sueño que tenía cada noche. No lo entendía. No sabía ni quién era esa persona, ni por qué soñaba con ella.

—¿La conoces? —preguntó 42.

—No.

—Yo tampoco a la que aparece en el mío. ¿Por qué crees que soñamos eso?

—No lo sé. Pero ahora mismo no me importa.

Y, sin decir nada más, ambas se volvieron a quedar en silencio. Alice se atrevió por fin a cerrar los ojos y, por suerte, se quedó dormida enseguida.

* * *

Miraba a su alrededor con curiosidad. Todo era blanco. Sus ojos parpadearon por la repentina intensidad y se cerraron un breve momento. Cuando volvió a abrirlos, ya no dolía. No había nada malo. De hecho, se sintió a salvo. Algo le rozó la mano y sus dedos lo aferraron con tanta fuerza como pudo. Escuchó un ruido suave y dirigió la mirada hacia aquello.

Había una mujer a su lado, y descubrió que lo que estaba agarrando era su dedo. Apretó con más fuerza y ella sonrió. Sintió que sus labios se movían y profirió un suave murmullo que no logró entender pero que hizo que se calmara al instante.

* * *

Alice abrió los ojos de golpe y se quedó mirando a su alrededor. Tenía el pelo pegado a la cara y le temblaba todo el cuerpo. ¿Dónde estaba?

Entonces lo recordó. 42 dormía a su lado. Alice volvió a dejarse caer contra el asiento del coche y se frotó los ojos.

¿Por qué había cambiado el sueño? Era la primera vez que lo veía con tanta claridad. Se miró la mano, más grande y menos regordeta que la que acababa de ver, y casi pudo sentir sus puños apretándose y agarrando el dedo.

Bajó del coche, lo rodeó y se sentó en el suelo, pasándose una mano por el pelo. Había metido el revólver en el bolsillo del mono. Lo alcanzó y lo miró con curiosidad. Tensa, intentó tocar todo lo que no fuera el gatillo, pero seguía sin saber cómo diablos funcionaba.

—Me muero de hambre —murmuró 42, apareciendo a su lado con cara de sueño.

—No sé cómo se usa esto, ni qué podemos comer.

—Pero... tengo hambre.

—¿Crees que yo no? —bufó Alice impaciente—. Tenemos que aprender a usar esto y luego preocuparnos de conseguir comida y agua. Además, hasta dentro de unos días no necesitaremos comida con urgencia.

—¿Días? —42 se quedó pálida.

Alice no sabía qué decirle. Entendía que no se creyera la situación o que no fuera consciente de ella, pero no podían permitirse permanecer allí mucho tiempo.

—Y ¿cuándo volveremos a casa? —preguntó 42.

—¿A casa? ¿Qué casa?

—¡A casa! —La chica se puso a lloriquear . ¡No quiero seguir aquí!

—¡No hay casa a la que volver! ¿No lo entiendes?

42 se dio la vuelta y echó a correr hacia el bosque. Alice suspiró, dejó las cosas y la siguió. Era bastante más rápida que ella, así que no le resultó muy difícil alcanzarla. La joven se había detenido al lado de un arroyo y estaba vomitando, agachada. Alice apartó la mirada. Nunca había visto a nadie devolver y el olor no le gustó. Ni la forma en que su cuerpo se contrajo. Pero se mantuvo a su lado de todas formas. No quería dejarla sola.

42 estuvo un buen rato así, de rodillas, llorando y sacan-

do bilis. No podía asimilar la situación. Alice le acarició la espalda y trató de calmarla. Al final, por suerte, el mimo de su amiga pareció surtir efecto.

—¿Mejor? —preguntó.

42 se sorbió la nariz.

—Mejor.

Hubo un momento de silencio cuando ambas se quedaron sentadas en el suelo, mirando el agua del arroyo.

—¿Tú también has tenido un sueño distinto? —preguntó 42 al final, algo más tranquila.

Ella la miró y asintió con la cabeza.

—¿Por qué crees que será?

—No lo sé. —Se encogió de hombros—. Vamos, déjame ayudarte. Volvamos al coche.

—Está bien. Escucha, siento haber reaccionado así. Es que...

—No pasa nada —le aseguró Alice.

—Ojalá fuera tan fuerte como tú.

¿Fuerte? Alice no se sentía fuerte. Ni por asomo.

42 se puso de pie con su ayuda y las dos volvieron andando al coche, que a Alice le dio la sensación de que estaba mucho más lejos de lo que recordaba.

Justo cuando lo vio, escuchó un ruido a sus espaldas. Enseguida asumió que era 42. Lo que no se esperaba era que, al volverse, la vería corriendo otra vez en dirección al arroyo. Alice la miró, confundida, pero lo comprendió perfectamente en cuanto vio a lo lejos a dos hombres que se dirigían hacia ellas.

—¡Tienen que ayudarnos! —suplicó 42 al llegar a su altura. Estaba llorando, y se postró de rodillas delante de ellos—. ¡Por favor! ¡No tenemos adónde ir! ¡Nos van a...!

Los hombres la agarraron de ambos brazos para ponerla en pie. 42 sonrió, esperanzada, pero esa ilusión se esfumó en cuanto, sin siquiera mirarla, uno de ellos le levantó la camiseta por encima del ombligo. Allí estaba la marca de androide. 42 tenía su número tatuado en color negro, como todos. Alice sintió que el suyo cosquilleaba ligeramente bajo el mono gris ceniza.

—Es de los fugados —murmuró uno de los hombres, quien sacó una pistola y le apuntó a la cabeza con ella.

Fue entonces cuando Alice se percató de que iban vestidos como los que habían atacado su zona, como ellas.

Alice reaccionó sin pensarlo y, aterrada como estaba, empezó a correr hacia ellos para intentar evitar lo que claramente iba a suceder, pero en el fondo ya sabía que era inútil. Apenas había avanzado unos pocos metros cuando se escuchó el ruido seco, duro y rápido del disparo. El cuerpo de 42 se desplomó contra el suelo, con una herida redonda en la frente. Alice se quedó paralizada.

Y entonces, el otro hombre, el que no había disparado, clavó la vista en ella y antes de que pudiera pensar, se vio a sí misma corriendo hacia el coche. Ni siquiera miró por última vez a 42. Más adelante se sentiría fatal por ello, pero en aquel momento no podía permitírselo.

Sorteó unas cuantas ramas torpemente, con lo que el hombre ganó cierta ventaja, hasta que por fin llegó al coche. Agarró el revólver del suelo y subió tan rápido como pudo. El motor se puso en marcha mientras tiraba el arma al asiento del pasajero.

Ya estaba dando marcha atrás cuando el hombre llegó a su altura. Vio que sacaba un aparato del bolsillo y hablaba por él, pero para entonces Alice ya se había incorporado al sendero otra vez. Notaba una capa de sudor frío cubriéndole el cuerpo, y las manos se aferraban con fuerza al volante, como si temiera que se le escapara.

¿Lo había conseguido? ¿Se había librado de ellos?

42 estaba muerta. La habían matado. Por ser androide. La habían asesinado sin molestarse en preguntarle nada, sin si-

quiera mirarla. Su respiración se aceleró. Intentó centrarse en la carretera como pudo, pero se estaba mareando otra vez.

Justo cuando empezaba a albergar ciertas esperanzas, escuchó el rechinar de unos neumáticos detrás de ella. El olor a goma quemada fue casi inmediato. Dos coches mucho más grandes que el suyo se acercaban. Varias cabezas asomaban de sus ventanillas.

Aunque no sabía qué estaba haciendo, por un impulso, Alice pisó con más fuerza el pedal que estaba bajo su pie derecho. Sintió que el motor del pequeño coche se quejaba, Alice hizo una mueca, como si fuera ella la que sufría.

Pero los otros seguían detrás y parecía que cada vez estaban más cerca, acechándola, tratando de sacarla del camino. Miró por el espejo y vio dos pares de faros aproximándose cada vez a mayor velocidad. Desesperada, hizo memoria de todo lo que había aprendido sobre tecnología humana, pero le dio la sensación de que, con el subidón de adrenalina, su cerebro era incapaz de pensar de manera coherente.

Eran tres pedales. Algunas marchas. No podía ser tan complicado, ¿verdad?

Se tomó un precioso segundo para mirar abajo y ver el número cuatro debajo de su mano derecha. Y fue en ese momento cuando uno de los coches chocó con ella por atrás.

La sacudida hizo que se le escapara el volante durante un instante, un momento en el que todo, absolutamente todo, empezó a tambalearse.

Entonces, su estómago dio un vuelco y ahogó un grito. No fue capaz de cerrar los ojos. Durante un segundo, el coche se descontroló a toda velocidad en el bosque. Después, chocó contra un árbol y ella sintió que salía propulsada de su asiento hacia delante, atravesando el cristal.

Se quedó mirando el suelo. Su corazón latía tan rápido que no podía oír otra cosa. Era incapaz de sentir su cuerpo.

Quería volver a cerrar los ojos, pero una parte de ella, una que seguía siendo consciente de la situación, la obligó a mantenerse despierta.

—¿Por dónde ha ido? —preguntó una voz que le pareció muy lejana.

—Por ahí.

No sabía si la estaban señalando, pero se obligó a moverse.

No quería morir. La sensación fue tan repentina que no supo hasta aquel momento lo aterrada que estaba. No quería morir. No quería. No podía. No así. No estaba preparada.

Movió un dedo, después otro, y al final la mano entera, con la que palpó el suelo. Estaba tirada sobre un lecho de cristales rotos. Al levantar el brazo, se dio cuenta de que muchos de esos trocitos de cristal estaban clavados en sus brazos y sus piernas.

Se llevó una mano a la cabeza y notó una capa de humedad pegajosa que le cubría la mayor parte del cuero cabelludo. Y su pierna..., solo vio una mancha borrosa y roja. Era la única parte de su cuerpo que no podía sentir.

Dio la vuelta sobre sí misma y empezó a arrastrarse lejos del coche. Clavó los dedos en el suelo y se impulsó hacia delante, sintiendo que el cuerpo entero le suplicaba que parara. Lo hizo una, dos, tres, lo que le parecieron infinitas veces, hasta que por fin estuvo a unos metros del coche. Clavó los dedos en la corteza de un árbol y, resistiendo el insoportable latigazo de dolor que le recorrió todo el cuerpo, se arrastró cuanto pudo para ocultarse tras el tronco. Cuando se sintió menos expuesta, se dejó caer boca arriba y miró al cielo entre las infinitas hojas que se interponían entre ambos.

—¡Mira, ahí está el coche!

Escuchó pasos acercándose a ella y cerró los ojos. El sol ya había salido, pero no se molestó en ver por dónde. Solo pudo sentir el calor en su piel dándole un poco de paz antes de que todo se desmoronara.

Los pasos se detuvieron a unos metros de ella y los hombres estuvieron un rato junto al coche. Alice mantuvo los ojos cerrados, pudiendo concentrarse solo en la pierna que empezaba a sentir —la adrenalina había empezado a disminuir— y que le dolía mucho más de lo que le había dolido nunca nada. Su cabeza y sus manos también ardían, pero era leve en comparación.

Entonces, los pasos se alejaron y casi deseó que volvieran y la mataran de una vez por todas. Sus esperanzas y, a la vez, desilusiones volvieron cuando notó una sombra cerniéndose sobre ella. Abrió los ojos lentamente.

Había un chico muy joven a su lado, de pie, mirándola fijamente. Parecía sorprendido. Al instante, le pareció que lo conocía, pero estaba tan concentrada en el dolor que no le dio más importancia. Miró mejor al adolescente. Iba vestido con ropa ancha y vieja, pero no era la misma que utilizaban los que la perseguían. ¿Eso significaba...?

El chico se agachó y la enorme cantidad de rizos que poblaba su cabeza se quedó colgando mientras retiraba con sumo cuidado una parte de la tela del mono, hecho pedazos, de Alice para mirar encima de su ombligo. El 43 estaba allí, perfecto e impoluto. Como una sentencia de muerte directa.

—Hazlo rápido —suplicó ella en voz baja.

Él la miró, aterrorizado, abrió la boca y volvió a cerrarla. Después, miró a su alrededor. Ahora llamaría a los demás. La matarían.

Pero no lo hizo, solo se volvió hacia ella y dudó durante lo que pareció una eternidad. Entonces, metió una mano en el bolsillo de su pequeño chaleco marrón y sacó algo parecido a un ungüento. Con dos dedos tomó un poco. Ella notó una fina capa arenosa en su estómago, pero no fue capaz de moverse. En cuanto hubo terminado, agarró un poco de tierra, se la echó por encima y, con suavidad, le recolocó la ropa.

Entonces, miró a Alice con sus grandes ojos azules y se llevó un dedo a los labios, indicando que guardara silencio. La joven frunció ligeramente el ceño. No entendía nada.

El chico se llevó los dedos de la otra mano a los labios y emitió un fuerte sonido agudo.

Casi al instante, Alice escuchó pasos acercándose a toda velocidad. Vio que el muchacho estaba moviendo la boca, pero no entendió nada. Sus orejas estaban taponadas y le pitaban los tímpanos. No podía moverse. Estaba acabada. Cerró los ojos, dolorida, y distinguió entre los pitidos la presencia de más gente a su alrededor.

Después, unas manos la agarraron de los brazos. Abrió los ojos y soltó un alarido de dolor. La soltaron al instante.

—Idiota inútil —masculló alguien muy cerca de ella—. Aparta, déjame a mí.

Alguien apartó bruscamente a la persona que la había intentado coger, la tomó delicadamente por la cintura y la levantó con suma facilidad.

Volvió a gruñir de dolor cuando se vio a sí misma colgando del hombro de alguien. Apenas podía moverse, pero eso no le impidió intentarlo por última vez. Solo consiguió que quien fuera que la cargaba la agarrara con más fuerza.

—Como te quejes —advirtió la voz de quien la estaba llevando— te aseguro que te arrastraré.

Ella se mordió el labio con fuerza para no emitir ni un sonido, aunque la pierna y la cabeza le palpitaban terriblemente. Al cabo de un rato, no pudo soportarlo más y se desmayó de dolor.

4

LA CIUDAD DE LAS PUERTAS ABIERTAS

Unas manos de largos y finos dedos, con las uñas pintadas de rojo, se acercaron a ella y la tomaron en brazos. Se escuchó a sí misma riendo con un sonido que pareció más un hipido que una carcajada. Agitó los brazos y vio la cara conocida de la mujer.

—Ummm —balbuceó, y la mujer sonrió.

—¿Tienes hambre? —preguntó ella con voz suave—. Vamos a darte un biberón.

—Ummmmmmmmm —dijo, haciéndola sonreír de nuevo. Le gustaba hacerla sonreír.

—Sí, ummm. —La mujer la sostuvo contra ella con un brazo y le acercó un biberón con el otro.

* * *

Al despertar, Alice se levantó bruscamente y, en el instante en que un latigazo de dolor le recorrió el cuerpo, se arrepintió y volvió a tumbarse. Todos y cada uno de sus músculos estaban entumecidos.

Miró a su alrededor y sintió una punzada aguda en la

frente. Lo primero que vio fueron cortinas de flores a su alrededor, que le impedían descubrir dónde se encontraba. En el techo blanco —algo sucio, por cierto— había un pequeño ventanuco que le indicó que era de día. Solo la visión de un poco de sol le dio dolor de cabeza.

Estaba en una camilla, donde una fina sábana apenas la cubría. Llevaba una bata azul corta y la rodilla completamente vendada. Sus manos tenían pequeñas heridas, causadas, probablemente, por los cristales rotos y, en cuanto se tocó la frente, notó una pequeña pero profunda herida en la ceja. Hizo una mueca de dolor.

Clavó los codos en la camilla y se incorporó muy poco a poco. Tras eso, intentó ponerse de pie, pero su pierna derecha no se movía por mucho que lo intentara. Movió los dedos de los pies y, aunque los tenía medio dormidos, los sintió. Fue un alivio.

Decidió que lo mejor era descubrir dónde estaba, así que apartó la cortina apenas una rendija para espiar el lugar. En aquella estancia había más camillas, pero la suya era la única ocupada.

Apartó un poco más la cortina. Un palmo. Vio máquinas viejas y extrañas, varias ventanas y unas cuantas vitrinas llenas de frascos de varios tamaños y colores.

Se armó de valor y abrió la cortina casi por completo. No esperaba encontrar compañía.

Había dos personas más allí. Una era una mujer bajita, de piel bronceada por el sol y pelo rubio atado en un moño. Su cara era redonda, algo regordeta, y tenía los ojos grandes y marrones. Su rostro inspiraba confianza. Y en ese momento, mientras hablaba con alguien en un tono suave, todavía más.

Ese alguien, que daba la espalda a Alice, parecía un chico no mucho mayor que ella, pero era difícil asegurarlo si no se daba la vuelta. Iba vestido con una camiseta negra que tenía un agujero cerca de la cadera, unos pantalones de camuflaje y unas botas. Estaba cruzado de brazos, con los hombros tensos. Era obvio que estaba enfadado por algún motivo.

—No podemos asegurarlo —murmuró la mujer—. No sabemos nada de esa zona.

—Díselo a Deane. Seguro que está entusiasmada con la situación.

—Deane es... —La mujer suspiró—. Ya sabes cómo es.

—Y tú también. Por eso me sorprende que quieras seguir adelante con esto.

—Y ¿qué harías tú, Rhett? ¿La echarías? ¿En serio?

El tal Rhett se tensó todavía más y apartó la mirada.

—No lo sé. Algo mejor que esto.

—Bueno, es tan fácil como votar en contra. Pero no esperes que yo haga lo mismo.

Hubo un momento de silencio incómodo entre ambos. El chico apartó la mirada. De hecho, en aquel momento se dio la vuelta hacia Alice como si hubiera notado que los observaba.

Durante un milisegundo, Alice pensó que podría fingir que no había estado escuchando. Pero solo durante ese milisegundo, porque entonces se dio cuenta de que era muy tarde. El chico había clavado la mirada sobre ella. Y no, no parecía demasiado contento.

Además, aunque hubiera intentado disimular, habría sido inútil. Se habría quedado pasmada al verlo de todas formas. El chico tenía una cicatriz que le recorría parte de la cara, desde la ceja hasta la mejilla, cruzándole el ojo.

Nunca había visto algo así. En su zona, todos eran tan perfectos... No pudo evitar sentirse fascinada. ¿Qué se sentiría al tocar una cicatriz? ¿Sería muy raro que se lo pidiera?

Pero entonces, él lo estropeó todo al poner mala cara y soltar:

—¿Se puede saber qué miras tanto?

Alice dio un respingo y se apresuró a desviar la vista.

Vale, no parecía muy dispuesto a dejar que le tocara nada. Mejor no arriesgarse.

Mientras tanto, la mujer se había apresurado a acercarse a ella. Se detuvo a su lado y la revisó concienzudamente con la mirada antes de sonreírle.

—Vaya, buenos días. Me alegra verte despierta y con tan buena cara.

Llevaba una bata blanca como las que usaban los científicos de su zona. Fue la primera persona —aparte del adolescente al que había visto antes de desmayarse— que le infundió confianza.

—Vuelve a tumbarte o esa pierna empeorará. —Su sonrisa se volvió un poco más dulce cuando la empujó suavemente para volver a tumbarla—. ¿Cómo te encuentras?

Alice la miró un momento, abrió la boca y, cuando intentó hablar, solo le salió un sonido ronco y lastimoso. Empezó a toser y sus costillas temblaron de dolor. La mujer actuó a toda velocidad. En apenas un instante estaba a su lado con un vaso de agua, que le ayudó a tomar. Alice sintió el alivio al instante. Incluso cerró los ojos, más sosegada.

Al abrirlos, vio que ambos seguían mirándola. El chico se había cruzado de brazos otra vez y la observaba con cierta desconfianza. La mujer le sonreía con amabilidad.

—Sienta bien, ¿verdad? Llevas aquí unos días. Has causado un buen revuelo, señorita —añadió, riendo—. No había venido nadie nuevo desde hacía mucho tiempo.

—Sí—murmuró el joven, poniendo los ojos en blanco—, la temporada turística suele empezar en mayo.

La mujer lo ignoró completamente y prosiguió:

—Ahora que has recuperado la consciencia, probablemente te harán muchas preguntas: de dónde eres, cómo te llamas, si has estado en otras poblaciones..., ya sabes, la ciudad tiene curiosidad. Así que no te lo tomes a mal. No te preocupes, yo me encargaré de que no te molesten mucho con el interrogatorio.

Alice intentó hablar otra vez. Tardó unos segundos en conseguirlo.

—¿Dónde... estoy?

—En Ciudad Central —aclaró la mujer.

¿Ciudad Central? ¿Y eso qué era? ¿Una zona humana?

Debió de verle la cara de confusión, porque la mujer enseguida añadió la combinación perfecta de palabras para que Alice sintiera que toda su confianza se evaporaba:

—Estás en las ciudades rebeldes, querida.

¿Rebeldes?

¿Había dicho «rebeldes»?

Ay, no. Los que estaban en contra de ella. De los androides. De su zona. Un escalofrío de alerta le recorrió la espina dorsal.

Esperaba que su reacción hubiera sido casual, pero lo dudaba. La mujer seguía sonriendo, pero el chico ya no la miraba con desconfianza, sino con detenimiento. ¿Lo sabía? No, no podía saberlo, ¿verdad? Era imposible. Recordaba que el chico que la encontró le había puesto algo en el abdomen. Había cubierto el número. ¡No podían saberlo!

Le sostuvo la mirada, aterrada, y sintió que se hacía pequeñita en su lugar cuando el joven dio un paso hacia ella y abrió la boca para decir algo, pero la mujer lo interrumpió.

—Me llamo Tina, por cierto —se presentó, alegremente—. Bueno, Cristina, pero puedes llamarme Tina. Todo el mundo lo hace.

Ella estuvo a punto de presentarse con su número, pero se dio cuenta de que habría sido un error tan estúpido como mortal, así que lo pensó mejor.

—Alice —dijo, finalmente, en voz baja.

—Bonito nombre. ¿Verdad, Rhett?

Él, que había estado ocupado mirando fijamente a la chica con cara seria, se volvió hacia Tina y enarcó lentamente una ceja, con lo que dejó clara su opinión sobre el tema.

—Vale, pues no respondas —replicó ella, negando con la cabeza—. ¿Puedes ir a avisar a Max de que se ha despertado, al menos? Los demás guardianes querrán empezar el juicio cuanto antes.

Rhett miró a Alice de nuevo, sosteniéndole la mirada un momento más; parecía desconfiar de ella. Después, se marchó sin decir absolutamente nada.

—Y ahora, vamos a levantarte —dijo Tina junto a ella, ofreciéndole una mano—. Despacio, ¿vale? Debemos tener cuidado con tu pierna. El consejo de la ciudad querrá verte. Debes prepararte.

Alice tomó su mano y, con sumo esfuerzo, logró sentarse en la camilla.

—¿Estás bien? —preguntó la mujer.

Ella asintió, y Tina desapareció un momento para volver a los pocos minutos con unas cuantas prendas de ropa: unos pantalones cortos —que agradeció, debido a la rodilla—, una camiseta sin mangas, una camisa de manga corta de color verde claro y unas botas marrones. Nada parecía nuevo. Era muy distinto a su atuendo habitual. Aun así, no se quejó. La mujer la ayudó a quitarse la bata. Alice se quedó helada cuando vio su número de androide.

Sin embargo, Tina lo ignoró completamente y le guiñó un ojo.

—Lo sé —dijo en voz baja—. No se lo diré a nadie, no te preocupes. Pero vas a tener que confiar en mí.

Alice no entendía nada, pero optó por guardar silencio. ¿No se suponía que los rebeldes eran unos salvajes? ¿Qué los odiaban? Por lo que estaba viendo, no había mucha diferencia entre ellos y los humanos a los que los padres consideraban aceptables. De hecho, Tina había sido más simpática con ella en ese poco rato que la mayoría de los padres y científicos en toda su vida.

Se dejó vestir y, un buen rato más tarde, no sin dificultad por su parte, pues cojeaba visiblemente, por fin salieron del edificio. Había un rótulo que rezaba HOSPITAL justo encima de la puerta.

Lo primero en lo que se fijó Alice fue en que el exterior estaba repleto de gente. Especialmente jóvenes que la miraban con expresión curiosa, sin miedo a ser castigados por no andar con la mirada fija en el suelo. Le extrañó.

Las calles eran amplias, con edificios pequeños a ambos lados. Todos tenían rótulos encima para indicar su función. Al fondo, bajando por la cuesta principal de la ciudad, las casitas particulares salpicaban el entorno con un poco de color. Se asemejaba mucho a los lugares humanos que mostraban las imágenes de los libros de su zona; jamás habría pensado que los vería con sus propios ojos.

Tina se detuvo delante del edificio más grande de la ciudad. El ayuntamiento. Era de madera, con el techo inclinado y grandes ventanales. Tina le señaló algo. O más bien a alguien.

A un metro de distancia, un chico muy joven jugueteaba de forma un poco nerviosa con sus dedos. Alice solo necesitó verle el pelo rizado para reconocerlo. Era el que la había ayudado en el bosque.

—Nos vemos dentro, querida. —Tina le dio un ligero apretón en el hombro sano—. Buena suerte.

Y, dicho eso, la dejó sola con el chaval.

Alice se quedó allí de pie, confusa. El adolescente se colocó a su lado y ambos esperaron a que la gente entrara. No se hablaron. Los dos estaban muy nerviosos.

Finalmente, cuando la última persona entró, él respiró hondo.

—Sígueme el rollo —le dijo a Alice antes de abrir la puerta.

¿Que le siguiera el qué?

Lo primero que vio al entrar fue una enorme sala repleta de gente. De humanos, en concreto. Nunca había visto a tantos juntos. Se asustó.

Tragó saliva con fuerza y siguió al chico por el pasillo, en dirección al fondo de la estancia.

La estancia, abarrotada de gente, no era más grande que la sala de conferencias de su zona. Todos la miraban. No con desprecio ni con desdén, sino con curiosidad. A Alice nunca la habían mirado de ese modo. Nunca había sido tan interesante como para provocar esa inquietud en alguien. Era una sensación extraña.

Los ventanales le permitieron ver que los pocos que no habían encontrado sitio en la sala habían optado por asomarse a ellos. En la estancia no había muchos muebles. Solo hileras de asientos y una pequeña tarima en la que había una mesa larga a la que se sentaban cinco personas. Delante de estas, bajo la tarima, había una silla solitaria a la espera de ser ocupada.

Bueno, estaba claro cuál era su lugar.

El chico la acompañó hasta ella y Alice se sentó con dificultad, pues aún le dolían las heridas. Su acompañante se quedó de pie a su lado. Como nadie decía ni hacía nada, Alice miró alrededor para distraerse. El techo era bonito, pero estaba en un estado muy precario. De él colgaba una enorme lámpara de cristal, apagada, pues a esas horas del día entraba luz a raudales por las grandes cristaleras.

Escuchó los murmullos de la gente a su alrededor y se obligó a ignorarlos. Era extraño que hablaran tanto. En su zona eran muy estrictos con el ruido. Si estabas en una reunión, ni siquiera oías la respiración de quien tuvieras al lado.

De pronto, el hombre que estaba sentado en medio de la mesa dio un golpe seco sobre ella, por lo que Alice se volvió hacia él, asustada. Todo el mundo guardó silencio.

¿Ese era su líder? ¿Por eso estaba sentado en el centro? ¿Iban a juzgarla? ¿Por qué? Y ¿para qué, para matarla? ¡Si acababan de curarla! ¿Esa era la lógica de los humanos?

Alice miró al hombre. Era de mediana edad, fuerte y serio. Lucía una corta barba del mismo color que su pelo, oscuro, y unos ojos de color castaño con los que parecía que iba a atravesarte y ver dentro de ti. Iba vestido como los demás —¿por qué el líder vestía como sus inferiores?— y su sola presencia intimidaba. No parecía muy simpático, la verdad.

Cuando clavó la mirada en Alice —porque realmente la clavó, parecía escrutarla con los ojos—, ladeó un poco la cabeza, como si estuviera analizándola. A ella le entró la tentación de salir corriendo, pero al final decidió que sería una mala idea.

Porque, siendo sinceros, tampoco habría podido hacerlo. Seguía coja.

—Doy comienzo a este juicio. —El hombre ni siquiera tuvo que levantar la voz para que todos lo escucharan. Alice se hizo pequeñita en la silla cuando él se volvió hacia ella de nuevo—. Di tu nombre en voz alta.

Alice dudó un momento. Estaba aterrada. El desconocido que la había salvado, aún junto a ella, se aclaró disimuladamente la garganta, mirándola de reojo.

—Alice —dijo ella en un hilo de voz, pero se la escuchó en toda la sala.

—¿Sabes dónde te encuentras? —Ella negó con la cabeza, por lo que el hombre de la barba prosiguió—: Estás en Ciudad Central, donde ayudamos a la gente. Y este juicio es para decidir si puedes quedarte con nosotros, si así lo desearas. Jake es tu representante porque él fue quien te encontró.

Ella asintió lentamente. Si la echaban, moriría de hambre o de sed, o bien los de gris ceniza la atraparían antes de que pudiera llegar a ningún sitio. ¿Su único seguro era ese chico?

Bueno, ya la había salvado una vez, pero nunca había conocido a nadie menor que ella. ¿Sería capaz de volver a ayudarla?

—Cuando quieras, Jake —añadió el de la barba, haciéndole un gesto.

¿Qué iba a decir el muchacho? Ni siquiera habían hablado. Miró al chico, que estaba a punto de intervenir.

Y lo que dijo Jake hizo que a la pobre Alice casi le diera un ataque.

—Vivía en la zona de los androides —anunció despreocupadamente.

¿Acababa de oír lo que creía que acababa de oír?

Alice abrió mucho los ojos, pero el tal Jake se limitó a hacerle un guiño disimuladamente, como diciéndole que se calmara.

Aprovechando los murmullos en la sala, Alice miró a todos los miembros de la mesa, los que suponía que iban a decidir sobre su futuro. Además del líder, había dos hombres y dos mujeres. El del extremo izquierdo era también de mediana edad, de mirada penetrante y ojos rasgados, la cabeza y la mandíbula completamente afeitadas y una pistola en el cinturón. A su lado, se encontraba una chica de rostro alargado, algo huesudo e impregnado de seriedad, y de pelo corto y oscuro; no parecía mucho mayor que Alice. No tenía pinta de haber sonreído mucho en la vida. Junto a ella, estaba el líder.

Tina era la siguiente y, allí sentada, parecía mucho más seria e intimidante que en el hospital. Y, finalmente, junto a Tina, un chico que apoyaba las botas de forma descuidada sobre la mesa y cuya pose, jugueteando con una pulsera de cuero que llevaba en su muñeca izquierda, parecía ignorar a todos.

¡Era el del hospital, el de la cicatriz! Rhett, el que no había dejado de mirar a Alice con mala cara, ahora ¿iba a juzgarla? Sus nervios aumentaron.

—¿Vivía con los androides? —preguntó el rapado a Jake, desconfiado—. Entonces, ¿es un androide?

—No —intervino Tina, haciendo que Alice se tranquilizara un poco—. La he atendido en el hospital. Si lo fuera, lo sabría.

Alice seguía sin entender por qué se arriesgaba tanto para protegerla, pero no iba a protestar.

—En realidad —siguió Jake—, allí no vivían solo androides, sino también humanos.

—¿Para qué necesitan humanos? —preguntó el de la barba.

Jake la miró. ¿Era su turno? Ah, hora de mentir. Pero ella no sabía. O, mejor dicho, nunca había tenido que hacerlo tan repentinamente.

Por favor, que saliera bien.

—Nos retenían, señor —se escuchó decir.

—«Señor» —Rhett esbozó una sonrisita divertida—. No es ningún señor.

—Y ¿qué se hacía con los humanos? —preguntó la chica de pelo corto, ignorándolo—. ¿Se los utilizaba para algún trabajo concreto?

—No exactamente —intervino Jake—. Les hacían creer que los demás humanos los repudiarían por haber vivido con androides. Así conseguían retenerlos.

Se oyeron nuevos murmullos, mucho más altos. Alice se preguntó de dónde sacaba Jake todo eso, pero mantuvo su cara impasible. Tenía que fingir que lo que decía era cierto, ¿no?

—¿Y por qué tú escapaste y los demás no? —Rhett había

quitado las botas de la mesa y la miraba con interés—. ¿Qué te hizo pensar que tenías alguna posibilidad de sobrevivir sola?

—No... No tuve otra opción —admitió ella.

—¿A qué te refieres? —preguntó el rapado.

—Yo... —Alice tragó saliva con fuerza. Estaba muy nerviosa—. Vi lo que hacían con la gente que no seguía las normas. Me asusté y quise irme. Sin importarme lo que pasara.

Vale, eso no era del todo mentira. Empezó a relajarse y a ganar confianza. Podía hacerlo. Sería capaz de decir medias verdades y convencerlos.

—¿Qué hacían con la gente que no seguía las normas? —La chica del pelo corto frunció el ceño.

—Un chico... —¿Por qué le resultaba tan difícil hablar de ello?—. Un chico levantó la voz una mañana. Quería marcharse de la ciudad. Así que le cortaron la mano. Y hubo otro..., otro que siempre se portaba bien, hasta que un día empezó a cuestionar lo que pasaba allí y nadie volvió a verlo.

—Putos dictadores —murmuró la chica asqueada.

—Eso no explica cómo terminaste en el bosque —replicó el hombre de la barba—. ¿Escapaste sin más? Dudo que te dejaran salir.

—No, no fue así. Mi padre... —Ay, no, se le había quebrado un poco la voz—. Mi padre me dijo que tenía que irme de la zona antes de que fuera demasiado tarde. Me estuve preparando con él durante semanas, hasta que un día decidimos marcharnos juntos.

Una pequeña mentira. Era extraño decirla con tanta naturalidad. Y más extraña era la sensación de vacío que sentía cada vez que pensaba en el padre John.

—Fueron los de la ropa gris ceniza, ¿no?

Alice se quedó mirando al hombre de la barba. Él suspiró.

—Ciudad Capital. Había oído rumores de que tenían pensado hacer algo así, pero nunca creí que llegarían a atreverse —admitió, echando una ojeada a sus compañeros de mesa, que parecían sorprendidos, antes de volverse hacia Alice de nuevo—. Nosotros no llevamos monos grises ni matamos a personas inocentes, así que no tengas miedo y cuenta la verdad.

Alice, por algún motivo, supo que estaba hablando en serio. Saber que ellos no formaban parte del grupo que los había atacado era un verdadero alivio. Casi se permitió sonreír hasta que escuchó la pregunta de Rhett.

—¿Qué fue de tu padre?

Alice agachó la cabeza. Si no había llorado nunca, no empezaría delante de todo el mundo. Aunque sintiera las lágrimas agolparse en sus ojos.

—Lo atraparon —murmuró—. No pude hacer nada para salvarlo.

Se produjo un silencio algo incómodo en la sala. Supo enseguida que a los humanos no les gustaba hablar de la muerte.

Miró de reojo a Jake, que asintió un poco con la cabeza. Quizá creyera que se estaba inventando esa parte.

Ojalá fuera una invención.

—¿Y no intentaste avisar a nadie más, aparte de a tu padre? —preguntó el de la barba.

—Intenté avisar a una compañera.

La expresión de Jake cambió a una más tensa. Ay, quizá no debía hablar tanto.

De nuevo, esa sensación de tristeza y vacío al pensar en la pobre 42.

—Y ¿dónde está esa compañera tuya? —preguntó el hombre rapado.

—Vi cómo la mataban antes de salir de la ciudad.

Estaba cambiando los papeles de 42 y el padre John inconscientemente. No tuvo muy claro por qué.

Se hizo un silencio absoluto en el jurado.

—Siendo tu compañera, ¿no hiciste nada para protegerla? —preguntó el hombre rapado escéptico.

—Ella se lanzó sobre ellos y yo no...

—¿Por qué se lanzaría sobre ellos? —La chica de pelo corto levantó una ceja.

No la creían.

—Pensaba que nos ayudarían —se apresuró a explicar Alice.

—¿Después de haber intentado mataros? —Sonó muy desconfiada.

—No..., no sabíamos..., no entendíamos qué estaba pasando. —Hubo un deje de desesperación en la voz de Alice. Necesitaba que la creyeran—. Allí era todo muy estricto. Saltarse las normas, tener iniciativa..., era algo impensable. Tuvimos que improvisar todo lo que hacíamos. Ni siquiera habíamos tenido contacto con nadie que no fuera nuestro padre u otro de los nuestros. Y, de pronto, teníamos que escapar de la única zona que habíamos conocido. Y ella creyó, por un momento..., creyó que nos ayudarían, sí. Cualquiera lo habría hecho. Estaba desesperada. Igual que todos.

Vio que Tina y el hombre de barba se miraban, pero al menos no dijeron nada. ¿Eso significaba que la creían?

—Y ellos no os ayudaron —añadió el rapado, esta vez en un tono menos agresivo.

—No. —Alice negó con la cabeza, tragando saliva—. La mataron sin siquiera pensarlo. Conseguí salir de la zona con mi padre, pero a él le hicieron lo mismo en cuanto nos detuvimos. Habíamos conseguido robar un coche y yo... intenté escapar con él por mi cuenta. Pero consiguieron sacarme de la carretera y..., bueno, Jake me encontró.

Era la primera vez que notaba que toda la sala la estaba escuchando en silencio. Era una sensación muy extraña. El silencio no era forzado y distante. Era uno de esos en los que sabes que tienes toda la atención puesta sobre ti porque te la has ganado tú misma.

—¿Tienes idea de por qué querían invadir vuestra zona? —preguntó el de la barba, y Alice negó con la cabeza.

—Ojalá lo supiera.

—Y ¿por qué deberíamos dejar que te quedaras? —intervino la chica de pelo corto abruptamente—. ¿Qué nos asegura que no correrás a tu antigua zona a decirles a todos dónde nos escondemos?

—Ni siquiera sabe dónde está. —Rhett frunció el ceño.

—Y ¿cuánto tiempo crees que tardará en descubrirlo si dejamos que se pasee por aquí como si nada?

—¿Por qué iba a volver en tal caso?

—¿Y por qué no?

—Porque acaba de decir que todos los de su ciudad están muertos, Deane. Podrías tener un poco de compasión, aunque fuera por una vez en tu vida.

Vaya, Alice no esperaba una defensa tan directa. No pudo evitar sentirse agradecida.

Sin embargo, la tal Deane no parecía tan satisfecha. Se quedó un momento en silencio, malhumorada.

—Eso no es una respuesta —replicó finalmente.

—Lo es —señaló él burlón—. Otra cosa es que no te guste.

La chica le dirigió una mirada que habría helado el infierno, pero a Rhett no pareció importarle.

—¿Por qué crees que deberías quedarte, Alice? —intervino Tina con voz suave, devolviéndole la atención.

—Porque... no tengo otro lugar al que ir. —Ella dudó al darse cuenta de que eso tampoco había sido una mentira—. Antes habéis dicho que ayudáis a la gente, ¿por qué no a mí?

—No eres de los nuestros. —Deane se cruzó de brazos—. No podemos confiar en ti.

—Pero no me conoces. —Alice no lo entendía—. Es imposible que lo sepas.

—¿Te crees que no he visto lo que hace la gente como tú a...?

—Ya vale. —El hombre de la barba se volvió hacia Deane y ella apretó los labios—. Estamos aquí para decidir entre todos, no tú sola.

De nuevo, silencio entre los jueces. Al menos hasta que el de la barba se puso de pie.

—Está claro que estamos dándole vueltas a lo mismo porque ya tenemos una opinión formada, así que votemos.

Alice no tenía ni idea de qué estaban deliberando, pero por el contexto supuso que era si la mataban o no.

—Yo, Geo —anunció el rapado—, voto por echarla.

Ah, no. Era para saber si la echaban. Alice se sintió como si le hubieran lanzado un jarro de agua fría.

—Yo, Deane —le dedicó una fría sonrisa de lado—, voto por que se largue de aquí.

Bueno, eso había estado claro desde el principio, pero por algún motivo Alice albergaba la esperanza de que en algún momento cambiara de opinión.

El siguiente era el de la barba.

—Yo, Max —la miró con los ojos entrecerrados—, voto por que se quede.

Espera, ¿qué?

¿Había oído bien?

—Yo, Tina —sonrió ella—, también voto por que se quede.

Deane apretó los labios con más fuerza todavía. No estaba de acuerdo con ellos, le había quedado claro.

Pero Alice no podía pensar en eso, estaba a solo un voto

de la salvación y sintió que cada mirada de la sala se clavaba en el chico del final de la mesa. Rhett.

Él hizo girar un poco su silla para mirarla de reojo. Casi parecía aburrido, como si fuera un mero espectador que había ido a disfrutar del espectáculo. Pero no fue lo que hizo que Alice deseara poder apartar la vista. Era la cicatriz.

No podía dejar de contemplarla, fascinada, y ahora también la veía con más claridad. Era más larga de lo que había pensado. Cruzaba su cara desde un extremo de la frente hasta la mitad de la mejilla, sorteando el ojo, aunque dejando marca en la ceja.

Quizá Rhett debería haberle parecido más intimidante por ello, pero la verdad es que no. De hecho, le resultaba fascinante. A ella también le gustaría tener alguna cicatriz así para presumir.

No se dio cuenta de que Rhett había estado mirándola con aire pensativo durante un buen rato hasta que Max carraspeó con impaciencia. El joven sonrió con aire burlón y se encogió de hombros.

—Yo, Rhett, digo que cuantos más seamos, mejor.

—¿Eso es un sí? —preguntó secamente Deane.

—No es un no —sonrió él.

Max se puso de pie y toda la sala lo hizo a su vez. Alice fue la última y, además, lo hizo de manera bastante torpe por culpa de la rodilla y de los nervios. Cuando levantó la mirada, vio que Max la estaba observando.

—En nombre de la mayoría de los guardianes, te acepto en Ciudad Central durante un periodo de prueba de tres meses. Si en ese tiempo incumples las normas o no demuestras que estás dispuesta a desempeñar la función que se te asigne en la ciudad, no nos quedará más remedio que echarte. Si consigues adaptarte, pasarás a ser un miembro más de la comunidad. Doy el juicio por finalizado.

En el instante en que hubo terminado de hablar, la gente empezó a marcharse. ¿Ya estaba? ¿Se iban? ¿Había ganado? ¿No había minuto de silencio antes de irse? Claro, ellos no tenían padres a los que agradecer nada, pero aun así...

Alice vio que Tina hablaba con Rhett y dudó. Quizá debería darle las gracias a la mujer. Aunque, al final, decidió volverse hacia Jake.

Él estaba sonriendo, entusiasmado, cuando le dijo:

—Bienvenida a Ciudad Central.

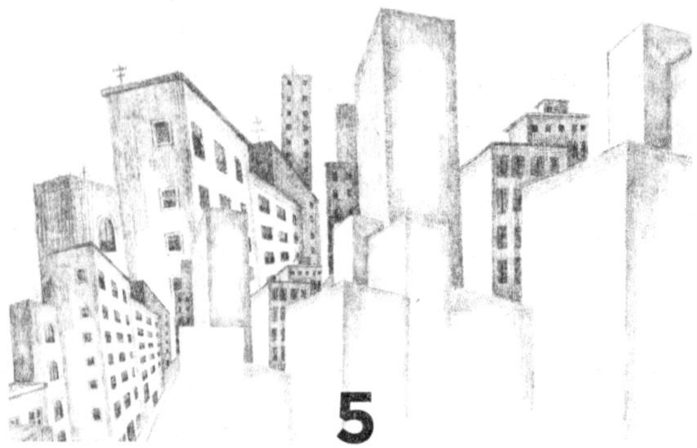

5

LA CHICA QUE TUVO QUE ESCONDERSE

—Espero que no te hayas asustado mucho en el juicio.

Estaban ya fuera de la enorme sala de actos. Alice sintió el sol en la cara y tuvo que entrecerrar los ojos para mirar a Jake. Él la había seguido. Seguía pareciendo entusiasmado.

Sin embargo, gran parte de su entusiasmo desapareció cuando vio la expresión confusa de la chica.

—No sé si te acuerdas de mí, pero ¡no pasa nada! Yo tampoco me acord...

—Claro que me acuerdo —lo interrumpió—. Tú me encontraste y me salvaste. Nunca podría olvidarlo.

—¡Sí! —Él pareció sinceramente entusiasmado otra vez—. Es un placer conocerte de forma más... formal.

Alice lo miró mejor. Su sonrisa parecía sincera. Iba vestido con ropa vieja y ancha, igual que ella. Su pelo era un nido de rizos castaños algo alborotados que, sin duda, habría hecho que cualquiera de su zona contuviera la respiración de manera dramática. Jake tenía los ojos marrones y la mirada algo insegura, pero alegre. Y lo que le daba el toque perfecto eran las pequeñas pecas que cubrían su nariz y sus mejillas. Sintió como si lo conociera de toda la vida.

—Eeeh..., me han asignado enseñarte la ciudad. —Él miró la pierna de su compañera, dubitativo—. Pero quizá sea mejor esperar un poco.

—Estoy bien.

Quería verlo todo. Se sentía mucho más segura después de haber superado aquella prueba inicial. ¡Y seguía viva en una ciudad rebelde! Sin duda su padre estaría orgulloso de ella.

—Ah, genial. —Jake sonrió ampliamente—. Sígueme, entonces. Empezaremos por lo peor, así terminaremos con lo mejor —rio.

Alice cojeó detrás de él, que caminaba por la ciudad confiado, como si le perteneciera. Sintió que todas y cada una de las personas con quienes se cruzaban la miraban con desconfianza y se preguntó si había sido buena idea aceptar quedarse. Claro que, pensándolo bien, tampoco es que tuviera otras opciones.

—Cuando te encontré, pensé que estabas muerta —le comentó Jake—. Me asusté que no veas, je, je, pero vi que respirabas y me tranquilicé.

—¿Por qué me ayudaste? —preguntó Alice.

—No lo sé. —Él se encogió de hombros—. Sentí que... No lo sé. Era mi deber, ¿no? Mira, ¿ves eso?

Señaló una casa que había a su derecha. Era un pequeño edificio viejo de tres pisos cuya fachada no había sido pintada en muchísimo tiempo. Alice vio que, tras las ventanas, había mucha gente moviéndose.

—Es la residencia de los alumnos, donde vivimos la mayoría de los jóvenes de la ciudad mientras vamos a clases y se decide en qué podemos ser útiles a la comunidad. Seguramente te pondrán en el grupo de los avanzados. Yo estoy en el de principiantes. —Se aclaró la garganta, avergonzado—. No es que sea malo, ¿eh?, es solo que..., bueno, da igual. Dormimos todos en el mismo edificio, pero no solemos mezclarnos entre grupos. Los principiantes estamos en el tercer piso, que es el peor porque es el más pequeño y caluroso; los intermedios en el segundo y los avanzados en el primero. No sé por qué no nos mezclamos, la verdad... Somos gente guay, ¿sabes?

—¿Los avanzados son los... guardianes?

—No, son alumnos a quienes ya les han asignado una especialidad. Armas, informática, lucha..., hay varias opciones. Max, el guardián supremo, es quien decide cuándo un alumno avanzado está suficientemente formado y preparado para empezar a ser útil a la ciudad. Entonces, le asigna una casa para él solo. ¿Te imaginas? Eso es a lo que aspiramos todos. Bueno, detrás están los campos de entrenamiento. Es decir, el infierno.

—¿El... infierno? —Ella parpadeó, sorprendida.

—Es una expresión. —Jake la miró, extrañado. Alice lo observó más extrañada aún—. Una forma de hablar. Para que... Bueno, da igual.

Volvieron a emprender la marcha.

—¿Qué se entrena ahí?—preguntó Alice.

—A los principiantes se nos imparte conocimiento general, así que no lo sé. Nos entrenan duro y nos enseñan distintas disciplinas para descubrir nuestro punto fuerte. Aquellos que superan la prueba de nivel, pasan al grupo de intermedios, donde se sigue practicando todo, aunque empiezas a centrarte en aquello que se te da mejor. Y los avanzados, como te he dicho antes, son los que se ya son muy buenos en algo concreto.

—¿Y si no tienes puntos fuertes?

Dudaba que hablar idiomas y ser experta en historia clásica humana le fuese de ayuda a la comunidad.

—A todo el mundo se le da bien algo..., espero, porque si no, no hay esperanza para mí.

Donde se suponía que estaban el área de entrenamiento, Alice solo vio una nave enorme y un campo de fútbol al lado. Lo reconoció porque había visto fotos en un libro de la biblioteca de su zona, aunque al verlo de verdad le pareció mucho más grande de lo que había imaginado.

—¿Aquí sucede ese... entrenamiento? —preguntó.

—Sí, justo aquí. También hay un circuito atrás, pero solo lo usan los avanzados.

Alice supuso que aquello había sido una broma y le dedicó una pequeña sonrisa. Sin embargo, lo que quería era seguir indagando.

—¿A qué se debe que tengamos que entrenarnos? ¿Es que estamos en peligro?

—Eeeh..., no exactamente. Max siempre dice que en un mundo así es indispensable saber defenderse. Además, si quieres ir a probar suerte en cualquier otro sitio, lo primero que requieren es que seas un avanzado. Esta es la única ciudad en la que hay tantos niños; Max es el único que se ofrece a entrenarlos. Los demás nos prefieren ya mayores para ahorrarse un problema.

Jake, que había seguido caminando, se detuvo de nuevo ante un edificio en mucho mejor estado que los anteriores.

—Aquí duermen los guardianes —señaló—. Ya los conoces a todos, eres una afortunada, je, je. Deane es la experta en combate cuerpo a cuerpo; Geo, en informática; Tina se encarga de los que no valen para luchar, aunque aquí los llaman «aprendices» para que no se sientan mal. Que no te engañen, son los que no pueden defenderse. Probablemente yo termine con ellos.

—Y yo...

—Bueno. —Jake sonrió—. Al menos, estaremos juntos en la desgracia. Algo es algo.

Él siguió andando y ella se quedó pensando. ¿No había cinco miembros en el grupo de los guardianes? Solo había mencionado a tres.

—¿Y los otros dos? —preguntó, siguiéndolo.

—Ah, Max tiene el trabajo más guay. Se encarga de las exploraciones. Suelen ir a por más munición, o comida, o medicinas, lo que sea que la ciudad necesite. A veces, también van a hacer intercambios con los de las caravanas. A Max no le gustan mucho, pero siempre dice que, en tiempos como estos, hay que llevarse bien incluso con la gente que no te gusta.

—¿Y el de la cicatriz?

—Rhett... Es una historia muy larga.

—No pasa nada, tenemos tiempo, ¿no? —Alice no quería perderse ni un detalle.

—Antes él se encargaba de las exploraciones. —Jake casi parecía lamentar contárselo—. Pero un día tuvo un problema en una de ellas y..., bueno, lo obligaron a conformarse con entrenar a los iniciados y a los avanzados en armas.

—¿Ese es un buen trabajo?

—No, para él no. De hecho, lo odia.

Siguieron andando hasta alcanzar la parte trasera de la sala de actos, donde una pendiente dividía, a un lado, los edificios compartidos y, al otro, las casas privadas. Jake le dijo que eran las que ocupaban los alumnos graduados o las personas que no tenían ninguna función específica: los niños, los ancianos y los enfermos. También le contó que empezaban a entrenar a los doce años, por lo que hasta esa edad solo tenían la responsabilidad de ayudar a sus mayores con lo que les pidieran.

A Alice le dio la sensación de que la gente era mucho más feliz allí que en su zona. Podían hacer más o menos lo que quisieran. Era raro. Además, todos iban vestidos de forma diferente, sin uniforme.

—La mayor parte de la ciudad la conforman las casas de la gente. También hay un montón de torres de vigilancia, ¿las has visto? —En efecto, Alice se había fijado en ellas, pues las encontrabas a menudo—. Es por si acaso. Para protegernos.

—¿De qué?

—De lo que sea que pueda aparecer por el bosque. Y para eso también está el muro que nos rodea —sonrió—. Lo hicieron Max y sus primeros compañeros cuando todo esto empezó. Rodea la ciudad entera, y hay vigilantes y alumnos avanzados de lucha o armas que se encargan de que nadie entre ni salga sin permiso.

Siguieron caminando y Alice sintió que su pierna empezaba a quejarse. Jake se detuvo en la zona más despoblada de la ciudad, en la que había una pequeña franja de bosque dentro del muro. De hecho, en esa zona, la muralla tenía un agujero. Alice vio que había gente reconstruyéndola en silencio mientras varios guardias los supervisaban.

—Eso lo hiciste tú con el coche —Jake la miró.

—¿Yo?

—Sí, cuando chocaste. Debías de ir a mucha velocidad, para destrozarlo así. Menos mal que no te hiciste mucho daño.

Alice no dijo nada. Siguieron el camino.

—También tenemos bares, no muchos. Están todos por la zona de las casas, así que los alumnos no podemos ir. —Él señaló una pequeña taberna llena de gente—. Y, además, tienes que ser mayor para entrar.

—¿Yo soy mayor?

Jake la miró, divertido.

—Pues claro. Debes de tener unos... ¿dieciocho años? ¿Diecinueve?

—No sé mi edad.

Él dio un saltito, entusiasmado.

—Pues ¡eres una afortunada! ¡Puedes decidir cuántos quieres tener! Pero no te pases. Quédate entre los diecisiete y los veinte. Si dices que tienes cuarenta, nadie se lo creerá.

—Mmm... —Ella lo consideró unos segundos—. Diecinueve está bien.

—Entonces, genial. ¿Ves? Aquí si tienes más de quince años eres mayor.

Siguieron avanzando hasta que por fin llegaron de nuevo a la zona que Alice conocía. El hospital. Y junto a él, la sala en la que la acababan de juzgar. Habían dado la vuelta a la ciudad muy rápidamente, lo que constataba que esta era pequeña.

—Y aquí estamos otra vez, en la zona de alumnos. —Jake hizo una mueca—. Espero que te guste, porque es a la que tienes acceso.

—¿No puedo ir a las casas de la zona baja?

—Claro, pero no vas a poder hacer gran cosa allí.

Alice vio, a lo lejos, lo que parecía ser la entrada principal a la ciudad, custodiada por guardias que también vestían ropa vieja. No parecían muy centrados en sus tareas. De hecho, estaban charlando y riendo entre ellos.

—No te recomiendo que los cabrees —comentó Jake al verlos—. Parecen muy tranquilitos cuando están así, pero son la peste cuando se enfadan. Una vez Saud, un amigo mío, mosqueó a uno. El guardia le dio con la culata de la escopeta en medio de la cabeza y le hizo un chichón. En fin, deberíamos ir a ver a Max. Me dijo que te llevara con él cuando termináramos el *tour*.

Alice no sabía qué significaban algunas de las palabras que había usado, pero asintió con la cabeza de todas formas.

Rehicieron el camino hasta llegar a lo que Jake había nombrado como la casa de los guardianes. Entraron, cruzaron un pasillo estrecho con unas pocas puertas a ambos lados y subieron dos pisos de escalera. Jake no se detuvo hasta que estuvieron al fondo del último pasillo, frente una puerta que abrió sin pensar.

El despacho de Max resultó ser una sala pequeña y cuadrada, en la que las únicas ventanas eran las de las paredes del fondo. En otra había dos estanterías repletas de libros y pegadas la una a la otra, y, en las otras paredes, solo unas cuantas fotos antiguas. En medio del despacho, había una vieja mesa de nogal con papeles y artilugios desparramados encima de ella y flanqueada por dos sillas, ocupadas. Una por Max, y la más cercana a ellos, por Rhett. Ambos parecían estar discutiendo cuando Jake y Alice llegaron. El primero los miró con hostilidad, el segundo, con una sonrisa divertida.

Max, de hecho, se mostró especialmente molesto con Jake.

—¿Qué te tengo dicho sobre entrar sin llamar?

—Eeeh... —El pobre chico se había quedado blanco—. Lo siento mucho, Max, volveré en...

—No, ahora ya no importa. —Y una mirada mucho más severa se clavó en Rhett, que los seguía observando con diversión—. Él ya se iba.

—En realidad —este se puso de pie y cerró la puerta tras ellos, apoyándose en la hoja sin borrar la sonrisa burlona—, prefiero quedarme a ver esta interesante reunión.

Max suspiró, miró a Alice y señaló la silla que había delante de él. La chica se sentó inmediatamente. Ese hombre daba miedo, no quería llevarle la contraria. Además, su pierna magullada lo agradeció. La había forzado demasiado y le dolía.

—¿Tienes nociones de combate? —preguntó el hombre directamente.

Alice frunció el ceño. ¿No necesitaba que la calibraran

antes de empezar la entrevista? Ah, claro, él no sabía que era una andr...

—¿Sí o no?

—¿Combate? —repitió confusa.

—¿Sabes lo que es?

—No... Bueno, sí.

—Es una cosa muy bonita —escuchó decir a Rhett detrás de ella—. Se trata de hacer piruetas intentando que no te maten. Lo vas a adorar.

Eso había sido una broma, ¿verdad?

—Tu pierna estará bien mañana —replicó Max, ignorándolo—. Por lo tanto, empezarás el entrenamiento con los principiantes.

—¿Con nosotros? —preguntó Jake ilusionado—. ¡Genial, Alice!

—Jake, te he dejado quedarte porque pensé que estarías callado.

—Perdón. Me callo. No existo. Soy decoración.

Max lo miró durante unos instantes antes de suspirar, agotado, y volverse otra vez hacia Alice.

—Rhett será tu entrenador.

Hizo una pausa, como si esperara una reacción. La joven se apresuró a asentir con la cabeza.

—Genial.

—No pensarás lo mismo mañana —murmuró Rhett.

—De todos modos —siguió Max—, Jake fue quien te trajo aquí y...

—Técnicamente, fui yo quien la trajo —replicó el otro—. Ya sabes, la cargué todo el camino.

—Pero yo la encontré. —Jake frunció el ceño.

—¡Y yo la cargué todo el camino! ¿Es que nadie me va a dar siquiera las gracias?

Max le dirigió una mirada bastante severa, pero el hombre no pareció muy asustado. Solo sonrió, divertido, y levantó las manos en señal de rendición.

—Quiero silencio —aclaró Max—. Si no podéis estar callados, os agradecería que...

—Jake, cierra el pico —murmuró Rhett—. Por tu culpa quieren echarnos.

—¡Oye! ¡Has sido tú quien...!

—¡Callaos los dos!

Max se frotó la cara con las manos, frustrado.

—Mi pierna no estará bien mañana —comentó Alice, rompiendo el silencio que se formó en ese momento—. Tina ha dicho que me desgarré el...

—¿Y no te ha contado que hace magia con las heridas? —le preguntó Rhett.

—Mañana solo tendrás algunas cicatrices —añadió Jake.

—Llegas a acostumbrarte a ellas —aseguró el hombre—. Haz caso al experto.

—¿Quieres que te eche, Rhett? —le espetó Max.

—No, por favor, eminencia, permítame quedarme.

—Te pondremos con los novatos para ver de lo que eres capaz —soltó Max, pagando su enfado con Alice e ignorando a los demás—. Si eres útil, ya veremos qué hacemos contigo. Si no lo eres, te asignaremos alguna tarea menor. Jake se encargará de enseñarte dónde vas a dormir.

Alice se quedó mirándolo un segundo, confusa. ¿Se suponía que tenía que entender todo lo que acababa de decir?

—Y esto. —Ella se encogió cuando Max sacó algo de debajo del escritorio. Ah, su revólver—. ¿Me puedes explicar por qué lo llevabas encima?

—Mi padre me lo dio —dijo en voz baja.

—¿Y no se te ocurrió usarlo para defenderte?

—No... No sé cómo se usa.

Silencio. Max suspiró, metiéndolo en el cajón de su escritorio.

—Rhett te enseñará. Si se te da bien, te lo devolveré. Eso es todo.

Alice seguía perdida. Cuando el guardián supremo se dio cuenta de que no se movía, levantó la cabeza y clavó la mirada en ella.

—¿Por qué sigues aquí?

La chica se puso de pie, confundida. Le había dicho que se fuera?

Por suerte, Jake estaba allí para guiarla hacia la puerta. Lo siguió rápidamente. Rhett se apartó, mirándola con una sonrisa burlona. ¿Ese iba a ser su profesor? Ni siquiera tenía aspecto de docente. No era serio ni parecía responsable, ¿qué iba a enseñarle?

Unos segundos más tarde, Jake y ella salieron del edificio y él le dirigió una sonrisa de compasión.

—No es tan malo como parece.

—¿Cuál de ellos?

Él se rio.

—Los dos. Especialmente Rhett. Es agradable con nosotros cuando está de buen humor, ya verás. Max..., bueeeno, no es que sea muy simpático nunca, pero tampoco es malo.

Despacio, pues la pierna de Alice la retrasaba, volvieron a recorrer todo el camino. Estaba empezando a anochecer. La chica se detuvo de golpe y Jake la miró, extrañado.

—¿Qué haces?

—¡Debemos ir a nuestra habitación!

—¿Eh?

—¡El toque de queda! —exclamó, esperando escuchar la alarma que lo indicaba; él la miró como si le hubiera salido otra cabeza.

—¿Qué toque de queda? ¡Si todavía no hemos cenado!

—¿No hay toque de queda?

—Pues no. A ver, los alumnos no pueden salir de noche,

pero no hay una hora específica en la que tengamos que encerrarnos en el edificio.

¿Dónde se había metido? ¿Por qué eran todos tan extraños? Alice miró al chico, sorprendida. Jake siguió caminando y ella se vio obligada a seguirlo. Esta vez, al llegar al edificio de los alumnos, pudo ver su interior.

Lo primero que notó fue que era bastante más grande de lo que parecía desde fuera. Y que olía a humedad. Hizo una mueca de desagrado y siguió a Jake, que subió las dos primeras plantas sin siquiera detenerse a esperarla. Alice escuchó el ruido de risas y voces que provenían de las habitaciones. Eran muy ruidosos. No estaba segura de poder desacostumbrarse al silencio nocturno de su zona.

Finalmente, Jake se detuvo en el último piso y abrió la única puerta que había. Inexplicablemente, Alice sentía que su pierna ya no dolía tanto, pero con el esfuerzo de la escalera le molestaba un poco. Quería sentarse. Menos mal que ya habían llegado.

La habitación que se abrió delante de ella era..., bueno, un desastre. No encontró una palabra más suave para definirla.

Había al menos veinte colchones en el suelo y, en ellos, chicos y chicas sentados, charlando, o tumbados, descansando. A Alice le sorprendió lo relajados que se los veía a todos y la distensión que reinaba en el dormitorio, tan diferente a su experiencia en su zona.

Jake pasó de largo entre las camas de algunas personas, que se quedaron mirando a Alice con curiosidad. ¿Qué clase de educación habían recibido si no eran capaces de disimular ni un poco? También advirtió que la mayoría eran de edad similar a Jake. Por lo tanto, ella era la mayor. No supo si sentirse mejor o peor.

—Hooola —saludó Jake alegremente a dos chicos que

había en el fondo de la estancia. Estaban haciendo algo con trozos de papel—. Esta es Alice, mi nueva gran amiga.

Los chicos levantaron la mano a modo de saludo. Uno estaba bastante delgado, tenía la piel oscura y llevaba una camisa de cuadros bonita. El otro, de frondosa melena rubia, era más alto que el resto e imponía, pero su cara simpática delataba que no era peligroso.

—Ellos son Dean y Saud. —Jake señaló primero al rubio y luego al moreno.

—¿Ella es la nueva? —preguntó directamente este último—. Es muy vieja, ¿no?

—Eres tan suave... —Dean hizo algo raro con los ojos, dejándolos en blanco un momento.

—Entrenará con nosotros mañana —anunció Jake—. Y no es vieja. No seas malo.

—Sí que lo es.

—¿Soy vieja? —preguntó Alice.

Silencio. Los tres intercambiaron una mirada.

—Así que vas a entrenar con nosotros. —Saud arrugó la nariz.

—Sí. Rhett quiere ver cómo pelea—respondió Jake por ella.

—Seguro que la pone con Trisha —comentó Dean.

—¿Trisha? —preguntó Alice.

El joven rubio señaló con la cabeza un rincón de la estancia, donde una chica de la edad de Alice, forzuda y de pelo rubio muy corto, estaba sentada mirando por la ventana. Enseguida le dio miedo. Era alta, o eso parecía. Tenía los brazos el doble de grandes que ella —lo que tampoco era difícil— y expresión enfadada. Eso nunca era buena señal.

—¿Ella también es vieja? —preguntó Alice, intentando no mostrar mucho miedo.

—Sí. Por eso os van a poner juntas. Rhett no emparejaría a alguien de tu edad con un adolescente como nosotros.

—Deane sí. —Saud sonrió y, cuando Alice lo miró, se vio obligado a explicarlo—: Es la guardiana avanzada de lucha.

—¿Y por qué ella y yo, que somos viejas, estamos en el mismo grupo que vosotros?

—Trisha está en el grupo de iniciados por su mal comportamiento —le explicó Dean en voz baja, como si le diera miedo que la chica rubia pudiera escucharlo—. Nunca he entendido muy bien qué pasó. Solo me han contado que pararon un combate y ella siguió golpeando a su rival.

—Y, al final, terminó rompiéndole dos costillas —puntualizó Saud.

—Eso nunca se confirmó —se apresuró a añadir Jake al ver la cara de horror de Alice.

—Claro que sí —insistió Saud.

—¡Cállate, no se confirmó nada!

—¿Y yo lucharé contra ella? —Alice se alarmó.

—No creo que Rhett deje que te haga nada. —Dean sonrió, poco convencido.

Saud frunció el ceño al instante.

—Rhett para las peleas cuando ve que no hay nada más que hacer, pero eso no significa que no vayas a llevarte algún que otro moretón. No te hagas ilusiones.

Alice se quedó mirando a esa chica un rato más, pero al final decidió que no quería prolongar su malestar. Necesitaba una distracción.

—¿Qué es eso? —preguntó, señalando los papelitos.

Los tres chicos la miraron fijamente.

—¿No sabes qué es? —se sorprendió Dean.

—No.

—Son cartas —Jake las señaló—. Las encontró Rhett en una exploración y me las regaló por mi cumpleaños. ¿No has jugado nunca?

—No había cartas en mi zona.

—Es divertido para pasar el tiempo —dijo Saud.

—Yo para eso leo.

—Puf..., qué aburrido.

—Leer no es aburrido —protestó Alice.

—Yo ni siquiera sé. —Dean se encogió de hombros.

Ella lo miró, pasmada, y más asombrada se quedó cuando se dio cuenta de que los otros dos tenían la misma cara de resignación que él.

—¿Ninguno de los tres sabe leer? —preguntó sin poder creérselo.

—Nadie nos ha enseñado. —Como su amigo, Jake también se encogió de hombros—. Tampoco es que sea muy útil, ¿no?

Los chicos restaron importancia al asunto y se centraron en las cartas.

—Mira cómo jugamos y aprenderás rápido. —Dean sonrió y le hizo un sitio a su lado—. No te preocupes, es muy fácil.

Alice se sentó con ellos y observó cómo jugaban, aunque su mente estaba en otra parte mucho más lejana.

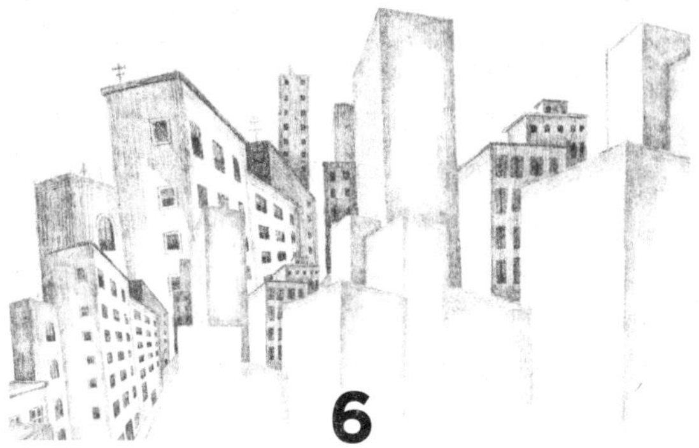

6

EL INSTRUCTOR DEL CEÑO FRUNCIDO

Había una cara delante de ella. Una niña rubia con rostro de ángel. Aunque ella sabía que no lo era. Lo contrario, más bien. Llevaba un precioso peto rojo que le hizo querer tener uno igual.

—Alicia la fea —sonrió maliciosamente la niña mientras las demás se reían.

Intentó ponerse de pie. Notaba algo húmedo en su pecho. La niña, Charlotte, le había lanzado su bebida. Alicia sintió que los ojos se le llenaban de lágrimas. Alguien la agarró del hombro para volver a empujarla contra el suelo. Se quedó sentada, escuchando las risas de sus compañeras. Especialmente la de Charlotte, que resonaba por encima de todas las demás.

* * *

Cuando Alice abrió los ojos, se sentía como si siguiera en el suelo, sentada y con el pecho húmedo por la bebida. Pero no, estaba sobre un colchón viejo en una habitación ocupada por otras veinte personas.

¡Alicia! Se llamaba Alicia. Era un avance. Era otra versión

de su nombre, en español. Pero ¿quién era? ¿Por qué soñaba con ella? ¿Era real?

Miró a su alrededor, los demás se estaban despertando. Sonaba algo a lo lejos. ¿Una campana? Vio que Jake, en la cama contigua, se frotaba los ojos y la miraba.

—Buenos días, Alice. —Bostezó—. ¿Qué tal tu pierna? Seguro que está mejor.

Ella bajó la mirada y, en efecto, notó que su cuerpo ya no le molestaba ni un cuarto de lo que le había dolido el día anterior. Todavía tenía la venda en la rodilla, así que se la quitó y se sorprendió al ver que tenía un moretón bastante feo, pero nada más. Era como si solo se hubiera dado un golpecito. Por si eso fuera poco, las heridas de las manos casi habían desaparecido y su cabeza estaba como nueva.

—¿Sorprendida? —preguntó Dean, en la cama que había frente a ella—. Los milagros de Tina.

Vio que todos se ponían de pie y los imitó, todavía un poco confusa. Se vistieron con la misma ropa del día anterior. Ella se olió a sí misma y se preguntó cuán higiénico sería eso. Salieron de la habitación, las chicas se dirigieron a un lado y los chicos a otro. Jake le hizo un gesto de despedida mientras seguía a su grupo. Alice siguió a las chicas, sola e insegura.

Llegaron a un gran cuarto de baño compartido. Muchas la miraron de reojo, curiosas. Aprovechó para hacer pis con cuidado de no tocar la letrina y, cuando pasó por delante del espejo, se quedó paralizada.

Tenía una pequeña cicatriz en la ceja. Pero, por lo demás, era la misma de siempre. Como si no hubiera cambiado nada esos últimos días, como si no hubiera huido ni hubiera estado a punto de morir en un accidente de coche. ¿Cómo era eso posible?

—Oye. —Una de las chicas se acercó a ella con una bolsita—. Toma.

—¿Qué es?

—El neceser de higiene personal. Encontrarás un cepillo y pasta de dientes, jabón, cosas para la regla..., todo eso. Si se te termina, avisa a Tina y te dará más.

¿Qué acababa de decir de una regla?

Alice se cepilló los dientes a toda velocidad —y con alivio— y se lavó las manos con jabón —cosa que también fue un alivio para ella, pues se sentía sucia—. Miró a sus compañeras para ver si se ataban el pelo, pero ninguna lo hacía. Al final, optó por hacerse una cola de caballo igualmente y las siguió después de guardar el neceser en su cama.

Salieron del edificio y se dirigieron al campo de fútbol. Había cuatro pilares pequeños colocados en él que formaban un cuadrado en el que cabían varias personas. Allí estaba Rhett, de pie, revisando unos papeles con aire aburrido.

En el instante en que vio a Alice, se le iluminó la mirada. Ella se sintió incómoda, bajó los ojos de manera instintiva e intentó mezclarse con su grupo para perderlo de vista. Entonces divisó a los chicos. Justo cuando iba a alcanzar a Jake, que le sonreía, escuchó la voz de Rhett a su lado.

—Mira a quién tenemos aquí.

Ay, vaya.

Alice se dio la vuelta casi como si esperara una sentencia de muerte. Estaba tan cerca de él que lo que tenía delante de la cara era su pecho. No se atrevió a subir los ojos y, honestamente, se sintió un poco ridícula. Solo alcanzó a percibir que había esbozado una sonrisita divertida.

—Carne fresca —anunció dramáticamente—. Hoy vamos a ver si sabes defenderte.

Alice miró a Jake, Dean y Saud de reojo. El primero esbozó media sonrisa, negando con la cabeza. Alice supuso que eso quería decir que era normal.

—Y de la zona de los androides, nada más y nada menos —siguió Rhett. Alice notó aún más miradas clavadas en ella.

No sabía cómo reaccionar. El profesor la rodeó y, al perderlo de vista, dedujo que se había quedado justo detrás de ella, porque dejó de escuchar pasos en la hierba—. Creo que nunca había conocido a nadie de esa zona.

Volvió sobre sus pasos para quedar delante de ella, y la miró con una ceja enarcada.

—Sabes hablar, ¿no?

—Sí —murmuró irritada—. Algo me enseñaron.

Escuchó algunas risitas, pero Rhett no pareció molesto. De hecho, se limitó a chasquear la lengua.

—¿Cuánto creéis que durará sin que la echen del cuadrilátero de una patada?

—Diez segundos —dijo una chica.

—Era una pregunta retórica, Annie, pero gracias por demostrarnos que se te da mejor meterte en un *ring* que ponerte a pensar —le soltó Rhett, y empezaron a escucharse más risas. Volvió a centrarse en Alice—. No te creas que por ser de la zona de los raritos lo vas a tener más fácil que los demás.

Alice por fin se atrevió a mirarlo a la cara, pero se arrepintió enseguida. Sin querer, su vista se había desviado de forma muy obvia a la cicatriz y él se había dado cuenta. Volvió a bajar la cabeza, sintiendo una oleada de tremenda incomodidad. Rhett, por su parte, fingió no haberse percatado.

—Observa a los demás y verás cómo son los movimientos básicos —finalizó—. Tú, vete al cuadrado.

Alice estuvo a punto de moverse, pero comprendió que estaba mirando a la chica que había hablado antes. Era bastante delgada, pero tenía la cara redonda. Respiró hondo y obedeció. Alice se había librado, menos mal. Como contrincante, Rhett escogió a otra chica de la misma anatomía que Annie. Parecía una pelea bastante justa.

El profesor se situó entre Alice y Jake e hizo un gesto con la mano. Ella no sabía muy bien qué esperar. Frunció el ceño cuando vio que las combatientes se inclinaban ligeramente hacia delante y se miraban. ¿Qué tenían que hacer?

—¿Con quién vas? —le preguntó Rhett a Jake en voz baja.

—Annie no es muy buena. Con Jenell.

—Sabia decisión.

Entonces, una de las dos, Annie, dio un paso hacia delante y levantó los puños.

—¿Eres diestra o zurda? —le preguntó Rhett a Alice de repente.

Ella lo miró sin comprender.

—Cuando tienes que hacer algo con las manos —insistió—, ¿se te da mejor con la derecha o con la izquierda?

—Con la izquierda.

—¿Zurda? Bueno, mejor. Así distraerás a tu oponente. —Él se inclinó un poco en su dirección y señaló a Annie—. ¿Ves cómo está? Esa postura es defensiva y muy básica. Rodillas ligeramente dobladas, cuerpo ladeado..., debes tener siempre la mano buena más alejada del rival que la mala.

Alice asintió, medio fascinada, mientras veía a Annie y a Jenell moverse por el cuadrado sin perderse de vista. Mantenían la postura que Rhett acababa de explicarle. Entonces, Jenell apoyó todo su peso en un pie y lanzó un puñetazo que Annie esquivó.

—No metas el dedo pulgar en el puño —añadió Rhett—. Podrías hacerte mucho daño. Y cuando vayas a atacar, adelanta siempre el pie contrario. La cadera se moverá con tu brazo y te proporcionará más fuerza. ¿Lo estás entendiendo?

Alice asintió, algo dubitativa. La teoría era fácil, pero la práctica, dudaba que la ejecutara tan rápido.

Jenell había vuelto a lanzar un golpe, Annie se agachó y se abalanzó sobre ella, tirándola al suelo. Terminaron convirtiéndose en una bola de gruñidos y mandobles que no se disolvió hasta que Annie retrocedió, alarmada, llevándose una mano a la cara. Tenía la nariz ensangrentada. Alice intentó no parecer asustada. La sangre le recordaba a esa horrible noche en su ciudad. Y los recuerdos le produjeron sudores fríos.

—Has bajado la guardia. —Rhett avanzó hacia la chica—. Por eso te ha alcanzado la nariz.

Ella agachó la mirada.

—Si esto fuera un combate real, podrías haber terminado muy mal. Y tú —miró a la otra— has aflojado la muñeca en uno de los golpes. Que no vuelva a pasar.

Durante dos largas horas, Alice vio cómo todos entrenaban de esa forma tan violenta por turnos y en pareja. Rhett le daba explicaciones y consejos cada vez que alguien hacía un movimiento nuevo, pero Alice apenas podía recordarlos, estaba muy nerviosa. Jake, por su parte, perdió contra un chico pelirrojo. Dean y Saud pelearon juntos y ganó este último. Algunos eran más agresivos que otros, pero la mayoría no salió del cuadrado con heridas graves. Aun así, era horrible. Era extremadamente violento. ¿Cómo podían permitir eso? ¿Cómo formaba parte de su día a día?

A última hora, cuando parecía terminar la clase, Rhett la miró de tal modo que Alice sintió que el mundo se encogía a su alrededor.

—Tú. —La señaló, y luego lo hizo a su izquierda—. Y tú.

En efecto, la chica a la que se tendría que enfrentar era Trisha.

Esta le dirigió a Alice una mirada de indiferencia absoluta y pasó por su lado para entrar en el cuadrilátero. Se colocó en su sitio sin prisa, tranquila, y se quedó mirando a su contrincante, esperando.

El problema era que esta no quería entrar y no sabía cómo demonios librarse.

—Creía que en la zona de los androides estabais acostumbrados a seguir órdenes —escuchó decir a Rhett a su lado—. ¿Qué pasa? ¿No quieres pelear?

Alice dedujo que no podía negarse, por mucho que lo quisiera, así que avanzó lentamente y se situó delante de Trisha, que le sonrió sin un solo atisbo de simpatía. El corazón de Alice latía a toda velocidad. Escuchó un grito de ánimo de Jake y se volvió para mirarlo, en busca de algo de esperanzas.

Y, justo en ese momento, sintió que su cara se volvía violentamente hacia el lado contrario. Su cuello crujió mientras daba dos pasos hacia atrás, pero al menos no salió del cuadrado. Se sujetó la mandíbula con una mano mientras veía que Trisha se acercaba de nuevo con el puño preparado. ¿Acababa de darle un puñetazo?

—No te distraigas —escuchó que decía Rhett.

La cabeza le daba vueltas y le entraron ganas de llorar de dolor y de miedo. Era horrible. Apenas sentía la mandíbula. Se encogió un poco cuando vio que Trisha ya estaba junto a ella otra vez.

La chica rubia levantó la pierna y su zapatilla le impactó en pleno estómago. Alice se agachó y se sujetó la zona dolorida con los brazos justo cuando su oponente le dio otro puñetazo que la dejó tirada en el suelo. Sintió que se quedaba en blanco durante un momento.

—Los brazos, principiante —oyó a Rhett desde lo que le pareció una galaxia paralela a la suya.

Le costaba respirar. Abrió los ojos, intentando enfocarse en ella para ver algo claro, y no pudo evitar preguntarse si realmente existía alguna posibilidad de defenderse. Enseguida supo la respuesta. Y no le gustó.

—Levanta —le espetó Trisha con voz áspera.

Alice parpadeó un momento y miró a su contrincante. Estaba de pie junto a ella. Parecía medir diez metros de altura. ¿Hasta cuándo iba a estar golpeándola?

Hundió las manos en la hierba e intentó incorporarse, pero nada más hacerlo un fuerte sabor a cuero llenó su boca. Acababa de darle una patada. No lo suficientemente fuerte como para hacerle verdadero daño, pero notó el sabor de la sangre. Volvió a quedar boca abajo y esta vez sí sintió dolor. Vio que la hierba se estaba tiñendo de rojo y empezó a marearse.

—Era cierto que no sabes defenderte —murmuró Trisha en voz baja.

—Ya vale. —Alice casi lloró de felicidad al escuchar los pasos de Rhett acercarse—. Tú, fiera, vete al otro lado del *ring*.

Vio, de reojo, cómo Trisha se alejaba, de brazos cruzados. Apoyándose en las rodillas, Alice se incorporó lentamente. Rhett la miraba.

—Los brazos —repitió.

—Estoy sangrando —protestó en voz baja—. Me... me ha herido y...

—Y seguirá hiriéndote hasta que pongas los brazos como te he dicho, principiante.

Alice cerró los ojos un momento y luego se colocó como él había dicho. Rhett hizo una seña a Trisha, que se acercó y volvió a tirarla al suelo sin parpadear.

Aun así, siguió intentando ponerse de pie. Una, dos, tres veces incluso. Al final, Trisha se hartó de tumbarla y dejó que se incorporara. Alice se tocó la nariz y descubrió que seguía goteando. Miró un momento a Jake, que se tapaba los ojos, y luego a Rhett, que parecía bastante concentrado en lo que estaban haciendo. Esperó unos segundos a ver si decía algo. Cuando le hizo un gesto para que se acercara, sintió que su cuerpo entero se relajaba, y eso que él no era una persona que le gustara demasiado.

—¿Vas a seguir dejando que te patee? —le preguntó en voz baja.

—No sé defenderme —admitió ella lastimera.

—Hay una cosa que se llama instinto. Si te da en la cara otra vez, mañana también te emparejaré con ella. Vuelve ahí.

Alice suspiró. Tenía que evitar que le golpeara la cara, solo eso. Si lo conseguía, quizá se terminara el combate. No quería volver a luchar contra ella.

Se situó delante de Trisha, que sonreía.

—¿Te ha dicho que te defiendas? Buena suerte.

Lanzó un puñetazo que le impactó en el estómago. Alice aguantó la respiración y retrocedió. Entonces, mientras se incorporaba de nuevo, vio un puño pasar justo delante de su cara a toda velocidad. Se quedó muy quieta, ¿acababa de esquivarlo sin querer?

Trisha se quedó mirándola fijamente. Alice cerró los ojos, esperando otro golpe todavía peor. Pero no llegaba.

Espera, ¿por qué no le estaba pegando?

Abrió los ojos, confusa, y vio que Trisha se había cruzado de brazos con una sonrisita triunfal. Rhett seguía mirándolas, pero ahora parecía más decepcionado que concentrado. Y Alice no entendió nada hasta que bajó la mirada y se dio cuenta de que uno de sus pies había salido del cuadrilátero. Había perdido.

—Se acabó la clase por hoy —anunció el profesor en voz alta—. Si os matáis entre vosotros, ya no será mi problema. Id a comer.

Alice vio que él desaparecía en la casita que había al otro lado del campo y, casi al instante, Jake se acercó a ella con una sonrisa muy forzada.

—No ha estado tan mal —dijo poco convencido.

—Un poco más y le aplasta la cabeza —señaló Saud.

—Es su primer día —la defendió Dean.

Alice se llevó una mano a la espalda. La tenía dolorida. Por no hablar del resto del cuerpo. No sabía ni cómo se sostenía en pie.

—Tina te puede curar —sugirió Jake.

Alice dirigió una breve mirada a Trisha, que la observaba fijamente con una expresión extraña. Sintió una oleada repentina de rabia que no supo de dónde provenía. No por la chica, sino por sí misma. Habría deseado poder defenderse como ella. ¿Estaría su sistema diseñado para no poder hacerlo?

Volvió a centrarse en Jake y asintió con la cabeza.

—Sería un alivio.

—Nos vemos en la cafetería —les dijo Saud, marchándose con Dean hacia el edificio mediano que había unos cincuenta metros a su derecha.

Jake y ella fueron los únicos que se dirigieron al hospital. Alice lo miró de reojo, caminaba como si no acabara de enfrentarse a alguien y, de pronto, le vino a la mente el día que la había rescatado. Había estado esperando el momento adecuado para sacar el tema, cuando estuvieran solos, y era ese.

—¿Por qué no dijiste nada? —le preguntó directamente.

Jake supo enseguida a qué se refería.

—¿Por qué debería hacerlo?

—Es lo que hace tu gente —respondió ella en voz baja. Hablarlo en medio de la calle quizá no había sido lo más inteligente del mundo—. ¿No?

—¿Eso os cuentan en vuestra zona? —Él hizo una mueca.

—No hablan mucho de los forasteros. Especialmente de los reb..., de vosotros.

—Bueno, es cierto que a la gente de por aquí no le gustan mucho los androides..., pero a mí me dan igual. Es decir, eres rarita, pero tampoco es para tanto.

No supo si eso era bueno o malo.

—¿Por qué no os gustamos?

—Mmm..., la gente cree que los científicos a veces, eeeh, secuestran a personas de las ciudades y..., bueno, las convierten. Y luego las devuelven sin que nadie sepa nada.

Alice frunció el ceño, confusa.

—¿Para qué harían eso?

—Para espiarnos.

—Y ¿con qué motivo?

—Bueno, no lo sé. Es lo que dicen, no lo que yo creo.

Pero Alice seguía confusa. Se detuvo y lo miró. Seguía recordando todas las historias terroríficas que había oído murmurar a las madres sobre los rebeldes que vivían en el bosque. En ellas, eran seres horribles y asesinos a quienes evitar.

A ver, los combates que había presenciado en clase probaban que violentos sí que eran, pero tampoco le parecían monstruos sin corazón.

—¿No matáis a los androides? —preguntó, ladeando la cabeza.

Jake se detuvo y la miró, sorprendido.

—¿Matarlos? —preguntó en voz baja, asegurándose de que nadie les prestaba atención. Podía estar tranquilo, estaban solos.

—Sí..., eso decían las madres.

—¿Madres? ¿Cuántas madres tienes?

—Muchas —respondió confusa—. Pero no son mis madres biológicas. Son... Eran nuestras cuidadoras. Solían hablar de vosotros.

—¿Y decían que matábamos a los androides?

—Sí..., y cosas peores.

—No matamos a androides. —Jake la miró, algo ofendido—. No estamos tan mal de la cabeza.

—Peleáis entre vosotros —señaló Alice.

—¡Necesitamos aprender a defendernos!

—¿Y los androides...?

—¡Nosotros solo los atrapamos! ¿Sabes la recompensa que te dan en Ciudad Capital por un androide?

—¿Qué es Ciudad Capital?

—Es donde reside el comité general de las ciudades. —Jake negó con la cabeza—. Es a ellos a quienes no les gustan los de tu clase, no a nosotros. Ofrecen provisiones, ropa, armamento, material sanitario..., a cambio de androides, pero nunca han pedido que los matáramos.

Alice abrió la boca y la volvió a cerrar. No podía creer lo que oía.

—¿Nos atrapáis para vendernos?

Jake frunció el ceño, incómodo.

—Dicho así, suena mal.

—¿Qué clase de gente sois? Nosotros no hacemos daño a nadie. Ni siquiera estamos programados para defendernos. Y, en caso de que fuera cierto que los científicos infiltraran espías en las ciudades, ¿qué culpa tenemos nosotros?

—Pues... no lo sé. Alice, en Ciudad Capital os quieren y nosotros lo hacemos para sobrevivir.

—Sobrevivir a cambio de vendernos, claro.

—La gente os tiene miedo, Alice. Creen que algún día seréis más que nosotros y que trataréis de deshaceros de los humanos, pero eso no significa que sean malas personas. Solo están... asustadas. Desean vivir en paz. Tú deberías entenderlo mejor que nadie.

Él pasó por su lado, molesto, y a Alice no le quedó más remedio que seguirlo. Al final, se sintió un poco mal por haberle hablado así. En todo caso, era a Max a quien debería dirigir esas palabras, ya que era quien regía el lugar. Jake no tenía ningún problema con los androides. Además, la había ayudado sin pedir nada a cambio, y sin conocerla.

—Quizá —murmuró ella— algún día alguien se dará cuenta de que tener dos bandos es una tontería y conseguirá convencer a los demás.

Él sonrió un poco y siguieron caminando. Al cabo de unos segundos, Jake retomó la conversación anterior como si nada hubiera pasado.

7

LA PUNTERÍA DE UN ANDROIDE

Tina estaba clasificando una serie de frascos de colores. Al oírlos entrar, levantó la cabeza y sonrió ampliamente.

—Hola, chicos —se detuvo para mirarlos mejor, sorprendida—. Alice, ¿qué te ha pasado?

—Rhett. Eso le ha pasado —dijo Jake, sentándose en una de las camillas vacías.

—Ah, entiendo. —Sonrió con un poco de lástima y se puso de pie para acercarse a ella . Al menos, no se ha abierto la herida del otro día... —Frunció el ceño y sacó un pequeño bote del bolsillo. En cuanto el ungüento tocó el labio inferior de Alice, esta dio un salto hacia atrás sin querer—. Sé que escuece, pero tendrás que aguantarte un rato. Te lo pondré en el resto de las heridas.

—Gracias.

Alice se sentó en la misma camilla que Jake, con las piernas colgando, y miró a Tina en silencio mientras esta le untaba las heridas.

—¿Sabes que en la zona de Alice se creían que matábamos a los androides? —soltó Jake de repente, sin siquiera alterarse.

La chica lo miró con los ojos muy abiertos, pero él no pareció darse cuenta.

—Nosotros creíamos que ellos mataban a los humanos para crear androides, Jake —le dijo Tina, con una ceja enarcada.

—Igual deberíamos ser todos como una gran familia —sugirió él felizmente—. Así podríamos convivir en paz y armonía, como en los finales de los libros que tanto le gustan a Alice.

—No todos terminan bien —le recordó ella.

—En ese caso, no me interesan. Si quiero deprimirme ya tengo la vida real, no necesito ficción.

Tina sonrió, pero su sonrisa se evaporó un poco al soltar un suspiro.

—Ojalá las cosas fueran así de fáciles, Jake.

—¿Y por qué no lo son? —preguntó Alice curiosa.

—No es sencillo que un gran número de gente cambie de opinión. Y menos cuando su mentalidad se basa en el miedo. Las personas siempre han temido lo desconocido. Siempre lo harán. Y tú, querida, eres lo desconocido.

Alice se quedó pensando un momento.

—¿No le has dicho nada a nadie? ¿De... lo que soy?

—Si lo hubiera hecho, no estaríamos teniendo esta conversación ahora mismo.

—Y ¿no sospechan de mí? ¿No soy... muy rarita?

—Confían demasiado en mí. Yo te revisé concienzudamente. —Tina quiso tranquilizarla—. Estás fuera de peligro, así que no te preocupes.

—Pero ¿por qué me protegéis? —preguntó Alice confusa—. ¿No sois leales a vuestra ciudad?

—Nuestras normas no son tan firmes como las vuestras. Los humanos tenemos valores personales, y a veces no compartimos las mismas ideas. —Tina suspiró—. Nosotros siempre hemos sido más... independientes.

—Nuestros padres solían llamaros locos, pero no lo parecéis.

—Pues ellos son igual de humanos que nosotros —protestó Jake de mala gana.

—Pero no obtendréis beneficios si no me vendéis. —Alice no acababa de entenderlos—. Y los de Ciudad Capital se enfadarán con vosotros, ¿no?

—Ah, no, claro que no. Somos perfectamente capaces de sobrevivir sin su apoyo. Entregar a alguien de vez en cuando ayuda bastante, sí, pero no es esencial. La mayoría enviaría a muchos más androides si pudieran, lo sé, pero no todos pensamos así. Ellos creen que sois... demasiado distintos.

—¿Por qué? —Alice frunció el ceño.

—No lo sé —respondió Jake incómodo—. Quizá porque ni siquiera tenéis sentimientos.

—¿Sentimientos?

—¿No sabes qué son? —Jake la miró—. Eso solo confirma mi teoría.

—Sé que son los sentimientos —protestó avergonzada—. Lo leí en un libro, ¿vale?

—Ooooooh. —Jake se llevó una mano al corazón—. Lo leyó en un libro, cuidadoooooo... la expertaaaaaa...

—Alice —los interrumpió Tina —. Es un tema bastante largo y difícil de explicar. Y, la verdad, ahora mismo no creo que sea el momento. —Miró la hora—. ¿No deberíais ir a comer?

—No tengo mucha hambre —murmuró ella.

—Yo me comeré tu plato. —Jake sonrió ampliamente—. ¡Hasta luego, Tina!

La mujer les sonrió por última vez y volvió a centrarse en lo suyo.

* * *

Era la primera vez que Alice olía a comida en casi veinticuatro horas, pero extrañamente no tenía ningún apetito. De hecho, le entraron náuseas.

La cafetería era algo más pequeña que la sala de conferencias y también mucho menos organizada. Vio que había al menos veinte mesas largas a lo largo de la estancia y la gente se sentaba donde y con quien quería, y hablaba también cuando y de lo que le apetecía. Esa situación tan caótica le provocó cierta desazón. Jamás se acostumbraría.

—Hazte con una bandeja —le dijo Jake en voz baja—. Da codazos si es necesario para abrirte camino. La gente con hambre es peligrosa.

Alice lo miró con horror, pero obedeció.

Cogió una bandeja de metal plateada que pesaba mucho menos de lo que creía. En la cantina, dos mujeres servían la comida. Jake les ofreció la bandeja, que llenaron, y Alice lo imitó. La segunda mujer la miró con curiosidad, como también habían hecho muchos de los comensales.

—Ven, Alice —dijo Jake al ver que se quedaba mirando la comida que le habían puesto.

Él se deslizó entre las mesas de la cafetería y, al seguirlo, la bandeja de Alice estuvo a punto de salir volando varias veces por los empujones de los alumnos que se cruzaban con ella sin siquiera mirar. Finalmente, dejaron la comida en la mesa en la que se encontraban Saud y Dean.

Ambos pararon de hablar al verlos, o más bien cuando se percataron de la cara de Alice observando la comida. Cuando levantó la cabeza, advirtió que los tres tenían sonrisitas divertidas.

—¿Qué es esto? —preguntó, señalando lo que parecía un extraño puré de color crema.

—Es mejor que te lo comas —le recomendó Dean—. No volverás a llevarte nada a la boca hasta la noche.

—Pero ¿qué es? ¿Seguro que es comestible?

—Bueno, por ahora nadie se ha muerto, así que debe de serlo.

Alice metió la cuchara en el puré y le resultó complicado moverla. A su lado, había una fruta pequeña y oscura junto con un vaso de agua. ¿Eso era todo?

Pero ¿cómo había sobrevivido esa gente tanto tiempo? Necesitaban aprender el significado de la palabra «nutriente». Y con urgencia.

—Nadie sabe qué es exactamente. —Jake se encogió de hombros—. Es mejor así, a saber qué le ponen.

—En mi zona comíamos cinco veces al día. Y teníamos fruta fresca.

Jake y sus amigos se miraron entre ellos, sorprendidos.

—Pues te conviene empezar a acostumbrarte a esto —finalizó Saud, tomando una cucharada de su puré.

Alice respiró hondo y, tratando de no pensar en lo que se estaba comiendo, se llevó una cucharada a la boca.

* * *

Al final se lo había comido casi todo Jake, así que su estómago rugía de hambre mientras se dirigían al siguiente —y, menos mal, último— entrenamiento del día.

Rhett estaba dentro de un pequeño habitáculo que había al otro lado del campo de fútbol. Alice vio que guardaba las llaves en el bolsillo trasero de los pantalones y se preguntó por qué lo cerraban con llave.

—Es una sala de tiro —le explicó Jake al verla observar a Rhett.

—¿Y eso qué significa?

Su amigo no pudo responder, pues en ese instante los alumnos empezaron a colocarse en sus puestos Jake le hizo un gesto y ella lo siguió. Le tocó la cabina central, con Trisha al otro lado, quien la miraba con mala cara.

Alice observó a su alrededor. Tenía un pasillo largo y estrecho delante con un hombre dibujado en el fondo. La silueta tenía varios círculos en zonas como la cabeza y el corazón. El arma con la que supuso que tendría que dispararle estaba justo delante de ella, en un panel a la altura de su ombligo. Era parecida al revólver de su padre, pero más grande.

Casi le dio miedo tocarla. Parecía peligrosa. ¿Y si disparaba sin querer y hería a alguien?

—Ya sabéis lo que tenéis que hacer —les soltó Rhett. Ella dio un respingo al notarlo tan cerca—. ¿A qué esperáis? ¿A que os venga a dar ánimos? ¡Venga!

Alice vio que Jake alcanzaba una de las cajas de munición de su mesa, abría el arma y metía las balas una a una. Sabía que no debían hablar, le dio la sensación de que Jake llevaba a cabo la labor lentamente a propósito para enseñarle lo que tenía que hacer. Cuando volvió a poner el cargador en la culata del arma, le sonrió y le hizo un gesto disimulado para que ella empezara.

La chica intentó imitarlo, pero mientras los demás ya disparaban, ella todavía trataba de meter las balas. Le temblaban las manos. De hecho, una bala resbaló y cayó sobre la mesa. Rodó hacia el vacío y, justo antes de que se precipitara hacia el suelo, una mano con unos mitones de cuero la atrapó en el aire.

Alice sintió que sus mejillas se calentaban cuando Rhett la volvió a poner en la mesa, mirándola.

—¿Tienes problemas, principiante?

—Um... —Alice dudó, mirando el arma en su mano temblorosa—. Creo que sí. No entran.

—Quizá sea porque te has equivocado de balas.

Él alcanzó una caja distinta y se la puso delante. Alice,

por su parte, agachó la cabeza y no dijo nada cuando Rhett le quitó el arma de las manos. Él la sujetaba con mucha más seguridad, claro.

Sacó todas las balas y las dejó sobre la mesa. Alice observó cómo cogía un puñado de balas nuevas y doradas y empezaba a llenar el cargador de la pistola con ellas. Al terminar, la cerró de nuevo y el arma emitió un ligero clic.

¡Incluso le echó una ojeada mientras hacía todo eso! ¿Cuánta práctica tendría para ser capaz de hacerlo sin mirar?

—Así se carga. —Movió una especie de palanca que había en la parte de arriba—. Esto es el seguro, ahora está quitado. —Volvió a escucharse un clic—. Mantenlo puesto cuando no tengas que usar el arma. Aunque aprietes el gatillo, no se disparará. ¿Me sigues?

¿Seguirlo? ¿Dónde?

Pareció confusa, pero Rhett debió de asumir que era solo por lo que le estaba enseñando.

—Ahora está lista. —Dio la vuelta a la pistola con un movimiento rápido de muñeca, ofreciéndole a Alice la culata. Pareció ligeramente burlón—. ¿Crees que podrás hacerlo sin matar a alguien o tengo que darte balas de fogueo?

Alice agarró el arma con más fuerza de la necesaria y volvió a ponerse nerviosa cuando vio que Rhett no se marchaba. No le gustaba sentirse observada, y menos si debía hacer algo que no había hecho en toda su vida.

Puso un dedo en el gatillo.

—Espera hasta que hayas apuntado —masculló Rhett al instante.

Alice retiró el dedo e intentó apuntar. Enseguida, escuchó una risita. Bajó el arma, frustrada.

No le gustaba ese chico.

—No sabes pelear, no sabes disparar... ¿Se puede saber qué os enseñan en esa zona de lunáticos? ¿A jugar con barro?

—No todo el mundo recurre a la violencia —le soltó sin poder contenerse.

—Pues igual os iría bien. Se os iría el mal carácter. —Sonrió divertido, después señaló el objetivo—. Apunta.

Alice respiró hondo y volvió a hacerlo.

—Ponte de lado —le indicó Rhett, sorprendentemente serio, pasando por detrás de ella para colocarse en el otro extremo. La chica obedeció—. Los hombros más atrás. Más. Bien. Pies separados a la altura de los hombros.

Le hablaba a toda velocidad, sin esperar a que siguiera una orden para darle otra nueva, pero Alice se las arregló para hacer todo lo que le pedía. Rhett no se quejó, así que supuso que lo estaba haciendo bien.

—La mirada siempre clavada justo aquí, en la mirilla. —Tocó la parte de arriba de la pistola con un dedo—. Respira hondo, deja de temblar y concéntrate en tirar al corazón, no a la cabeza.

La imagen de 42 y la de su padre le vinieron a la mente. Parpadeó, alejándolos. Ahora no. Necesitaba centrarse.

—¿Por qué el corazón?

—El pecho es más grande. Si no lo matas, al menos lo dejarás lo suficientemente herido como para tener tiempo de...

—Pero yo no quiero matar a nadie.

Rhett la miró un momento con una expresión extraña.

—Eso repítemelo cuando el otro te esté apuntando con una pistola. Ahora, céntrate.

Hizo una pausa y ella volvió a concentrarse.

—No hagas eso —le dijo Rhett—. Exhala. Nunca dispares con aire en los pulmones.

Alice no sabía qué hacía. Entrecerró los ojos y sintió que ya había estado en esa situación cuando, en realidad, no era así.

—Respira hondo. Estás demasiado tensa. No acertarías ni a un elefante. Céntrate. Y sujeta el arma con fuerza para no hacerte daño con el retroceso.

Alice respiró hondo y soltó todo el aire. Subió un poco la pistola, hasta que apuntó justo encima del corazón del muñeco. Reafirmó los dedos en la culata. Volvió a respirar hondo. Soltó todo el aire de nuevo.

Y, finalmente, apretó el gatillo.

Se sorprendió cuando la mano hizo un ademán de irse hacia atrás por la fuerza, pero se mantuvo en su lugar. Miró el muñeco. Le había hecho un agujero perfecto en el corazón.

Bajó el arma, sorprendida. Le había dado.

¡Ella le había dado!

¡Había hecho algo bien! ¡POR FIN!

Se volvió hacia Rhett, entusiasmada, esperando encontrar una sonrisa orgullosa.

Solo halló una ceja enarcada, claro.

—Bueno. —Rhett empezó a alejarse—. Al menos, no eres completamente inútil.

Alice se habría sentido insultada en cualquier otra ocasión, pero en ese momento estaba demasiado contenta. ¿Cómo lo había hecho?

—¿Habías disparado antes? —le preguntó Jake cuando el instructor se alejó.

Ella negó con la cabeza. Casi se echó a reír al imaginarse la cara de la gente de su zona si la hubieran visto.

—No, nunca.

—Pues se te da muy bien. Has nacido para esto.

Ella sonrió y repitió el proceso que acababa de enseñarle Rhett. Volvió a apuntar, esta vez a la cabeza, y aunque no consiguió dar donde quería, logró alcanzar la mejilla del muñeco.

Al final, había encontrado algo en lo que era buena.

8

EL COMETA QUE CRUZABA EL CIELO

Ya hacía dos semanas que estaba allí.

Seguía planeando huir para ir hacia el este, tal como le había aconsejado el padre John. Pero mientras daba con el plan perfecto, intentaba adaptarse a su nueva vida.

Cada mañana tocaba lucha, y lo peor es que ya no peleaba únicamente con Trisha —aunque seguía siendo la peor—, sino con cualquiera de sus compañeros. Siempre perdía.

Después, comía puré de dudosa calidad dos veces al día, se iba a dormir con todo el cuerpo dolorido —por lo que tenía que visitar a Tina casi a diario—, despertaba a medianoche alterada por sueños que no tenían sentido y, por la mañana, vuelta a empezar. Todo se repetía. Una y otra vez.

Al menos, había encontrado un pequeño escape: el entrenamiento de la tarde. Entonces no tenía que preocuparse por los demás ni por sus puñetazos. Ni siquiera tenía que hablar con nadie si no quería. Había ido mejorando poco a poco su técnica. Ahora, incluso a Rhett le costaba encontrar comentarios ingeniosos con los que criticarla.

No sabía por qué, pero ese chico —¿era correcto llamarlo

chico siendo su instructor y un guardián?— siempre tenía algo que opinar sobre ella. Siempre. Y solía ser malo.

Si Alice pudiera decirle lo que pensaba de él...

Bueno, en realidad no estaba muy segura de lo que le diría. Tenía sentimientos encontrados.

Por una parte, le molestaba que siempre la criticara. Cada vez que lo hacía, le entraban ganas de lanzarle el arma a la cabeza. Por otra..., bueno, más de una vez se había encontrado a sí misma siguiéndolo con la mirada durante mucho más tiempo del necesario.

Pero claro, cuando él se daba cuenta le soltaba un «¿Qué miras, principiante?», y ella volvía a centrarse en sus cosas, notando la cara extrañamente caliente.

Según Jake, Dean y Saud, la criticaba porque la veía capaz de mejorar y esa era su forma de motivarla, pero ella no estaba tan segura. Y más cuando en las peleas, al terminar, mientras se sujetaba alguna parte dolorida, Rhett remarcaba algo que era más que evidente.

«No sabes defenderte, principiante.»

«Tienes que mejorar tu guardia, principiante.»

«Espero que el dolor que sentirás esta noche te recuerde que deberías mejorar tu defensa, principiante.»

Uf, qué odioso podía llegar a ser.

Ese día, Alice agarró la bandeja con una mano, pues con la otra se apretaba las costillas, doloridas. Le sirvieron el asqueroso puré al que se estaba empezando a acostumbrar y fue a sentarse con Jake y los demás. Estaban hablando entre ellos en voz baja, como si contaran algún tipo de secreto.

—¿De qué habláis? —preguntó curiosa.

—Dicen que esta noche pasará un cometa —le respondió Dean, sonriendo—. ¿No sería genial poder verlo? No volverá a pasar otro hasta dentro de cinco años.

—Pero... ¿se podrá ver? —preguntó Jake.

—La nube de contaminación se ha movido bastante. —Saud jugueteaba con su cuchara—. Se ve casi todo el cielo de la zona.

—Y ¿qué os impide ir a verlo? —preguntó Alice.

¡Nunca había visto un cometa, solo había leído sobre ellos! De pronto, la idea le parecía emocionante. Quería verlo.

—Si nos pillan paseando por la ciudad por la noche, nos colgarán del muro. —Jake frunció el ceño.

Alice palideció.

—¿Nos colgarán...?

—Es una broma, Alice —replicó pacientemente Jake.

—¿No pillas ni una broma? Tu vida debía de ser tan aburrida... —Saud negó con la cabeza.

—Volviendo al tema... —Dean los miró—, ¿cómo lo hacemos?

Alice lo pensó un momento.

—Si salís de la habitación sin que nadie se entere..., no pasará nada, ¿no?

Ella misma se sorprendió con su propuesta de transgredir las reglas.

¡¿En qué se estaba convirtiendo?!

Una semana antes eso le habría parecido una locura innecesaria. Ahora empezaba a sonar extrañamente emocionante.

—Es una opción —le concedió Dean.

—Una opción sorprendente, viniendo de Alice —añadió Saud, sonriendo.

—Sí —Jake se estaba riendo—. ¿Dónde ha quedado la chica buena que no quería incumplir las norm...?

Los tres se quedaron mirándolo cuando Jake se calló de golpe y levantó la mirada por encima de la cabeza de Alice. Parecía perplejo. Ella se dio la vuelta, extrañada, y se sorprendió al ver a Rhett allí de pie, mirándola.

Como siempre, tenía una pequeña sonrisa burlona, esa que la hacía sentir como una idiota. Parecía permanente. Y supuso que ahora era a causa de que ella se había atragantado con el puré de la impresión.

Si alguna vez aprendía a dar un puñetazo, esa sonrisita sería uno de sus primeros objetivos.

—Tú. —Rhett la señaló—. Sígueme.

—No he terminado de comer —gimoteó.

El profesor enarcó una ceja.

—¿Tengo cara de que eso me importe?

Jake sonrió ampliamente cuando Alice le pasó la bandeja y se puso de pie para seguir a Rhett, que salió de la cafetería. No estaba segura de si era bueno que hubiera ido a buscarla, porque el comedor en pleno se había quedado mirándola como si acabara de matar a alguien.

Se apresuró a mantener su ritmo. Rhett andaba a grandes zancadas, sin preocuparse de si iba tras él o no. Menos mal que el moretón de su rodilla ya había desaparecido o no habría podido seguirlo.

—¿Dónde vamos? —preguntó ella.

Rhett la miró por encima del hombro de forma significativa. Captó la indirecta y se calló. Había miradas que incluso una androide podía entender.

Continuaron en silencio y no se detuvieron hasta llegar al campo de fútbol. Mientras lo cruzaban, Alice volvió a ver que el instructor sacaba la llave de la sala de tiro del bolsillo trasero de sus pantalones. ¿Qué iban a hacer allí?

Él abrió la puerta y dejó pasar a Alice. Nada más entrar, el guardián lanzó las llaves a una de las mesas de las cabinas y Alice las miró durante unos pequeños instantes.

Si quería escapar, quizá un arma fuera una buena opción. Y allí estaban las llaves. Si las conseguía y, por la noche, robaba una pistola... Bueno, sería un punto a su favor.

—Toma. —Rhett apareció de la nada, distrayéndola, y le lanzó un arma larga y pesada. Alice la atrapó como pudo, dando un paso atrás. Él puso los cartuchos en la mesa que tenía delante—. ¿Sabes lo que es?

Alice miró lo que sujetaba entre sus manos. Era como una pistola, pero mucho más larga y muchísimo más pesada. Necesitaba sujetarla con ambas manos. Negó con la cabeza.

—Es una escopeta. Está descargada. Si te cabreo, no quiero que me dispares. Me matarías de un tiro. —Sonrió pese a la cara de horror absoluto de Alice—. Las hay de varios tipos. Te he dado la más sencilla; un solo cañón y calibre 16. Básicamente, para que no te rompas los dientes con el retroceso.

Alice se preguntó de qué demonios estaba hablando, pero no dijo nada. Bastante idiota se sentía ya.

—Apunta.

Alice le apuntó.

—Pero ¡¿qué haces?! —Rhett apartó el cañón de un manotazo, alarmado.

—¡Me has dicho que apuntara!

—Pero ¡no a mí!

Él cerró los ojos, implorando paciencia, y le indicó que apuntara al objetivo. Ella lo hizo y vio que la observaba con atención, asegurándose de que estaba bien colocada.

—Sujétala un poco más arriba —le dijo, al final.

Le temblaron los brazos cuando la levantó un poco más. Enseguida, él se colocó a sus espaldas y observó con atención la postura.

—Junta un poco los pies. Tienen que estar a la altura de los hombros, ya lo sabes. Eso es. A ver...

Rhett dio la vuelta completa y chasqueó la lengua. Alice había aprendido que eso significaba que estaba haciendo algo mal. Ahora solo necesitaba saber qué era exactamente.

Y, de pronto, horror. Él le tomó la mano y la movió más cerca de la culata.

Pero ¡¿qué se creía que estaba haciendo?!

Alice dio un salto y se apartó bruscamente de él, alarmada. Por consiguiente, el arma cayó al suelo entre los dos con un estrepitoso sonido, y abrió un incómodo silencio que perduró unos larguísimos segundos.

La chica tenía el corazón acelerado, al igual que su respiración. La había tocado. ¡La había tocado de verdad! ¡Eso estaba prohibido!

Se agarró la mano afectada de forma protectora, como si intentara salvarla de cualquier otro intento de invasión. Todavía podía notar los dedos de Rhett sobre su piel. Era una sensación extraña.

Ah, y él la miraba como si estuviera loca, para variar.

—¿Qué demonios te pasa ahora? —preguntó, frunciendo el ceño.

¿A ella? ¡El problema era él!

—¡No puedes tocarme! —casi le gritó.

Fue la primera vez que Rhett le pareció perdido.

—Solo te he intentado colocar la mano.

—Pero ¡no puedes hacerlo! ¡Está prohibido!

Y, entonces, pareció entenderlo.

—No me digas que en tu estúpida zona teníais normas en contra del contacto físico. —Negó con la cabeza—. No se puede ser más rarito.

—A mí me parecéis más extraños vosotros —señaló Alice, a la defensiva.

—Y ¿cómo es la norma? Un chico no puede tocar a una chica, ¿no?

—Nadie puede tocar a nadie, independientemente de lo que seas. Solo en caso de que necesites ayuda o algo así, pero eso son solo excepciones.

—Ya. —Rhett sonrió, burlón—. Seguro que algunos se tocaban...

—¡Nadie! Todos seguíamos las normas.

—Tú seguías las normas.

—Todos lo hacíamos.

—Que tú no te enteraras, no significa que los demás no se las saltaran.

—¡Éramos muy responsables!

—Seguro. —Se inclinó para recuperar la escopeta y la miró—. Yo las incumpliría.

—Pues te cortarían una mano.

—Bueno, ya me han cortado media cara, no sería para tanto.

Alice, para asombro de ambos, soltó una risita divertida. En cuanto él la miró, sorprendido, la chica se cortó de golpe y sintió que se le calentaba la cara. De nuevo, se formó un silencio bastante incómodo.

—Suerte que no vivo allí. —Rhett retomó la conversación como si no hubiera pasado nada—. Harías bien en olvidarte de sus costumbres de idiotas. Ahora estás con nosotros.

—¿Os podéis tocar las manos aquí? —Alice abrió los ojos como platos, recuperando su escopeta.

—Las manos, la cara... y otras partes —sonrió él—. Pero eso lo dejaremos para otra clase.

—¿Qué otras partes? —preguntó ella con curiosidad.

Él la miró, sorprendido y divertido a la vez.

—No creo que estés preparada mentalmente para hablar de eso.

—Enséñamelo —se ofreció, señalándose a sí misma.

¡Tenía que aprender a vivir como ellos!

Rhett abrió la boca y la volvió a cerrar. Era la primera vez que lo dejaba sin palabras.

Definitivamente, podía acostumbrarse a que estuviera

calladito. De hecho, cuando no decía tonterías era incluso guapo. Lástima que las dijera continuamente.

—Teniendo en cuenta que sujetas una escopeta —Rhett negó con la cabeza—, prefiero no hacerlo.

—Pero ¿a qué te referías? ¿Qué partes?

Él la observó un momento, y Alice casi pudo sentir su incomodidad. Al final, se aclaró la garganta y se puso serio.

—Se acabó la charla. Colócate. Y, a ser posible, no des un salto cada vez que me acerco. Cuando cargues la escopeta, se volverá menos divertido.

Alice respiró hondo y volvió a situarse. Se sintió incómoda cuando notó sus manos —más bien sus dedos, porque tenía las palmas y los nudillos cubiertos por guantes de cuero— colocando las suyas, pero no dijo nada.

—Pega la culata a tu hombro con fuerza —le indicó—. Ten en cuenta el retroceso. Si no, saldrás volando. Bien, ahora, apoya la... Ya lo tienes. El cargador está junto a tu mano.

Rhett alcanzó los cartuchos y se los pasó. Mientras cargaba el arma, Alice vio que él movía una palanca y el objetivo se acercaba un poco más a ella. Quitó el seguro y volvió a ponerse en posición.

—Hará bastante ruido cuando dispares —advirtió él—. No te asustes otra vez, por favor. Quiero vivir al menos un día más.

Alice apuntó como le había enseñado y, al apretar el gatillo, entendió a lo que se refería con eso de salir volando.

El arma dio una sacudida que hizo que su cuerpo retrocediera bruscamente. Alice chocó contra Rhett, asustada, y él, agarrándola por los hombros, la devolvió a su lugar.

Abrió los ojos —ni siquiera se había dado cuenta de que los había cerrado— y vio que la bala no había impactado en el muñeco.

—No cierres los ojos —le dijo él, como si pudiera saber qué pensaba—. Y aprieta con más fuerza el arma. Vuelve a empezar.

Durante los siguientes veinte minutos, Alice lo intentó varias veces más y le sorprendió notar que el ambiente entre ellos dejaba de ser tan tenso como de costumbre. O más bien fue ella quien dejó de sentirse tan tensa.

De hecho, ¡Rhett no se metió con ella durante casi diez minutos seguidos! Quizá fuera porque no se le daba tan mal. No había acertado en los puntos clave en ninguna ocasión, pero al menos daba en el muñeco. Algo era algo.

—No me puedo creer que no os dejen tocaros —murmuró Rhett en voz baja cuando empezaron a recoger las cosas, un rato más tarde.

Alice lo miró de reojo, curiosa.

—No lo consideran una necesidad básica. —Se encogió de hombros.

—Sigo sin creérmelo.

Alice se quedó mirándolo un momento mientras él seguía colocando los cartuchos en la caja, concentrado. Y, sin saber muy bien por qué, se encontró a sí misma soltando lo que tenía en la cabeza sin siquiera pensarlo dos veces:

—Eso que has dicho..., que tú romperías las normas..., ¿es en serio?

—Supongo.

—Pero... ¿realmente lo harías?

Rhett levantó la cabeza para mirarla con desconfianza.

—¿Qué quieres preguntarme exactamente?

Vale, ya se estaba arrepintiendo de haberle dicho nada.

—¿Y bien? —insistió él.

—Yo... —Alice dudó—. Si fuera por una buena causa, incumplir las normas no estaría tan mal, ¿no?

Rhett, de nuevo, la observó por unos segundos.

—¿Qué causa?

—Puede..., bueno, puede que algún día alguien se entere de que pasa algo especial, algo que sucede solo cada no sé cuántos años y quiera verlo, pero para ello tenga que salir de la habitación por la noche y...

—Es decir, que tus amigos y tú queréis ver el cometa, ¿no?

Alice, de nuevo, notó que su cara se calentaba. Asintió con la cabeza, nerviosa.

—Ya. —Rhett suspiró, mirándola—. Salir por la noche no está permitido.

—Bueno..., puede... No sé, da igual. Ha sido una tontería.

Aquel silencio fue uno de los peores que había vivido. Rhett se quedó mirándola fijamente. Pero muy fijamente. Casi se sentía como si estuviera volviendo a juzgarla.

Y, finalmente, él puso los ojos en blanco y suspiró.

—Termina de recoger eso y deja de hablar tanto —le dijo, simplemente.

Alice no pudo evitar levantar las cejas, sorprendida.

—Pero... ¿no vas a decirme nada más?

—Voy a hacer como que no he oído nada de todo lo que me has contado y me iré a dormir muy tranquilo sabiendo que, en el remoto caso de que unos alumnos salieran de noche para ver un cometa, nadie los descubriría y no tendría que preocuparme por ello. ¿Está claro?

Alice sonrió un poco y asintió con la cabeza.

—Bien —murmuró Rhett—. Ahora, sigue recogiendo y hagamos como si esto no hubiese pasado para que yo vuelva a ser el amargado de siempre.

Vale, quizá Rhett no fuera tan malo, después de todo.

De hecho, Alice casi se sintió mal cuando llegaron los demás. El instructor le había parecido incluso simpático por un momento, pero se había vuelto a poner la máscara de idiota en el instante en que habían dejado de estar solos.

En cuanto la clase estuvo lista para empezar, Jake se acercó rápidamente a Alice.

—¿Para qué quería hablar contigo? —preguntó curioso—. Me he tenido que comer tu plato para que no se enfriara.

—Me ha... enseñado a disparar una escopeta.

—¿De veras? —Su rostro reflejó sorpresa y entusiasmo a partes iguales—. Qué pasada, ¡yo también quiero!

—Pero me gusta más esta pistolita —Alice apuntó al muñeco—. Es más fácil de usar.

—Peeero ¡la escopeta es mucho mejor!

—Y pesa más. No es que tenga los mejores brazos del mundo para sujetarla.

Jake se echó a reír cuando ella movió los bracitos flacuchos.

—Vaya par de fideos. —El chico sacudió sus brazos regordetes—. Yo tengo brazotes de mamut.

Alice se rio a carcajadas. Nunca había reído de esa manera tan generosa, y fue extrañamente agradable. Jake también se reía cuando volvió a hablar.

—Y Trisha tiene brazos de...

—¿Se puede saber por qué se os oye parloteando y no disparando? —preguntó Rhett al pasar por detrás de ellos.

Los dos dieron un respingo, se callaron al instante y volvieron rápidamente a la práctica.

* * *

Era la una de la madrugada. Alice todavía no había cerrado los ojos, estaba demasiado excitada para dormirse. Jake se levantó lentamente, sin hacer ruido. Le dio un codazo para avisarla y ella tocó el brazo de Dean con el pie. Saud estaba ya despierto. Se aseguraron de que el resto dormía y salieron de puntillas, con las botas en la mano. Alice fue la más rápida en atárselas, por lo que terminó yendo en primer lugar. Bajaron la escalera hasta llegar a la planta baja, que estaba vacía, y salieron del edificio asegurándose de que nadie los veía.

—Vayamos a la casa abandonada —sugirió Dean.

Saud lideró el grupo y los guio por las calles de la ciudad. Alice advirtió unos cuantos guardias en las torres de vigilancia, pero ni siquiera miraban las calles, sino al muro, al exterior. Fue sencillo cruzar la ciudad hasta llegar a la casa abandonada, que era una pequeña vivienda completamente vacía, pues no contenía un solo mueble. Los cuatro se tumbaron en el suelo de la terraza, ya que así no se los veía, y miraron al cielo.

—¿A qué hora pasa? —preguntó Jake.

—En unos minutos, creo —Saud observó el cielo con atención—. No dejéis de mirar. Podría ser en cualquier momento.

—No me puedo creer que lo hayamos hecho —sonrió Dean entusiasmado—. ¡Hemos llegado aquí sin que nos pillaran!

—Lo sé. —Sonrió Jake a su vez—. Somos los mejores.

—No lo creo —bromeó Saud.

—Yo tampoco.

Los cuatro se incorporaron de golpe. Trisha estaba de pie en la puerta de la terraza. Alice habría reconocido esa cabeza rubia y esa mirada afilada en cualquier parte.

—Os vais a meter en un buen lío —dijo, como si la idea le pareciese maravillosa.

—No se lo cuentes a los guardianes —suplicó Jake enseguida.

—¿Y por qué no debería hacerlo? Es mi responsabilidad.

—No lo hagas —le rogó Dean—. Haremos lo que quieras.

—Así me gusta —Saud puso los ojos en blanco—, el orgullo siempre por delante de todo.

Trisha, mientras tanto, los observaba con perspicacia.

—¿Qué hacéis aquí?

—Queremos ver un cometa —le dijo Alice, y la chica le dirigió una mirada acerada—. Estábamos esperando a que pasara.

—¿Os habéis expuesto a un castigo de gravedad por un maldito cometa?

—Son bonitos. —Dean enrojeció hasta las orejas.

—Mi puño en tu cara también sería bonito, pero no por eso lo pongo ahí —sonrió ella, y luego miró a Alice—. Tú, apártate.

Esta se hizo a un lado y Trisha se tumbó en el hueco que había dejado, mirando el cielo con el ceño fruncido, como si también estuviera enfadada con él.

Jake y Alice intercambiaron una mirada confusa, pero ninguno de los dos se atrevió a quejarse. De hecho, estuvieron casi cinco minutos sumidos en el más absoluto e incómodo de los silencios, con la vista hacia arriba. Al final, Trisha resopló.

—¿Vamos a esperar toda la noche o qué?

—Pasará de un momento a otro —protestó Saud.

—¿Y eso quién lo asegura?

—Yo.

—Pues menuda confianza me das.

—¡Esperad! —Dean señaló al cielo—. Mirad, ¡ahí!

Alice entrecerró los ojos y vio una pequeña luz blanca que se movía lentamente por el firmamento. Al principio, parecía una estrella cualquiera entre las nubes negras, pero luego percibió que era bastante más alargada y que se movía con cierta rapidez. Era fascinante. Se quedaron mirándola embobados, con los ojos muy abiertos y sin apenas parpadear durante el poco rato que fue visible. Entonces, se perdió entre las nubes de contaminación y no volvió a aparecer.

—Qué bonito —murmuró Alice, sin poder contenerse.

—Os dije que pasaría. —Saud se puso de pie, muy orgulloso.

—Sí, sí. —Trisha también se levantó—. Ahora, me iré a dormir antes de que me pillen con vosotros, pringados.

Dijera lo que dijese, Alice estaba segura de que la había visto sonreír.

9
LA PRECIOSIDAD DE LA VIDA

Al día siguiente, cuando se dirigió a su mesa, se sorprendió al ver que Trisha estaba sentada con Dean, Jake y Saud, quienes la observaban con cierta confusión. La chica comía sin mirar a nadie en concreto.

Nunca la había visto comiendo en compañía. De hecho, nunca la había visto con nadie.

—Debes de tener hambre —bromeó Jake al ver a Alice.

—No tiene gracia —se enfurruñó ella—. Ayer no pude probar bocado apenas.

—¿Por qué no? —le preguntó Trisha, frunciendo el ceño.

—Porque el lunático de mi instructor vino a busc...

—Principiante.

Cuando escuchó el timbre grave pero burlón de una voz ya conocida, le entraron ganas de meter la cabeza en el plato de puré y ahogarse en él.

Alice miró a Rhett casi con desesperación.

—¡Hace dos días que solo como por la noche!

—Pues bienvenida al club. Venga, vámonos.

Él empezó a andar sin esperarla. Alice dejó la bandeja sobre la mesa para seguirlo, frustrada. Al instante, escuchó cómo alguien tiraba de la bandeja, arrastrándola por la mesa. Se volvió y se encontró con la sonrisa de Jake.

Rhett lideró el camino por la ciudad con un humor bastante más alegre que al que la tenía acostumbrada. Alice decidió no preguntar al respecto para no arruinárselo.

Al final, volvieron a la casa de tiro. Como la vez anterior, él dejó las llaves y fue a buscar un arma a la sala contigua.

Solo que esta vez, cuando volvió, sus labios emitían un ruido extraño y agudo. Alice no pudo aguantarse las ganas de preguntar.

—¿Cómo haces eso?

—¿El qué? —preguntó él distraídamente.

—Tu boca... hacía un ruido raro.

Rhett pareció ligeramente confuso.

—Estaba silbando.

—¿Silbando? —repitió, como si lo analizara.

—Ya sabes... música.

—He... leído sobre ella —murmuró Alice—. Me pasaba muchas horas estudiando en mi zona. Pero no era capaz de imaginarme cómo era exactamente.

Él empezó a reírse.

—Vale, doy gracias a Dios por haber nacido en un lugar diferente al tuyo.

Estuvo a punto de preguntar algo sobre ese dios, pero se contuvo. En lugar de eso, se quedó mirando fijamente el arma enorme que transportaba Rhett. Se la puso en las manos y se aseguró de que la sujetaba bien antes de soltarla, aunque lo cierto era que no pesaba tanto como la del día anterior.

—Esa preciosidad —señaló él— es un fusil de francotirador.

Alice lo miró, confusa por la elección de palabras.

—¿Preciosidad?

—¿Tampoco sabes lo que es?

—Es un adjetivo.

Rhett puso los ojos en blanco. Lo hacía mucho cuando estaba con ella. Después, empezó a colocar el material que iban a utilizar.

—A ver..., el paisaje que se ve desde lo alto de la colina te puede parecer una preciosidad, o una puesta de sol, o pensar en este mundo antes de la guerra... —La miró de reojo unos instantes—. Para mí esta arma o tu trasero también son una preciosidad.

Ella se miró a sí misma. ¿La había insultado?

¿Qué tenía que ver su culo con un arma o una puesta de sol? ¿Por qué los humanos eran siempre tan raros?

Él empezó a reírse cuando vio que no lo comprendía y volvió a la sala contigua. Alice, por su parte, aprovechó el momento para mirarse el trasero.

—No le des más vueltas —le recomendó Rhett al volver.

—Entonces, no me digas cosas así.

—Es que es muy divertido ver la cara que pones.

—Pero... ¿es que nadie habla normal aquí?

—La que no eres normal eres tú —respondió el guardián, negando con la cabeza y sonriendo. Luego, le entregó un objeto.

—Esto se llama soporte. Puede que más adelante no lo utilices tanto, pero ahora mismo es importante que lo tengas. Este fusil sirve para avistar a un enemigo desde lejos, así que el más mínimo movimiento lo jodería todo. Esta vez te lo montaré yo para que veas cómo se hace. Vamos fuera.

Lo siguió hacia el exterior. Rhett colocó todo cuidadosamente encima de una mesa de madera y empezó a trabajar.

—¿Puedo preguntarte algo? —Sonrió Alice.

Él no la miró, la chica se percató de su expresión de hastío.

—Supongo que no puedo negarme —aceptó él, al final.

—¿Cómo es que tenéis tantas armas y munición y tan poca comida?

—Ah, eso. —Rhett levantó la cabeza y pareció sorprendentemente contento con la pregunta—. A Max se le da bien arreglar y encontrar armas. Te sorprendería saber en cuántos sitios distintos es capaz de esconderlas la gente. Y con la munición igual. Es fácil hacerte con ella si sabes dónde buscar. La comida, en cambio... Aquí no se puede plantar nada. Y apenas hay animales. Así que, básicamente, lo que comemos es lo que negociamos con los de las caravanas a cambio de munición y armamento.

A Alice le sorprendió recibir esa respuesta tan extensa. Casi esperaba que le dijera que no era su problema.

Sin embargo, para su asombro, Rhett sonrió un poco.

—Eres observadora, ¿eh? Eso está bien —murmuró distraídamente—. Me gusta la gente observadora.

No esperó respuesta. Volvió a lo suyo sin prestarle más atención, pero Alice estaba paralizada de pies a cabeza.

¿Acababa de decirle algo bueno?

¿Rhett? ¿A ella?

¿Se encontraba bien? ¿Se había golpeado la cabeza antes de verla y por eso estaba tan simpático?

Intentó volver a centrarse y decir algo coherente, aunque al final solo le salió:

—Gracias.

Rhett le echó una ojeada silenciosa, sin responder.

A partir de entonces, ella lo observó con más atención. Se fijó en que volvía a llevar los guantes de cuero con los dedos cortados. Se preguntó si no tendría calor. También aprovechó el momento para mirar la cicatriz que tenía en la cara, que estaba en el perfil al que tenía más acceso visual en ese momento.

Parecía bastante profunda. Se preguntó qué clase de arma —y de persona— habría podido hacerle algo así.

Rhett se incorporó y ella apartó la vista enseguida, fingiendo que miraba el fusil.

—Es semiautomático y dispara a distancias de hasta ochocientos metros —le dijo el guardián—. El campo solo mide ciento veinte, así que debería ser fácil. ¿Ves esos objetivos del fondo? —Alice agudizó la vista, había unas pequeñas siluetas pintadas al otro lado del campo, apenas visibles. Asintió con la cabeza—. Pues ahí tienes que acertar. ¿Te ves capaz?

Asintió, se acercó y procuró agacharse de la misma forma que Rhett un momento antes. Colocó un ojo delante de la mirilla y se sorprendió al ver lo claro que parecía el objetivo.

—No te acerques tanto —le dijo él—. Y mantén la espalda recta. Pareces un orangután. Normalmente estarás tumbada en el suelo para que no te vean, pero, para empezar, esta posición es más fácil. Separa un poco las piernas.

Alice se apartó de la mirilla para comprobar que se colocaba bien y se dio cuenta de que el instructor la estaba mirando.

De hecho, la estaba mirando más de lo estrictamente necesario.

Ay, no. Seguro que ya se había equivocado en algo.

—¿Lo estoy haciendo mal? —preguntó dubitativa.

Rhett pareció despertar de golpe, y frunció el ceño.

—Si me hablas, sí. Céntrate.

¿Por qué el ambiente estaba tan raro entre ellos ese día?

Alice agarró la munición y cargó el fusil. Se inclinó de nuevo y Rhett tuvo que volver a colocarla dos veces antes de permitirle disparar. Alice sujetó el arma con fuerza. Por algún motivo, le gustó más que las otras que había probado. Se concentró un poco más y, al ver que apuntaba directamente al corazón, apretó el gatillo. El ruido fue muy fuerte y la bala se desvió unos centímetros de su objetivo, pero estuvo más cerca de lo que habría esperado.

Unos diez intentos y varios comentarios de Rhett más tarde, por fin logró acertar.

—Bueno —dijo él, viendo el impacto de la bala—, no ha estado nada mal, principiante.

Un momento, ¡¿eso era otro cumplido?!

Rhett se volvió hacia ella y le dedicó lo que consideró la primera sonrisa real y honesta que le había visto. La dejó tan aturdida que apenas fue capaz de procesar lo que dijo a continuación:

—¿Ya te has hartado de los principiantes?

Alice tardó unos segundos en ser capaz de responder.

—¿Eh?

—Voy a pasarte al grupo de los intermedios —anunció, y apenas le dio tiempo a pensar—. Ahora, ayúdame a guardar todo esto.

—Espera. —Alice lo siguió como pudo, correteando y cargando torpemente con el arma—. ¿Me vas a pasar a los intermedios? ¿A mí? ¿Seguro que no te has equivocado de persona?

—Bueno, no es tan sencillo. Tienes que hacer una prueba, decidir tu especialidad..., y necesitas el permiso de Max, claro.

Ella notó que había añadido lo último con cierto tono irónico, pero decidió no decir nada al respecto.

—¿Y ya no entrenaré ni dormiré con los principiantes?

—No. —Rhett la miró algo confundido—. Deberías alegrarte. Ahora estarás con gente de tu edad.

Alice no dijo nada, pero en su interior sabía que, en caso

de que eso sucediese, echaría de menos a sus compañeros. Especialmente a Jake. Había sido su mayor apoyo.

—¿Qué te pasa? —preguntó Rhett, completamente perdido al ver su expresión desolada.

—Yo... no sé si quiero dormir con gente de mi edad —confesó—. Me gusta mi habitación actual.

—¿Por la estancia o por tus compañeros?

Ella se encogió de hombros.

—Puede... que por mis compañeros.

—Bueno —Rhett suspiró—, a lo mejor cuando estés en la otra habitación conoces a gente con la que también te lleves bien. Que te cambien de grupo no quiere decir que vayas a dejar de ver a tus amigos. —Hizo una pausa antes de enarcar una ceja—. Además, tal vez quieras saltarte la norma contra el contacto físico con alguien de tu nueva habitación, ¿no?

Alice resopló casi al instante.

—No, eso no va a pasar.

Rhett esbozó una sonrisita.

—Qué pena.

Alice iba a preguntar por qué le daba pena, pero vio que los demás empezaban a llegar y decidió volver a su lugar.

* * *

Cuando al terminar la clase llegó al hospital, Tina estaba cubriendo el brazo de una chica de los avanzados con un ungüento marrón. Alice se detuvo en la puerta e intentó no poner una mueca demasiado evidente al ver que la extremidad de la muchacha estaba doblada en un ángulo extraño. La joven tenía los labios apretados, pero no se quejaba en absoluto. Y eso que el dolor era más que obvio.

Tina la vio casi al instante.

—Pasa, Alice —sonrió, centrada en su trabajo—, enseguida te atiendo. Espera un momento, por favor.

Tina colocó bien el brazo de la chica, que apretó los puños. Alice casi podía sentir su dolor.

—¿Qué te ha pasado? —no pudo evitar preguntar.

—Deane, eso me ha pasado —dijo la chica, frunciendo el ceño. Aunque parecía de su edad y mucho más en forma que ella, tenía la voz sorprendentemente aniñada—. Ha visto que el idiota de Kenneth iba a romperme el brazo y no se ha movido, la muy zorra —soltó la chica—. Ni entrenadora ni nada. Está loca.

—No digas eso, Shana. Y sujétate el brazo cinco minutos, se pondrá bien. Alice, espera un momento aquí, voy a por unas cosas al almacén.

La chica ya no parecía estar sufriendo tanto como antes. Se agarró el brazo flácido y lo sujetó contra su cuerpo, mirando a Alice. Le recordaba un poco a 44. Tenía el pelo de un tono que variaba entre el rojo y el castaño, el rostro cubierto de pecas y expresión algo frustrada, pero no era tan físicamente perfecta como un androide. Tenía la nariz algo grande y torcida, como si se la hubieran roto en algún momento, y una cicatriz en el brazo bueno.

—No ha sido muy buena forma de presentarme —le dijo un poco afligida—. Me llamo Shana.

—Alice.

—Sé cómo te llamas. Eres lo único de lo que se habla por aquí desde que llegaste. Hacía mucho tiempo que no se unía nadie nuevo.

—¿Por qué?

Se encogió de hombros.

—No debemos de ser una atracción turística interesante —bromeó antes de cambiar de tema—. He oído que se te dan bien las armas.

—Y fatal los combates —le dijo, sonriendo amargamente.

—¡Pero si los combates son lo más fácil del mundo! Solo tienes que patear el trasero al que te pongan delante.

—Pero el que te pongan delante puede medir dos metros y tener el doble de fuerza que tú.

—¿Y qué? Lo importante no es la fuerza, sino la rapidez.

Alice frunció el ceño. Lo dudaba mucho.

—Mírame a mí .—Shana se señaló—. Bueno, ahora no soy un gran ejemplo, supongo. Kenneth, uno de mi grupo, es un bestia, por eso tengo el brazo roto. Pero, en general, suelo ganar. Y no soy muy grande, por si no lo habías notado. Lo único necesario es ser más listo y más rápido que el otro.

Se puso de pie e intentó mover el brazo, que parecía haberse recuperado casi mágicamente. Sonrió con una alegría muy contagiosa. Tina entró en ese momento.

—Como nuevo —sonrió Shana felizmente.

—Vuelve cuando quieras, querida. Y dile a Deane que ya hablaré con ella.

La joven se despidió de ellas y cerró la puerta del hospital a su espalda. Tina clavó una mirada piadosa en Alice.

—¿Tú también has tenido pelea hoy?

—Sí, pero no vengo por eso. —Estaba empezando a acostumbrarse a los moretones—. Dijiste que otro día me contarías más sobre... los míos.

—Ah, sí, lo dije. —Tina se mordió el labio un momento y después se sentó a la mesa que tenía al lado, tamborileando los dedos sobre ella de forma nerviosa—. ¿Qué quieres saber?

Alice lo consideró un momento.

—¿Por qué somos diferentes a vosotros?

—¿Aparte de lo evidente? —Sonrió.

—¿Qué es tan evidente?

—Bueno..., no sois humanos.

Alice frunció el ceño.

—¿Por qué no? Somos idénticos físicamente, e incluso en algunos aspectos emocionales...

—Para empezar, un humano nace del vientre de su madre. Vosotros sois creados.

—No... —Alice enrojeció, incómoda—. No es exactamente así.

—¿Por qué funciona tu organismo, Alice?

—Por el núcleo de mi estómago, justo debajo del número. Es lo que hace que mi cuerpo marche.

—Esa es la única diferencia entre tú y yo —concluyó Tina.

Alice dudó un momento.

—Y ¿por qué lo hacen? ¿Por qué crean copias de humanos? ¿De qué les sirve?

—Eso no lo sé. Aunque me encantaría saberlo.

Tina suspiró pesadamente, como si no supiera cómo seguir.

—Os adiestran —le dijo tan suavemente como pudo, y Alice apartó la mirada—. Os obligan a seguir una rutina exacta. Os perfeccionan, y si alguno es defectuoso...

Alice sabía a lo que se refería. Los había visto con sus propios ojos. Androides que no obedecían. Que hacían lo que querían sin seguir las instrucciones de sus padres. Androides que siempre desaparecían. Se preguntó si ella era defectuosa. Probablemente sí.

Además, había presenciado lo que le pasaba a quien se salía de las normas, aunque fuera un poco. Se acarició la mano inconscientemente.

De hecho, le vino a la cabeza un androide. 49. Últimamente había pensado mucho en él. En el perfecto 49, adorado por todos los padres y madres. No había nada que no pudiera hacer. Alice llegó, incluso, a sentir algo de envidia.

Cosa por la que, por cierto, sufrió su único castigo. Su padre la tuvo tres días y tres noches encerrada en una habitación sin agua, comida ni entretenimiento. Por lo visto, era el correctivo procedente. Alice llegó a pensar que se volvería loca.

Nunca volvió a expresar un sentimiento en voz alta. Ni siquiera con su padre.

Se preguntó vagamente qué habría sido de 49 tras ponerse a gritar en medio de aquel pasillo. Lo más seguro es que estuviera muerto.

—¿Qué pasa con los defectuosos? —preguntó igualmente.

—Los desconectan. —Tina se puso de pie y colocó un dedo justo en el 43 de su estómago, que Alice cada vez veía más innecesario—. Si esto deja de funcionar... Bueno, es la única forma de matar a un androide.

—¿Y un disparo en la cabeza?

—El cerebro se apagará durante unos minutos y dará la impresión de que el androide se ha desconectado, pero después volverá en sí. Recuerda que vosotros funcionáis gracias al núcleo.

—Entonces, ¿no puedo morir de un disparo en la cabeza?

—No, definitivamente no.

Alice abrió los ojos como platos. ¡42!

—Alice —Tina se alejó un paso y la miró—, ¿hay alguna razón por la cual me estés preguntando todo esto?

Ella pensó que sí, que la había. Sus sueños. 42. ¡Podía seguir viva, en algún lugar! ¡Tenía que encontrarla como fuera!

Pero decidió no decir nada. Por ahora. Era lo mejor.

—No, ninguna.

—Puedes contarme lo que quieras, cielo —le dijo con una sonrisa conciliadora.

—Gracias, Tina, pero eso era todo lo que quería saber. Gracias por hablar conmigo.

—No me des las gracias. Puedes hacerlo cuando quieras.

Alice dudó un momento antes de ponerse de pie y dirigirse a la puerta.

—Oye, Tina. —Se volvió en el último momento—. En mi zona no podemos tocarnos, no sé si lo sabías. Especialmente entre géneros. Está... mal visto. Rhett me dijo que aquí os tocáis las manos y otras partes. ¿A qué se refería?

Tina abrió los ojos como platos, y después apretó los labios.

—Nada importante, querida. —Negó con la cabeza—. Ya me encargaré de hablar con Rhett.

10
EL CHICO QUE ESCUCHABA MÚSICA

Lo observaba por encima del libro que estaba leyendo. Una canción sonaba a través de los auriculares. Ella movió los labios sin emitir sonido alguno, articulando cada palabra de la canción. El libro había dejado de tener sentido. Erik estaba allí sentado, con sus amigos, con la espalda apoyada en un árbol. Parecía tan relajado y guapo cuando sonreía... Suspiró. Ojalá se volviese y la mirase. Tenía unos ojos azules tan bonitos, y una mandíbula tan cuadrada, y una sonrisa encantadora, y el piercing *en el labio. Ay, el* piercing*. Como si ser perfecto por naturaleza no fuera suficiente.*

Alicia se mordió el labio inferior y volvió a suspirar. Debería dejar de soñar. Cerró el libro y se tumbó en la hierba, mirando el cielo. La canción había terminado, pero otra de la misma banda empezó a sonar. Cerró los ojos y se dejó llevar por la música. Eso era todo lo que importaba en ese momento. Le daba igual que Erik no se fijara en ella, y que sus padres le hubieran dicho que se separarían. No importaba nada.

Entonces, una mano le arrebató los auriculares de un tirón. Alicia abrió los ojos, alarmada, y se encontró con la sonrisa burlona de Charlotte justo encima de ella.

—Estabas babeando por Erik —le dijo, riendo a carcajadas con sus amigas—. Él nunca se fijará en ti, idiota. Asúmelo. ¿Te has mirado en un espejo? Das asco.

—Sí, das asco —apoyó otra chica.

—Eso, eso —añadió otra.

Esa solía ser la función principal de sus dos amigas, sí.

Alicia bajó la cabeza, humillada, al notar que Erik y sus amigos miraban en su dirección, atraídos por el ruido. Charlotte sonrió aún más.

—Así que te gusta escuchar música, ¿eh? —lanzó los auriculares al suelo, los pisó con fuerza, y los destrozó. Alicia abrió la boca y escuchó a Erik reírse con sus amigos, lo que fue todavía más humillante—. Ahora tendrás que pedirle a la pobre de tu madre que te compre unos nuevos mientras prepara el divorcio. No podréis comer en un mes. Lástima.

Todas siguieron a Charlotte cuando se marchó, riéndose.

* * *

—¡Alice, está sonando la campana!

Ella abrió los ojos y se encontró con la cara de un muy adormilado Jake. Se sentía apenada y furiosa a la vez, como si ella misma hubiera vivido el sueño. Tragó saliva y se incorporó.

Hacía tiempo que le habían dado ropa nueva. Bueno, lo más nuevo que había. Ese día volvía a ser muy caluroso, así que se puso lo más fresco que encontró, que fue una camiseta ancha de un antiguo equipo de lo que Jake había dicho que era ¿béisbol?, y unos pantalones cortos negros.

Mientras se cambiaba, revisó su rodilla. Ya solo tenía una pequeña marca en el lateral. Tina era realmente buena en su trabajo. Se ató las botas y siguió a las demás al campo de entrenamiento.

Casi habían llegado a la mitad del camino cuando Alice divisó a Shana, la chica a la que había conocido el día anterior en el hospital, junto con un grupo de avanzados que debían de ser amigos suyos.

Como Alice era una principiante, creyó que Shana la ignoraría, pero se detuvo al verla y se le acercó con una sonrisa. Esta desapareció un poco al ver la cara de tensión de Alice.

—Ahora tienes pelea, ¿no? —dedujo.

—Sí. —Puso una mueca.

—Déjame adivinar: crees que perderás.

—*Sé* que perderé.

—Bien. —Se acercó a ella y le habló en voz baja—. Tira a tu contrincante al suelo y después lánzate a por su cara.

—Eso de tirarla al suelo no será muy sencillo...

—Alice, lo básico en una pelea es: defensa, defensa, ataque.

Dicho esto, le dio la espalda para volver con sus amigos.

Rhett estaba ya paseando por el campo de fútbol con el aspecto irritado de siempre. Alice no pudo evitar fijarse en que llevaba los guantes de cuero sin dedos. Cada día se preguntaba por qué demonios se los ponía, si debía de estar muriéndose de calor.

—Ya sabéis lo que toca —les dijo directamente, no parecía estar de humor como para dar más detalles.

Empezaron a correr dando vueltas al campo y Alice comenzó a notar que el sudor le perlaba la frente. Odiaba tener que correr. Y odiaba aún más tener que sudar. Jake iba por delante de ella, pero no a mucha distancia. Tampoco parecía gustarle demasiado eso de tener que ir dando brincos. Eran los últimos.

Bueno, a la hora de correr, ellos siempre eran los últimos. Tampoco era una gran novedad.

—Cada vez que nos hace correr... —jadeó Jake cuando Alice llegó a su altura— me pregunto qué demonios he hecho tan mal en esta vida como para merecer esto.

Alice empezó a reírse, cosa que hizo que agotara el poco aire que tenía en los pulmones y tuviera que detenerse un momento. Se apoyó sobre las rodillas y trató de recuperar el aliento, completamente acalorada. Seguro que tenía las mejillas rojas y mechones de pelo que se habían salido de la coleta apuntando en todas direcciones.

Jake, claro, aprovechó su pausa para detenerse también y abanicarse con una mano.

—Rhett te matará si te ve aquí parada —le dijo.

—Pues tú también estás aquí parado.

—¡Estoy consolándote! —protestó, enrojeciendo.

—Ya, seguro.

—¿Eso que detecto es ironía? Porque te la estoy enseñando yo, no tienes derecho a usarla en mi contra.

—Rhett no nos dirá nada —le aseguró Alice, volviendo al tema—. No es tan malo.

Para su sorpresa, escuchó un sonido muy parecido a una burla de parte de Jake. Se volvió hacia él al instante. Estaba esbozando una sonrisita malvada.

—¿Qué? —le preguntó confusa.

—Nada.

—No, eso no es *nada*.

—Bueno, puede que a *ti* no te diga nada.

De nuevo, no entendió del todo a qué venía ese tono.

—Y... ¿crees que a ti sí que te diría algo?

—No es que lo crea, es que lo sé.

—Y ¿por qué a mí no?

Jake le dedicó otra mirada burlona, entonces ella empezó a ponerse colorada, pero de irritación. No le gustaba no entender qué demonios le estaba diciendo.

Y, justo en ese momento, los dos dieron un respingo involuntario al escuchar unos pasos que se acercaban. Alice levantó la cabeza y casi se cayó de culo al suelo cuando vio que

Rhett se había detenido justo delante de ellos con los brazos cruzados, claramente molesto.

—Perdón por interrumpir vuestro momento de descanso —les dijo lentamente—. ¿Queréis que os traiga un vasito de agua con hielo para mejorar la experiencia?

Alice sonrió ampliamente.

—Pues, si no te importa...

—¡Está bromeando! —gritó Jake en el instante en que vio que Rhett apretaba los labios.

Alice no entendió el pánico momentáneo, pero aun así se dejó arrastrar cuando Jake tiró bruscamente de ella para volver a ponerse a correr en dirección opuesta al instructor.

Cuando terminaron, se colocaron por parejas. Alice parpadeó, sorprendida, cuando Trisha se detuvo delante de ella sin decir una palabra. Tenían que practicar golpes, así que estaba un poco asustada ante la perspectiva de que la chica le diera uno que la dejara más torpe de lo que ya estaba.

Pero Trisha no fue desagradable. De hecho, incluso la ayudó a mejorar su postura. Y le enseñó a golpear con más fuerza, moviendo la cintura.

Eso sí, no cambió su mala cara en toda la práctica.

Alice casi estaba feliz cuando, de pronto, notó que alguien se detenía detrás de ella y supo, automática e inexplicablemente, que era Rhett. Sabía lo que significaba eso.

—Vosotras dos —les dijo—. Al cuadrado. Vamos a empezar con los combates.

Aquel chico quería que Alice muriera, seguro.

Tragó saliva. No se esperaba empezar tan rápido. Había albergado la esperanza de tener tiempo de mentalizarse, al menos. Trisha se colocó, como cada día, delante ella y Alice intentó no parecer demasiado débil, incluso con el cuerpo dolorido todavía por la pelea del día anterior.

Bueno, Trisha ya no parecía tan simpática como antes, así que supuso que habían vuelto a la rutina de siempre.

Su compañera fue la primera en moverse, y Alice recordó las palabras de Shana. Tenía que tirarla al suelo de alguna forma. Defensa, defensa, ataque. Pero decirlo era muy sencillo, claro. Ejecutarlo, en cambio...

Bueno, su principal objetivo era no terminar con nada roto. Si lo conseguía, ya estaría satisfecha.

Esquivó el primer golpe, pero la patada que lo siguió le acertó en el estómago. Alice se dobló sobre sí misma y, antes siquiera de poder recuperar el aliento, esquivó la segunda por poco. Se movió hacia el otro extremo del cuadrado y Trisha la siguió. Alice, a la desesperada, trató de lanzar un golpe, que, obviamente, no tocó a su oponente. De hecho, esta lo esquivó con una facilidad absurda.

Quizá si salía del cuadrado fingiendo que era sin querer...

Vale, ¡no!

Para empezar, no podía hacer eso. Luego se sentiría decepcionada de sí misma.

Y, además, seguro que Rhett la mataría solo por intentarlo. Por mucho que Jake insinuara que no era cierto, se enfadaba con ella a menudo.

No es que le tuviera miedo, ¿eh? Era solo que..., bueno, mejor no poner a prueba su paciencia o la tendría corriendo alrededor del campo un día entero.

Su mente se quedó en blanco por unos segundos cuando Trisha le dio un puñetazo en la nariz. Había aprovechado su distracción. Alice retrocedió, sujetándosela con las manos. Empezó a sangrarle casi al instante.

Solo la perspectiva de que ese líquido caliente y cada vez más abundante que le salía entre los dedos fuera su propia sangre hizo que empezara a marearse. Iba a vomitar. Ay, no. Iba a vomitar e iba a quedar en ridículo. No solo sería una mala alumna, una mala luchadora y una mala corredora, también sería la vomitona de la clase.

Cuando dio un traspié, notó que alguien la sujetaba por los hombros para que no se cayera hacia atrás. Los guantes delataron que era Rhett. Pero Alice no pudo sostenerse y terminó cayendo de rodillas al suelo de todas formas.

Pareció que Trisha iba a acercarse, pero se detuvo en seco cuando Rhett le hizo un gesto con la mano.

—Al otro lado del cuadrilátero —la advirtió, rodeando a Alice para agacharse delante de ella.

Esta, por su parte, tenía los ojos clavados en el suelo, humillada. Casi se sentía como si reviviera su sueño, ese en el que le rompían las cosas de las orejas y todo el mundo se reía de ella. Ahora nadie se estaba riendo, pero seguro que estaban a punto.

—Creo que eres la única persona que conozco que empeora cada vez que entrena —murmuró Rhett.

Alice no pudo evitarlo y lo miró, furiosa.

—¿Eso debería hacerme sentir mejor?

Encima, su voz era nasal porque se estaba tapando la nariz. Todo mal.

—No particularmente. —Rhett se inclinó un poco más—. Déjame ver la herida.

Alice se quitó las manos y notó que el dolor se evaporaba por un pequeño segundo cuando Rhett la sujetó del mentón para revisarle la nariz.

Miró a Trisha por encima de su cabeza. Ya no parecía querer asesinarla lentamente, como antes. De hecho, le pareció ver un destello de culpa en sus ojos.

Entonces, Alice dio un respingo al notar que Rhett le apretaba un lugar exacto del puente de la nariz y le pasaba el guante de la otra mano por la boca para quitarle la sangre. Su respiración se aceleró cuando notó el cuero en los labios, pero él ni siquiera pareció darse cuenta.

—Puedo hacer que deje de sangrar —le dijo en voz baja, para que solo ella pudiera oírlo—, pero... si lo hago vas a tener que volver al combate.

La perspectiva definitivamente no era la mejor, pero Alice no dijo nada.

—Si dejo que siga sangrando —siguió—, tendré que mandarte con Tina y te librarás del entrenamiento.

Entendía a lo que se refería. Le estaba dando la opción de rendirse. Era muy tentador, pero ambos sabían que sus compañeros no lo olvidarían fácilmente.

—¿Y bien? —Rhett enarcó una ceja—. ¿Quieres seguir o te mando al hospital?

Alice lo tenía claro, pero para disimular y hacerse la valiente se encongió de hombros.

—No lo sé.

Él chasqueó la lengua. Es decir, que el sonidito de desaprobación confirmó que la respuesta no era la que estaba esperando.

—Así que te has rendido —dedujo.

Alice frunció el ceño.

—No me he...

—Llevas aquí el tiempo suficiente como para haber aprendido a dar, al menos, un puñetazo decente.

—En mi zona no...

—Me importa una mierda tu zona.

Normalmente, ese tono de voz la habría sorprendido, pero en ese momento estaba tan frustrada que se limitó a dejar que el enfado fuera creciendo. ¡Estaba sangrando y a él ni siquiera le importaba!

—No estoy acostumbrada a...

—Bueno, hasta donde yo sé, ahora esta es tu zona. —Hizo una pausa, soltando la nariz de Alice, que ya no sangraba—. ¿Quieres quedarte eternamente con los principiantes? ¿Es eso?

—No... Yo no...

—¿Eso es a lo máximo que aspiras? ¿A dejar que te golpeen sin hacer nada para impedirlo?

—¡Intento hacer algo! —le espetó ella—.Pero... ¡es imposible!

Alice estaba tan frustrada que le temblaban las manos, pero, de nuevo, a él no pareció importarle. Solo la seguía mirando con una ceja enarcada.

—No es imposible —le aseguró.

—Sí, sí lo es.

—Quizá para ti sí.

Eso la dejó descolocada por un momento.

—¿Cómo dices? —le preguntó en voz baja.

—Digo que eres pequeña, demasiado delgada y dudo que tus músculos puedan aumentar más de dos centímetros, que no es mucho. No sobrevivirías ni un día tú sola ahí fuera. De hecho, no sé por qué sigues viviendo aquí. No has aprendido absolutamente nada. Y todo porque te das por vencida incluso antes de empezar.

Alice notó que sus puños se apretaban inconscientemente. Le ardía la garganta y le escocían los ojos. Era una sensación extraña. Nunca había llegado a ese nivel de intensidad en sus sentimientos.

—Eso no es cierto —le dijo en voz baja, temblorosa—. ¡He aprendido cosas!

—¿Como qué? ¿A ser el saco de boxeo de los demás?

—Eso no es justo.

—La vida no es justa, ya es hora de que vayas asumiéndolo.

—Eres un...

Se cortó a sí misma. Incluso con el cabreo que tenía encima, sabía que debía andarse con cuidado. Seguía siendo su instructor.

Pero Rhett pareció bastante interesado en el tema.

—¿Qué soy?

—Nada —espetó furiosa.

—¿Ibas a insultarme, principiante?

—No.

—¿Estás enfadada?

—¡No!

—Yo creo que sí.

—¡Pues sí, lo estoy, estoy furiosa! —explotó—. ¡Y tú no ayudas en nada!

Hubo un momento de silencio. Casi creyó que Rhett iba a enfadarse todavía más, pero, para su asombro, se limitó a inclinarse sobre ella.

—Si tan enfadada estás, levántate y descárgalo contra tu oponente en lugar de lloriquear, quejarte y rendirte sin siquiera intentarlo.

Dicho esto, dio un paso atrás e hizo una seña a Trisha, que volvió a acercarse a ella con los puños preparados. Alice estaba medio desorientada por lo furiosa, avergonzada y humillada que se sentía. No era cierto. Ella no era así. No se daba por vencida antes de intentarlo. Ella no...

Recibió un empujón de Trisha que hizo que estuviera a punto de volver a caerse. Y eso fue la gota que colmó el vaso.

Algo se removió en su interior. Como si hubiera alcanzado un límite. No supo muy bien si era de furia o de adrenalina —o de ambas—, pero sí que no iba a seguir aguantando que la golpearan sin más.

Vio el puño de Trisha justo a tiempo. Lo esquivó moviendo el cuello. La chica pareció sorprendida por un momento, pero se recuperó enseguida. De hecho, hizo ademán de darle una patada, pero se detuvo cuando vio que Alice ya estaba preparada para bloquearla, tal como le habían enseñado. Volvió a retirar la pierna, observándola, y se quedó en una posición defensiva, como si no supiera por dónde quería intentar atacarla esa vez.

Bien, primera defensa hecha. Ahora solo le quedaba otra y el ataque.

Por favor, que saliera bien.

Trisha le lanzó un puñetazo a la cara y Alice se escuchó a sí misma ahogar un grito cuando lo esquivó justo a tiempo. Pasó tan cerca de su mejilla que rozó su pelo. De hecho, lo vio tan cerca que sin pensarlo enganchó el brazo de Trisha con el suyo para detenerlo e hizo uno de los ejercicios que habían practicado un rato antes; aprovechó la fuerza que su compañera estaba usando para intentar liberarse para impulsarse hacia atrás y darle un codazo en el estómago.

Trisha retrocedió cuando consiguió liberar su brazo, tosiendo y sujetándose el estómago.

Y, entonces, Alice se dio cuenta del silencio que la rodeaba. No era de miedo ni de alegría. Era de perplejidad. Miró a su alrededor, confusa, y no lo entendió hasta que vio que Trisha había puesto un pie fuera del cuadrilátero. ¿Eso quería decir que había ganado?

¿Ella? ¿Alice? ¿La androide inofensiva? ¿Había ganado un combate?

Seguía con la respiración acelerada cuando miró a los demás, esperando una reacción. Todo el mundo estaba en silencio, con la boca abierta —menos Rhett, que solo la miraba con una expresión extraña—. Alice tragó saliva, incómoda, y se preguntó si una victoria así era menos valiosa que una normal y por eso no reaccionaban.

Pero entonces, menos mal, Jake empezó a aplaudir con entusiasmo. Dean y Saud lo siguieron y unos cuantos más del grupo se unieron a ellos. Alice sonrió un poco, todavía mareada, y vio que Rhett ponía los ojos en blanco.

—Esto no es un maldito circo, no hace falta aplaudir —dijo, negando con la cabeza—. Venga, otra pareja al cuadrilátero. Ahora.

Alice volvió con sus compañeros acompañada del silencio incómodo que se formó tras las palabras del guardián. Se quedó en su lugar habitual, que era entre Jake y Dean, justo detrás de Rhett. Tanto ellos dos como Saud le dieron la enhorabuena, entusiasmados, y le dijeron que lo había hecho genial. Alice dejó que la sacudieran, ella también se sentía feliz.

Cuando las otras dos chicas salieron del cuadrilátero y entraron Saud y Dean, Alice aprovechó para intentar calmarse. Seguía acelerada y sudorosa. Se pasó las manos por la cara, apartando los mechones de pelo que se le habían pegado a la frente, y apenas en ese momento se dio cuenta de que Rhett se había colocado disimuladamente en el sitio que Dean acababa de dejar vacío.

Alice lo miró de reojo, sorprendida, pero él no le devolvió la mirada. Jake estaba tan ocupado animando a Dean y Saud, que peleaban de forma bastante amistosa, que ni siquiera se dio cuenta del pesado silencio que se había creado a su lado.

Y, justo cuando Alice estaba a punto de decir algo solo para romperlo, Rhett se le adelantó:

—Buen trabajo, principiante —le dijo en voz baja, sin mirarla.

El corazón de Alice se aceleró, emocionado. ¡Ja! ¡Por fin, lo había hecho tan bien que incluso él tenía que admitirlo!

* * *

Un rato más tarde, cuando todos hubieron terminado sus respectivos combates, se acabó la lección y empezaron a alejarse del campo de entrenamiento, Alice vio que Rhett le hacía una seña y se acercó a él mucho más feliz que de costumbre.

—No voy a venir a buscarte a la hora de comer cada día —le soltó él, apagando un poco su buen humor—. Sé puntual.

—Espera, ¿tengo que ir cada día?

—Vaya, creía que disfrutabas tanto de mi compañía como yo de la tuya.

—Eeeh..., no estoy muy segura de si eso es sarcasmo o no.

—Mejor.

Se dirigió a la sala de tiros, así que Alice supuso que tenía que seguirlo. Volvió a toquetearse la nariz, incómoda. Le habían dado un leve golpe en su segundo y último combate que había hecho que volviera a sangrarle un poco.

Rhett debía de estar pensando también en su nariz, porque lo primero que hizo al entrar en la sala fue volverse hacia ella.

—Ven aquí. Pareces un boxeador después de un combate.

Ella se acercó y él cogió un pañuelo de la mesa. Se lo puso en la nariz para impedir que siguiera sangrando. Alice lo sujetó cuando Rhett se dio la vuelta.

—¿Sabías que lo haría? —preguntó ella con voz nasal.

—¿El qué?

—Defenderme de Trisha.

Rhett sonrió un poco, mirándola por encima del hombro.

—Si te soy sincero, no tenía muchas esperanzas puestas en ti.

Eso la ofendió un poco.

—Pues... lo he hecho —recalcó—. Me he defendido muy bien.

—Has dado un puñetazo, sí —le dijo, volviéndose y quitándole el pañuelo para ver su nariz. Pareció quedar satisfecho, porque lo tiró a la basura—. Pero para que deje de emparejarte con ella, tendrás que dar algunos más.

Alice suspiró. No le parecía una perspectiva muy halagüeña.

—Todo lo que me has dicho antes de que volviera al combate... —murmuró algo nerviosa— ¿lo piensas de verdad?

Rhett la miró como si no la entendiera.

—¿Qué parte?

—Eso de que estoy demasiado delgada. Y que no podría sobrevivir yo sola. Y que nunca seré capaz de hacerlo.

—Ah, eso. —Negó con la cabeza—. Solo quería provocarte.

—Pues que sepas que me parece de muy mala educación.

—Bueno, has ganado el combate, ¿no? —Señaló la puerta—. Coge el arma que quieras y acabemos con esto.

Alice nunca había entrado en la sala de armas. Cuando se detuvo delante de la puerta, estaba un poco más emocionada de lo que debería.

El olor a metal y a cuero impregnaba la sala. Estaba repleta de armas de todo tipo. Desde revólveres hasta fusiles. En la estantería baja había cajones llenos de munición. En las otras, las armas. También había chalecos antibalas, botas de combate, cinturones para armas, cuchillos y todo tipo de artilugios de defensa...

Pero lo que le llamó la atención no fue nada de eso, sino un artilugio que vio en lo alto de la estantería. Un fusil parecido al que habían usado para disparar al otro lado del campo de fútbol. El diseño era bastante más sofisticado, tenía la culata hecha de algún tipo de madera rojiza, la punta y el gatillo plateados y un dibujo que se asemejaba a un animal desconocido para ella en la parte posterior. Supo al instante que era la elegida, así que se acercó, se puso de puntillas e intentó alcanzarla.

No sirvió de mucho. La estantería era gigante y el fusil estaba en la parte más alta. Apenas logró tocarlo con la punta de los dedos. Además, el miedo a que al tirar de él se le cayeran el resto de las armas encima hizo que diera un paso atrás.

Rhett se había detenido en la puerta, observándola con una sonrisita burlona.

—¿Has ganado a la temible Trisha pero no puedes alcanzar un arma?

Alice entrecerró los ojos.

—¿Me ayudas o no?

Realmente pensó que se reiría de ella y la dejaría sola, pero, para su sorpresa, asintió con la cabeza y se acercó a la estantería.

Cuando se estiró, se le descubrió algo de piel del abdomen y Alice clavó la mirada en esa zona sin siquiera darse cuenta. Concretamente, se quedó observando una cicatriz blanca que empezaba en el hueso de la cadera e iba ascendiendo hasta perderse en el interior de su camiseta.

En cuanto Rhett se volvió con el fusil en la mano, Alice alzó los ojos a toda velocidad, suplicando en silencio que no la hubiera pillado.

Como él no hizo ningún comentario al respecto, supuso que lo había conseguido. Casi soltó un suspiro de alivio.

Rhett, por su parte, le dejó el fusil en las manos. Pesaba más que el último que había usado. Se preguntó qué diferencia había entre ambos.

—A diferencia del otro que usaste, este es un fusil pesado —le dijo él, como si le leyera la mente—. Tiene más alcance, pero, claro, pesa más.

—¿Y es normal que sea así de... sofisticado?

Rhett se encogió de hombros, apartando la mirada.

—Fue un regalo que me hicieron hace unos años, pero nunca lo he usado, así que lo guardé aquí por si algún día lo necesitaba. —Hizo una pausa, apretando los labios—. Supongo que puedes utilizarlo tú, el puesto de francotirador se te da mucho mejor que a mí.

Eso, en el mundo de Rhett, era un gran halago.

Quiso preguntar más al respecto, pero por la mirada incómoda del chico supo que no era una buena idea. Además, ya era raro que le contara algo personal. Prefería no forzar todavía más la situación.

Cuando salieron de la sala de tiro, Rhett cerró la puerta con llave. Alice lo miró con curiosidad.

—No podemos utilizarlo aquí —le dijo él, como si fuera evidente—. Terminarías matando a alguien.

—Entonces, ¿dónde...?

—Sígueme. En silencio, a ser posible.

Pero no habían dado dos pasos y Alice ya era incapaz de cumplir con esa última condición.

—No me gusta el silencio —masculló.

—Pues a mí me encanta.

—En mi zona me obligaban a estar callada a todas horas, pensé que aquí no erais así.

Rhett le dedicó una mirada de advertencia, así que Alice al final decidió enmudecer.

No pudo evitar poner una mueca de sorpresa cuando vio que él entraba en el edificio de los entrenadores. Subieron juntos la escalera y Alice se detuvo a su lado cuando Rhett llamó al despacho de Max con los nudillos.

Unos segundos más tarde, este asomó la cabeza.

—Listos, capitán —sonrió Rhett burlón.

A Max no pareció hacerle mucha gracia, pero Alice tuvo que ocultar torpemente una sonrisa.

—Un poco de seriedad no estaría mal para variar, Rhett.

—Pero perdería ese magnífico carisma que tanto te gusta.

—Os veo en la colina.

Ni siquiera les concedió tiempo para responder. Cerró la puerta con fuerza y Rhett se volvió hacia Alice, poco afectado.

—Parece que tendremos que ir tú y yo solitos.

Lo siguió de nuevo hacia la salida y él tomó un camino que no conocía. Cuando vio que llegaban a una especie de aparcamiento, observó los coches con curiosidad. No había uno solo que fuera igual que el anterior. Rhett se detuvo delante de una especie de furgoneta grande y negra. Pasó una mano por delante del sensor de la manija y se escuchó un clic. Abrió la puerta trasera e hizo un gesto a Alice, que dejó las armas allí. Después, subió al coche.

Al ver que ella no se movía, sacó la cabeza por la ventanilla y la miró con un gesto burlón.

—¿Estás esperando a que te atropelle o qué?

—Es que no sé qué tengo que hacer. Tus instrucciones no son muy claras.

—¿Qué tal si te subes al coche? ¿Crees que podrás hacerlo tú solita o voy y te traigo en brazos?

—Si quieres, puedes hacerlo —le dijo dubitativa—, pero mis piernas están perfectamente capacitadas para...

—Joder, sube y déjate de historias.

Alice se sentó en el asiento del copiloto, algo indignada, pero toda su irritación se convirtió en terror cuando se dio cuenta de un pequeño y horrible detalle.

—¡¿No hay cinturón de seguridad?! —casi gritó.

Él empezó a reírse al verle la cara de horror absoluto. Era la primera vez que lo escuchaba reírse de verdad. No sabía si le gustaba o lo odiaba. O ambas cosas.

—Da gracias que hay puerta —murmuró él, negando con la cabeza. Hizo una pausa y, de pronto, pareció acordarse de algo—. Ah, por cierto, única persona del mundo que no ha experimentado la música... —Rhett pulsó un botón delante de él y un ruido extraño pero acompasado empezó a inundar el coche—. Disfruta.

—¿Qué...?

—Escucha y disfruta, pesada.

—¡No me habl...!

—Chis.

—No me...

—Chis.

—¡Que no me...!

—¡Chis!

—¡QUE NO...!

—¡CHIS!

¿Por qué todos los humanos eran tan testarudos? ¿Acaso era una odiosa cualidad obligatoria en ellos o qué?

Al final, se puso a escuchar. O eso pretendía hacer cuando Rhett retrocedió bruscamente y pisó el acelerador, clavándola al asiento. Cuando se agarró con fuerza, él sonrió y aceleró aún más.

Así no podía concentrarse en la música. Estaba más preocupada por no morir estampada contra un edificio.

Empezaron a cruzar la ciudad, que en aquellos momentos estaba desierta, ya que era la hora del almuerzo —para los afortunados, no como ella—, y Rhett no se detuvo hasta llegar a la entrada principal del muro. Estaba vigilada por unos guardias que se acercaron a su ventanilla.

—Abrid la puerta —les soltó, todo dulzura.

—Se pide por favor. —Alice frunció el ceño.

Tanto los guardias como Rhett se quedaron mirándola con la nariz arrugada, como si eso fuera una chorrada. La chica miró de nuevo al frente, notando que sus mejillas ardían.

—¿A qué esperáis? —les preguntó Rhett a los guardias, impaciente.

Ellos reaccionaron y se apresuraron a meterse en la cabina de entrada. Casi al instante, la puerta de la ciudad soltó un chirrido y empezó a abrirse lentamente.

Fue entonces, justo en ese momento, cuando Alice se dio cuenta de lo que estaba pasando.

—¿Salimos de la ciudad? —preguntó con un hilo de voz.

—Ajá —le dijo él, sin mucho interés —. Tenemos que aprovechar que hoy no llueve.

Aunque no la retuvieran como prisionera, durante semanas había estado pensando en la forma más adecuada de marcharse de allí. Y ahora le estaban brindando la oportunidad. Su corazón empezó a acelerarse de la emoción.

—¿Hacia el este?

—¿Qué has perdido tú por el este?

Alice entró en pánico por un momento, dudando.

—Déjalo, prefiero no saberlo —murmuró Rhett—. Al este de aquí no hay nada.

Ella analizó sus palabras durante unos segundos, como buscándoles sentido, hasta que se dio por vencida y lo miró con confusión.

—Eso es imposible.

—No lo es.

—Vamos, dímelo, ¿qué hay?

—Nada.

Alice volvió a dudar visiblemente.

—No puede no haber nada. Tiene que haber algo.

—Sí. Un océano gigante. Pero dudo mucho que quieras ir al mar, ¿no?

Ella lo miró fijamente, confusa. ¿No le había dicho su padre que esa dirección era segura?

Se quedó tan absorta pensando en eso que, por un breve instante, se olvidó de lo mal que conducía Rhett. Volvió a acordarse en cuanto este dio un volantazo. Alice soltó un pequeño chillido bastante vergonzoso y se aferró con todas sus fuerzas al asiento, aterrada.

Él la miró y se rio a mandíbula batiente.

—¡Eso no ha tenido gracia, ha sido malvado! —le espetó furiosa.

Pero Rhett seguía riéndose de ella sin ningún tipo de pudor.

—Dios, tendrías que haberte visto la cara...

—Eres un temerario imprudente. ¡Podría haber muerto!

—¿Cómo vas a morir?

—¡Hay que ser precavido! Lo decían en mi anti...

—En tu antigua zona, sí. —Rhett puso los ojos en blanco—. Si dejaras de pensar en ellos sería más sencillo que te adaptaras a nosotros.

Alice volvió a sentarse correctamente, aunque de brazos cruzados para dejar claro que seguía molesta.

El ruido del coche, lo que él llamaba música, empezaba a sonar bien en sus oídos. Era extrañamente rítmico.

—¿Quién hace ese ruido? —lo miró curiosa—. ¿Vive en la ciudad?

—No —se rio Rhett—. Dudo que esté vivo, siquiera.

—Ah. ¿Lo conocías?

—Ojalá, pero no.

—No lo entiendo... ¿Escuchas a un hombre que no conoces?

—Esa es la gracia —dijo, encogiéndose de hombros.

Alice se soltó un poco del asiento, ahora más relajada, pero toda la tensión volvió de golpe cuando vio que Rhett se inclinaba sobre ella para intentar alcanzar la guantera. Por algún motivo, su primer impulso no fue apartarse, sino apartarlo a él de un manotazo.

Se sintió rara. Muy rara. Nunca había tocado a nadie sin su permiso. Y menos a alguien como Rhett.

Escondió las manos bajo sus piernas, avergonzada. Él, por su parte, la miraba con una mueca divertida.

—¿Qué demonios haces?

—¡Debes mirar al frente! —exigió todavía avergonzada.

—Solo era un momento, ¿qué...?

—¡Te estás saltando las normas de conducción!

—¿Y tú qué sabes de eso?

—Las leí, ¿vale?

—Dios mío, ¿cómo se puede ser tan rarit...?

—¡Mira hacia delante!

—Creo que no lo haré. Y vamos a morir los dos aquí, solitos y juntitos. Qué romántico.

—¡Que mires hacia delante, Rhett!

—Relájate. Voy a diez por hora. Es imposible matarse a esa velocid...

—¡MIRA HACIA DELANTE!

—¡Vale, vale! —Él centró su atención en la carretera, divertido—. Pero tengo que coger algo de ahí.

Estaba señalando la guantera. Ella dudó visiblemente.

—Vale.

—Muy bien. Pero no me golpees la mano si te toco sin querer.

—¡Hazlo y ya está!

Él alargó el brazo hacia ella y Alice se apartó bruscamente, con la cara ardiendo, cuando Rhett le rozó la rodilla con la yema de los dedos. Este esbozó una sonrisita malvada cuando ella le agarró la muñeca y puso la mano donde había señalado, lejos de su pierna.

Él tocó un botón y el pequeño compartimento se abrió. No había gran cosa, solo un botiquín, munición y un aparatito blanco con un cablecito delgado enrollado a su alrededor. Enseguida lo reconoció como el objeto que usaba la chica de su sueño. Casi no pudo contener la emoción cuando Rhett se lo dejó en el regazo tras cerrar la guantera.

—Quédatelo. —Hizo un gesto vago, como si no fuera gran cosa—. Ya tengo otro. El mío es azul.

—¿Eh? ¿Es... para mí?

Rhett frunció un poco el ceño.

—No es para tanto, no lo digas así.

—¡Sí es para tanto, es un regalo! —Alice lo miró como si fuera un verdadero tesoro—. Te prometo que lo cuidaré muchísimo y...

—Solo es un iPod. —Él carraspeó, incómodo—. Para escuchar música. Cuando se quede sin batería, dámelo y lo cargaré. Los alumnos no tenéis tomas de corriente.

—Y ¿cómo funciona?

Rhett cogió el aparato y le explicó:

—Te pones esto, los auriculares, en las orejas, aprietas aquí... y ya.

Ella se colocó los auriculares. Estaban fríos. Pulsó el botón y dio un salto del susto cuando la música inundó sus oídos. Rhett empezó a reírse. Le dijo algo, pero no lo oyó. Se quitó un auricular.

—Si pulsas una de las flechas, escucharás otra canción.

Ella lo hizo. Y estuvo casi todo el trayecto restante pasando canciones de manera compulsiva. ¡Quería escucharlas todas!

Y, de repente, la música que había escuchado Alice en su sueño empezó a sonar. Cerró los ojos y casi pudo notar la hierba bajo sus dedos y el sol calentándole la piel, justo como lo había hecho esa chica. Era extraño.

—¿Te gusta? —preguntó Rhett, que la estaba mirando con curiosidad.

—Sí. Mucho.

No dijo nada. Solo la contempló unos segundos más antes de mirar de nuevo hacia delante.

Al final, Rhett se detuvo en un claro que había al final del camino y bajó del coche, estirándose mientras bostezaba. Alice lo siguió, tras dejar su ahora preciadísimo iPod encima del asiento.

La había llevado a una colina desde la que se veía perfectamente la ciudad. Habían rodeado una de las pequeñas montañas que la bordeaban, atravesando la parte menos frondosa del bosque, y ahora estaban a unos pocos pasos de una caída de más de veinte metros.

Quitando ese detalle, era un paisaje precioso. El camino desaparecía unos metros atrás, donde habían aparcado, y dejaba paso a una zona verde, aunque agreste, a su alrededor. Había un puñado de árboles repartidos de manera muy uniforme, pero Alice solo se fijó en el que estaba pegado al precipicio, cuyas raíces se enzarzaban y sobresalían por el otro lado de la montaña. Se acercó a él y notó que una mano enguantada la alcanzaba del codo y tiraba de ella para volver a alejarla del abismo. Rhett tenía el ceño fruncido cuando la plantó delante de él.

—No te acerques ahí —le advirtió.

—¡Solo estaba echando un vistazo!

—Y, con tu suerte, seguro que por ese vistazo acabas cayéndote y yo tengo que rescatarte para que Max no me mate. Aléjate de ahí.

Ya estaba don mandón atacando otra vez. Lo siguió con la mirada, molesta, y decidió pasar a otro tema.

—¿No deberíamos estar en el campo de entrenamiento?

—Hoy no.—Rhett dejó las cosas que había ido a buscar mientras Alice inspeccionaba el precipicio—. Móntalo en dirección a la ciudad.

Resignada, la chica se agachó y empezó a ensamblar la estructura como él le había enseñado unos días antes.

Mientras terminaba, vio de reojo que Rhett se dejaba caer en el suelo, relajado, y entrelazaba los dedos debajo de la nuca.

¿Permanecería allí tumbado mientras ella hacía todo el trabajo? No parecía muy justo.

—¿Eso es todo lo que harás? —preguntó molesta.

—Ese es el plan, sí.

—Pero ¿por qué no podemos hacer esto en la ciudad?

—Porque hoy realizarás la prueba de nivel.

Alice movió una tuerca que salió volando. Rhett la agarró al vuelo y se la devolvió, divertido.

—Tranquilízate. Max quiere ver cómo vas.

¿Iba a tener que disparar con Max, el intimidante Max, mirándola fijamente? Vale, eso no ayudaba mucho a que se calmara. De hecho, otra tuerca salió volando y tuvo que ir corriendo a buscarla mientras Rhett negaba con la cabeza.

Un rato más tarde, cuando estuvo todo preparado, lo miró de nuevo. Rhett había cerrado los ojos, pero estaba claro que seguía despierto. Nadie dormía con ese ceño tan fruncido.

—Ya está —anunció.

—Pues muy bien.

—¿Tengo que hacer algo más?

—Sí, callarte hasta que llegue el ocupado de Max.

Alice puso mala cara y se sentó cerca de él, cruzándose de piernas. Al apoyar las manos en el suelo y echar la cabeza hacia atrás, la combinación de la hierba entre sus dedos y el sol calentándole la piel le hizo sentir la misma paz que la chica del sueño. De hecho, le gustó mucho.

Soltó un suspirito de satisfacción y los dos permanecieron así durante unos segundos, en silencio. Pero no era un silencio incómodo, sino, más bien, agradable. Y, si eso tenía sentido, sintió mucha más intimidad con Rhett en ese silencio que en cualquier conversación con otra persona.

Quizá eso último fue lo que hizo diera un respingo. No le gustaba la forma en que pensaba últimamente. Mejor sería distraerse un poco.

Y nada más apropiado para distraerse que una buena ronda de preguntas.

—¿Qué significa tu nombre?

Rhett abrió los ojos y la miró, extrañado.

—¿Eh?

—¿Qué significa? —insistió.

—¿Y yo que sé?

Alice puso mala cara y se volvió, dándole la espalda. No le gustaba que fuera siempre tan hostil. Escuchó un largo suspiro.

—A mi madre le encantaban las películas antiguas; de hecho, me ponía tantas que terminaron gustándome a mí también. Y en una de ellas, creo que su favorita, el protagonista se llamaba así.

—¿Qué es una película? —preguntó curiosa, dándose la vuelta otra vez.

—Madre mía. —Él se pasó las manos por la cara—. A ver, es como... un grupo de personas que fingen situaciones delante de una cámara.

—¿Mienten?

—Sí, bueno..., no exactamente. Fingen.

—¿Con qué fin?

—No lo sé... ¿Entretener? Las películas cuentan cosas, historias, como los libros. Solo que no se leen, se ven.

—¿Se ven? ¿En cualquier parte?

—Bueno, en una pantalla. Por ejemplo, en un televisor.

—¿Qué es...?

—Vale, déjalo. —Él la detuvo—. ¿Cómo es posible que nunca hayas oído hablar de todo esto?

—No lo sé... Supongo que nadie en mi zona lo consideraba importante.

—Cada vez estoy más convencido de que vienes de una realidad paralela.

—Se puede considerar así. —Ella lo pensó un momento—. Para mí vosotros también sois extraños. En mi zona nunca se me habría ni pasado por la cabeza estar a solas con un chico.

—Un momento, para... —Él abrió los ojos y la miró, más

interesado de lo que Alice esperaba—. No me digas que nunca habías hablado con un chico.

—Técnicamente, sí. Pero no solos.

—¿Y nadie nunca...? Ya sabes...

—¿Qué sé?

Rhett lo pensó un momento, moviendo la cabeza como si la idea le rebotara de un lado a otro del cerebro. Aunque no sabía qué le pasaba al guardián por la mente, Alice reprimió una sonrisita.

—¿Ninguna persona te llamó la atención? —preguntó finalmente.

Alice abrió la boca, sorprendida, pero su respuesta fue sincera y rotunda.

—No.

—¿Y tú no le llamaste la atención a nadie? No me lo creo. Seguro que alguien te ha dicho que eres atractiva.

Alice dudó visiblemente, analizando esa última palabra.

—¿Atractiva? —preguntó.

—Deseable.

—¿Como la comida?

—Sí, eso es. ¿Nunca te lo han dicho?

No, ¿por qué? ¿Piensas que soy deseable como la comida?

—¿Qué? —Rhett frunció el ceño al instante—. Claro que no. No digas bobadas.

—Sé que soy agradable a la vista, si te refieres a eso.

Él se la quedó mirando unos segundos, sorprendido, antes de reprimir una sonrisa sin mucho éxito.

—¿Agradable a la vista?

—Que soy aceptable según los estándares de belleza —aclaró, encogiéndose de hombros—. Puede que actúe «raro», como decís vosotros, pero sé cómo funcionan las cosas, más o menos. Y soy consciente de que se da mucha importancia al físico.

—No todos lo hacen.

—¿Tú se la das?

Rhett volvió a dudar. ¿Era cosa suya o se estaba empezando a poner nervioso?

—Nunca me fijo tanto en alguien —murmuró al final.

Alice estuvo tentada a seguir con el asunto, pero al final decidió aprovechar ese momento de debilidad para retomar la cuestión anterior, la que le interesaba de verdad.

—¿Cómo se llama tu madre?

Rhett pareció un poco perdido por el cambio de tema, pero se las apañó para ponerle mala cara enseguida.

—Carys. Significa «amor» en no sé qué idioma.

Sí, se había adelantado a la pregunta que Alice tenía preparada, así que esta tuvo que improvisar sobre la marcha.

—Me gustaría saber qué significa mi nombre —confesó.

—¿A qué viene ese interés repentino por los nombres?

La chica apartó la mirada, algo incómoda, y se encogió de hombros.

—Mi padre fue quien lo eligió. Algunas veces me decía que quería que estuviera a la altura de su significado. Por eso me gustaría saber cuál es.

Rhett permaneció en silencio unos segundos. Cuando Alice levantó la cabeza, vio que su mirada se había suavizado.

—Siento mucho lo que le pasó —dijo él en voz baja.

Recordarlo era doloroso. Lo hacía cada noche. Los días eran fáciles, podía mantener la mente ocupada, pero las noches... Siempre había tenido problemas para dormir, pero ahora era insoportable. No dejaba de pensar en el padre John y en 42. Y lo que más le rondaba la cabeza era la cantidad de cosas que habría podido hacer para impedir que les pasara lo que les pasó y aun así no los defendió.

—A veces siento que podría haber hecho más —se escuchó decir a sí misma, verbalizando el problema—. Que podría haberlos salvado.

Rhett mantuvo el silencio unos segundos, observándola fijamente. De nuevo, Alice levantó la cabeza y se encontró con una mirada muy extraña. No era piadosa, era distinta. Era de complicidad. La mirada de alguien que sabe exactamente de lo que le estás hablando.

—Cuando aprendas a defenderte mejor —le dijo Rhett en voz baja, sin despegar los ojos de ella—, podrás vengarte.

—Y ¿tú me ayudarías? —Alice sonrió un poco.

—Quizá. Si estoy de buen humor, claro.

Ella aumentó su sonrisa hasta hacerla completa y negó con la cabeza, poco convencida.

—¿Por qué querrías ayudarme?

—Digamos que... no me desagradas del todo.

—¿Eso se le dices a tus otros alumnos?

—No. —De pronto, él frunció el ceño—. La verdad es que no.

Alice le dedicó una pequeña sonrisa y vio que Rhett se aclaraba bruscamente la garganta, incómodo.

—Y ahora, si no te importa, me gustaría aprovechar una de las pocas veces que salimos de ese agujero al que llaman ciudad para estar en silencio.

Dicho esto, cerró los ojos para dejar claro que era el final de su corto momento de complicidad. Alice negó con la cabeza, se puso de y se alejó unos pasos de él, que siguió tumbado.

Y, de repente, se le ocurrió.

Rhett tenía los ojos cerrados. ¿Y si...? ¿Y si salía corriendo?

¿La atraparía? ¿Lo conseguiría?

Dio un paso en dirección contraria al chico, con el corazón acelerado.

¡Nunca tendría otra oportunidad así!

Dio otro paso.

Si lo conseguía, podría huir, pero ¿quería hacerlo? ¿Estaba esa ciudad tan mal? El padre John le había dicho que huyera al este, aunque quizá fuera verdad que no había nada allí. Pero su padre también había dicho que se alejara de los rebeldes. Aunque algunos de ellos, como Jake y Tina, la habían tratado con amabilidad, no debía olvidar que, si la pillaban, no quería ni pensar en lo que pasaría.

Se asomó a la colina y observó la ciudad con expresión atormentada. Tal vez, si se quedaba lo suficiente como para estar bien entrenada y poder sobrevivir por su cuenta, tendría una oport...

De pronto, lo escuchó. Y no solo lo escuchó, lo sintió.

El sonido de un disparo.

El dolor del brazo fue tan inmediato que le dio la sensación de que había llegado antes incluso que el ruido. Soltó un grito ahogado cuando, del susto, retrocedió y resbaló por la colina.

Durante unos segundos, solo cayó, y su estómago se encogió, pero entonces sus dedos se aferraron desesperadamente a una de las raíces que sobresalían de la pared. Notó que le ardían las palmas de las manos y un latigazo de dolor le recorría no solo el brazo, sino también todo el cuerpo cuando sus manos resbalaron unos centímetros hacia abajo, raspándose con la raíz, lo que le provocó un gruñido de angustia que salió de lo más profundo de su garganta.

Jadeó, desesperada, intentando no soltarse. Sus pies se balanceaban, inútiles. Sus manos sudaban y resbalaban. Y el cuello le cosquilleaba por la sangre del brazo, que no dejaba de deslizarse hacia abajo cada vez de manera más abundante.

Resbaló otro centímetro y ahogó un grito, aterrada.

—¡Rhett! —se escuchó gritar a sí misma—. ¡Rhett, estoy aquí!

Y, menos mal, la cabeza del chico se asomó por el precipicio. El héroe del día.

—Pero ¿qué coño...?

Otro disparo. Rhett lo esquivó por mera casualidad. Se tiró en el suelo, sobre la hierba, para ofrecerle el brazo.

—¡Mira que te lo advertí!

Alice estaba a punto de lanzarlo a él por el precipicio. ¡Como si fuera el momento de reñirle!

—¡Vamos, dame la mano! —Rhett se estiró tanto como pudo hacia ella, arrastrándose.

Pero su mano estaba muy lejos. Por mucho que Alice lo intentara, no lograría alcanzarlo. Y los dos lo sabían. Lo que más le sorprendió fue que, aun así, Rhett lo intentara tan desesperadamente. Ella soltó otro grito. Las manos le sudaban tanto que había resbalado otros pocos centímetros. Estaba llegando al final de la raíz. Y era todo lo que la protegía de la caída. El guardián palideció.

—¡No voy a poder aguantar mucho más! —gimoteó Alice aterrada.

—¡Cállate, no digas tonterías!

—¡NO ME DIGAS QUE ME CALLE!

—Maldita sea, ¡intenta agarrarme!

—¡No puedo!

Él cerró los ojos con fuerza, como si pensara a toda velocidad. Justo cuando Alice creyó que iba a rendirse y abandonarla, vio que agarraba fuertemente el tronco del árbol que había junto a él y se colgaba un poco del precipicio, hacia ella. Prácticamente la mitad de su cuerpo quedó en suspensión, pero no pareció asustarse.

—Te va a doler —le dijo con la expresión contraída por el esfuerzo—, pero necesito que te impulses hacia arriba.

De los nervios, Alice estuvo a punto de echarse a reír. Estaba aterrada.

Se prohibió mirar hacia abajo, donde sus pies se balanceaban en el vacío. No. No debía mirar. Lo que tenía que hacer era obedecer a Rhett.

Así que, sin pensarlo demasiado, se impulsó gruñendo de dolor y enganchó el brazo malo a la raíz, que soltó un crujido horroroso. Se apresuró a levantar el otro brazo, pero apenas pudo hacerlo a tiempo. Su peso había resultado ser demasiado y el estrepitoso crujido de la raíz, de su único soporte, le indicó que acababa de romperse.

Fue el segundo más terrorífico de su vida. Un grito escapó de su garganta y sintió que su cerebro se quedaba en blanco, pero justo entonces notó que alguien la sujetaba con fuerza.

Alice levantó la cabeza, asombrada y desesperada a partes iguales, y vio a Rhett prácticamente echado sobre el precipicio para alcanzarla.

Entonces, se dio cuenta de que tenía que colaborar de alguna forma y obligó a su cuerpo a reaccionar. Intentó clavar desesperadamente las puntas de las botas en la pared para impulsarse hacia arriba y se agarró con la mano a otra raíz para subir con más fuerza. Rhett se fue irguiendo a medida que la acercaba a él, tirando hacia arriba y conteniendo la respiración por el esfuerzo.

Y, por fin, tras esa angustiosa situación, Alice consiguió colocar una rodilla en la superficie de la colina. Fue como volver a respirar. Sin embargo, Rhett no dejó de tirar de ella hasta que estuvieron los dos sentados tras el árbol, protegidos.

Alice se quedó sentada entre sus piernas, de espaldas a él, todavía con el corazón latiéndole a toda velocidad. Notó cómo el pecho de Rhett latía sin control.

—Por poco —murmuró él.

Alice se volvió para mirarlo por encima del hombro y, de todas las cosas que se le pasaron por la mente, solo fue capaz de decir una:

—Gracias.

Rhett negó con la cabeza, como si no le diera importancia.

Alice bajó la mirada y vio que su brazo estaba cubierto de sangre. De la impresión, dejó de respirar durante unos segundos.

—Solo te ha rozado —dijo él, sin embargo—. Has tenido suerte.

—¿Suerte? —repitió incrédula.

Sin molestarse en responder, la agarró del otro brazo y tiró de ella hacia el coche. Se sentaron en la parte opuesta al precipicio, con las espaldas apoyadas en la rueda delantera. Alice sintió que su respiración se enrarecía. Estaba mareada y tenía la vista borrosa. Rhett se puso de rodillas y se rasgó la parte de abajo de la camiseta. Entonces, le agarró el brazo con una delicadeza sorprendente, pero eso no impidió que sintiera un latigazo de dolor.

Instintivamente, Alice le lanzó un puñetazo que consiguió impactarle en el hombro, ganándose una mueca de enfado del chico.

—¡Duele! —protestó ella.

—¡Ya sé que duele! —bufó él—. Cálmate, estoy intentando ayudarte.

Alice intentó apartarse, pero Rhett la sujetó, ahora enfadado de verdad.

—¿Es que quieres morir desangrada? —le preguntó bruscamente. La chica cerró los ojos—. Eso suponía. Quieta. Déjame cuidarte, ¿vale?

Alice notó que envolvía la herida con el trozo de prenda y la apretaba con fuerza. Se mareó aún más. Tuvo que parpadear para poder ver con claridad. Fue un poco más fácil cuando sintió que él le cogía la mandíbula para que lo mirara. La estaba observando con el ceño fruncido.

—Eh, vamos —le dijo con suavidad—, no te quedes dormida o me cabrearé contigo y te haré dar diez vueltas corriendo al campo de fútbol.

Alice intentó apartar la cara, pero él no la soltó.

—No era una petición, era una orden. Ni se te ocurra quedarte dormida, ¿está claro?

—¿Ni siquiera ahora puedes ser un poco comprensivo?

—Perdería mi precioso encanto.

Alice empezó a reírse con una mezcla curiosa de diversión, agotamiento y adrenalina.

Y entonces, un coche se acercó a ellos. Alice vio que Rhett se ponía de pie y sacaba una pistola del cinturón, pero la volvió a esconder en cuando vio que era Max, que se apeó y se acercó corriendo.

—¿Qué diablos ha pasado?

—Alguien ha disparado. Un francotirador. Le ha dado.

—¿Y tu botiquín?

—Hace años que no lo uso, está vacío.

Max le dirigió una breve mirada de reprensión antes de hacer un gesto hacia su coche.

—Vete a por el mío.

Rhett se movió deprisa y Max lo sustituyó. Alice notó que le evaluaba la herida.

—Eh, chica —dijo este, dándole ligeras palmaditas en las mejillas—. Mírame. ¿Sabes quién soy?

Ella asintió con la cabeza.

—Solo te ha rozado —le dijo con total confianza—. No te vas a morir porque una bala te roce. El accidente que tuviste con el coche fue peor y sobreviviste, ¿no?

Alice no sabía si reír o llorar. Rhett volvió y entregó una pastilla a Max.

—No hay agua —le dijo este a Alice, ofreciéndosela—. Vas a tener que tragártela así.

La chica abrió la boca y él le puso la píldora sobre la lengua. Alice tragó con fuerza y sintió que le entraban arcadas. Sabía fatal. Pero entonces, la cabeza se le despejó de golpe.

Parpadeó. La herida seguía doliendo, pero el mundo ya no daba vueltas. Vio que Max y Rhett estaban sentados a su lado, mirando por encima del coche. Ambos iban armados.

—¿Has visto quién era?

—¿A cien metros de distancia? —preguntó Rhett irónico—. Claro, hasta he distinguido que tenía pecas.

—Por una vez podrías dejar el maldito sentido del humor en casa.

Lo dijo con tanto odio que Alice pensó que, de haber estado en la situación de su instructor, se habría encogido o habría salido corriendo. En cambio, él no pareció notarlo.

Se escuchó algo. Un ruido en el camino. De motor. Se estiró y tocó el brazo de Rhett, cuyos ojos fueron directos a la herida; probablemente pensaba que le dolía más.

—Un... coche —apenas podía hablar.

Los dos hombres se pusieron de pie a la vez. Max llevaba una escopeta, que cargó enseguida, mientras Rhett, que llevaba dos pistolas, entregaba una a Alice. Ella se la metió en el cinturón para, con ambas manos, apoyarse en la carrocería y ponerse en pie. Decidió que lo mejor en su estado era colocarse detrás de ambos y no estorbar.

Tres coches blancos aparecieron por el camino y se detuvieron delante de ellos, en posición defensiva. Alice los observó con atención y frunció el ceño.

Entonces, una mujer vestida de gris ceniza bajó de uno de los vehículos y miró a su alrededor. A Alice se le heló la sangre nada más verla. La recordaba. Recordaba su mirada de condescendencia, su mono gris ceniza y la chapita con su nombre. Giulia.

Eran los mismos que habían invadido su zona.

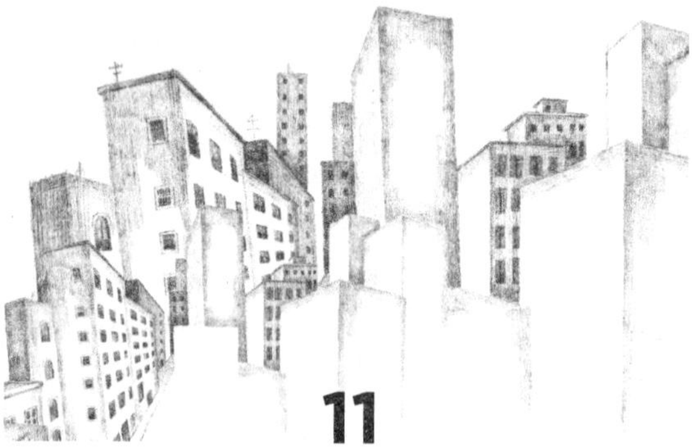

11
EL GRIS CENIZA

Por mucho miedo que le diera, no podía despegar la mirada de la mujer. Era alta, esbelta y tenía el pelo oscuro. Las facciones de su cara eran duras, marcadas, con la mandíbula algo prominente y una arruga entre las cejas que indicaba que se había pasado gran parte de su vida seria. Miró a su alrededor como si fuera la dueña de todo. Unos siete hombres se colocaron al lado y detrás de ella, protegiéndola. Todos con sus monos gris ceniza.

Era la mujer que había visto al escapar de su antigua zona con 42. Las había mirado, pero no les había prestado atención, ¿verdad?

Quizá no se acordara.

Por favor, que no se acordara.

Detrás de la mujer había un chico de la edad de Alice que los observaba con ojos atentos. Tenía el pelo oscuro, al igual que la piel y la mirada. Su complexión era más bien delgada y esbelta, y sujetaba un fusil de francotirador sobre el hombro. Alice se llevó una mano al brazo herido inconscientemente.

—Giulia —saludó Max a la mujer, más tenso de lo que aparentaba.

—Max. —Ella esbozó una sonrisa de falsa cortesía—. Cuánto tiempo sin verte.

Alice intentó no mostrarse sorprendida. ¿Se conocían? ¿Eran amigos? Si eran amigos, estaba perdida. Completa y absolutamente perdida. Asustada, se colocó disimuladamente detrás de Rhett para que no le vieran la cara.

Porque si lo hacían todo se iría —como diría Jake— a la puñetera mierda.

—Siento lo de antes —añadió Giulia—. Creímos que erais androides. Ya sabes cómo está la cosa ahora.

—En nuestra ciudad tenemos más cuidado antes de apretar el gatillo —le dijo Max, mirando al francotirador, que no parecía en absoluto avergonzado.

—Bonitos coches —comentó Rhett.

Eran los que habían robado de la antigua zona de Alice.

Giulia clavó en él sus ojos gélidos y sonrió un poco.

—Cortesía de la zona oeste. Sufrimos algunas bajas para conseguirlos, pero yo diría que valió la pena.

A Alice le pareció que Rhett se tensaba, pero al menos no se movió.

—¿Queréis algo? —preguntó Max, claramente invitándolos a que se marcharan.

—De hecho, sí. —Giulia se acercó a ellos, pero solo miraba a Max. Ni siquiera se había fijado demasiado en los otros dos—. Busco a un androide.

Ay, no.

—¿A uno? Hay cincuenta, por si se te había olvidado.

—Ya no. —Ella sonrió—. Los exterminamos, ¿no te ha llegado la noticia?

—Lo que me llegó es que habíais matado a todo el mundo, sin distinguir entre androides y humanos.

Alice era perfectamente consciente de que Max y Rhett sabían que esa era su zona. Y solo mencionarlo sería un desastre.

Sin embargo, daba la impresión de que la estaban protegiendo.

—Bueno, es otra manera de decirlo, sí. —Giulia se encogió de hombros con cierta elegancia—. La cosa es que se nos escaparon algunos, pero estamos buscando uno en concreto.

—Si se te escapó a ti, debía de ser un androide muy listo.

—Me gustaría ver si lo es tanto cuando lo atrape. Androide 43. Tiene ese número en el estómago. Es bastante fácil de identificar.

Alice sintió que su cuerpo se ponía tenso. Rhett la miró de reojo, confuso.

—Esa descripción es muy vaga, Giulia —comentó Max—. En nuestra ciudad no vamos revisando barrigas.

—No tengo más información. Solo sé el número y que estaba solo.

—No lo hemos visto.

—Max, querido... —Giulia esbozó una frívola sonrisa—. No me estarás mintiendo, ¿verdad?

—No tengo por qué mentirte, así que vuelve por donde has venido y vete a buscar a ese androide donde puedas encontrarlo.

Max movió un poco la escopeta, haciendo que los acompañantes de Giulia se pusieran en guardia. La mujer, por su parte, soltó un bufido de burla exagerado.

—Creo que no eres consciente de la situación —le dijo al guardián supremo, borrando su sonrisa—. Necesitamos a todos los androides. Son peligrosos. Han sufrido un fallo y tenemos que ocuparnos de solucionarlo.

—Seguro que lo haréis de forma muy caritativa —murmuró Rhett.

Giulia le dedicó una breve ojeada molesta antes de volver a ignorarlo.

—Desgraciadamente, no es el único que ha escapado. Ya hemos tenido problemas en dos ciudades con gente que iba en contra de Ciudad Capital, en contra del líder, intentando ocultar esas... máquinas. No lo entiendo.

—Me hago una idea de las represalias que habréis tomado —respondió Max, e incluso Alice pudo notar su desprecio.

—El Comité General no se anda con tonterías. —Ella levantó una ceja, mirándolo—. Si eliges a los androides antes que a nosotros, no esperes que nosotros te elijamos a ti. Sabes lo que pasará. Lo que le sucederá a tu preciosa ciudad. Y a ti mismo.

—¿Es una amenaza?

—Ah, no. Es una advertencia. Sé que eres un buen guardián supremo y que procuras por tus ciudadanos. Sería una pena que una mala elección los pusiera en peligro.

Max apretó la mandíbula, muy tenso.

—No tenemos androides. De haberlos tenido, los habríamos mandado a la capital.

—Mi trabajo, Max, es cuestionarme eso. ¿Estás seguro de que no sabes nada?

—Si lo hubiéramos visto, lo habríamos abatido.

Alice notó que un escalofrío le recorría la espina dorsal. Giulia, por su parte, miró un momento más a su interlocutor. Parecía pensativa.

—He oído que hay un miembro nuevo en tu ciudad. Un buen tirador.

Oh, no.

—Una buena tiradora —corrigió Rhett.

Oh, no, no, no...

—¿Y qué hay de ella? ¿No te parece sospechosa?

—Mi gente se ocupó de comprobar su origen.

Giulia lo analizó un momento con una pequeña y gélida sonrisa.

—Me encantaría conocerla cuando visite tu ciudad.

E, inesperadamente, clavó sus ojos en Alice.

Ella, claro, dio un paso atrás y se ocultó detrás de Rhett.

—¿Esa es la tiradora? —preguntó Giulia burlona—. Parece un cervatillo asustado. ¿Por qué no te acercas y...?

—Déjala en paz —la cortó Rhett bruscamente.

Todos se volvieron hacia él, sorprendidos. Especialmente Alice. Pero él mantuvo la mirada fija en Giulia, que entrecerró los ojos.

—Le estaba hablando a ella.

—Pues ella no tiene nada que hablar contigo.

Max, al ver que la tensión crecía, carraspeó para atraer la atención de nuevo hacia él.

—Será un placer acogerte cuando gustes, Giulia —dijo, aunque era obvio que pensaba lo contrario.

—Estoy segura de que sí. —La mujer los observó un instante más antes de darse la vuelta—. Hasta pronto, Max.

Alice estaba a punto de volver a respirar cuando vio que el francotirador se había quedado mirándola. Sintió que su cuerpo entero se ponía rígido, pero él no hizo nada, solo la miró fijamente.

Entonces, Rhett se interpuso entre ambos y el chico lo miró a él con el ceño fruncido antes de seguir a sus compañeros. El guardián no lo perdió de vista hasta que se subió al vehículo.

Ninguno de los tres se movió hasta que los coches hubieron desaparecido del todo.

—¿Lo conocías? —preguntó Max bruscamente a Alice.

—¿A quién? —A ella le temblaba la voz.

—Al androide 43.

Alice negó con la cabeza, muy nerviosa. Max apretó los labios.

—Es una lástima. Nos habrían dado una buena recompensa por él.

—No es mercancía —se escuchó decir a sí misma.

Los dos se quedaron mirándola.

—Es... Los androides son como personas —murmuró torpemente—. Cuando conviví con ellos, no podías notar la diferencia entre...

—No importa lo que fuera esa cosa —espetó Max—. Casi nos matan por su culpa.

«Esa cosa», pensó Alice. Ni siquiera la consideraban más que una cosa.

Max abrió la puerta trasera de su coche y lanzó la escopeta al asiento. Cuando Rhett hizo lo mismo, Alice trató de seguirlo. Estaba deseando volver a la ciudad y...

—Tú no. —Max la señaló de repente—. Tú vuelves conmigo.

Alice se volvió hacia Rhett, sorprendida, y vio que él parecía haberse enfadado bastante por ese comentario.

—Sé conducir perfectamente, Max.

—Si se te da tan bien como cuidar de la gente, seguro que os matáis por el camino.

Rhett apretó los dientes.

—No ha sido culpa suya —intervino Alice, haciendo que ambos la miraran—. Fui yo la que estaba en la colina y él me ayudó a...

—Tenía que cuidarte y no lo ha hecho —soltó Max, todavía con los ojos clavados sobre él—. Al parecer, es un experto en eso.

Alice no entendía nada, pero Rhett pareció furioso. Se quedó mirándolo un segundo más y después subió al coche dando un portazo. Los neumáticos levantaron una nube de polvo cuando aceleró bruscamente y desapareció por el camino.

—Sube —ordenó Max, que había ido a recoger sus cosas

y las metía en el maletero. Alice obedeció, sujetándose la herida con la otra mano.

Max se sentó al volante segundos después y aceleró. Él iba mucho más lento que Rhett, por lo que Alice supuso que el viaje sería el doble de largo. Y sin música. Se le iba a hacer eterno.

—¿Rhett te ha dicho que la bala solo te había rozado? —preguntó Max al cabo de un rato.

Incluso cuando hablaba tranquilo, su voz sonaba como un trueno.

—Eeeh... Sí. Y tú también.

—Por la manera como sangra, te ha dado de lleno. Seguramente no quería que te asustaras. —Frunció el ceño mientras miraba a la carretera—. Yo tampoco quería asustarte. El miedo no ayuda en situaciones así. No morirás desangrada, de todas formas. ¿Te duele mucho?

—No —murmuró, sin saber qué decir. Max no parecía una persona muy habladora.

—¿Qué ha pasado exactamente?

Alice suspiró.

—Estaba junto al barranco y me dispararon en el brazo. Caí, pero logré agarrarme a una raíz. Rhett me ayudó a subir..., estuvo a punto de despeñarse solo por salvarme.

—¿Y después?

—Nos escondimos detrás del coche y me vendó la herida.

Max se quedó pensativo unos segundos, cosa que hizo que los nervios de Alice se multiplicaran.

—Sé sincera —dijo al final, sin mirarla—. Conocías a Giulia, ¿verdad?

—¡No! No la conocía en... en absoluto.

—No me mientas. Cuando la has visto, has corrido a esconderte como un animalillo asustado detrás de Rhett.

Ella no dijo nada. Principalmente, porque era cierto.

—¿Cómo escapaste de ella?

Alice no sabía qué decir. Tenía la impresión de que, si mentía, Max lo sabría enseguida. Pero tampoco podía decir la verdad, porque al parecer la entregaría a Ciudad Capital.

—Robé un uniforme de una de sus soldados para escapar de mi zona —murmuró, finalmente.

Para su satisfacción personal, Max por fin cambió su expresión tensa a una ligeramente sorprendida.

—¿Conseguiste robarle a Giulia? —preguntó perplejo.

—No exactamente... Tuve que quitárselo a una mujer que... mmm...

Silencio. Ella se aclaró la garganta, incómoda, al recordar el rostro desfigurado de la persona a la que había quitado el uniforme 42.

—Era la única forma de pasar desapercibida —concluyó en voz baja.

—No te lo estaba recriminando, habría hecho lo mismo que tú. ¿Escapó alguien más?

Alice no entendió por qué Max parecía repentinamente tan interesado en eso, pero todo pensamiento se nubló en cuanto se acordó de 42. Se preguntó qué habría sido de ella. Si seguiría viva. Si estaría bien. Si habría encontrado un lugar al que poder llamar su sitio en el mundo.

Pero no podía decirle esa verdad a Max.

—Ya lo dije el día que llegué —murmuró.

—Pero no me lo creí.

—Era... Yo...

—Mira, puedes seguir mintiéndome o puedes decirme la verdad de una vez. Si yo fuera tú, elegiría la segunda opción.

Alice suspiró y cerró los ojos.

—En la reunión... dije que habían matado a una chica y había escapado con mi padre.

—Lo recuerdo.

—Fue al revés. Mataron a mi padre y hui con otra chica. Una amiga mía.

—¿Era humana?

Alice, por algún motivo, no fue capaz de mentirle. Solo mantuvo la mirada clavada al frente. Max la observó durante unos instantes antes de volverse hacia delante.

—Así que era una androide —murmuró—. ¿Por qué te arriesgaste a escapar con ella? Fue una decisión peligrosa.

—Era mi amiga. Por los amigos a veces haces cosas peligrosas. Y no importa que sean androides o humanos. Lo único que cuenta es que son tus amigos.

Max no dijo nada más en todo el viaje.

En cuanto llegaron a la ciudad, Alice empezó a volver a notar la herida. No hasta el punto de que le doliera como antes, pero empezaba a dormírsele el brazo. Y la mano. Y los dedos, que le cosquilleaban. Intentó moverlos torpemente.

Se sorprendió cuando vio que Tina y Jake estaban esperando junto a la puerta del hospital. Max detuvo el coche allí y le dedicó una mirada significativa para que se bajara. En cuanto lo hizo, Tina se acercó corriendo a ella.

—Vamos, cielo, hay que darse prisa. El calmante dejará de hacer efecto de un momento a otro y tenemos que sacarte la bala.

Alice se preguntó cómo sabía que tenía una bala incrustada en el brazo, pero en cuanto vio que Rhett también estaba en el hospital, tuvo la respuesta.

—Échate, querida, eso es...

Alice se tumbó boca arriba en una de las camillas y vio que Jake se mantenía al margen, pálido de miedo.

El dolor se volvió persistente. Alice no quiso mirar a Tina mientras esta le clavaba algo en el otro brazo. Cerró los ojos cuando la mujer apretó la herida con fuerza y quitó el trozo de tela con la que Rhett le había vendado el brazo.

—Necesito ayuda —murmuró la mujer con voz seria—, ahora mismo.

Su mano se apartó y apareció otra más grande. El tacto era diferente, pues estaba cubierta de cuero. Alice abrió los ojos y vio que Tina ordenaba una serie de instrumentos de metal en una bandeja. Rhett seguía apretando la herida, sin perder de vista lo que hacía la sanadora. Alice, por su parte, trató de no moverse, pero cada vez le resultaba más complicado. Andaba inquieta. Ya apenas sentía la mano.

—Tengo que quitarle la bala —le dijo Tina a Rhett con voz tensa—. Va a doler. Y vas a tener que sujetarla cuando te lo diga.

Él apretó la mano en torno a la herida, mirando a Alice sin siquiera parpadear. Ella admiró su entereza.

Jake, por cierto, seguía manteniéndose al margen con cara de espanto.

—¿N-no puedes sedarla? —preguntó, palideciendo aún más.

—Poca sangre y tensión alta. No iría bien.

No era cierto. Alice estuvo a punto de reírse y llorar a la vez. No había anestesia para androides. Ni siquiera sabía por qué la pastilla que le habían dado había surtido efecto.

Tina se puso unos guantes blancos y la miró con una disculpa en los ojos. Entonces, asintió con la cabeza hacia Rhett, que se colocó detrás de Alice para sujetarla por los hombros.

A su vez, Tina la sujetó de la muñeca, inmovilizándole el brazo por completo. Entonces, Alice sintió el mayor latigazo de dolor de su vida. Se retorció y Rhett la agarró con más fuerza. Vio que Tina introducía unas pinzas en el agujero de bala. Se mordió el labio con fuerza, mareada, y apretó los puños. No quería verlo y, a la vez, no podía dejar de mirar.

Tina extrajo un pequeño proyectil completamente rojo y lo dejó en la bandeja. Entonces, colocó un paño humedecido sobre la herida. Esto alivió un poco el dolor de la chica, que dejó de retorcerse. Rhett aflojó el agarre, mirándola.

—Ya está —escuchó decir a Tina—. Lo has hecho muy bien, Alice. La mayoría habría intentado darme un puñetazo.

La chica hizo un amago de sonrisa.

—Seguro que no ha dolido tanto —murmuró Rhett—. Es que eres una quejica.

—Jake, hazme el favor de asesinarlo por mí. Ahora mismo no tengo fuerzas —susurró Alice.

El guardián sonrió un poco, negando con la cabeza.

Tina retiró el paño y limpió la herida con cuidado. Alice apenas sentía el brazo. Movió un poco los dedos de la mano, aliviada. Entonces, la sanadora le vendó la herida.

—Bueno —ella sonrió un poco—, has tenido suerte, la bala no ha tocado nada importante. De hecho, no esperaba que fuera tan superficial. Deben de haber disparado desde mucha distancia. En fin..., ¿te encuentras mejor?

—Sí —dijo, sinceramente.

—Tardará en cicatrizar, así que tendrás que llevar la venda un tiempo. Pero si haces exactamente lo que te mando, no te dolerá.

—¿Puedo utilizar el brazo? —preguntó ella.

—Por supuesto.

—Suena a que no vas a librarte de los combates —le dijo Jake, que se había vuelto a acercar.

Tina siguió con su explicación.

—No obstante, quedará cicatriz. Soy buena, pero no tanto. Lo siento.

—Las cicatrices no están tan mal —se escuchó decir a sí misma.

Rhett la miró con curiosidad.

—Jake. —Alice se volvió hacia su amigo. Seguía pálido—. ¿Estás bien?

Él asintió lentamente.

—No le gusta la sangre, pero curiosamente es muy buen ayudante cuando quiere —dijo Tina—. Se ha asustado cuando te ha visto así. Ah, tendrás que cambiarte de ropa.

Alice sonrió. Como si en esos momentos le preocupara eso.

—Sí —murmuró agotada.

—Oye, cuando quieras me das las gracias —protestó Rhett—. Si no los hubiera avisado, no te habrían atendido tan deprisa.

—Y si no hubiera sido porque tú estabas durmiendo, no me habría acercado al precipicio.

Tina ahogó un grito.

—¡¿Te has dormido en una guardia con una principiante?!

—¿Qué? No, no, no... Yo no... —Rhett miró a Alice con mala cara—. ¿No podías quedarte calladita?

—¡Si has empezado tú!

—¡Has empezado tú al no hacerme caso!

—¡Yo no...!

—Chicos, basta. —Tina negó con la cabeza—. Sois dos irresponsables.

—¡Ha empezado él!

—¡Me da igual quién haya empezado, yo lo termino! —La mujer respiró hondo—. Y ahora, todo el mundo que no tenga una herida de bala en el brazo ¡que se largue!

—Yo ahora tengo una herida de bala en el corazón, Tina —Rhett se llevó una mano al pecho—. ¿Eso no cuenta?

—Fuera de aquí. —La sanadora, riendo, echó a ambos chicos.

12
EL DESASTRE DEL CIRCUITO

—Mira que tienes mala suerte —le dijo Saud.

Habían ocupado uno de los pocos sitios libres que había junto a las ventanas y, mientras la lluvia repiqueteaba contra los cristales, jugaban ya su tercera partida de cartas.

—Sí —corroboró Dean.

Trisha, sentada a su lado, no dijo nada. Estaba intentando ver la mano de Jake. Alice aprovechó su distracción para atisbar la suya.

Je, je. Iba a ganar.

—No es mala suerte —protestó Alice.

—¿Ah, no? Y ¿qué es? —Saud la miró, divertido.

—Que el mundo está en mi contra.

—El mundo no está en tu contra —intentó animarla Dean con una sonrisa—. Vamos, no a cualquiera le ofrecen cambiar de grupo tan pronto. Eso es que estás haciendo algo bien.

—Oye, es verdad. —Jake dejó otra carta en el montón—. ¿Crees que te cambiarán de grupo ya mismo?

—Supongo que no. Max no me ha visto disparar y ni siquiera he hecho la prueba.

—Ser avanzado molaría —murmuró Dean.

Alice se encogió de hombros.

—Pero primero me tocaría intermedio, ¿no? —dijo.

—Si te pasaran directamente a avanzados, serías la segunda persona de la ciudad en conseguirlo.

—Y ¿quién fue la primera?

Todos miraron a Trisha a la vez. Ella no pareció muy interesada en el tema.

—Los avanzados están sobrevalorados —dijo, simplemente.

—¿No te gustó? —Alice la miró, algo nerviosa.

—Claro que sí. Me encantó. Por eso digo que está sobrevalorado.

Alice se quedó mirándola un momento, confusa.

—Entonces, ¿están sobrevalorados o no?

—Alice, es sarcasmo —aclaró Jake mientras observaba atentamente sus cartas.

—¿Por qué os resulta tan difícil decir lo que pensáis y ya está, sin sarcasmos ni cosas raras?

Al escucharla, Trisha puso los ojos en blanco de la manera más obvia que pudo.

—Algún día se te quedarán los ojos al revés si sigues haciendo eso —le advirtió Alice.

—Así dará aún más miedo. —Dean arrugó la nariz.

Alice la miró. Sí que daba miedo. Pero, aun así, había descubierto que Trisha no era tan desagradable como pretendía aparentar. De hecho, era incluso simpática cuando se lo proponía, que eran muy muy muy pero que muy pocas veces.

Bueno, formaba parte de su encanto.

—¿Cuánto tiempo estuviste con ellos? —le preguntó.

—¿Con quién?

—Con los del grupo avanzado.

—Una semana. Y, antes de que sigas indagando, te informo de que me echaron por romperle el brazo a un chico que hacía demasiadas preguntas.

Alice escuchó una risita a su lado y, por un momento, no le hizo caso. Pero se repitió. Al volverse en esa dirección, vio que había dos chicas sentadas mirándolos con una sonrisa desdeñosa. Las reconocía de las clases, de las peleas del primer día y de las veces en las que se habían metido con Jake por ser, según ellas, «demasiado gordo como para estar en su mismo grupo».

—¿Por qué jugáis a eso? —preguntó una de ellas con una mueca—. Es como... del siglo pasado.

—Sí, sí. —La otra asentía con la cabeza frenéticamente, dándole la razón.

—¿De qué hablan? —preguntó Alice, sin entender el problema.

—De nada que tenga que importarnos —murmuró Saud—. Ignóralas, es lo mejor.

—La gente de color no debería tener los mismos derechos que los demás —soltó una de las chicas, mirándolo, y Alice vio que Saud apretaba los labios en una dura línea.

¿Qué era una persona de color?

¿Una persona azul? ¿Roja? ¿Verde? ¿Había humanos de colores? ¿Por qué nunca había visto ninguno?

—Mi padre decía que solo los idiotas ignoran a los demás cuando les hablan —añadió la otra chica.

—Parecen un circo.

—El negro, el friki, el gordo, la rara y la musculitos. Lo tienen todo.

Alice miró a los demás. No entendía nada de lo que estaba pasando, pero todos parecían sentirse mal por las palabras de esas chicas. A excepción de Trisha, claro, que seguía bostezando como si no existieran.

¿No iban a hacer nada? No sabía qué decían exactamente, pero estaba claro que no era nada bueno.

Se volvió hacia ellas, muy diplomática.

—Eso no es agradable —les dijo, señalándolas con un dedo acusador—. Hacéis daño a los demás hablando así.

Las dos la miraron un momento y, acto seguido, empezaron a reírse.

—¿Que no es agradable? Pero ¿tú de qué planeta has salido?

—Aún no hemos podido salir de nuestro planeta el tiempo suficiente para que yo pueda proceder de otro —explicó Alice seria—. ¿Es que no tienes formación académica suficiente como para saberlo?

A su lado, Trisha empezó a reírse sin siquiera intentar disimularlo. Era la primera vez que lo hacía, al menos delante de Alice, ¿qué le había hecho tanta gracia? ¡Solo había aportado un pequeño dato a la conversación!

—¿Me estás llamando idiota? —preguntó una de las chicas, poniéndose de pie y acercándose a Alice, que también se levantó, instintivamente, todavía sorprendida.

—Alice, olvídalo —le advirtió Jake, dejando las cartas de lado.

—Tú cállate, niñato —le espetó la chica—. No te metas.

Alice la miró, perpleja ante tan malos modales. Se sintió un poco más segura de sí misma cuando vio que era más alta que ambas. Además, las había visto peleando en clase y no eran, precisamente, las mejores del grupo.

Alice era mucho peor que ellas dos, pero sabía que no sería tan catastrófico como enfrentarse a Trisha.

—No lo llames niñato —exigió Alice, que no sabía muy bien qué significaba esa palabra, pero, por el tono en que la había dicho la otra, le había sonado mal.

—¿Y qué harás si lo hago? —La chica dio un paso hacia ella.

Acto seguido, la empujó por los hombros, para provocarla. Alice dio un paso atrás, sorprendida. ¿Es que quería pelearse? ¿Eso es lo que hacían los humanos cada vez que había una disputa?

—Venga, defiende a tu amiguito —la provocó, mientras la otra seguía riendo.

—No me toques —mascullo Alice un poco perdida.

—¿Te pondrás a llorar si lo hago?

—Creo que deberías callarte —advirtió—. Me da la impresión de que no tienes nada bueno que decir.

—¿Y qué? ¿Me vas a callar tú, tabla de planchar?

—No, lo haré yo.

No dejaron de mirarse cuando intervino Rhett, que acababa de entrar. Interpuso un brazo entre ellas y Alice se dio cuenta de que se habían acercado mucho la una a la otra. El instructor la apartó y Alice quedó flanqueada por sus amigos, que también se habían puesto de pie.

—¿Qué está pasando? —preguntó Rhett, cruzándose de brazos y mirándolas una a una.

Parecía enfadado, así que Alice optó por decírselo ella. O al menos lo intentó, porque se le adelantaron enseguida.

La otra chica cambió la expresión por completo. Pasó de mirar a Alice como si quisiera matarla a llorar. Alice se quedó tan desconcertada que no supo qué hacer. La chica sollozaba como una histérica. Trisha puso cara de asco.

—¡Me estaba amenazando! —gritó, señalando a Alice.

—¿Quién te amenazaba? —Rhett ni se había inmutado.

—¡Ella, la rara! ¿Quién va a ser? Está loca. Decía que esta era su cama e intentaba sacarme por la fuerza.

Rhett miró un momento a Alice, que seguía sin poder creerse lo que veía.

—¡Eso no es cierto! —exclamó indignada, dando un paso hacia la otra.

Rhett la detuvo.

—Principiante —le dijo, y sonaba a advertencia.

—Pero... ¡no es justo! Ellas eran las que...

—Principiante —repitió, mirándola fijamente—. Retrocede. Ahora mismo.

Alice lo miró, perpleja y enfadada. ¿En serio iba a creer a esa chica? Dio un paso atrás y se cruzó de brazos, apartando la mirada.

—Jake —dijo Rhett, mirándolo—, ¿qué ha pa...?

—¡Y se lo preguntas a él! —La chica, que todavía hacía pucheros, puso los ojos en blanco.

—Vuelve a interrumpirme, Annie, y las peleas de las mañanas serán el menor de tus problemas —le aseguró Rhett con una mirada que la hizo retroceder, antes de volverse de nuevo hacia el chico—. ¿Y bien?

Él le contó exactamente lo que había sucedido. Alice miraba fijamente a Rhett, indignada por no haber dejado que fuera ella quien lo contara. Él solo le devolvió la mirada cuando Jake terminó su explicación.

—¿Es eso verdad? —le preguntó.

—¿Ahora importa mi opinión? —masculló ella en voz baja.

Rhett enarcó una ceja, irritado, y ella hizo lo mismo, pero mirando al suelo —intimidaba menos que él—. Al final, se limitó a asentir una vez con la cabeza.

—Bien. —El guardián se volvió hacia Annie—. Veinte flexiones.

—Ay, grac... Espera, ¿qué? —Ella dejó de lloriquear para mirarlo, enfadada—. ¡Ni siquiera has escuchado mi versión!

Por la cara de Annie, Alice dedujo que Rhett le estaba dedicando esa mirada que podía dar verdadero miedo. La que usaba en las clases.

—¿Estás sorda, principiante? —preguntó.

Annie negó rápidamente con la cabeza.

—Entonces, ¿por qué todavía no estás en el suelo haciendo flexiones?

Y, claro, ella se apresuró a agacharse y empezar a hacerlas.

—Trisha, asegúrate de que las hace todas. —Esta pareció encantada con el encargo. Rhett miró a Alice—. Y tú, recoge tus cosas.

Eso la dejó completamente descolocada por un momento.

—¿Mis cosas? ¿Por qué?

—¿Tengo cara de pretender darte explicaciones?

Genial, estaba de mal humor. Bueno, ¡ella también!

Alice miró a Jake en busca de una explicación, pero él solo se encogió de hombros. Totalmente confusa, se dirigió a su colchón y vio que la gente se iba apartando a medida que pasaba Rhett. Algunos ordenaron sus rincones a toda velocidad para que él no los viera hechos un desastre, pero la verdad es que no parecía estar prestándoles mucha atención. Solo se detuvo junto a la cama de Alice y la miró fijamente mientras recogía sus cosas.

Lo metió todo en una bolsa pequeña que le había dado Tina el primer día. Tampoco es que tuviera muchas pertenencias, así que apenas tardó unos minutos. Finalmente, se colgó el macuto del hombro y Rhett, al verlo, salió de la habitación sin siquiera asegurarse de que lo seguía. Alice lo hizo, claro. Y ninguno de los dos dijo absolutamente nada mientras empezaban a bajar la escalera.

De todas formas, Alice no pudo aguantar mucho tiempo en silencio.

—¿Puedo preguntarte una cosa?

—No.

—Ah... —Enrojeció—. Yo...

Rhett se detuvo, suspiró y la miró de muy mal humor.

—Más te vale que no sea una bobada.

—No lo es.

Se quedó en silencio un momento y él se impacientó.

—¿Te crees que tengo todo el día para esperar o qué?

—Es que, si me hablas así, se me quitan las ganas de preguntar.

Rhett le dedicó una mirada que, de haber sido posible, habría hecho arder la ciudad entera.

—Alice, te aseguro que este no es el mejor momento para que me cabrees.

Era la primera vez que la llamaba por su nombre, ¡y tenía que hacerlo en ese preciso contexto! Ella agachó la cabeza, avergonzada.

—Entonces..., ¿te lo pregunto o no?

Silencio. Él cerró los ojos unos instantes antes de mirarla.

—¿Qué quieres? —soltó, con toda la suavidad que pudo reunir.

—¿Qué es una tabla de planchar?

Rhett la miró un momento, todavía enfadado, y después frunció el ceño.

—¿Eh?

—Esa chica me ha llamado tabla de planchar.

—¿Tabla de planchar? —repitió, y puso una mueca de irritación—. Debería haberle dicho que hiciera cuarenta flexiones en lugar de veinte.

—¿Qué es?

—Mira, Alice... —Parecía muy incómodo—. Es... No les hagas caso. Son solo crías.

—Y yo también.

—No, tú ya estás... Eh... Quiero decir... —Se rascó la nuca. Alice había advertido que solía hacerlo cuando se ponía nervioso—. ¿Por qué tienes que preguntarme siempre a mí este tipo de cosas?

—Porque Jake me dice: «Pregúntale a Rhett, él sabrá más del tema».

—Tengo que hablar con ese niño.

—Pero ¿qué significa que soy una tabla de planchar?

—A ver... —Rhett lo pensó un momento—. Quiere decir que no..., que..., bueno, que no tienes... pechos.

Alice agachó la mirada y frunció el ceño.

—¿No tengo?

—¿Eh?

—Sí, sí tengo. Mira.

—No, no voy a mirar.

—¿Por qué no?

—Esta conversación termina aquí.

—Pero...

—He dicho que la conversación se terminaba aquí —volvió a su tono enfadado de antes.

—Vale. —Ella levantó las manos en señal de rendición—. Si quieres, podemos hablar de que no me has dejado explicarme.

—Ni a Annie tampoco, pero eso no te ha preocupado tanto.

—¡Deberías haberme preguntado a mí, te habría dicho la verdad!

—Cuando hay peleas siempre pregunto a alguien que no esté involucrado. No puedo hacer excepciones con nadie. Ni siquiera contigo.

Rhett respiró hondo y se acercó a la puerta del piso en el que se habían detenido.

—Te han pasado al grupo de avanzados —añadió, mirándola.

—¿A mí?

—No, Alice, al papa.

—¿Quién...?

—Ni se te ocurra preguntar.

Ella le puso mala cara antes de reaccionar.

—Pero... no he hecho ninguna prueba.

—Ha sido decisión de Max, no mía. Si tienes algún problema, vete a marearlo a él.

Rhett abrió la puerta. Las voces de la habitación bajaron el volumen al instante.

Lo primero que vio Alice al entrar fue un grupo de chicos y chicas de edad similar a la suya. Pero, en esa habitación, aparte del tamaño más grande, la gran diferencia eran las camas. Había muchas más, y eran, como Rhett le explicaría más adelante a Alice, literas. Cada una tenía su cajón propio, todo un lujo. Las paredes no estaban tan sucias, las ventanas eran más amplias, había alguna que otra alfombra por el suelo, en el fondo de la estancia estaban situados unos cuantos armarios con juegos...

En conclusión, era como si hubiera entrado en un mundo completamente diferente al de su antiguo dormitorio.

Rhett avanzó hasta llegar al fondo de la sala y Alice sintió todas las miradas clavadas en ella mientras lo seguía, especialmente cuando él abrió un cajón bajo su nueva cama. Estaba dividido por la mitad. Una de las partes estaba ocupada por ropa y zapatos de chico algo desordenados. El instructor le quitó la bolsa y la dejó en la otra mitad, que también albergaba una equipación de chica para los entrenamientos de avanzados.

—Tengo que irme —dijo él, y Alice sintió ganas de pedirle que se quedara. No quería estar sola allí—. Ya te informarán de tu nuevo horario.

Pero al final no pudo evitarlo.

—¿No puedes... quedarte un rato conmigo?

Rhett la miró un momento, sorprendido. De hecho, por un instante pareció incluso divertido, pero mantuvo la compostura y siguió con el discurso.

—Hoy no, Alice. Te he metido en mi especialidad, armas. Ya te cansarás de verme. Y, además, mantendremos la clase extra de la hora de comer, así que no te hagas ilusiones con librarte de ella.

Alice asintió con la cabeza, algo nerviosa. Miró de reojo a los demás, que los observaban como si les hubiera salido una segunda cabeza. Rhett, al darse cuenta, puso los ojos en blanco.

—Todo el que me esté mirando cuando me vuelva va a venir a dar una vuelta conmigo —los informó y, de repente, todo el mundo fingió estar centrado en sus cosas—. Perfecto.

Volvió a mirar a Alice. Ella parecía aterrada.

—Si necesitas cualquier cosa, lo que sea —la chica dio un respingo cuando la tomó de la mano y notó algo frío en ella—, ya sabes dónde encontrarme.

Se dio la vuelta tras mirarla un momento más y se marchó. Todo el mundo tenía la mirada clavada en el suelo, pero, en cuanto el instructor se hubo ido, empezaron a hablar a la vez.

Alice apretó el puño alrededor de lo que acababa de darle Rhett. Estaba a punto de mirarlo cuando escuchó que la litera que tenía detrás crujía.

—¿En qué modalidad estás?

La pregunta la pilló desprevenida. Había un chico delgaducho, de ojos rasgados y enormes gafas cuadradas asomándose desde la cama superior. La ropa del cajón debía de ser suya.

—¿Eh?

—Modalidad —repitió, como si ella fuera estúpida.

Alice parpadeó.

—En la de Rhett.

—Ah, armas —replicó el chico—. Suena mejor que «la de Rhett».

—¿Y tú?

—Tecnología —dijo orgulloso de sí mismo.

Alice no tenía la menor idea de a qué podía referirse la palabra «tecnología» en una ciudad así, así que sonrió tanto como pudo sin parecer una loca.

—Fascinante.

—Lo sé —asintió el chico—. Ahora, deja de hacer ruido. Estaba leyendo.

Alice se apresuró a tumbarse en su nueva cama. Estaba pegada a la pared, así que se volvió hacia esta, dándole la espalda a los demás, y por fin abrió la mano. Tenía un nudo de nervios en el estómago que aumentó cuando vio el iPod y los auriculares que se había dejado en el coche de Rhett.

Esbozó una pequeña sonrisa y pasó un dedo por encima del pequeño aparato, ilusionad...

—¡Bienvenida!

Levantó la cabeza al instante, asustada. Shana, la chica a la que había conocido en el hospital, estaba de pie junto a la litera con una gran sonrisa.

—Me alegra que te hayan ascendido —le dijo—. No vemos muchas caras nuevas por aquí. Estás en armas, ¿no?

—Sí.

—Entonces, solo coincidiremos por las mañanas, cuando tengamos las clases comunes. —Se encogió de hombros—. Es una pena. Pero bueno, no importa. ¿Acabas de llegar?

Asintió con la cabeza.

—La habitación es más grande que la de los novatos, ¿eh?

—¿Os importaría callaros? —El chico asomó la cabeza desde arriba—. Estoy...

—Leyendo, sí. Lo sabemos, Davy.

—Y, sin embargo, seguís hablando.

Shana puso los ojos en blanco y, tras despedirse de Alice, volvió a su cama, que se encontraba en la otra punta de la habitación.

De hecho, en cuestión de minutos, todo el mundo se desvistió —las chicas se quedaron en camiseta y braguitas y la mayoría de los chicos, con el torso desnudo— y ocupó su cama. Era hora de acostarse.

* * *

Era su cumpleaños. Cumpliría dieciséis. Y allí estaba Erik, a su lado, ambos sentados en el coche.

No estaba segura de en qué momento se habían ido de la fiesta juntos. Era la primera vez que estaban a solas. De hecho, no sabía ni por qué se sabía su nombre, si ella no era nadie, no era nada. Solo Alicia, la chica a la que Charlotte, la novia de Erik, molestaba. Porque, sí, eran pareja. Estaba en un coche a solas con un chico que tenía novia. ¿Era una mala persona por eso? Seguramente sí, pero...

—Ha sido una buena fiesta —comentó él, con lo que la distrajo completamente.

—Sí. —Alicia sonrió un poco, pero sin devolverle la mirada. Estaba temblando de pies a cabeza.

Se encontraban en una colina desde la que veían toda la ciudad. Era la escena romántica y perfecta que había imaginado una y otra vez desde que había conocido a Erik. Y ahora estaba haciéndose realidad. No dejaba de pensar que solo era un sueño y que, en cualquier momento, se despertaría y la fantasía se esfumaría.

—Pondré música —murmuró él, cortando el silencio.

El chico se inclinó hacia delante, le rozó la rodilla con el codo a propósito y encendió la radio. Ella se mordió el labio, nerviosa, y los nervios aumentaron cuando notó que sus nudillos le acariciaban la mejilla con suavidad.

—¿Estás bien?

—Sí, sí...

—¿Sabes? —Erik se arrastró un poco en el asiento hacia ella—. Me han dicho que te gusto.

—¿E-eso...? ¿Eso te han dicho?

—Sí. ¿Es verdad?

Él ya estaba inclinado sobre ella. Alicia sintió que su estómago se retorcía. No estaba segura de si iba a vomitarle encima. Sería una curiosa manera de terminar la noche.

—Tienes novia —le recordó.

—¿Y qué?

—Que... ella... Yo...

—Ella no está aquí. Olvídala.

Alicia abrió mucho los ojos cuando notó los labios de Erik sobre los suyos. Su cuerpo entero se tensó de pura emoción. Nunca había besado a un chico.

Al cabo de unos segundos, se relajó un poco y sintió que él empujaba algo con el pie. Al instante, su asiento se tumbó y se quedó boca arriba, hecha un manojo de nervios. Fue escuchar el clic de su cinturón y encontrarse a Erik encima de ella, besándola. Alicia tragó saliva cuando vio una mano en su pecho. Estaba tan nerviosa que ni siquiera podía sentirla, solo veía lo que estaba pasando como si fuera una espectadora.

¿Por qué no le parecía agradable, como había imaginado tantas veces? ¿Por qué no era como en las películas o en los libros? Solo eran unos labios tibios sobre los suyos. Y unas manos apretándole los pechos. No era agradable, pero tampoco desagradable.

Simplemente no era nada.

No se movió en absoluto. No sabía qué hacer. No entendía por qué lo dejaba seguir. Era su sueño desde que tenía memoria, pero jamás se había sentido tan incómoda. Su piel se puso de gallina, y no de placer, cuando él metió la mano debajo de su falda. Miró el techo del coche y le entraron ganas de llorar sin saber muy bien por qué. Puso las manos en sus hombros solo para sujetarse de alguna forma. De repente, quería irse a casa, pero el miedo a que nunca más quisiera estar con ella si lo hacía era tan grande que no se atrevió a moverse.

Erik se detuvo y se puso de rodillas sobre ella, desabrochándose la hebilla del cinturón con manos torpes. Alicia no estaba cómoda, eso era más que obvio, aunque a él no pareció importarle demasiado. Lo que sí vio fue que ella tenía los ojos llenos de lágrimas, pero eso tampoco pareció preocuparle mientras sacaba un envoltorio del bolsillo y lo rompía con los dedos.

—La primera vez siempre duele —murmuró, poniéndose el preservativo—. No llores mucho. Odio que lloren mientras follo.

Alicia supo que tenía que decir algo, lo que fuera, pero no encontró su propia voz. De hecho, no encontró su propio cuerpo. Se quedó paralizada. Él no la miró cuando se volvió a colocar encima de ella y le quitó las bragas de un tirón. Tenía frío. Quería irse a casa. Él apoyó una mano junto a su cabeza y...

* * *

Alice abrió los ojos de golpe al escuchar un ruido fuerte cerca de ella. De hecho, se levantó tan deprisa que se dio con la cabeza en la litera de arriba.

Parpadeó, desorientada, llevándose una mano a la frente, y vio que sus compañeros se estaban poniendo de pie. ¿Qué hacían? ¿Qué pasaba? ¿Dónde estaba?

Solo entonces se dio cuenta de que Deane, la guardiana del pelo corto que se había opuesto a que se quedara en la ciudad, estaba en la puerta. De hecho, tocaba una campanita que hacía un ruido insoportable.

Alice deseó lanzársela a la cabeza.

Todavía tenía la piel de gallina y la sensación de que, de alguna forma, le habían hecho algo malo. Algo muy malo. Tenía ganas de llorar, pero se contuvo y se limitó a ponerse también de pie, intentando centrarse en la realidad otra vez.

—Entrenamiento en cinco minutos —espetó Deane, bajando por fin la estúpida campanita—. Quien llegue tarde, entrenará el doble.

En cuanto los dejó solos, todos se apresuraron a cambiarse. Shana, al ver a Alice parada, observándolos, perdida, se acercó a ella, abrió su cajón y sacó el equipamiento —una camiseta de manga corta y unos pantalones largos, todo negro—, que le tendió antes de regresar a su litera y vestirse.

Al acabar, Shana volvió a acercarse a Alice, que le sonrió.

—Ah, no te he presentado a nadie todavía. —Señaló a un chico que se les había unido—. Este es Tomás. Es mi mejor amigo.

—Prefiero Tom —sonrió él.

Era alto, muy alto. Tenía el pelo oscuro, la piel de un tono ligeramente dorado y los ojos castaños. Parecía simpático.

—Está en armas —añadió Shana—, como tú.

Alice se sintió repentinamente aliviada. Al menos, tendría un rostro conocido cerca.

—¿Es tu primer día? —preguntó Tom.

—Sí.

—Lo vas a pasar fatal —le aseguró, y Shana le dio un codazo—. ¡Oye!

—Los primeros días siempre son duros, pero no te preocupes, terminarás acostumbrándote.

—O no, yo todavía no me he acostumbrado.

* * *

Alice frunció el ceño cuando vio que Deane no se dirigía al campo de entrenamiento, sino al otro extremo de la ciudad. Ya estaba empezando a amanecer cuando llegaron. Ella sintió que su corazón se detenía.

—Bienvenida al infierno de cada mañana —murmuró Tom.

Era un circuito de obstáculos. Y, por si eso no fuera suficiente, estaba empapado por la lluvia del día anterior.

Los últimos años había llovido muy poco, pero, desde

hacía unos meses, las precipitaciones habían adquirido una frecuencia extraña. Llovía intensamente durante unas horas y se detenía de golpe para dar paso a un sol abrasador. En su zona, Alice podía ignorarlo porque siempre estaba en el interior de los edificios. Aquí, se pasaba el día fuera. Seguía sin acostumbrarse a ello.

Volvió a centrarse en el circuito. El barro les llegaba hasta los tobillos. Alice miró a Deane, que los miraba con expresión severa, y se preguntó por qué habría aceptado ir con los avanzados.

Ah, claro, porque ni siquiera le habían dado otra opción.

—¡Veinte vueltas! —Dio un respingo con el grito de Deane—. ¡Ahora!

¡¿Veinte vueltas?! ¡Si ni siquiera habían desayunado!

Pero a Alice no le quedó más remedio que seguir a los otros. Al final, terminó siendo la más rezagada. Al principio, Tom y Shana habían seguido su ritmo para acompañarla. Hasta que Deane les había gritado. Entonces, se vieron obligados a avanzar y a dejarla sola. Nunca había echado tanto de menos a Jake.

Podía sentir la sonrisa satisfecha de Deane cuando terminó y se tiró al suelo, con las piernas entumecidas.

Pero su querida instructora no había terminado.

—¡Circuito!

—¿Aquí nadie descansa? —se preguntó Alice, siguiendo a los demás. Aunque no hacía mucho calor, estaba sudando como nunca en su vida.

El circuito en cuestión eran dos estructuras exactamente iguales colocadas paralelamente. Perfectas para una carrera.

Bueno, ya sabía quién sería la perdedora de la suya.

Se preparó mentalmente cuando le tocó y tuvo que colocarse en la línea de salida. Deane dio la señal, sonriendo.

Arrancó a correr. La chica de su lado la adelantó enseguida, por supuesto.

El primer obstáculo era subir una red para llegar a una plataforma que estaba a unos dos metros y medio de altura. Alice se agarró a ella con las manos y metió la punta de la bota en uno de los agujeros. Intentó ascender tan rápido como pudo, pero la red estaba un poco suelta y no dejaba de tambalearse y enredarse con sus botas. Al agarrarse a la plataforma superior e impulsarse torpemente hacia arriba, escuchó gritar a Deane muy cerca de ella.

—¡Vamos, novata! —Juraría que estaba sonriendo—. ¿Crees que así vas a lograr algo aparte de hacernos reír?

Alice logró subir una rodilla a la plataforma y se puso de pie para ver el siguiente obstáculo. Se trataba de bajar por una pendiente bastante inclinada y pasar por otra red, aunque esta era distinta. No estaba inclinada, sino en horizontal, a apenas a medio metro del suelo. El reto consistía en arrastrarse hasta llegar al otro lado, y el problema era el barro.

Bueno, esa noche se lo pasaría genial lavando su ropa.

Se colocó de rodillas en el suelo, clavó los codos en el barro e hizo una mueca cuando notó el frío lodo hundirse bajo su peso. Asqueada, empezó a arrastrarse hacia delante, intentando centrarse solo en el objetivo y no en el fango que le rozaba la boca. Apretó los labios y siguió avanzando, con los codos y las rodillas doloridas, hasta que por fin llegó al otro lado y se puso torpemente de pie.

—¡Vamos! —le espetó Deane justo al lado—. ¡Ralentizas a tu grupo! ¿Qué crees que pasaría si esto fuera una misión? ¡Todos morirían por tu culpa!

—Si tú estuvieras en mi grupo me rezagaría a propósito —murmuró Alice, tragando un poco de barro acumulado en sus labios.

Se esforzó tanto como pudo, pero no superó a su rival,

que estaba por la mitad del tercer obstáculo, una escalera colocada en horizontal a unos dos metros de altura para que tuvieran que pasar por ella colgándose de los brazos. Alice hizo lo que pudo y, sorprendentemente, no se cayó y consiguió llegar al otro lado. A su ritmo, sí, pero al menos lo logró.

El penúltimo obstáculo resultó ser el más fácil. Una plataforma que tenía que subir corriendo para llegar a la cima. El reto residía en que la superficie estaba inclinada y subirla era muy complicado. Pero sí, lo consiguió, de alguna extraña forma.

¿El problema? Que ya estaba agotada cuando llegó al último obstáculo.

¿El horror? Que resultó ser el peor de todos.

Eran diez cuerdas colgando dos metros por encima del barro. Estaban colocadas a una distancia exacta de un metro una de la otra. La única forma de llegar al final del circuito era enganchándose a una y pasando a la siguiente sin caerse. Y así hasta llegar a la última.

Alice solo aguantó hasta la tercera.

Obviamente cayó al suelo, agotada, se llenó de barro y notó un dolor agudo en las rodillas que le indicó que le saldrían moretones. Le dolía todo. Y los pulmones le ardían. Y ahora también tenía las manos escocidas.

Deane se acercó a ella con una sonrisita triunfal.

—Tal como esperaba, novata. Un desastre.

13
EL MECANISMO DE UN BESO

Después de la clase de Deane, Alice tenía la sensación de que podía dejar que la atrapasen los de Ciudad Capital y ni siquiera le importaría lo más mínimo.

La última lección del día, la que tenían justo antes de comer, era la especialidad. Es decir, los de tecnología tenían una clase con Geo, los de lucha, con Deane, los de enfermería, con Tina y, si estabas en armas, como Alice, te tocaba ir a ver a Rhett.

Casi lloró de la alegría al llegar a la sala de tiro. Había pasado tantas horas allí dentro que casi se sintió como si volviera a casa. Tenía el cuerpo entero manchado de barro seco y sangre en las manos, y estaba tan agotada que solo quería irse a dormir.

Rhett la miró de reojo cuando entró, pero no dijo nada.

De hecho, su carácter fue muy distinto a como había sido con el otro grupo. Se comportó de una forma mucho más fría, habló menos y no hizo bromas. Ni siquiera crueles. Era preocupante.

El amigo de Shana, Tom, estuvo con Alice la mayor parte del tiempo, así que al menos se quitó de encima el peso de intentar averiguar qué tenían que hacer. Además, la rutina de ese día ya la había practicado con Rhett, así que básicamente fueron dos horas de repaso.

Al terminar la clase, todo el mundo fue a la cafetería. Bueno, todos menos Alice, a quien le quedaba otra hora de divertida y jovial clase extra.

Jake estaría orgulloso si la viera usando la ironía.

Cuando se acercó a él, Rhett estaba apoyado en una de las mesas descargando una pistola. Al oírla, la miró de arriba abajo, se fijó en el barro que le cubría gran parte del cuerpo y esbozó media sonrisita divertida.

—Veo que ya te has estrenado en el circuito.

—Pues sí.

—¿Y qué tal es Deane como profesora?

—La odio.

Rhett levantó la cabeza y frunció el ceño al instante.

—No digas eso aquí.

—Aquí nadie me oye. —Alice se cruzó de brazos, le seguían doliendo.

—Yo te oigo.

—¿Y qué? ¿Irás corriendo a chivarte?

Rhett se apartó de la mesa y pasó por su lado para dejar unas cuantas cosas en la estantería. A Alice le pareció ver una pequeña sonrisa divertida en su rostro.

—No, no lo haré —aclaró él—. Pero eso no lo sabías. ¿No te han enseñado que hay que elegir muy bien en quién confías?

—Si no confiara en nadie, no me habría quedado en esta ciudad.

—Como quieras. No te queda otra que soportar a Deane unas cuantas horas al día.

Hubo un momento de silencio mientras él colocaba algunos utensilios más. Alice se retorció los dedos, impaciente, y no se pudo contener.

—Quiero volver con los principiantes.

Rhett se detuvo en seco y la miró, confuso.

—¿Cómo?

—Quiero volver —insistió avergonzada.

—¿Tienes idea de la cantidad de personas que matarían por estar en tu lugar?

—Yo mataría por irme.

Él no dijo nada, pero al menos pareció considerarlo unos segundos.

—Yo no puedo hacer nada —fue su conclusión.

—¿Nada? ¿En serio?

—Nada.

—Pero...

—¿Qué tal tu brazo? —cambió de tema rápidamente, poniéndole una pistola en las manos y saliendo de la sala. Alice lo siguió casi automáticamente.

—Sinceramente, ahora mismo me preocupan más mis piernas.

Él la miró, preocupado.

—¿Tan mal ha ido?

—Ese circuito no puede ser legal. Es imposible.

—Entrenarás tanto que serás capaz de hacerlo sin parpadear, te lo garantizo.

—Y yo te garantizo que ese día está muy lejos. ¡Mira cómo estoy y ni siquiera hemos empezado los combates! Van a matarme.

—No van a matarte, Alice.

—Ya lo creo que lo harán. Y tendrás que cargar con ello en tu conciencia.

Él puso los ojos en blanco, deteniéndose delante de uno de los paneles.

—¿Por qué me pasasteis al grupo avanzado? —insistió Alice molesta—. Ni siquiera hice la prueba. Además, debería ir primero con los intermedios.

—Ya te dije que yo no controlo eso, sino Max.

—¿Y tú no podrías ayudarme?

—Lo dudo.

Rhett se quedó mirándola al ver que no empezaba a disparar. Enarcó una ceja.

—¿Vas a tenerme aquí esperando todo el día?

—Puedes... ayudarme a que no se me dé tan mal —soltó ella de pronto—. Podrías, no sé, ayudarme en la parte de los combates, ¿no?

Dio un paso hacia él. Rhett retrocedió casi al instante, tensándose.

—Mi especialidad no es el combate.

—Pero se te da mejor que a mí.

—Alice, no.

—Pero...

—No estamos aquí para practicar combate, sino para que aprendas a usar todo tipo de armas.

—¿Y eso quién lo dice?

—Max.

—¿Y tú solo haces lo que te pide Max?

Rhett entrecerró los ojos, eso había dolido.

—Colócate en posición —ordenó en voz baja.

—Tienes que ayudarme —repitió ella, suplicándole con la mirada.

Rhett había alcanzado ese punto en el que su paciencia empezaba a desaparecer, convirtiéndose en enfado. Solía pasarle a menudo cuando Alice estaba cerca.

—Ninguno de los dos quiere estar aquí —bufó irritado—, ¿por qué no te colocas en posición y terminamos con esto rápido para que cada uno pueda seguir con lo suyo?

—Cuando me hayas ayudado, lo haré.

—Ambos sabemos que aquí yo pongo las normas, así que haz lo que te digo y deja de...

—Rhett, por favor.

—No.

—Sí.

—No.

—Sí.

—¡No!

—¡Sí!

Se quedaron mirándose un buen rato, con los ojos entrecerrados, hasta que él hizo ademán de apartarse. Alice lo sujetó del brazo con ambas manos para retenerlo. A Rhett pareció sorprenderle un poco, pero al menos no se apartó.

—Por favor —repitió suplicante—. Si no fuera importante, no te lo pediría. Por favor.

Y por fin, él empezó a dudar. Alice mantuvo las manos en su brazo, muy tensa, hasta que vio que Rhett apartaba la mirada, irritado. Eso solo podía significar una cosa: ¡que lo estaba convenciendo!

—Eres exasperante, ¿te lo han dicho alguna vez?

—No sé qué es eso, así que ni idea.

—¿Qué quieres? —preguntó, mirándola de nuevo—. ¿Que te enseñe a pelear?

Ella sonrió, entusiasmada.

—¡Eso sería genial para empezar!

—Y para terminar. No te acostumbres a dar tú las órdenes.

Se soltó el brazo, se dio la vuelta y salió del edificio. Alice dejó el arma y se apresuró a seguirlo. Estaba más emocionada de lo que debería.

En cuanto llegaron al campo de fútbol, Alice vio que él se detenía y lo imitó. Rhett se volvió hacia ella.

—No pienso tener piedad contigo por ser una novata —advirtió.

—Eso es lo que quiero.

—Bien, ¿ves eso de ahí?

Ella se dio la vuelta y, casi al instante, él le hizo perder el equilibrio. Alice terminó tumbada boca abajo en el suelo con expresión de perplejidad.

—Norma número uno. —Rhett se quedó de pie delante de ella—. Nunca des la espalda a tu rival. Ahora, ponte de pie o esto terminará muy rápido.

Alice hizo una mueca, pero aceptó su mano para ayudarla a ponerse de pie y, acto seguido, se colocó en posición defensiva. Iba a ser una clase interesante.

* * *

Cuando esa noche llegó al dormitorio, apenas podía moverse. Lo único que había ido bien había sido la clase particular con Rhett, y eso que la había machacado aún más que Deane. La diferencia era que él le gustaba y ella no.

Como de costumbre, se duchó antes de irse a dormir. Todos los demás ya estaban en la cama y podría lavarse sin prisas, el único inconveniente era que probablemente no quedaría agua caliente. Aun así, valía la pena solo por poder estar tranquila.

Al salir de la ducha y ponerse una camiseta y unas bragas multicolor que le había conseguido Tina —sí, había decidido vestirse como las demás chicas para no llamar la atención—, se detuvo frente al espejo, se peinó el pelo húmedo con los dedos, se lavó los dientes y recogió sus cosas para guardarlas.

Una parte de ella estaba tan exhausta que ni siquiera podía mantener los ojos abiertos, pero la otra no quería quedarse dormida. No estaba segura de si el sueño de la noche anterior había sido una pesadilla, pero no le apetecía volver a pensar en él. Había sido horrible. ¿Eso era sexo?

Había leído sobre el tema, pero en los libros no se mencionaba que fuera tan sumamente incómodo y desagradable.

No tardaron en apagar las luces. Alice se quedó mirando al techo. Al final, tras dos horas de silencio y, tras asegurarse de que nadie estaba despierto, metió la mano bajo su colchón y cogió el aparato de música. Se puso los auriculares, le dio al botón y cerró los ojos para escuchar. Sin embargo, no sonó nada.

Ay, no... ¿Ya se había roto? Empezó a sacudirlo para ver si se encendía, pero no funcionó.

Y entonces se acordó de lo que había dicho Rhett. ¡Quizá se había quedado sin batería!

Así que, aunque eran las dos de la mañana, se encaminó decidida hacia el edificio de los guardianes.

Conseguir que los vigilantes no la vieran había sido sorprendentemente fácil, pero encontrar la habitación, no tanto. No podía equivocarse si no quería que la pillaran, así que se dejó guiar por su intuición. El despacho de Max estaba en la planta más alta, la otra puerta debía de ser la de su dormitorio. En la planta baja había dos puertas, y en la primera, otras dos.

Al final, se arriesgó y subió a la primera. Las dos puertas eran prácticamente iguales, solo que en una había una plantita al lado, lo que le daba un toque acogedor, y en la otra, la de la derecha, no había absolutamente nada. Incluso las dos del piso inferior tenían decoración.

Golpeó la puerta de la derecha con los nudillos y esperó, preparada para echar a correr si la cara de Deane aparecía en medio de la oscuridad. Sin embargo, fue Rhett quien le abrió, medio dormido. Pareció despertarse de golpe al verla allí.

—¿Qué demonios...?

—Aparta.

Ella pasó por debajo de su brazo y miró a su alrededor, buscando algo que coincidiera con la ranura de su preciado iPod. Empezó a rebuscar en las paredes en busca de un hueco como los que había visto en su zona.

Rhett, que seguía de pie junto a la puerta, la miraba con una ceja enarcada.

—Eeeh..., ¿te puedo ayudar en algo?

Ella tocó las paredes con las manos, frunciendo el ceño.

—¿Estás sonámbula o qué? —masculló Rhett, cerrando la puerta.

—Dijiste que viniera si se quedaba sin batería.

Él clavó los ojos en el iPod que ella sostenía como si fuera su mayor tesoro y casi la asesinó con la mirada.

—¿Estás insinuando que te has saltado el toque de queda, has eludido a los vigilantes, te has arriesgado a encontrar mi habitación y ahora me molestas a las dos de la mañana... por un maldito iPod?

—Oye, no llames maldito a mi iPod, él no te ha hecho nada malo.

—Vale, me da igual. Tienes que irte de aquí. Ahora mismo.

—¡No hasta que esté arreglado!

—Alice, no puedes...

De pronto, él se quedó en silencio.

Demasiado en silencio.

Ella, que estaba agachada mirando detrás de un mueble, se dio la vuelta y se volvió hacia él, que tenía la misma cara que habría puesto de haberle salido otra cabeza.

—¿Qué te pasa?

—¿Qué... qué demonios haces en bragas?

Alice se miró a sí misma. ¿Cuál era el problema? No se le había ocurrido cambiarse de ropa, solo se había puesto unos calcetines de arcoíris para no ir descalza. La camiseta era de color amarillo claro con un arcoíris en medio y las bragas eran rojas con puntitos blancos. Le gustaba mucho esa explosión de colores.

A lo mejor Rhett las veía feas y por eso se había enfadado. ¿Debería haberse puesto otras?

—¿Está mal? —preguntó confusa—. Las chicas de mi habitación van así. Pensé que era normal.

—Eh... —Rhett se rascó la nuca, sin saber qué decir—. Um..., no es que esté mal, pero...

—Bueno, ¿cómo arreglo esto?

Ella le tendió el iPod. Rhett suspiró y, tras considerarlo unos segundos, se lo quitó y se acercó al rincón opuesto de la habitación.

—No hay que arreglarlo —aclaró—. Solo cargarlo.

—Pues cárgalo, por favor.

—No es tan fácil. Tardará al menos una hora.

—¿Una hora? —Ella abrió los ojos como platos—. ¡No puedo estar aquí tanto tiempo!

—Sí, de eso me había dado cuenta. Te lo daré mañana.

Pero Alice se quedó allí plantada, mirándolo. Rhett enarcó una ceja al ver que no se movía.

—¿Y ahora qué te pasa?

—No puedo dormir sin música —protestó.

—Bueno, pues vas a tener que hacerlo por una noche.

—Pero... —Se interrumpió a sí misma al mirar a su alrededor—. Un momento, ¿por qué tu habitación es tan grande? ¡Si solo es para una persona!

No era tan espaciosa como la suya, pero Rhett estaba solo y ella dormía con otros veinte compañeros. Además, él tenía una cama enorme, con dos almohadas, y otros muebles que no había visto en las habitaciones del alumnado ni por asomo. ¡Incluso tenía una ventana con cortinas! Debía de ser agradable que no te diera el sol en toda la cara cada mañana. O no escuchar ronquidos, voces, risas y gente paseándose hacia el cuarto de baño en medio de la noche.

—Cuando dejes de ser una novata, ya tendrás tiempo de preocuparte de esto.

—Ya no soy una novata, ahora estoy en el grupo de avanzados.

—Esta mañana no lo decías con tanto orgullo.

—La única ventaja que tiene el hecho de que esté en el grupo de avanzados es que no puedas llamarme novata.

Rhett estaba agachado, conectando el iPod a un enchufe en la pared. A Alice le pareció que sonreía un poco, pero con él nunca era fácil saberlo.

—Cuando yo deje de ser alumna, tendré una casa con una habitación solo para mí —dijo ella alegremente, recordando lo que le había contado Jake—. ¿Te imaginas?

—¿Que si te imagino siendo tan buena como para dejar de ser alumna? La verdad es que no.

—Eres muy malo. —Ella se cruzó de brazos.

—Claro que me lo imagino, algún día pasará. —Rhett puso los ojos en blanco y la miró de reojo—. ¿Tantas ganas tienes de tener una casa para ti?

—Tengo ganas de tener una habitación para mí. Aunque nunca he dormido sola. No sé si me gustaría.

—A lo mejor yo podría dormir contigo para que no te sintieses sola. —No pudo evitar soltar él medio en broma, enarcando las cejas a modo de invitación.

—¿Harías eso por mí? —Ella sonrió, ilusionada—. ¡Eres un gran amigo, Rhett!

Él se quedó mirándola un momento y, para sorpresa de la chica, pareció bastante ofendido, pero no dijo nada más.

—¿Qué es eso? —preguntó Alice curiosa, cambiando de tema.

—La toma de corriente. Y no, no puedes tener una.

Ella frunció el ceño y se paseó por la habitación. Había bastantes cosas, pero no muy ordenadas, a su parecer. En realidad, todavía no se había encontrado a un solo humano organizado. Quizá simplemente no fuera parte de su naturaleza.

Se detuvo ante un objeto extraño. Rhett le explicó que era un televisor. Ah, sí, lo había mencionado el otro día en el coche, ¿no? ¿Cómo cabía ahí tanta gente fingiendo cosas? Si era diminuto.

Lo tocó con un dedo, curiosa, casi como si esperara que sucediera algo. Pero no pasó nada.

—Dijiste que tenía películas —le dijo a Rhett, señalándola—. ¿Dónde están?

Lo vio poner los ojos en blanco de reojo.

—Tienes que ponerlas.

Rhett señaló una estantería llena de cajitas rectangulares decoradas con imágenes.

—¿Eso son películas?

—Sí. Se ponen ahí y luego ya puedes verlas.

Se volvió hacia él como si acabara de descubrirle el mundo entero.

—¿Podemos ver una? —preguntó emocionada.

—¿Ahora? Ni de coña. Quiero irme a dormir.

—Pues duérmete, la veré yo sola.

—No puedo dormirme contigo paseándote... —La señaló, mirándola de arriba abajo— así.

—¿Cómo?

—¿Qué más da? He dicho que no. Ni siquiera deberías estar aquí.

Ella lo miró con el ceño fruncido.

—Eres un aburrido.

Y consiguió justo lo que quería: que Rhett se enfurruñara.

—No soy un aburrido.

—Entonces, ponme una película de esas.

—¿Qué te ha dado con darme órdenes?

—¿Qué te ha dado con decirme a todo que no?

—No puedes quedarte aquí tanto tiempo. ¿Sabes lo que nos harán si nos pillan?

—¿Cuánta gente te suele visitar por la noche?

—Por ahora, tienes el honor de ser la primera.

—Entonces, déjame quedarme un rato. Venga, por favor, no molestaré. No haré ruido. Solo quiero ver cómo son. Solo un ratito. Porfa. Porfa. Po...

—Como vuelvas a decirme «porfa», no te cargo el iPod.

—Vale, yo no lo digo más y tú me pones una película. ¿Trato?

Él pensó un momento, analizándola como si no terminara de fiarse de ella. Finalmente, suspiró.

—Está bien —se resignó—. Escoge una.

Alice se sintió como si acabaran de decirle que podía hacer lo que quisiera. Una oleada de ilusión la invadió y fue dando brincos hacia la estantería.

—¿Puedo elegir cualquiera? —preguntó, repasándolas frenéticamente—. ¿En serio? ¿Cualquiera?

—Sí, cualquiera —murmuró Rhett considerablemente menos entusiasmado.

Ella las repasó todas en tiempo récord. Eran muy distintas. Al final, la que más le llamó la atención fue una que tenía una máscara en la carátula. Se la enseñó a Rhett, que estaba de pie con aspecto de estar replanteándose su vida.

Cuando vio cuál había elegido, esbozó una mueca.

—¿En serio? *¿Quieres ver una peli de miedo y coña?* —Alice asintió—. Mira que eres rara. Incluso con las películas.

—¿No te gusta? ¿La has visto?

—No es de mis favoritas, la verdad.

—Y ¿por qué la tienes?

—Por si alguna vez viene una rarita que quiera ver películas malas a las dos de la mañana.

Alice sonrió ampliamente cuando él le quitó la cinta de las manos y la metió en otro aparato que había debajo del televisor. La pantalla negra parpadeó y Alice dio un paso atrás, aterrada.

—¡Ha hecho algo!

—Sí, se ha encendido. —Rhett la miró, muy serio—. Ten cuidado, podría explotar.

—¡¿QUÉ?!

—¡Cuidado, escóndete, rápido!

Alice estuvo a punto de atrincherarse debajo de la cama, pero se detuvo cuando se dio cuenta de que él estaba sonriendo.

¿Se estaba riendo de ella? Puso los brazos en jarras, muy ofendida.

—¡Lo que acabas de hacer es imperdonable! ¡Te has aprovechado de mi desconocimiento para burlarte de mí!

—Creo que lo superarás.

—¡Es imperdonable! —repitió.

—Siéntate, anda. —Rhett negó con la cabeza—. No va a explotar, era broma.

Alice le dedicó una última mirada molesta antes de mirar a su alrededor y optar por sentarse de piernas cruzadas a los pies de la cama. ¡Incluso el colchón era más cómodo que el suyo! Qué injusto era todo.

—No entiendo cómo estás tan amargado teniendo tantos lujos —murmuró.

—Fingiré que no he escuchado eso.

—Me encanta tu cama —le dijo Alice alegre y saltando suavemente sobre esta, haciendo que el colchón rebotara con el peso.

Rhett se quedó mirándola un momento antes de cerrar los ojos, negar con la cabeza e intentar centrarse en lo que hacía, cosa que Alice no entendió.

Al final, él se sentó en la alfombra, con la espalda apoyada junto a las piernas de Alice. Unas letras inundaron la pantalla y ella se quedó mirándola con atención.

—¿Qué hace esa chica? —preguntó confusa.

En realidad, hacía preguntas cada diez segundos. Le sorprendía que Rhett todavía no la hubiera echado.

—Hablar por teléfono —aclaró él.

—¿Qué es un teléfono?

—Lo que te habría pedido si nos hubiéramos conocido en otras circunstancias.

—¿Eh?

—Sirve para hablar con gente a distancia.

—Ooooooh. ¿Y ahora qué hace?

—Correr.

—¿Por qu...?

—Mira la película en silencio o te echo.

—Pero ¡el silencio no es divertido!

Rhett le dedicó una mirada molesta y ella se apresuró a callarse y a centrarse en la película.

Pero, claro, el silencio no duró mucho.

—¿Por qué nadie mata a ese? —preguntó, sacudiendo el hombro de Rhett, que parecía llorar por dentro—. ¡Dile que pare!

—No pued...

—Ya no me gusta su máscara. Es de cobarde. ¡Debería enseñar la cara!

—Es una película, no le busques el sentido.

—Si no tiene sentido, ¿por qué la vemos?

—Porque tú no puedes dormirte. —La miró con mala cara—. ¿Quieres callarte? No oigo nada.

Ella se calló. Al menos, otros cinco minutos más, después empezó a enfadarse por los sustos que daba la película y porque ninguna de las víctimas supiera defenderse del enmascarado.

Llevaban solo treinta minutos cuando señaló a un chico que iba siempre con la protagonista.

—Ese es el enmascarado —aseguró.

Rhett la miró con las cejas enarcadas.

—¿Cómo lo sabes?

—Instinto, supongo.

—Pues... enhorabuena, acabas de pillar a uno de los asesinos.

—¿Lo es? —Sonrió ampliamente—. Bueno, podemos avisarla.

—Alice —replicó él lentamente—. Ella es solo una actriz, y todo eso es ficción.

—Me gusta que me llames por mi nombre —comentó ella alegremente.

Rhett pareció un poco más tenso después de esa frase.

—¿Quieres que vuelva a llamarte principiante?

—No.

—Pues a callar.

—Vale.

—Eso es decir algo.

—Perdón.

Él suspiró, fastidiado.

Y pareció más cabreado aún cuando ella volvió a señalar la pantalla.

—¿Por qué juntan sus bocas todo el tiempo?

Rhett se quedó un momento muy quieto, después la miró.

—¿Eh?

—¿Por qué lo hacen?

—¿Besarse?

—¿Se llama así?

—Lo hace... la gente que se gusta, supongo.

—Es inútil e innecesario.

—Eso lo dices porque no lo has probado —murmuró él.

—Y ¿qué significa exactamente que te guste alguien? ¿Es como... si te cae bien?

Él se rascó la nuca, incómodo.

—No. A ver, gustarse es como... mmm... —Parecía incómodo, lo que incrementó la curiosidad de Alice—. Cuando sientes atracción por otra persona, supongo.

—¿Y eso de besarse es para demostrarse que se gustan?

—Sí, supongo.

—¿Si me gustaras debería besarte?

—...

—¿Rhett?

—Si quisieras, sí.

—¿Y el sexo?

Él abrió los ojos como platos.

—¿Qué...?

—En mi antigua zona nadie hablaba de eso —le explicó.

—¿Y qué demonios te hace pensar que puedes hablarlo conmigo?

—Me gustas mucho.

Él se quedó de piedra. Alice sonrió.

—Me entretiene estar contigo —añadió.

—Ah —carraspeó—. Bueno, de todas formas, no podemos...

—¿Tú podrías explicarme en qué consiste exactamente lo del sexo?

—Vale, se acabó la conversación.

Se puso de pie y apagó la pantallita, que pasó a ser completamente negra. Alice hizo un mohín.

—¡No, espera, quiero saberlo!

—¿Y a mí qué me cuentas? Pregúntaselo a cualquier otro.

—Es que contigo tengo más confianza.

—Pues qué alegría.

—¿Por qué no quieres hablar de ello?

—Porque no.

—Yo creía... Bueno, creía que el sexo era un tema bastante común, en realidad.

—Pero hablarlo no es... —La miró con curiosidad—. ¿Cómo puedes no tener ni idea del tema? ¿Tú nunca...?

—¿Yo nunca, qué?

—Bueno, es imposible que nunca hayas visto u oído nada.

—Ya te dije que en mi zona nadie se tocaba a no ser que fuera estrictamente necesario.

—¿Y jamás has tenido la tentación de besar a alguien? ¿En serio?

—¿Eso de juntar las bocas?

—Sí, eso.

—No. —Frunció el ceño. La idea parecía una locura—. Mi padre no lo habría permitido jamás.

—No te estoy preguntando por tu padre, te estoy preguntando por ti.

Ella lo consideró un momento.

—No he tenido la oportunidad de probarlo. Nunca he permanecido en la misma habitación con otra persona, a solas —dijo al final, mirándolo con una sonrisa—. Eres el primero.

Rhett no pareció muy relajado. De hecho, se sentó un poco más lejos de ella.

—Es un honor —carraspeó.

—¿No has dicho que solo se hace con la gente que te atrae? A mí nunca me ha atraído nadie.

—¿En serio?

—Ni siquiera sé muy bien qué se siente cuando te pasa eso.

Rhett se quedó pensativo un momento.

—Bueno..., te aseguro que cuando te pase, lo sabrás.

Se quedaron mirándose unos segundos en los que la habitación se llenó de silencio y Alice empezó a notar una extraña sensación de nervios invadiéndole el cuerpo. Jugueteó de nuevo con sus dedos, mirándolo con curiosidad.

—¿Tú has besado alguna vez a alguien?

Él abrió la boca y la volvió a cerrar, como si dudara sobre qué responder. Al final, se limitó a asentir.

—¿Y cómo fue? —preguntó curiosa.

—Vale, esto se está volviendo muy incómodo.

—Venga, no me des la información a medias, es injusto. ¿Cómo fue tu primer beso?

—Pues... fue algo raro —murmuró—. Yo tenía doce años y ella, catorce. Se chocó con mis dientes. Dolió bastante.

Alice se llevó una mano a la boca inconscientemente, casi analizando cómo se besaba sin que los dientes chocaran.

Pero ¿a ella qué le importaba? Ni siquiera iba a besar a nadie jamás.

—¿La edad influye en esas cosas? —preguntó.

—Más o menos. ¿Por qué estamos hablando de esto?

—¿Te has besado con más personas?

Él suspiró.

—Solo con otra.

—¿Y sentías atracción por las dos?

—Eeeh... No me acuerdo, la verdad.

—¿Has tenido sexo?

—Vale, se acabó. —Levantó una mano cuando ella abrió la boca de nuevo—. Vete ya a tu habitación.

Alice hizo una mueca.

—Pero ¡el iPod...!

—Me da igual. A dormir ahora mismo.

—Está bien..., pero, antes, respóndeme a lo último.

—¿Qué es lo último?

—¿Alguna vez has tenido sexo?

Rhett la miró unos instantes.

—¿Por qué demonios tienes tanta curiosidad?

—Soy muy curiosa.

—No, eres muy pesada.

—¿Eso es un sí o un no?

Él suspiró. Alice levantó las cejas, intrigada.

—Sí —dijo él, finalmente.

—Y... ¿cómo fue?

—Eso no es asunto tuyo. —Señaló la puerta—. Largo de aquí, y más te vale que nadie te vea.

—Pero...

Por la mirada que le echó, ella supo que ya había tentado demasiado su paciencia, así que decidió escabullirse rápidamente.

14

LAS IMPERFECCIONES QUE LO HACÍAN ÚNICO

En cuanto chocó contra el suelo, se escuchó un ruido sordo seguido de un silencio que no se rompió hasta que Alice soltó todo el aire que estaba reteniendo, frustrada. Se quedó mirando el cielo un momento mientras Rhett se cruzaba de brazos, de pie a su lado.

—Llevas un mes con clases extra, aprendiendo golpes y defensa básica... y sigues sin saber pelear.

Desde el suelo, Alice lo miró, molesta.

—No sé si pretendías animarme, pero no lo has conseguido.

—Solo exponía hechos.

—No me gustan tus hechos —masculló malhumorada. Rhett sonrió.

—Teniendo en cuenta que no golpeas demasiado fuerte, deberíamos centrarnos más en mejorar tu forma de esquivar.

—¿Y me lo dice el profesor que se supone que debería enseñármelo?

—Cada vez que me llamas profesor haces que me sienta como si tuviera cincuenta años.

Él puso una mueca mientras le ofrecía la mano. Alice la

aceptó y prácticamente salió volando, como siempre, cuando la ayudó a levantarse.

—¿Por qué dices eso?

—Porque casi todos mis profesores tenían esa edad.

—¿Y no te gustaban?

—No demasiado. —La miró con curiosidad—. ¿Y tú, fuiste al instituto? Bueno, creo que eres demasiado joven como para haber ido. ¿Cuántos años tienes?

—Eeeh... —¿Qué edad había acordado con Jake?—. Diecinueve. ¿Y tú?

—Veinticinco. —Rhett pareció calcular, pero eso no le impidió empezar a luchar de nuevo con ella—. Pues no tuviste tiempo. Tienes suerte. Yo lo odiaba y solo fui dos años.

—¿Tan malo era?—respondió, evitando un derechazo.

—Bueno, la gente no estaba mal. Mi problema era que suspendía casi todo. —Sonrió un poco, ajustándose un guante inconscientemente—. No me gustaba demasiado estudiar.

—Pues a mí me pareces listo.

—Eso será porque no me has visto intentando resolver ecuaciones.

—¿Ecuaciones?

—Dios, quiero vivir en tu mundo.

Alice vio la patada llegar, pero, al intentar esquivarla, se tropezó con sus propios pies y cayó de culo al suelo. Hizo una mueca de dolor.

—Eso ha sido muy profesional. —Rhett negó con la cabeza.

—Yo... —Alice enrojeció—. Es culpa tuya. Deberías enseñarme mejor.

—Y tú deberías aprender mejor.

—¡Es imposible que sepa por dónde vas a golpearme!

—No, no es imposible. En absoluto.

Ella se puso de pie con dificultad.

—Siempre hay algún gesto, por pequeño que sea —explicó Rhett, esquivando con facilidad una patada—, que te revela cuál va a ser el siguiente movimiento de tu oponente.

—Y ¿cómo tengo que...?

Vio un puño pasar por delante de su pecho. Rhett no la golpeaba directamente, solo la hacía caer o cosas así, pero era igual o aún más frustrante.

Bueno, no. Era definitivamente más frustrante. Le daba a entender que podría lanzarla por los aires si quisiera, solo que decidía no hacerlo. Y hacía que Alice se sintiera muy pequeñita y debilucha.

—No te distraigas —repitió él.

—Lo siento —dijo ella molesta.

—No te disculpes conmigo, no sería yo el que tendría un ojo morado si esto fuera una pelea real.

Alice aprovechó el momento en el que hablaba para lanzar también un puñetazo. Él se movió rápidamente y atrapó el puño con la mano, haciendo que la de ella pareciera ridículamente pequeña en comparación.

—Has movido el hombro y la cadera antes de intentar golpearme —le dijo, sin soltarla—. Y has mirado la zona en la que querías acertar justo antes de hacerlo.

Alice intentó recuperar su mano, pero Rhett tiró de ella. Alice, enfadada, intentó lanzarle un puñetazo con la otra. De nuevo, la esquivó con tanta facilidad que se sintió ridícula.

Alice intentó soltarse, malhumorada, pero solo consiguió que tirara aún más de ella.

—Déjame —exigió.

—¿Por qué iba a hacer eso?

—¡Que te apartes!

—Apártame tú. —Él sonrió ampliamente—. Si puedes, claro. Considéralo parte del entrenamiento.

Alice intentó sacudirse, patearlo e incluso darle un mordisco, pero fue inútil. Sin saber cómo, terminó sobre su hombro con la cabeza colgando boca abajo. Soltó un gruñido de frustración, mirando el suelo mientras sentía que los hombros de él se sacudían porque se estaba riendo abiertamente.

—Tenemos que mejorar esas defensas —recalcó él divertido.

—Pues defiéndete de esto.

Alice, harta, empezó a zarandearse violentamente. Y consiguió justo lo que quería: que ambos cayeran al suelo.

Se apartó de Rhett y se puso de pie, enfadada. Él seguía con la sonrisa divertida en los labios cuando se sacudió la hierba de los pantalones.

—Eres muy mala perdedora, ¿lo sabías?

—Te odio —masculló resentida.

—Espera, que voy a ponerme a llorar.

—No llores. —Alice abrió mucho los ojos—. ¡No lo decía en serio!

Rhett puso los ojos en blanco.

Aprovechando el momento de distracción, Alice intentó lanzarse sobre él, pero la esquivó tan rápido que terminó en el suelo por tercera vez consecutiva.

—Nunca aprenderás —replicó él, sonriendo.

—No hace gracia. Duele.

Alice volvió a incorporarse, enfadada, y se dio cuenta de que Rhett la estaba mirando con extrañeza.

—¿Qué? —preguntó—. ¿Vas a volver a lanzarme al suelo? Inténtalo y te daré una patada.

Rhett tardó unos segundos, pero finalmente se puso en posición de defensa otra vez. Sin embargo, Alice no lo hizo al ver que la mirada de él se desviaba por encima de su cabeza y ponía una mueca, confuso.

Y al verlo distraído, Alice aprovechó la oportunidad para darle un fuerte puñetazo en el brazo.

Lo peor no fue que el puño empezara a dolerle, sino que Rhett se limitó a enarcar una ceja mirando hacia ella, poco afectado.

—Supongo que eso habría dolido si hubieras tenido un poco de fuerza.

—Algún día la tendré. ¡Y ese día te arrepentirás de haberte burlado de mí!

—Por lo que veo, ese día está muy lejos.

—¡Aaaaalice!

Ella se volvió, sorprendida, y vio a Jake acercarse corriendo hacia ellos. Así que era él quien había distraído a Rhett. Le debía una.

—Max me envía a buscarte —aclaró, mirándolos a ambos con los ojos entrecerrados y de manera pícara.

—¿A mí? ¿Max? ¿Estás seguro?

—Sí. Dijo que... —Miró a Rhett de reojo, que frunció el ceño— fueras sola.

Alice supuso que esas no eran las palabras exactas que Max había utilizado, sino otras más ofensivas. Rhett también debió de imaginarlo, pero se limitó a resoplar.

—Entonces, supongo que no puedo negarme —murmuró ella.

La chica miró de nuevo al guardián, cuyo buen humor se había evaporado y, en ese momento, se disponía a recoger las cosas para llevarlas a la sala de tiro. En cuanto desapareció, a Alice no le quedó más remedio que marcharse con Jake.

—¿Esto es lo que hacéis cada día a la hora de comer? —preguntó su amigo con curiosidad.

—Sí, dejar que me pateen.

—Has mejorado, créeme. Ya estás en los avanzados.

—Sí, pero eso no quiere decir que sea buena en las peleas cuerpo a cuerpo. Además, me lo pasaba mejor en vuestra habitación.

—Nosotros también te echamos de menos. Incluso Trisha dijo ayer que se le hacía raro no tener a quién patear el trasero.

Alice sonrió un poco. Parecía que había estado toda una vida con los avanzados, cuando en realidad llevaba con ellos apenas ¿un par de semanas? ¿Tres? Quizá había perdido la noción del tiempo por las palizas que se pegaba cada día en ese maldito circuito.

Subieron al despacho de Max, que estaba limpiando un revólver con una calma extraña. No levantó la vista cuando Alice, tras llamar, abrió la puerta. Jake se quedó fuera, esperando. Ella cerró y, tras unos segundos de silencio incómodo, decidió sentarse.

—Jake dijo que querías verme —murmuró cuando el silencio se hizo, si es que era posible, todavía más incómodo.

—Así es. —Él levantó una pieza y la sopló, antes de volver a frotarla con un trapo—. Necesito un tirador en la próxima salida.

—¿Un... tirador?

—Alguien que nos cubra las espaldas cuando vayamos a buscar provisiones y medicinas —aclaró, mirándola—. No es muy complicado, pero prepárate y entrena bastante. Estás en periodo de prueba.

Alice se dio cuenta de que no lo había preguntado, sino que lo exigía. Es decir, que no podía negarse.

—Está bien —dijo, no muy convencida.

—Suelen ser las salidas más fáciles, así que de vez en cuando nos llevamos a algún novato para que se acostumbre —murmuró—. Creo que estás preparada.

Bueno, ya no era una principiante. Solo una novata. ¿Eso era mejor o peor?

—Pronto te confirmaré la fecha. Deberás estar a las seis en punto en la zona de los coches —siguió Max, centrado en sus cosas—. Si llegas un minuto tarde, nos iremos sin ti. Encontrarás un uniforme sobre la cama el día anterior.

Cuando pasaron unos segundos de silencio, la miró con los ojos entrecerrados.

—Ya puedes marcharte.

—¿Ya está? ¿Eso era todo?

Max entrecerró aún más los ojos y, asustada, Alice se apresuró a salir del despacho. Jake estaba apoyado en la pared del pasillo. La miró con curiosidad.

—Quiere que vaya con él a buscar provisiones y medicinas —murmuró ella confusa.

—¿Te ha hecho exploradora? —Jake abrió la boca, sorprendido—. Pero ¡eso es genial!

—¿Lo es?

—¡Claro! Podrás salir siempre que quieras y tener todas las armas que te apetezca. Incluso puede que te den una casa, aunque para eso tienen que hacerte exploradora oficial.

—¿En serio?

—¡Sí! Todo el mundo quiere ser explorador. Más te vale impresionar a Max para que te acepte.

—Entonces, si me hiciera exploradora, ¿no tendría que volver a las clases de Deane?

—No, pero... bueno, no es muy fácil impresionar a Max. Ese es el problema.

Ella hizo una mueca de disgusto. Esa noticia no la animó tanto como la primera.

Jake todavía tenía dos horas libres antes de su siguiente entrenamiento, pero ella debía ir ya al campo de tiro, así que se despidieron y se marcharon por caminos opuestos. La mayoría de los alumnos ya estaban en clase, por lo que nadie se fijó demasiado en ella cuando llegó la última.

Tom, el amigo de Shana, también estaba allí, observando a Rhett. El instructor estaba enseñándoles a cargar una escopeta, pero Alice tenía la cabeza ocupada en otras cosas, como en el hecho de que había conseguido llegar hasta prácticamente lo más alto de todo lo que el entrenamiento conllevaba sin siquiera quererlo.

Y siendo una androide.

¿No se suponía que los androides no estaban programados para esas cosas? ¿No debería ser peor que los demás?

—¿Entendido? —La voz de Rhett la devolvió a la realidad.

De nuevo, había explicado cosas que ella ya había aprendido, así que asintió con la cabeza junto a los demás.

Cuando terminaron la clase, se dirigió directamente a las habitaciones, pero por el camino le pareció ver algo por el rabillo del ojo. Cerca de la casa abandonada, había un grupo de avanzados que compartían habitación con ella. Todos le resultaban familiares.

Shana se encontraba entre ellos, y parecía estar discutiendo con un chico rubio, alto y tan musculoso que parecía un tronco de árbol grueso. Kenneth. El que la había enviado al hospital. ¿Cómo podían dejar que esos dos pelearan entre sí? Se imaginó a sí misma luchando contra él y un escalofrío le recorrió la espalda. Podría convertirla en puré tan fácilmente que daba miedo.

Alice no pudo evitar acercarse cuando vio que Tom también lo hacía.

—Eso ha sido trampa y lo sabes —le dijo Shana en ese momento—. Que Deane te tenga mimado no significa que puedas hacer lo que te dé la gana, Kenneth.

—Creo que, precisamente, significa eso.

—Eres un imbécil. —Shana intentó encarársele, pero Tom la detuvo.

Alice, que se había acercado, prefirió mantenerse al margen. No serviría de mucho si se ponían a pelear.

Pero entonces, Kenneth levantó la cabeza y clavó la vista en ella.

Por un momento, le pareció que la miraba con odio, pero

después cambió por algo que no supo reconocer. A Alice le recordó a un animal viendo a su presa por primera vez, justo antes de cazarla. De hecho, incluso se acercó a ella andando de una forma extraña. Casi pavoneándose.

—¿No vas a presentarme oficialmente a la nueva?

—Olvídate de ella —le dijo Shana, separándose de Tom—. No está interesada en idiotas.

—Yo soy Kenneth, aunque eso ya lo sabes —se presentó él igualmente, de modo soberbio, tendiéndole una mano a Alice.

Ella la aceptó, algo confundida, y su confusión aumentó cuando él tiró de su brazo hasta acercarla y darle un beso en la mejilla. Alice dio un traspié y soltó su mano de golpe, asustada y alarmada.

Nunca la habían besado. Ni en la mejilla, ni en la mano, ni en ninguna parte. ¡Y no quería que él fuera el primero!

Sus mejillas enrojecieron cuando, inevitablemente, la mirada burlona de Rhett le vino a la cabeza. ¿Por qué demonios estaba pensando ahora en él?

Kenneth se aclaró la garganta, como si supiera que no le prestaba toda la atención que creía que merecía y quisiera recuperarla.

—Y tú eres Alice, ¿eh? Precioso nombre —dio un paso hacia ella— para una chica preciosa.

—Madre mía. —Shana hizo como si fuera a vomitar.

—¿Por qué no te quedas un rato con nosotros? Seguro que te lo pasarás mejor que con estos dos muermos.

—Eeeh...

—Kenneth, déjala en paz. —Tom hizo un gesto a Alice para que los siguiera.

—Tú cállate. —Kenneth volvió a centrarse en la chica—. Vamos, no seas aburrida, ven con nosotros. Te lo pasarás bien. Me aseguraré de ello.

Definitivamente, no quería ir con él a ningún lado.

—No, gracias. Tengo que... hacer cosas.

—¿Cosas? —repitió Kenneth un poco desconcertado.

—Ignorarte, por ejemplo —sugirió Shana, agarrándola del brazo—. Ven, Alice. No dejes que te moleste.

Los tres se alejaron del grupo y Alice echó una última ojeada a Kenneth, que le sonrió ampliamente. No fue una sonrisa que a ella le gustara.

—Qué chico más... raro —comentó.

—Se cree el amo del mundo. —Tom puso los ojos en blanco.

* * *

La siguiente semana pasó muy deprisa.

Estuvo menos tiempo con Rhett, quien, junto con el resto de los guardianes, preparaba las pruebas de los principiantes. Alice, aunque recuperó sus dos comidas diarias, se sentía un poco vacía sin sus entrenamientos personales.

Pero, al menos, con la excusa del iPod, podía ir a verlo por las noches. De hecho, él ya prácticamente la esperaba con una película preparada.

Cada vez se sentía mejor cuando pasaba tiempo con él. Nunca quería irse de su habitación. Podía pasar horas allí dentro y le seguían pareciendo pocas.

Era un sentimiento completamente nuevo para ella, y no sabía por qué, pero se sentía incómoda cuando pensaba en decírselo a Jake o a los demás, así que un día que tuvo que ir a ver a Tina aprovechó para comentárselo a ella.

Ya habían empezado las peleas de entrenamiento con Deane y a Alice le habían dado un puñetazo en el labio que, en esos momentos, ella presionaba con un paño con hielo.

Tina, por su parte, la miraba algo sorprendida después de que se lo contara todo.

—Bueno, cielo —parecía que le resultaba un poco complicado encontrar las palabras adecuadas—, ¿nunca te habías sentido así con nadie?

—No, nunca.

Le gustaba pasar tiempo con Jake y los demás, pero no, no era lo mismo.

—Pues... deberías olvidarte de eso. —Tina frunció el ceño—. Y no decírselo a nadie más.

—¿Por qué no? ¿Es algo malo?

—No, el sentimiento en sí no es malo, pero... simplemente no se lo digas a nadie.

—¿Por qué no? —repitió.

—Porque es tu instructor y esa es toda la relación que deberías tener con él. Además, es mayor que tú. —Tina suspiró—. Alice, si alguien se entera de esto..., podrías meterte en un problema. Y a él también. Déjalo estar. Dentro de unos meses quizá te hagan exploradora oficial y dejes de ser su alumna. Quizá, entonces podamos volver a hablarlo.

—Pero ¿los humanos no pueden tener sentimientos por personas mayores que ellos?

—Deberías dejar de referirte a los humanos como si no formaras parte de ellos, querida. Se supone que eres una más.

—Lo siento. A veces se me olvida.

—Si te consuela, cada vez te adaptas mejor. —Ella le dedicó una pequeña sonrisa—. Pero eso no quiere decir que lo de Rhett esté bien, así que lo mejor es que te olvides del tema.

—No quiero olvidarme del tema —protestó.

—No es cuestión de lo que quieras, sino de responsabilidad. Y se acabó.

Tina no quiso volver a hablar de ello y Alice tuvo la sensación de estar todavía más confundida.

Esa noche, mientras cenaba con Jake y los demás en la

cafetería, miró de reojo hacia la mesa de los instructores. Deane y el guardián al que apenas conocía, Geo, estaban enfrascados en una conversación que parecía bastante aburrida. Tina y Max, en otra, y él parecía considerablemente menos tenebroso hablando con ella que con el resto del mundo.

Rhett, por otro lado, comía con aire distraído, mirando a su alrededor como si su cabeza estuviera en otra parte. Alice se encontró a sí misma observándolo mucho más tiempo del estrictamente necesario sin poder evitarlo, removiendo la comida con la cuchara, completamente absorta.

Sin embargo, se distrajo cuando captó un movimiento por el rabillo del ojo. Kenneth se acercaba directamente a ella.

Ay, no.

Había intentado pasar demasiado tiempo con ella esos días. Tanto, que empezaba a agobiarla. Alice no estaba segura de qué era lo que quería el chico, pero estaba convencida de que a ella no le iba a interesar.

—Hola, Alice —la saludó con una amplia sonrisa, sentándose con el brazo apoyado en el respaldo de su silla.

Jake, al que había apartado para sentarse, le frunció el ceño a su espalda, muy ofendido.

—Hola —le dijo ella con la boca llena de puré, sin mirarlo.

Estaba un poco molesta porque le tapaba la visión y no podía ver a Rhett.

—¿Qué tal? —preguntó Kenneth.

—Bien.

—Me alegro.

—Ajá.

Silencio incómodo.

Él lo interrumpió al cabo de unos segundos, inclinándose hacia ella.

—¿Qué haces después de cenar?

—Dormir.

Trisha empezó a reírse entre dientes. Dean y Saud se burlaban de Kenneth disimuladamente, pero él los ignoró completamente, mirando a Alice.

—¿Te apetece ir a dar una vuelta conmigo?

—No podemos ir a dar vueltas después de cenar.

—¿Y qué?

—Pues que no le apetece ir a dar una vuelta después de cenar —aclaró Jake, agitando su cuchara—. ¡Déjala tranquila!

—¿Y si vengo a verte a tu cama? —sugirió Kenneth directamente.

Trisha dejó de comer. Dean y Saud intercambiaron una mirada. Jake volvió a sacudir la cuchara, indignado.

—¿A mi cama? —repitió Alice, sorprendida por la reacción de los demás.

—Sí, a tu cama.

—No hace falta.

—Puedo ir aunque no haga falta.

—No me apetece que hoy vengas a mi cama, ¿vale?

—Entonces, mañana. Nos vemos, Alice.

Kenneth sonrió ampliamente antes de marcharse con sus amigos, no sin antes darle un apretón en la rodilla a Alice, que se removió, incómoda.

Los demás integrantes de la mesa la miraban fijamente.

—¿Qué pasa? —preguntó todavía un poco incómoda.

—Nada. —Trisha señaló su comida—. Solo acabas de aceptar que un orangután vaya mañana a tu cama, pero no pasa nada.

—Alice, si intenta algo inapropiado, llámame —le dijo Jake, muy serio, todavía con la cuchara en la mano—. Puedo llegar a ser mortífero con el arma adecuada.

—Sí, dale una bota y conseguirá asesinar a Kenneth —se burló Saud.

Y todos empezaron a reírse menos Alice, que observó con una mueca cómo Deane hablaba de forma bastante insistente a Rhett. Él solo asentía con la cabeza de vez en cuando.

Esa noche, como de costumbre, Alice no podía dormir. Pero tardó un poco más de lo habitual en poder escabullirse porque había viso a una chica dirigirse a las literas del fondo y, en esos momentos, estaba metida bajo las sábanas con el dueño de dicha cama.

Alice los miró disimuladamente y vio que estaban haciendo eso de besarse. Y de forma mucho más intensa que en la película. Casi parecía que quisieran absorberse el uno al otro.

Frunció el ceño cuando vio que el chico agarraba a la chica del culo y la atraía hacia él. Concretamente, la ponía encima de su cuerpo. Hacían ruidos raros. Como si estuvieran atragantándose. ¿Qué demonios hacían? ¿Necesitaban ayuda?

Alice aprovechó el momento para, incómoda, cruzar la habitación e ir de puntillas hacia la puerta. Nadie la vio. Menos mal. Se encaminó mucho más relajada hacia la casa de los instructores con el iPod en la mano.

Rhett abrió la puerta al escuchar sus pasos por el pasillo y la miró con una ceja enarcada cuando entró y le dio el aparato.

—Es curioso que el iPod se te descargue cada día —replicó él, conectándolo a la toma de corriente.

—Es que lo uso mucho. —Alice cerró la puerta a su espalda, todavía algo incómoda por lo de la habitación.

—Y ¿cuándo tienes tiempo para usarlo tanto?

—Tú cárgalo y ya está.

Se acercó al montón de películas y se agachó, buscando una conversación alternativa para no tener que confesar que dejaba el iPod encendido para que se descargara cada día y tener la excusa perfecta para ir a verlo.

Pasó el dedo por encima de los títulos. Ya habían visto

casi la mitad de la cineteca durante aquellas noches. Al final, escogió una que tenía la carátula de un hombre y una mujer muy cerca el uno del otro, con las mejillas pegadas y la mirada perdida en un punto lejano. Le recordó a los de su habitación. Se quedó mirándolos un instante. Se mordió el labio inferior, pensativa.

—¿Qué haces? —preguntó Rhett extrañado, al ver que tardaba tanto.

Alice no respondió, pero notó que él se asomaba por encima de su cabeza para ver la película que había elegido.

—¿*Casablanca*? —preguntó confuso—. ¿Te has levantado romántica o qué?

—Algo así.

Rhett se la quitó y le rozó la mano en el proceso, cosa que hizo que Alice diera un respingo que, menos mal, apenas se notó.

—¿Te encuentras bien? —dijo él.

Alice se aclaró la garganta. De pronto, le parecía que esa habitación era muy pequeña y que él estaba muy cerca. O muy lejos. No estaba segura.

—Un chico y una chica de mi habitación estaban... haciendo cosas raras... cuando he salido.

—¿Cosas raras?

—Él la ha agarrado del... culo. —Hizo una mueca de disgusto—. Y parecía como que se ahogaban.

Y, de pronto, Rhett empezó a reírse. Con ganas. Alice lo miró, molesta.

—¿Qué te hace tanta gracia?

—Alice, eso es sexo —aclaró divertido—. Te aseguro que cuando eres tú quien está haciéndolo no parece taaan raro.

—Pero... en la película era distinto.

—Bueno, las películas son muy poco realistas en ese aspecto —le aseguró divertido.

Se dejó caer en la cama al lado de Rhett, con los pies descalzos colgando, y lo miró de reojo. Él estaba concentrado poniendo la película, así que no se dio cuenta.

Recorrió su cicatriz con la mirada, como había hecho miles de veces, y volvió a preguntarse cómo se la habría hecho. Pero no se atrevía a verbalizarlo.

—¿Conoces a Kenneth? —preguntó Alice súbitamente.

Él frunció el ceño sin levantar la mirada.

—Sí, me suena... Pero no ha sido alumno mío.

—Es un chico del grupo de avanzados.

—Ajá —asintió Rhett, dejando escapar un bostezo.

—Creo que quiere tener sexo conmigo.

A Rhett se le cortó el bostezo al instante y la miró, olvidándose por completo de la película, cuyos créditos iniciales ya aparecían en la pantalla.

Alice notó que sus mejillas empezaban a calentarse. No esperaba una reacción tan repentina.

—¿Eh? ¿Sexo?

—Bueno..., no estoy segura —aclaró ella—. Eso dice Trisha.

—¿Qué...? —Él se tomó un momento para inspirar profundamente, y después volvió a clavar la mirada en ella—. ¿Qué te hace pensar eso?

—Hace unos días que no deja de buscar excusas para hablarme. Jake dice que intenta ligar conmigo, pero... no estoy muy segura de qué significa eso.

—¿Y qué más? —preguntó él, que de pronto parecía especialmente interesado en la conversación.

—Hoy ha venido a la hora de cenar y me ha preguntado si quería ir a dar una vuelta con él más tarde. Le he dicho que no.

—Bien hecho.

—Así que me ha preguntado si quería que me visitara en la cama esta noche.

—¿Que te ha preguntado si...? —repitió él, frunciendo cada vez más el ceño—. ¿Y qué le has dicho?

—Que no.

—Ah —pareció calmarse.

—Así que lo hará mañana.

—¡¿Qué?!

—¿Crees que quiere eso? ¿Sexo?

Rhett se quedó mirándola fijamente unos segundos en silencio, asimilando la situación. Alice no sabía si había hecho del todo bien contándoselo.

—¿Le has dicho que sí? —preguntó Rhett de pronto, y ella no entendió su expresión.

—No se ha molestado en preguntar. Ha dicho directamente que vendría.

—Menudo gilipollas.

—¿Vas a responderme ya?

—¿Responder a qué?

—¿Crees que quiere sexo?

—¿Por qué? ¿Tú sí quieres?

—No sé si quiero, nunca lo he probado.

—Me refiero a si quieres probarlo con él.

—No. —Miró sus manos—. Con él no.

Hubo un momento de silencio. Rhett carraspeó.

—Bien.

—¿He hecho bien en contártelo? No sabía a quién decírselo.

—Has hecho muy bien —afirmó él, frunciendo el ceño de nuevo—. Y ¿qué vas a hacer? ¿Decirle a Jake que lo vigile?

Rhett la miró con mala cara cuando ella se rio, así que Alice dejó de hacerlo enseguida. La película ya había empezado y ninguno de los dos le prestaba atención. Ambos parecían centrados en sus propios pensamientos. Al final, Rhett suspiró y la quitó antes de dejarse caer en la cama.

Alice, claro, se dejó caer a su lado y lo miró de reojo.

—¿Puedo preguntarte algo?

Rhett siguió mirando el techo, pensativo.

—Siempre me haces esa pregunta como si tuviera alternativa.

—¿Eso es que puedo preguntarte o que no?

—Pregúntame lo que quieras, Alice.

—¿Por qué siempre usas guantes?

Vaya, eso pareció sorprenderlo.

La verdad es que nunca los llevaba cuando estaban solos, en su habitación, pero por algún motivo Alice había decidido respetar lo que fuera que no quería enseñar y nunca le miraba las manos. Y eso que la tentación era grande.

Pareció que él pensaba en algo antes de tragar saliva.

—No me gusta que me vean las manos.

—¿Por qué no?

—Porque a la gente no suelen gustarles.

—Seguro que a mí sí.

Él negó con la cabeza.

—No lo creo —dijo, finalmente.

—¿Por qué no dejas que lo decida yo?

Rhett se quedó observándola unos segundos antes de, finalmente, levantar una de sus manos hacia ella.

Alice se quedó mirando el dorso sin comprender nada. Solo era una mano normal y corriente. Pero entonces lo vio. Bajo la piel ligeramente bronceada, había pequeñas marcas de cortes repartidos tanto por el dorso como por la muñeca.

Frunció el ceño y sujetó la mano de Rhett entre las suyas, notando cómo este se ponía tenso cuando ella pasó el pulgar sobre su piel, intrigada.

—¿Son... cicatrices? —preguntó en voz baja, girándola para ver que en la palma también había unas cuantas.

Al pasar el pulgar sobre ellas, la piel era ligeramente más

rugosa. No parecían graves, pero era cierto que eran evidentes a primera vista.

—Sí —murmuró Rhett, observando cómo Alice las inspeccionaba minuciosamente.

—¿Por qué hay tantas?

—Es... es una historia un poco desagradable.

—Mejor. Las agradables son muy aburridas.

Él sonrió, pero le dio la impresión de que su mirada era más bien triste.

—Me obligaron a meter las manos en una caja llena de cuchillos —murmuró al final.

Alice detuvo en seco su inspección y se volvió hacia él, perpleja. Rhett había apartado la mirada.

—¿Quién haría algo así? —preguntó en voz baja, horrorizada.

—Nadie. —Él negó con la cabeza—. Eso no importa. Ahora ya no duele.

—Pero...

—Alice, no insistas.

Quizá con otro tema lo habría intentado un poco más, pero con ese en concreto supo que no estaría bien. Se limitó a volver a pasar el pulgar por encima de la peor cicatriz, la que tenía justo debajo de los nudillos.

—No entiendo por qué no iban a gustarle a la gente —murmuró.

Rhett soltó un resoplido. Sus orejas se enrojecieron.

—Las cicatrices no son bonitas.

—A mí me lo parecen. Y fascinantes. En mi zona todo el mundo era tan perfecto...

—¿Me estás llamando imperfecto?

—Sí. Lo perfecto es aburrido y predecible. Lo imperfecto, en cambio, es único. No deberías avergonzarte de tus imperfecciones, Rhett. A mí me gustan.

Él no dijo nada. Alice soltó su mano y él la puso sobre su propio estómago, respirando hondo. Se quedaron en silencio unos instantes mientras ella lo examinaba con la mirada.

—¿Puedo preguntarte algo más sobre Kenneth?

Rhett cerró los ojos un momento.

—No es precisamente mi tema de conversación favorito.

—¿Eso es un sí?

—Sí, Alice, ¿qué pasa? ¿Te ha dicho algo más?

—No, no es eso. Es que... —Alice ladeó la cabeza, algo curiosa—. ¿Por qué el hecho de que Kenneth diga que va a venir a mi cama tiene que significar que quiere tener sexo conmigo?

—Porque los chicos como él piensan en eso todo el día.

—¿Los chicos como él?

—Los gilipollas, sí.

—No lo conoces tanto.

—He oído lo suficiente sobre él como para formular ciertas teorías.

—Pero... yo vengo a tu cama cada noche y no por eso tenemos sexo. ¿Por qué tengo que tenerlo con él si viene a la mía?

Alice vio que Rhett se quedaba muy quieto un momento, y después se incorporó de golpe.

—Bueno, ya va siendo hora de que vuelvas a tu habitación.

—¡Espera! —Alice puso mala cara mientras él la arrastraba hacia la puerta—. ¿Por qué nunca me respondes a las preguntas más interesantes?

—Porque no. —Él la miró un momento antes de cerrar la puerta, con el ceño fruncido—. Tienes un concepto de «interesante» muy curioso, ¿no crees?

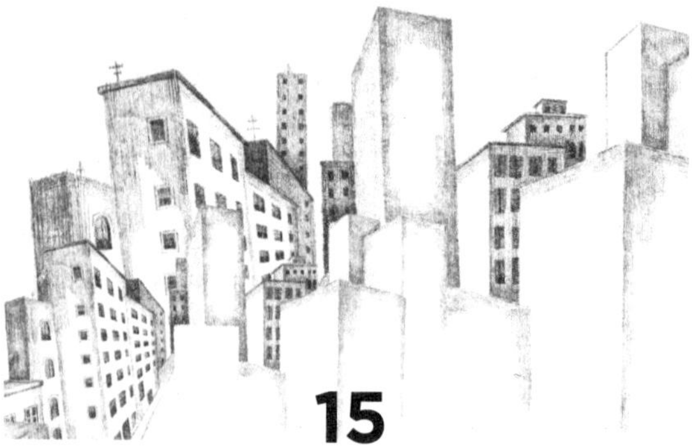

15

LA VERDAD QUE SE QUERÍA ESCONDER

—Eso es trampa. —Trisha señaló a Saud, que le puso mala cara.

—¿Y qué pruebas tienes?

—¿Quieres que te lance la almohada a la cara como prueba, mocoso?

—Recurrir a la violencia cuando no tienes argumentos..., típico de viejas como tú.

Trisha apretó los labios y le lanzó la almohada, entonces Saud hizo exactamente lo mismo. Alice tuvo que apartarse para que no le diera a ella. Cuando esos dos discutían, era mejor esconderse.

—¡He ganado! —exclamó felizmente Jake en medio de la batalla—. ¿Qué teníais vosotros?

Los demás enseñaron sus cartas. Todo el mundo estaba a punto de ganar menos Alice, que tenía cuatro cartas que no tenían nada que ver entre ellas. Puso una mueca de disgusto.

—Nunca aprenderé a jugar a esto.

—Claro que sí —le aseguró Dean—. Es solo cuestión de práctica.

—Lo dudo —insistió Alice desanimada—. Soy nula en esto.

—No solo en esto —le dijo Trisha, y Saud y ella respondieron con una carcajada. Dean y Jake les pusieron mala cara.

—Me encanta tu forma de demostrar tu amistad, Trisha. —Alice negó con la cabeza.

—No debí enseñarte a usar el sarcasmo tan bien —dijo Jake recogiendo las cartas de los demás.

—¿Quién ha dicho que seamos amigas? —Trisha la miró.

—En el fondo, me quieres, aunque solo sea un poco. —Alice se acercó a ella, sonriendo.

—De eso nada.

—Que sí.

—Que n... ¡Ugh! ¡Aparta!

Alice dejó de abrazarla en el instante en que Trisha empezó a revolverse, como si hubiera intentado matarla.

—¿Vais a jugar otra vez? —preguntó Alice desolada, al ver que volvían a repartir.

—Sí, perdedora —murmuró Saud maliciosamente.

—Pues yo voy a aprovechar para darme una ducha —dijo ella de mala gana. No le apetecía aguantar otra derrota segura.

Se le hacía raro tener que bajar la escalera para poder usar el cuarto de baño. Se sentía como si esa todavía fuera su habitación, aunque sus cosas ya no estuvieran ahí.

—Por cierto —Jake la miró—, Tina me ha dicho que vayas a verla después. Necesitaba ayuda con no sé qué.

—¿Hoy? ¡Es mi único día libre! Quería dormir un rato. Y escuchar música. E ir a molestar a Rhett. Un poco de todo.

—La vida es dura. —Trisha se encogió de hombros.

—Ella duerme en una cama que no está tirada en el suelo —murmuró Saud—. Su vida no es tan dura.

Alice bajó la escalera lentamente, distraída. Ese había sido el único día en el que se había podido levantar más tarde de las seis de la mañana en toda una semana y solo porque era domingo. La perspectiva de tener que volver a clase con Deane al día siguiente no la entusiasmaba demasiado.

Deseó poder decir que se encontraba mal y, simplemente, no ir. Aunque, claro, seguro que la instructora mandaría a Kenneth a buscarla. Y esa no era una perspectiva agradable.

Alguien la llamó y la sacó de sus cavilaciones, justo cuando llegaba a su habitación. Al levantar la mirada y encontrarse al pesado de Kenneth, suspiró lastimeramente.

En serio, ¿es que ese chico no se cansaría nunca?

Alice ya no sabía muy bien cómo rechazarlo. Una parte de ella simplemente quería decirle que la dejara en paz, pero la otra, la que seguía siendo tan educada como en su zona, se lo impedía.

—Hola —lo saludó, pasando por su lado rápidamente e intentando librarse de él.

—Espera —Kenneth la agarró del brazo, reteniéndola—, ¿dónde vas?

¿Por qué asumía que era de su incumbencia?

—A ducharme. —Alice retiró su brazo. Seguía sin gustarle que ese chico la tocara tanto.

—¿Ah, sí? —A él se le iluminó la mirada—. ¿Quieres que vaya contigo?

—¿Para qué ibas a venir?

—No lo sé... —Kenneth dio un paso hacia ella, que se encontró con la barandilla de la escalera justo detrás, impidiéndole alejarse—. Para frotarte la espalda.

—No, gracias. Sé hacerlo sola.

Kenneth se rio entre dientes, como si Alice hubiera dicho algo gracioso. ¿Qué le hacía siempre tanta gracia?

Él apoyó ambas manos en la barandilla al lado de las suyas, sin dejar de sonreír. Eso estaba empezando a resultarle incómodo. Se inclinó hacia ella, que se echó tan atrás como su espalda le permitió, intentando no caerse por la escalera en el proceso.

Bueno, en caso de emergencia, Rhett le había enseñado un movimiento para inmovilizar a alguien tras mencionarle lo de Kenneth, así que podría usarlo.

—¿Nos vemos esta noche? —preguntó él.

—¿Esta noche?

—Sí, ayer quedamos, ¿no te acuerdas?

—Ah, sí, esta noche... —Alice miró a su alrededor, incómoda—. Es que... esta noche no puedo.

—¿Y por qué no? —sonó un poco molesto.

—Porque... tengo muchas cosas que hacer.

—Pero si hoy es tu día libre.

—Precisamente por eso. Es mi día libre y no he hecho nada, así que tendré que hacerlo esta noche.

—Y ¿qué es eso tan importante que tienes que hacer?

Alice intentó ocultar su cara de frustración. ¿Por qué preguntaba tanto? ¿No tenía nada mejor que hacer?

Pero le pareció grosero decirlo en voz alta, así que se limitó a clavar un codo en su pecho para alejarlo de ella. Kenneth no se movió.

—Kenneth. —La voz de Tom los interrumpió y Alice suspiró, aliviada—. Vamos, déjala en paz.

—¿Qué es? ¿Tu mascota? —Kenneth se volvió hacia el otro con el ceño fruncido—. Deja que se defienda sola.

Alice aprovechó el momento para escabullirse junto a Tom, que se había cruzado de brazos. En realidad, él la solía defender en casos como ese. Igual que Shana. Y ambos solían ponerse de parte de Alice cuando Deane empezaba a gritarle, cosa que ayudaba bastante a que la pobre chica no se desmoronara. Eran buenos amigos.

—Te ha dejado claro que no quiere nada contigo —intentó explicarle Tom pacíficamente.

—A mí no me ha dicho nada de eso.

—¿Cómo que no? —preguntó Alice incrédula—. ¡Llevo un rato diciéndote que no quiero hacer nada contigo esta noche!

—¡Pero que no quieras nada conmigo esta noche no quiere decir que no lo quieras nunca!

—¡No lo quiero nunca! —insistió ella.

—Eso dices —Kenneth la señaló con una sonrisita—, pero tus ojos me transmiten otra cosa.

—Sí, que te vayas a la mierda —sugirió Tom.

—Tú no te metas en esto. No eres su padre.

Tom, al ver que no iba a ser tan fácil que la dejara en paz, miró a Alice y le señaló el cuarto de baño.

—Ve a ducharte, yo me quedo hablando con nuestro buen amigo.

Alice le dedicó una sonrisa de agradecimiento antes de escabullirse rápidamente a su litera, donde cogió su toalla y la ropa limpia. Al entrar en el cuarto de baño, dejó sus cosas en uno de los bancos y comprobó las duchas. No parecía haber nadie allí dentro. No, no había nadie. Aunque no fuera su horario habitual, podía ducharse sin miedo.

Se desvistió rápidamente y se metió en una de las cabinas. El agua no salía demasiado caliente, pero era más que suficiente para ella, que estaba acostumbrada al agua gélida de los baños de los principiantes.

Se pasó un rato bajo el chorro tibio, quitándose el barro que, por mucho que limpiara cada día, parecía ser perenne, y se fijó en que su cuerpo parecía más tonificado, más delgado y fuerte. De hecho, su abdomen estaba algo duro. Lo recordaba más blandito. Sonrió un poco, pero la sonrisa se fue cuando siguió su inspección y vio la cicatriz del brazo.

No se veía mucho, pero recordaba lo mucho que había insistido su padre en que su piel fuera perfecta. Bueno, en que ella entera fuera perfecta. Si viera aquello, no estaba muy segura de cómo reaccionaría.

Al pensar en el padre John, pasó un dedo sobre el 4 del 43, y le vino el recuerdo de la última conversación que había tenido con él. ¿Por qué sabía lo que iba a suceder? ¿Por qué no se había escapado él también? Si lo hubiera hecho, quizá ahora no estaría...

Notó que le empezaban a escocer los ojos cuando recordó a su padre sonriendo, caminando por su despacho, haciéndole análisis, preguntándole cómo estaba, paseando con ella por los jardines de la zona, cosa que sabía que Alice adoraba aunque técnicamente no estuviera permitido. Lo echaba de menos.

¿Qué diría si la viese ahora? ¿Qué habría hecho de haber estado en su lugar? ¿Estaría orgulloso de ella? ¿Habría preferido que se alejara de los humanos?

Le había dicho que se marchara de su antigua zona, pero ¿se refería a esto? Él no quería que estuviera con los rebeldes porque eran peligrosos, pero ¿realmente lo eran? No se habían portado mal con ella. De hecho, la habían protegido de Giulia. Alice recordó el momento en que había querido escapar, todo el tiempo que había pensado en huir. Ahora, la perspectiva de marcharse la aterraba.

No quería alejarse de Jake, Trisha, Dean, Saud, Tina o Rhett.

Era como si hubiera perdido a su familia y el universo, de alguna forma, le hubiera dado otra. No iba a renunciar a ella. No quería abandonarlos.

Pero si se quedaba y la descubrían, podría perderlos igualmente.

Apoyó la frente en la pared de la ducha y cerró el agua. Las últimas gotas se deslizaron por sus mejillas como lágrimas, pero no lloró. En su zona les habían enseñado que era un gesto demasiado humano, así que no era algo común en ella. De hecho, no recordaba haber llorado jamás.

—¿Alice? ¿Eres tú?

Ay, no.

Era la voz de Shana.

Alice se dio cuenta de que, ahora que el agua no repiqueteaba contra el suelo, podía escuchar sus pasos acercándose. Se apresuró a agarrar la toalla y a rodear su cuerpo con ella, tapando el número.

—Sí, soy yo, ¿qué pasa? —Alice descorrió la cortina y miró a su amiga.

Shana iba todavía vestida, lo que significaba que acababa de llegar. La estaba observando con expresión extraña.

—¿Estás bien? Kenneth te ha molestado, ¿no? Tom me lo ha contado.

—No más que de costumbre.

Shana frunció un poco el ceño, poco convencida.

—Pareces... triste. ¿Te ha hecho algo malo? Puedes contármelo.

—Estoy bien, en serio. No te preocupes.

Alice pasó por su lado, se sentó en el banco y se centró en doblar la ropa que iba a ponerse —más que nada para tener las manos ocupadas y hacer tiempo antes de que Shana la dejara sola—. Pero esta se sentó a su lado, mirándola.

—Mira, si no quieres, no tienes por qué hablar conmigo, pero a veces está bien desahogarte con alguien.

—Es que... —¿Qué podía decirle de todo lo que estaba pensando sin revelar nada?—. No lo sé. Simplemente, me he sentido un poco... confusa.

—Te entiendo mejor de lo que crees. A veces, estar aquí es como vivir en una burbuja desde la que no puedes ver lo que pasa fuera.

—Sí. —Alice asintió con la cabeza, sonriendo sin ganas.

Lo había definido casi a la perfección. Miró a Shana detenidamente. Era una buena chica. La consideraba de confianza. Esta le devolvió la mirada y pareció algo compasiva.

—¿Echas de menos a tu familia?

Pensó en el padre John. Sí, era lo más cercano a una familia que había tenido jamás. Siempre la había tratado como si fuera su hija y no su creación. Era lo más humano que había conocido fuera de Ciudad Central.

—Mucho —murmuró.

—Yo echo de menos a mis hermanos. Muchísimo. A veces tanto que duele.

Silencio.

—Y pensar que siempre nos llevamos fatal... —murmuró con una sonrisa triste.

—¿Ah, sí? —Por algún motivo, escuchar los problemas de otra persona pareció aliviar a Alice.

—Sí, de hecho, apenas hablábamos entre nosotros. Éramos cuatro, y yo era la única chica. Siempre estábamos discutiendo, pero, al final, siempre me defendían de los demás. Los de mi pueblo eran un poco... imbéciles.

Alice sonrió cuando ella lo hizo también.

—¿No los has vuelto a ver?

—Ojalá... —La sonrisa de Shana se desvaneció—. El día de las bombas estaba durmiendo en casa de una amiga. Ya no pude volver. No me dejaron pasar. Dijeron que la zona estaba siendo desocupada. Los busqué durante un tiempo, pero, bueno, teniendo en cuenta dónde explotaron las bombas, dudo que sobrevivieran.

Alice no supo qué hacer cuando Shana agachó la cabeza, visiblemente entristecida, así que le apretó un poco el hombro con la mano.

—Lo siento mucho.

—Yo también. —Shana siguió sentada a su lado un momento, para después incorporarse, suspirando—. Supongo que no eres consciente de que has sido feliz hasta que dejas de serlo.

Las dos se quedaron en silencio. Alice la observó, esperando que se marchara para poder vestirse. Shana respiró hondo y sonrió un poco.

—¿No vas a vestirte? Podrías resfriarte. Y no creas que eso serviría de excusa para no ir a las clases de Deane. Ya lo intenté una vez y me obligó a recorrer el circuito dos veces más.

Alice no supo muy bien cómo tomarse el cambio de humor de Shana, así que esperó a que se metiera en la ducha para quitarse la toalla y empezar a vestirse rápidamente. No podía olvidar que, después de todo, nadie podía ver su estómago bajo ninguna circunstancia.

Y, precisamente mientras pensaba eso y agarraba la camiseta, Shana abrió un poco la cortina, asomando la cabeza.

Pareció que iba a preguntar algo, pero se quedó de piedra al ver un enorme número en el estómago de Alice.

Ay, no.

Durante unos segundos, ninguna dijo nada. Alice se quedó helada, mirándola, incapaz de moverse o reaccionar.

Entonces, agarró su camiseta y se la pasó por la cabeza a toda velocidad, cubriendo el número. Shana tenía la boca abierta, pero no dijo nada. Seguía mirando la zona del número, ahora oculta por la camiseta. Alice notó que le temblaban las manos y las levantó, casi en señal de rendición.

—Puedo... p-puedo explicar...

—¿Eres...? —Shana no fue capaz de terminar la frase, se quedó muda de nuevo.

Alice no estaba segura de si esa mirada era de terror o de sorpresa.

—Es solo un tatuaje —aseguró torpemente.

—¿Un...? Eso no es solo un tatuaje. —Shana salió de la ducha envolviéndose con su toalla y se acercó a ella para asegurarse de que nadie las oía—. ¿Eres... una de esas... cosas?

Alice no supo qué decir. Le temblaba todo el cuerpo.

¿Y ahora qué? ¿Y si se lo decía a Max? ¿Y si la echaban?

Ay, no, iban a echarla.

Notó que su corazón se aceleraba por el terror e intentó formular alguna frase que la salvara de su destino, pero no era capaz de encontrar ninguna.

—Yo... —Empezó a temblar de pies a cabeza.

—¿Te crees que soy tonta? ¡Eres una de ellos!

—Escucha, Shana —se apresuró a decir—. Sí, soy una de ellos, pero...

—¡Nos has engañado a todos!

—¡No pretendía engañar a nadie!

—¡Bueno, pues lo has hecho! —La chica dio un paso hacia atrás, como si, de pronto, Alice fuera capaz de hacerle daño—. Debería decírselo a un guardián. Es lo que hay que hacer.

—Shana... —Alice trató de que su voz no sonara desesperada, pero no lo consiguió—, si haces eso... m-me... me matarán y...

—No es mi problema —aseguró la otra, levantando las manos—. Eres un peligro para nosotros.

—¿De verdad? ¿Te parezco un peligro?

Shana se quedó un momento en silencio, mirándola. Parecía estar teniendo un debate interno.

—Sé que lo que os han dicho de los androides es horrible, pero no es cierto —añadió Alice en voz baja, desesperada—. No somos máquinas de matar, ni copias de vosotros a las que envían para haceros daño o para espiar; de hecho, yo ni siquiera sabía dar un puñetazo antes de llegar aquí. No soy peligrosa, Shana. Has estado conmigo durante semanas. Somos... amigas, ¿no? Eso no tiene por qué cambiar. No pretendía engañarte. Tienes que creerme. Por favor.

Alice intentó acercarse a ella, pero Shana volvió a retroceder. Estaba pálida.

Lo peor de todo era no poder negar todas las mentiras que decían sobre ellos por el miedo a ser descubierta, tener que soportarlo en silencio. Ahora, por fin, podía aclarárselo a alguien.

—Por favor, tú me conoces —insistió Alice en voz baja—. Olvídate por un momento de lo que soy. Me conoces, Shana. Sabes que no haría daño a nadie.

Ella seguía sin decir nada, dudando.

—No puedo contarte nada más, pero necesito que me creas. Y que no se lo digas a nadie. Me matarán si lo haces. Por favor, no me delates.

Shana se quedó en silencio. Pareció pasar una eternidad antes de que, por fin, dijera algo.

—Está bien —susurró.

Alice sintió que el mundo volvía a girar y soltó todo el aire que estaba reteniendo.

—Gracias —murmuró.

—No diré nada —Shana la miró—, pero vas a tener que explicarme todo esto más a fondo.

—Lo haré, te lo prometo.

—Y no... —Shana apartó la mirada—. No te acerques más a mí.

Alice tuvo que admitir que eso le dolió.

¿Dónde había quedado la conversación de antes? ¿Ya no significaba nada? ¿Todo se quedaba en palabrería solo por ser lo que era?

Pero no estaba en posición de sentirse dolida, así que se limitó a asentir con la cabeza.

—Está bien —aceptó en voz baja.

—Ahora... vete. Aléjate de mí. Y de Tom.

Alice intentó que el dolor que estaba sintiendo no se reflejara en su expresión cuando se apresuró a ponerse los pantalones y los zapatos antes de salir a toda prisa del cuarto de baño.

Todavía estaba tensa cuando llegó al hospital, donde Tina estaba hablando tranquilamente con Rhett y Jake. Este último estaba sujetando una bolsa de hielo contra su rodilla.

Alice había estado intentando respirar hondo durante todo el camino para que no le vieran la cara de espanto, pero no había servido de nada. Seguía sintiéndose como si Shana le hubiera dado una patada en el estómago.

Todavía no se había recuperado cuando llegó hasta ellos. Rhett fue el primero en verla. La recorrió con los ojos, frunciendo un poco el ceño.

—¿Va todo bien?

¿Cómo podía saber que algo iba mal? ¿Tan obvio era?

—Sí —mintió Alice, tragando saliva.

Él la miró como si no la creyera, así que Alice se apresuró a cambiar de tema. Y no fue muy difícil cuando vio que Tina estaba atendiendo a Jake. Levantó las cejas, preocupada.

—¿Qué te ha pasado?

—Alguien se ha caído por la escalera del edificio. —Rhett se cruzó de brazos, a su lado, tocó unos cuantos aparatos que había en la pared y se ganó un manotazo por parte de Tina—. Ay.

—Habíamos quedado en que diríamos que me lo había hecho en una pelea —masculló Jake, poniéndose rojo.

—Ah, es cierto. —Rhett miró a Alice, sonriente—. Se ha peleado con uno de los avanzados y le ha dado una patada tan fuerte que ha terminado aquí, pero deberías haber visto al otro chico, ese sí que ha quedado...

—Déjalo —le dijo Jake malhumorado.

—¿Seguro? Yo creo que estaba siendo creíble.

Tina sonrió por la conversación de los muchachos, pero al ver la cara de Alice dejó de hacerlo al instante.

—¿Qué pasa, querida?

Los dos chicos dejaron de discutir y también la miraron. Alice se frotó el brazo, algo incómoda, y se acercó a Tina.

—¿Podemos hablar? —le preguntó en voz baja.

—¿Ahora? —Ella entendió enseguida qué tema quería tratar, así que miró seriamente a sus acompañantes—. Jake, ¿por qué no vas a descansar a tu habitación? Y, Rhett, gracias por traerlo, pero...

—¿Nos estás echando? —Jake pareció ofendido.

—Eso parece —contribuyó Rhett.

—Yo todavía estoy mareado. —El muchacho se tumbó en la camilla, llevándose la mano libre a la frente—. Me habré dado un golpe. Qué lástima. Voy a tener que quedarme.

Tina negó con la cabeza y clavó la mirada en Rhett, que, tras unos segundos de silencio, por fin reaccionó.

—Siempre me echáis de una forma muy sutil.

En cuanto hubo cerrado la puerta, Alice se llevó las manos a la cabeza.

—Shana me ha visto.

Jake frunció el ceño.

—¿Quién es Shana?

—¿Qué quieres decir con que te ha visto? —preguntó Tina acercándose a ella—. ¿Qué ha visto exactamente?

—Mi número. El del estómago.

Tanto Jake como Tina se quedaron en silencio un momento.

—¿Se lo ha dicho a alguien? —preguntó ella.

—No, me ha prometido que no lo haría, pero... no sé si confiar en ella. Parecía bastante alterada.

—¿Quieres que nos aseguremos de que no hable? —preguntó Jake, entrecerrando los ojos—. Podría pedir a Rhett que me acompañara a decirle cuatro cosas, él da más miedo que yo.

—Sí, claro, seguro que es buena idea pedirle a él precisamente que nos ayude, teniendo en cuenta lo mucho que sabe de mí.

—Repito: no debí enseñarte a usar el sarcasmo.

—Pero... —Tina se paseaba por la sala, dubitativa—, ¿crees que se lo dirá a alguien?

—No lo sé. Hace una hora te habría dicho que no. Ahora... no estoy tan segura. Es como si no la conociera. Su reacción ha sido... —Alice suspiró, triste.

—¿Quieres que hable con ella? —se ofreció Tina.

—No puedes. Se enteraría de que sabes quién soy realmente. Imagínate que se lo cuenta a los demás. A ti te echarían y a mí, bueno...

—Entonces, ¿qué hacemos? —intervino Jake—. Porque algo tendremos que hacer.

Otra vez, silencio. Alice deseó poder hacerse un ovillo en la cama y ocultarse del mundo entero.

—Yo... intentaré vigilarla lo máximo posible. —Alice notó una gota de agua bajarle por la espalda. Todavía tenía el pelo empapado—. Si veo que tiene intención de...

—Nos avisas —le dijo Tina enseguida.

—Y ¿qué haremos entonces? —Alice negó con la cabeza—. ¿Secuestrarla y esconderla en la casa abandonada?

—No es tan mala idea —murmuró Jake.

—Eso lo decidiremos en su momento. —Tina respiró hondo—. Y, mientras tanto, es mejor que no pensemos mucho en ello o nos volveremos paranoicos.

—Yo estoy paranoica desde hace ya un rato.

—Has estado paranoica desde que llegaste —se mofó Jake.

—¿No te dolía la cabeza? —le preguntó Tina cruzándose de brazos.

Él volvió a tumbarse al instante, llevándose de nuevo la mano a la frente.

—Quizá tengas razón con lo de dejarlo correr. —Alice suspiró y la miró—. Por cierto, ¿no me habías llamado para que viniera a ayudarte?

—Rhett ya me ha ayudado, solo necesitaba llevar unas cuantas cosas al almacén; no te preocupes, cielo.

—Entonces, ¿puedo volver a mi habitación?

—Espera, voy contigo. —Jake se puso de pie de un salto—. Creo que se me ha pasado el mareo.

Ambos se despidieron de Tina con un asentimiento de cabeza. Ella seguía preocupada. Al salir del edificio, Alice se dio cuenta de que el cielo estaba completamente nublado. Lo que le faltaba, que lloviera y mañana el barro del circuito fuera todavía más abundante.

Pero pronto algo la distrajo de esos pensamientos: Jake caminaba de forma extraña. Estaba al acecho y miraba a su alrededor con los ojos entrecerrados, como si alguien fuera a saltar sobre ellos en cualquier momento.

—Jake, que os haya contado lo de Shana no significa que ahora vaya a necesitar un guardaespaldas —le aseguró Alice divertida.

—Prefiero no arriesgarme—respondió él enfurruñado.

—Venga, cascarrabias, cambia la cara... Sé que estás preocupado por mí, pero, como ha dicho Tina, tenemos que intentar tranquilizarnos.

—Hablando de cascarrabias... —Jake la miró—, creía que ya le habrías contado algo a Rhett.

—¿De qué?

—¿De qué va a ser? Del numerito especial de tu estómago.

—No le he dicho nada a nadie. ¿Por qué? ¿Debería haberlo hecho?

—No sé. Creí que..., bueno, que vosotros dos...

Alice lo miró sin comprender.

—¿Que nosotros qué?

—Bueno, la gente dice que...

—¿Qué, Jake? —Ella se impacientó.

—A ver, se nota que es mucho más atento contigo que con el resto de sus alumnos. —Se encogió de hombros—. De hecho, creo que nunca te ha gritado.

—Te recuerdo que me hizo pelearme con Trisha durante semanas.

—Sí, pero contigo es diferente. —Jake suspiró, como si no supiera cómo explicarlo—. Me refiero a la forma como se comporta. ¡Una vez incluso lo vi sonriendo mientras hablaba contigo!

—¿Y qué? —preguntó ella confusa.

—¡Que es un milagro que Rhett sonría si no está ocurriendo una desgracia! Bueno, da igual. —Jake negó con la cabeza, claramente incómodo—. Es solo que creo que deberías decírselo.

—¿Y si se lo cuenta a Max?

Mientras lo decía, se dio cuenta de que no creía que Rhett fuera a delatarla.

—Sabes que no lo hará —aseguró Jake—. Se lo confiaría antes a él que a cualquier otra persona de la ciudad. Y no nos iría mal un poco de ayuda.

Alice se quedó en silencio un momento.

—Sí, quizá tengas razón.

* * *

Erik ya no estaba dentro del coche con ella. Estaba apoyado en la parte trasera, fumando un cigarrillo distraídamente.

Ella seguía tumbada en el asiento. Le temblaban las manos.

Se quedó allí un momento más antes de incorporarse lentamente. Sus bragas estaban alrededor de uno de sus tobillos. De pronto, la ropa que llevaba le dio asco. Se las subió. No debería haber escogido esa ropa. Esa falda era horrible. Y esa camisa demasiado... simplemente demasiado. Le entraron ganas de quitársela, de quemarla, pero no allí. En su casa.

Quería volver a casa.

Abrió la puerta del coche y salió lentamente. Le dolía mucho entre las piernas. Erik le echó una ojeada con una ceja enarcada.

—¿Dónde vas?

Ella lo miró por encima del hombro.

—A casa.

—¿A tu casa? ¿Ya? —Él hizo una pausa—. ¿Quieres que te lleve?

¿Volver a subir al coche? Alicia sintió ganas de vomitar.

—No.

—¿Como que no?

Escuchó que decía su nombre unas cuantas veces mientras ella se alejaba, pero en ningún momento miró atrás.

* * *

Alice abrió los ojos. Estaba en su habitación, en su litera, no alejándose del coche del tal Erik.

Se llevó las manos a la cabeza y volvió a notar esa sensación de malestar que había sentido en el último sueño. Se frotó la cara con las manos, frustrada, y decidió intentar dormirse otra vez, aunque sabía perfectamente que no lo conseguiría en un buen rato. Pensó en ir a ver a Rhett, pero al recordar la conversación con Jake se le quitaron las ganas.

No quería decírselo, y no porque no confiara en él ni porque creyera que sería capaz de contárselo a alguien, sino porque no le apetecía que la relación entre ellos cambiara. Le gustaba tal como era.

¿Y si hacía como Shana y le pedía que se alejara de él? La recorrió un escalofrío solo de imaginarlo.

No, no quería decírselo. Al menos, no de momento.

Así que apoyó la cabeza en la almohada y, con el iPod en la mano, cerró los ojos.

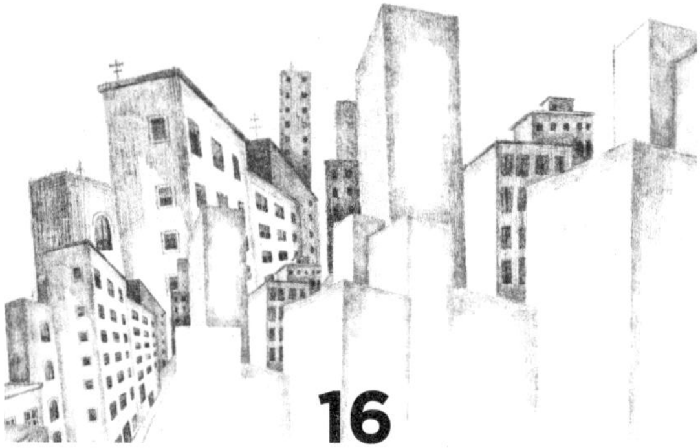

16

EL CAMPO DE MINAS

Deane estaba insoportable.

Es decir, más que de costumbre, que era todo un logro.

A Alice le dio la sensación de que estaba más pendiente de ella que de los demás, como siempre. Odiaba la presión a la que la sometía. Y odiaba aún más el hecho de que solo fuera contra ella. ¿Es que le había hecho algo a esa mujer para que la tratara tan mal?

Tenía alumnos —entre ellos Kenneth, por supuesto— a los que adulaba continuamente, otros a los que directamente ignoraba —como Davy, Tom y Shana— y después estaba la pobre Alice, sola en la última categoría, la de los odiados.

Lo peor no era que estuviera todo el tiempo criticando lo que hacía —que también—, sino que, con la presión, a Alice las cosas le salían todavía peor.

Como en ese momento, en el que estaba subiendo la red del circuito tan rápido como podía, rasgándose las palmas de las manos y tratando de ignorar el dolor. Deane se puso a gritarle tanto que Alice terminó resbalando y su tobillo quedó enredado en la red, haciendo que quedara colgada boca abajo.

Sí, echaba de menos las clases de Rhett.

Cerró los ojos, tratando de no ponerse a gritar, especialmente cuando escuchó risitas a su alrededor.

Maldita Deane.

Intentó incorporar el torso para liberar el tobillo, pero era incapaz de alcanzarlo. Volvió a intentarlo. Era inútil. No llegaba. Las risas aumentaron.

Le entraron ganas de llorar de rabia. ¡Ni siquiera sabía que se pudiera llorar de rabia!

—¿Piensas quedarte ahí colgada todo el día? —preguntó Deane con una pequeña sonrisa.

—No puedo —admitió.

—Claro que no puedes. —La instructora se acercó a ella, hablándole en tono condescendiente—. Por mucho que entrenes, nunca estarás al nivel de los demás. Por mí, puedes quedarte ahí colgando el resto del día.

Uf, era una... Alice cerró de nuevo los ojos cuando Deane se volvió hacia sus compañeros y siguió con la clase como si ella no estuviera allí atrapada.

Su plan inicial había sido esperar que alguien tuviera piedad y la rescatara, pero estaba claro que nadie iba a hacerlo, así que tocaba rescatarse a sí misma.

Alzó la mirada a su pie enredado. Empezaba a doler y la sangre le estaba bajando a la cabeza. Tomó aire y volvió a impulsarse para arriba, conteniendo la respiración. Su mano rozó la cuerda, pero volvió a caer, ganándose un fuerte tirón que reverberó en toda su pierna.

No obstante, volvió a intentarlo. Y, esta vez, en lugar de impulsarse solo con el torso, también lo hizo con la pierna. Su mano alcanzó la cuerda, ella soltó todo el aire que estaba reteniendo, aliviada, y miró a su alrededor en busca de un poco de ánimo.

Pero, claro, nadie le prestaba atención. Solo la miraban cuando las cosas le iban mal.

Dio un tirón a la cuerda para liberar su tobillo dolorido. Un segundo más tarde, estaba cayendo directamente hacia el barro, donde aterrizó algo desgarbadamente, salpicando a sus compañeros y provocando más risas. Se puso de pie lentamente, acariciándose la espalda entumecida y notando latir el tobillo mientras volvía a su lugar.

—Buen trabajo —le dijo Deane a una chica que acababa de terminar el recorrido y que había esquivado a Alice en la red, como si no existiera.

En cuanto se dio cuenta de que esta pasaba por su lado, la miró de arriba abajo y sonrió.

—Y tú... Bueno, es sorprendente. Hoy lo has hecho incluso peor que a lo que nos tienes acostumbrados.

Más risas.

La odiaba.

Profundamente.

Alice nunca terminaba el recorrido. Siempre se caía en la zona de las cuerdas. Y fue lo que pasó durante su último intento, que provocó más risas todavía. Al final de la clase, se rindió y siguió a los demás en las vueltas al campo. Aunque su cuerpo estaba empezando a acostumbrarse a esos entrenamientos tan intensos, seguía agotándose y siendo la primera en detenerse para descansar.

Nunca se le daría bien eso, ¿verdad? Por mucho que entrenara. No importaba. Nunca lo conseguiría.

Mientras corría alrededor del campo, vio que el grupo de Jake entraba en la sala de tiro. Dean fue el único que la vio y la saludó con la mano. Alice le sonrió, pero por dentro estaba a punto de ponerse a gritar. Quería volver con ellos. Quería no tener que ver a Deane nunca más.

Y pensar que hacía unas semanas pensaba que Rhett era cruel... Nunca había creído que echaría tanto de menos sus clases. O a él.

Cuando terminaron, Alice apenas podía sostenerse en pie. Siguió a Tom, el amigo de Shana, hacia la sala de tiro, donde Rhett acababa de tener la clase con los principiantes.

Tom no hablaba con ella desde que Shana se había enterado de que Alice era una androide, cosa que era bastante sospechosa. Seguro que se lo había contado. Bueno, mientras no se lo revelaran a nadie más, que pensaran lo que quisieran.

Alice podía soportar estar siempre sola en clase y en su habitación, le daba igual. Era duro, pero soportable. Lo único que pedía era que, por favor, no se lo contaran a nadie.

Ese día tenían que aprender a limpiar las armas, cosa que podía parecer una bobada pero resultó ser muy complicado. Alice, con expresión concentrada, frotaba con ganas el interior de una pistola pequeña, intentando quitarle una mancha que parecía no querer borrarse. Tenía que admitir que quizá estuviera aplicando mucha fuerza porque imaginaba que ahí estaba la cara de prepotencia de Deane.

Levantó la mano cuando terminó, mucho después que los demás, y Rhett se acercó para comprobar el trabajo.

Alice casi esperaba que la riñera —como de costumbre— por haber tardado tanto. Pero no. De hecho, ni siquiera la miró a la cara.

—Pasa a la siguiente —le dijo, sin más.

Alice se quedó mirándolo un momento con extrañeza antes de cambiar de arma.

¿Era cosa suya o Rhett no la había mirado desde que había entrado?

Pero ¿qué le pasaba ese día a todo el mundo? ¿Es que había hecho algo malo y no se acordaba? Le entraron ganas de llorar.

Empezó con la segunda arma y ya casi había llegado a la mitad cuando, por instinto, levantó la cabeza y se quedó muy quieta al ver que Kenneth, el pesado, entraba en la sala de tiro.

Ay, no.

Rhett, que estaba provocando que un pobre chico casi llorara por haber hecho mal algo con su arma, se dirigió a él con el ceño fruncido.

—Esta no es tu clase, ricitos de oro, lárgate.

Y volvió a prestar atención a su alumno, ignorando al recién llegado.

Pero, claro, Kenneth no era tan fácil de disuadir. Sonrió y siguió avanzando.

Uf, Rhett iba a matarlo. Tenía que irse. Por el bien de su integridad física. De hecho, Alice incluso negó con la cabeza frenéticamente cuando el chico se quedó mirándola con una sonrisita.

Rhett levantó la vista otra vez justo en el momento en que Kenneth le guiñaba un ojo a Alice.

Por un momento, no reaccionó. Pero entonces se olvidó del alumno al que había estado torturando y se acercó a Kenneth.

—¿Se puede saber por qué sigues aquí? —preguntó, quizá un poco más brusco de lo necesario—. ¿No me has oído?

Este dio un respingo y volvió a centrarse.

—Ah, sí... Vengo a buscar a Alice.

—¿Para qué? —Rhett enarcó una ceja.

—Bueno... Deane me ha pedido que viniera a buscarla. Y aquí estoy.

Genial. Lo que le faltaba a Alice. Otra charla con Deane.

—¿Y por qué no manda a un mensajero, como de costumbre?

Alice había aprendido que había muy pocos mensajeros en la ciudad. Entre ellos estaba Jake, que solía ser el encargado de esas cosas. Era el único al que no le importaba ir de un lado a otro para decir algo a alguien. Solo lo hacía para enterarse de los cotilleos, pero al menos lo hacía.

—No lo sé —admitió él—. Yo solo soy un alumno suyo, Kenneth. Me debes de haber visto, pero jamás hemos hablado... Cuando estaba con los novatos tú todavía eras explorador, así que nunca coincidimos. En fin, es un placer.

Alice estuvo a punto de analizar lo que había dicho, pero en ese momento la vida del pesado de Kenneth parecía ser bastante más importante. Acababa de decirle su nombre a Rhett, el muy estúpido.

Su última esperanza era que este no se acordara.

Pero, cuando vio que su mirada se volvía helada, supo que sí se acordaba. Y muy bien.

—¿Kenneth? —repitió el instructor en voz baja.

—Sí. —Él lo miró, confuso—. Bueno, ¿puedo llevarme a...?

—¿Te parece que interrumpir mi clase está bien, Kenneth?

Alice vio algunas sonrisas burlonas en las caras de los demás. El chico no era muy querido por sus compañeros, especialmente porque solía burlarse de ellos. No estaba mal ver que, por una vez, eran ellos quienes se reían de él.

Aun así, Alice no le deseaba ningún mal. Solo quería poder decirle que se fuera corriendo.

—Yo... —Kenneth miró a su alrededor, algo confuso—. Bueno, no quería interrumpir... Solo venía a buscar a Alice.

—¿Y qué te hace pensar que puedes entrar en mi clase así como así? Va contra las normas de la ciudad.

—Ya... Bueno... Es que Deane...

—La segunda, de hecho. No asistir a clases que no sean las tuyas, y mucho menos interrumpirlas. ¿No te sabes las normas, Kenneth?

El chico estaba empezando a acobardarse, dio un paso hacia atrás.

—Eeeh... Creo... Deane nos hizo memorizarlas y...

—Son diez —le espetó Rhett, provocando más sonrisas—. ¿No eres capaz aprenderte diez normas?

Alice se puso de pie cuando vio que Kenneth empezaba a ruborizarse. Intentó frenar el pequeño conflicto yendo con él, pero en cuanto pasó al lado de Rhett, este la sujetó del brazo y la detuvo.

—¿Quién te ha dicho que vayas con él? —preguntó enfadado.

—Si Deane me busca... —empezó ella, dudando.

—De eso nada. —Miró a Kenneth—. Puedes decirle a Deane que si quiere hablar con uno de mis alumnos lo haga durante sus clases, no durante las mías.

—Pero...

Rhett soltó a Alice y se acercó a él.

—¿Algo más que añadir?

—Es que... Deane se enfadará conmigo y no...

—¿Prefieres que se enfade ella o que me enfade yo?

Kenneth se quedó mirándolo unos segundos.

—Deane —dijo al final con un hilo de voz.

—Bien. Pues ya puedes largarte de aquí.

Kenneth se dio la vuelta, indignado, para dirigirse a la salida. Hubo unos instantes de silencio. Rhett todavía tenía la mirada clavada en la puerta cuando habló en voz baja a Alice.

—Y tú vuelve a tu lugar, principiante.

Ah, ya volvía a ser una principiante.

Perfecto.

Volvió a su mesa sin decir nada y siguió intentando limpiar el arma. No pudo evitar preguntarse qué querría Deane. Seguro que nada bueno. En el fondo, se sentía aliviada de que Rhett la hubiera librado de averiguarlo.

Él, por cierto, estuvo de mal humor el resto de la clase. De hecho, se detuvo a su lado para decirle, textualmente, que se diera prisa «en limpiar la dichosa arma, que no es tan difícil».

Alice no se habría enfadado de no ser porque eso se repitió diez veces durante la clase, y, sumándolo a que Deane siempre le hacía lo mismo en la suya, agotó su paciencia.

Al finalizar, tuvo que ir al cuarto de baño a toda velocidad para que no la riñeran de nuevo. De lo único que tenía ganas era de lanzarle algo a la cabeza a alguien. Al volver, vio que todo el mundo se había ido a comer, pero ella se tenía que quedar con Rhett. El Rhett hostil, además.

Lo conocía desde hacía pocos meses, pero ya había aprendido qué hacer en algunas situaciones: no hablar con el Rhett profesor, no preguntar nada al Rhett irritado, aprovechar para interrogar al Rhett agradable —que tampoco es que lo fuera mucho—. Pero el Rhett hostil era terreno desconocido.

Entró en la sala y lo encontró de espaldas, ordenando las armas en las estanterías. Se sentía como si estuviera a punto de pasar por un campo de minas con los ojos vendados.

—Llegas tarde —le soltó él bruscamente.

Y ya había explotado la primera mina. Qué bien.

—Tenía que ir al baño.

—¿Tardas diez minutos? —preguntó él sin volverse.

Alice respiró hondo, pero no sirvió de nada. Seguía irritada.

—El más cercano está en la cafetería, he tenido que ir corriendo y he vuelto tan pronto como he podido, ¿qué más querías que hiciera? ¿Que empujara a los demás para ser la primera de la cola?

Rhett se detuvo y la miró por encima del hombro.

—¿Qué te pasa?

—No, ¿qué te pasa a ti, si puede saberse?

Él se cruzó de brazos. El hecho de que pareciera tan tranquilo mientras ella quería matarlo solo incrementó el enfado de Alice.

—¿A qué te refieres? —preguntó él.

—¡Llevas toda la mañana quejándote de cada cosa que hago!

—Hazlo bien y no me quejaré.

—Ah, claro, ¿tú haces bien todo a la primera? No lo sabía, don perfecto, perdóname.

Bendito Jake y su sarcasmo.

Rhett pasó por su lado con una caja de munición para dejarla en su lugar correspondiente. Parecía estar enfadándose. Alice lo dedujo porque posó la caja con un poco más de fuerza de la necesaria, dando un golpe y haciendo que temblara la estantería.

—¿Ahora no vas a decir nada? —preguntó también enfadada.

—No tengo nada que decir si te comportas así.

—¿Que yo me comporto «así»? ¡Eres tú el que ha empezado!

—¿He empezado el qué, Alice? —Él se acercó, encarándola—. Soy tu instructor, por si se te ha olvidado. Si creo que estás haciendo algo mal, ¿no te puedo corregir?

La chica puso los ojos en blanco, cosa que pareció irritarlo aún más.

—¿Qué? ¿Algo que añadir?

—Nada, déjalo. No hay quien hable contigo.

—Ah, no me digas.

—¡Pues sí! —Alice notó que le subía el calor a las mejillas de lo furiosa que estaba—. ¡Me paso la mañana entera aguantando que Deane me grite, que nadie me hable y que todos mis compañeros se rían de mí en mi cara porque no puedo superar las cuerdas del recorrido! ¡Lo único bueno que tengo en todo el día es esta clase, pero ahora resulta que tampoco puedo relajarme aquí porque mi instructor, por algún motivo que desconozco, se ha empeñado en tratarme justo como me trata Deane!

—No me compares con ella —mascullo Rhett.

—¿Por qué no debería hacerlo? ¿Qué diferencia hay? ¿Cómo has tratado tú a Kenneth?

—Ah, genial, hablemos de eso ahora. —Rhett sonrió irónicamente—. Era lo que faltaba ya para animar la fiesta.

—¡No estamos en una fiesta!

—¡Es una forma de hablar!

—¡Me da igual! ¿Crees que había alguna diferencia entre cómo me trata Deane y cómo lo has tratado tú a él?

—¿De verdad lo estás defendiendo, Alice?

—¡No estoy defendiendo a nadie!

—A mí me parece que sí.

—Bueno..., ¡pues sí! ¡Porque esta vez no tienes razón y él no te había hecho nada!

Rhett apretó los labios. Parecía enojado de verdad.

—Entonces, vete y pídele a él que te dé clases de lucha en lugar de molestarme a mí.

Pasó por su lado para salir de la sala de armas, Alice lo siguió con los puños apretados.

—Te comportas como un niño.

Rhett se detuvo y se volvió de nuevo hacia ella.

—¡Y tú como una niña que no sabe encajar una crítica!

—¡No es una crítica, Rhett, has estado así toda la mañana!

—¡Soy tu instructor!

—¡ESO YA LO HAS DICHO CINCUENTA VECES!

—¡Pues parece que no se te mete en la cabeza! ¿Qué crees? ¿Que voy a tener favoritismo contigo por haber venido a mi habitación alguna noche?

—¡Ni siquiera sé qué demonios es eso de *favirilitismo*! —Alice lo empujó por el pecho con todas sus fuerzas y él retrocedió un paso, algo sorprendido—. ¡Y si tantos problemas tienes con que vaya a verte, igual no debería ir nunca más!

—¡Pues bien, no vuelvas!

—¡Pues vale, no lo haré! —Sintió que él había ganado, así que siguió hablando—. ¡Y me da igual lo que diga Jake de ti!

—¡Pues genial!

—Y... ¡te odio!

Alice se dio la vuelta, con el corazón bombeándole a toda velocidad, y escuchó los pasos de Rhett siguiéndola hacia la puerta.

—¿Dónde vas? —preguntó él a su espalda.

—A mi habitación. —Ella no se detuvo.

—Tenemos entrenamiento, por si se te había olvidado.

—No se me ha olvidado, pero no me quedaré contigo si te comportas así.

—Vuelve aquí, principiante.

La chica se detuvo en seco y lo miró, furiosa.

—¡ES ALICE, NO PRINCIPIANTE!

Rhett se detuvo, sorprendido por el grito, y no la siguió cuando empujó la puerta bruscamente y salió.

* * *

Durante la cena, Alice no dijo una palabra. Tenía la vista fija en el puré, que revolvía con la cuchara. Seguía enfadada y nerviosa.

Trisha bostezaba y comía sin prestar atención a nadie, y Dean y Saud discutían sobre algo de un juego. Jake fue el único que pareció darse cuenta de su estado de ánimo, pero prefirió no mencionarlo.

Al menos al principio, porque al cabo de un rato no pudo evitar acercarse a ella y susurrarle:

—¿Puedo preguntar por qué pareces tan contenta?

—No estoy contenta, Jake.

—Lo sé. —Él puso los ojos en blanco—. Era irónico.

—Pues. No. Me. Gusta. La. Maldita. Ironía. —Ella clavó la cuchara en el puré con cada palabra.

—¿Qué pasa, Alice?

—Nada. Ab. So. Lu. Ta. Men. Te. NADA.

Clavó otra vez la cuchara en el puré mientras Jake la observaba.

—Supongo que sé con quién has discutido, él tampoco parecía muy contento cuando nos ha dado la clase esta tarde. Casi ha asesinado a Jenell por equivocarse de balas. —Jake sonrió, pero ella no le correspondió—. ¿Qué ha pasado?

—No sé de qué me estás hablando.

—De Rhett, Alice. Lo sabes perfectamente. ¿Os habéis peleado?

—Algo así.

Ella clavó la cuchara en el puré por enésima vez, como si este tuviera la culpa de todos sus problemas.

Jake quería descubrir el porqué de la discusión, pero al final no siguió indagando. Ella, por su parte, miró hacia la mesa de instructores solo para descargar su furia en Rhett, pero no estaba en su sitio. Mejor, lo último que necesitaba en esos momentos era...

—Ven conmigo fuera.

Alice se detuvo con la cuchara a medio camino de su boca. Esa voz... ¿En serio se atrevía a darle una orden después de lo sucedido? Rhett quería morir. E iba a hacerlo. Porque iba a apuñalarlo con la cuchara.

Trisha, Dean, Saud y Jake los miraban con las bocas entreabiertas. No estaba muy claro quién parecía más perplejo.

Pero Alice no respondió. De hecho, ni siquiera lo miró.

Continuó comiendo con aparente tranquilidad, aunque cualquiera que hubiera visto la fuerza con la que agarraba la cuchara se habría dado cuenta de lo enfadada que estaba todavía.

—¿No me has oído? —insistió Rhett irritado.

Alice siguió sin inmutarse. Miró a su alrededor. Aparte de sus amigos, nadie más les prestaba atención. La ventaja de estar en la mesa más arrinconada de la cafetería.

—Deja de ignorarme, princip...

—Jake —dijo Alice lentamente—, ¿has oído algo?

Este abrió mucho los ojos, como si por decir su nombre acabara de condenarlo.

—¿Yo? Eh...

—Porque a mí me ha parecido —otra puñalada a su puré— escuchar un ruido molesto detrás de mí.

—Venga ya. —Alice supo que Rhett había puesto los ojos en blanco.

—Jake, ¿puedes decirle a tu *instructor* —hizo énfasis en la palabra— que se vaya por donde ha venido? Esta mesa ya está llena.

Jake miró a Rhett —al Rhett cabreado— y tragó saliva.

—No creo que pueda, la verdad.

—Jake, dile a tu *amiguita* —Rhett hizo énfasis también en la palabra— que, si no empieza a comportarse como una adulta, lo haré.

—Eh...

—Jake, dile a tu *instructor* que quien debería comportarse como un adulto es él.

—Pero...

—Jake, dile a tu *amiguita* que deje de decir bobadas y salga de la cafetería de una puñetera vez.

—Jake, dile a tu...

—Esto es una bobada —escuchó maldecir a Rhett cuando apartó a Dean para sentarse a su lado e inclinarse hacia ella—. ¿De verdad quieres hablar en medio de una maldita cafetería?

—Técnicamente —murmuró Jake—, estamos en una esquina...

Rhett clavó la mirada en él e hizo que se callara, y volvió a dirigirse a Alice.

—¿Y bien? ¿Tenemos que hablarlo aquí? ¿O vas a salir ya?

Alice miró a los demás. Rhett también lo hizo, y muy significativamente.

—Podéis mirarme todo lo que os apetezca —Trisha enarcó una ceja—, yo no me muevo de aquí en el mejor momento.

Al final, Dean y Saud sí se fueron, arguyendo que tenían que comprobar algo de unas cartas, pero Trisha y Jake empezaron a comer con más lentitud para poder escucharlo todo, aunque fingían estar sumamente interesados en su puré.

Alice miró fijamente a Rhett.

—¿Qué quieres? Más te vale ser rapidito. Tengo cosas que hacer.

—¿En serio? ¿Esa es la actitud con la que quieres empezar?

Alice se encogió de hombros, muy digna. Casi pensó que él iba a mandarla a la mierda y a marcharse, pero para su sorpresa se deslizó un poco más cerca de ella y bajó la voz, incómodo.

—Lo siento, ¿vale? Estaba enfadado. Y lo pagué contigo. Perdóname.

Bueno, tenía que admitir que no se esperaba una disculpa tan rápida.

Alice sabía que uno de sus peores defectos era perdonar demasiado rápido y tuvo que asumir que, conociéndolo, solo por el hecho de haberse tomado tantas molestias en pedirle disculpas ya no merecía la pena estar tan enojada con él.

Además, era obvio que no estaba acostumbrado a disculparse. Se sentía un poco halagada por el hecho de que lo hubiera hecho con ella.

Pero quiso hacerse un poco la dura.

—¿Por qué estabas enfadado?

—¿Importa?

—A lo mejor.

—Alice...

—No me llames principiante —mascullo—. Lo odio.

—Vale —accedió él al instante—. No lo haré.

Ella suspiró.

—Muy bien —dijo, al final—. Yo también lo siento. Es que... las clases de Deane me ponen de los nervios. No la soporto.

—Sí, bueno, bienvenida al club.

—Pero tú no la tienes de profesora —recalcó ella—. No tienes que soportar que te dé órdenes.

—Lo dices como si no me diera órdenes por el simple hecho de no ser su alumno.

Alice sonrió un poco.

—Hoy me ha dejado colgando del tobillo en el circuito durante un buen rato —murmuró de mala gana—. He tenido que soltarme yo sola.

—Lo importante es que lo has conseguido, no que ella sea una idiota.

—No entiendo por qué me odia tanto.

—En realidad... yo sí —dijo Rhett—. Desde que Max te transfirió con los avanzados no ha dejado de quejarse. Cree que no es justo para los demás.

Así que era eso.

Alice se quedó mirando un momento su plato de comida antes de sonreír, divertida.

—Pobre Kenneth —murmuró—. Dudo que se atreva a acercarse nunca más a la sala de tiro.

—Hay muchas cosas a las que desearía que no se acercara nunca más.

—No pareció que te cayera muy bien.

—Será porque no me cae nada bien.

—Sí, puede ser por eso.

Tras esa corta conversación, la tensión entre ellos desapareció. Alice no pudo evitar mirarlo cuando notó que Rhett carraspeaba, incómodo.

—¿Por qué...? —empezó, pero se cortó a sí mismo.

—¿Por qué, qué? —a ella le entró la curiosidad.

Rhett repiqueteó los dedos sobre la mesa un momento, algo incómodo.

—¿Por qué no viniste anoche?

Trisha, al otro lado de la mesa, se atragantó con el agua y Jake tuvo que darle palmaditas en la espalda.

—Estaba cansada —dijo ella, bajando más la voz tras mirar a sus dos amigos con mala cara.

—¿Era por eso?

—Sí, ¿qué creías? ¿Que me habían secuestrado por el camino?

—No, pensé que, después de lo que me habías dicho de... —hizo una pausa—. Olvídalo, es una bobada.

—¿El qué?

—Olvídalo —repitió—. Me muero de hambre. Voy a por una bandeja y...

—Vaya, vaya —escucharon una voz femenina a sus espaldas . Mira a quién tenemos aquí.

Los cuatro se dieron la vuelta a la vez. Deane los miraba con su típica sonrisa condescendiente.

Alice no supo qué decir, así que miró a Rhett, que había cambiado completamente la expresión a otra mucho más seria.

—¿Esto son clases extra, Rhett? ¿Qué le enseñabas exactamente?

—Nada que te importe, eso seguro. —Rhett le dio la espalda, poco interesado—. Deberías irte a descansar, tienes mala cara.

—Estoy bien, gracias por preocuparte. —Su mirada se clavó en Alice—. Tu entrenamiento de hoy ha sido peor que de costumbre. Quizá habría podido hablarlo contigo si alguien no lo hubiera impedido, ¿no es una pena que no haya podido hablar con ella, Rhett?

—Como guardiana, deberías saber que una de las normas de la ciudad es no interrumpir las clases de los demás, Deane. Solo hacía mi trabajo.

—¿Y ahora también lo hacías?

—¿Y tú? —Rhett se volvió más hacia ella—. Pareces muy interesada en lo que hacía y en lo que no. Quizá podrías aprovechar este tiempo de charla para mejorar tus clases.

—¿Y en qué aspecto deberían mejorar, si puedo saberlo?

—Quizá el problema radica en que tengas que preguntarlo.

A Deane se le había borrado la sonrisa. Fulminó con la mirada a Alice, que se encogió en su lugar.

—Esta es una charla privada entre guardianes, así que deberías marcharte a tu habitación.

Alice hizo amago de levantarse, pero Rhett le puso una mano en el hombro y la volvió a sentar. Jake y Trisha lo miraban todo como si fueran espectadores de una buena película.

—Está cenando —aclaró Rhett—. Y esta es la zona de alumnos. Déjala en paz.

Alice miró a Rhett, suplicando que parara. Deane la mataría al día siguiente en el entrenamiento.

—Principiante —dijo Deane sin dejar de mirar a Rhett, furiosa—, vete a tu habitación.

—No lo hagas, Alice —ordenó este, a su vez.

Alice se sintió como Jake unos minutos antes.

Se quedó sentada, dubitativa, y miró a Rhett en busca de ayuda. Pero él no parecía muy inquieto cuando siguió hablando.

—Y ahora, Deane, si me disculpas, estaba teniendo una charla con mi alumna. Te agradecería intimidad.

—Te recuerdo que también es mi alumna.

—Y yo te recuerdo que está en mi especialidad. —Rhett se dio la vuelta, dándole la espalda—. Buenas noches, Deane.

Alice vio que la guardiana, después de unos segundos de mirarlo fijamente, se marchaba de la cafetería hecha una furia. Notó que soltaba todo el aire que había estado reteniendo hasta ese momento, calmándose de golpe, pero el estrés volvió cuando miró a Rhett.

—¿Te has vuelto loco? ¡Mañana me hará puré en el entrenamiento!

—Tranquila, no lo hará —le aseguró Rhett, poniéndose de pie—. Nos vemos más tarde, Alice.

Los tres se quedaron mirándolo mientras iba hacia la barra de la cafetería, para llenar la bandeja. Alice solo volvió a la realidad cuando Trisha, delante de ella, empezó a reírse entre dientes.

—Así que te verá más tarde, ¿eh?

Alice le lanzó la servilleta.

—Oh, cállate.

* * *

—¿Por qué tú siempre tienes agua caliente? —preguntó Alice esa noche, en la habitación de Rhett, tras haber ido a lavarse las manos.

Él estaba de pie, buscando entre sus películas, concentrado.

—Eso deberías preguntárselo a Max —respondió, sin mirarla.

—¿No es tu habitación?

—Sí, pero él controla mejor que yo el tema de la fontanería, la verdad.

Se puso de pie y se sentó junto a ella en la cama.

—¿Qué querías enseñarme? —preguntó Alice curiosa.

—Esto. —Rhett señaló la pantalla—. Es mi película favorita. La encontraron en la última exploración. Me la vendieron bastante barata. Espero que no sea demasiado para tu inocente cerebrito.

—¿Por qué iba a ser demasiado?

—Tú solo mira la película.

Alice obedeció y se centró en la pantalla, pero a cada minuto la película le parecía más rara, por no hablar de que había cincuenta personajes protagonistas. Pero, como Rhett estaba entusiasmado, Alice decidió no quejarse.

La película duraba dos horas, pero ella solo aguantó media.

Ni siquiera había podido soñar nada, porque veinte minutos más tarde abrió los ojos, adormilada, y vio que Rhett la estaba mirando con mala cara.

—Me tomaré eso como un insulto.

—Lo siento, hoy estoy cansada. —Alice se frotó los ojos—. El agua caliente me seda. Debe de ser eso.

—Solo te has lavado las manos —se rio él, dejando la película con las demás.

—Es bastante diferente a ducharse con agua fría o tibia la mayoría de los días.

—Creía que en el baño de avanzados había agua caliente.

Alice tenía los ojos cerrados otra vez; sintió que el colchón se hundía cuando él se tumbó a su lado.

—La hay, pero dura literalmente nada. Si te duchas de las últimas, como es mi caso...

—Dicen que el agua fría es buena para la circulación.

—Eso dímelo cuando haga dos meses que te duchas con agua helada.

Rhett estuvo un momento en silencio, pensativo.

—Puedes usar mi ducha siempre que quieras —ofreció.

Alice abrió un ojo para mirarlo.

—¿En serio? No vendría cada día, no quiero que me descubran..., solo cuando fuera totalmente seguro.

—Me parece bien.

Alice frunció el ceño.

—¿Por qué estás tan simpático?

—Porque hoy he sido un burro.

Alice lo miró, desconcertada.

Rhett sonrió, divertido, y se quedaron los dos en silencio unos segundos. Alice estaba tumbada con los pies apoyados en el cabecero de la cama y Rhett con las piernas colgando de los pies de esta, así que tenían las cabezas muy cerca, pero al revés. Alice lo miró. Él tenía la vista perdida en el techo.

—¿Qué piensas? —preguntó ella, rozándole la mejilla con un dedo.

—Nada importante.

—¿Vas a obligarme a preguntártelo compulsivamente o me lo vas a decir directamente?

Rhett esbozó una pequeña sonrisa, pero le duró poco.

—¿Nadie en tu habitación te habla? —le preguntó, sin mirarla—. No sabía que estuvieras tan sola.

Ah, ¿era eso? Alice pensaba que ni siquiera recordaría que se lo había dicho. Se quedó un poco sorprendida.

—Pensé que tenías una amiga. Y el chico ese, el alto, ¿cómo se llama?

—¿Tom y Shana? —La expresión de Alice cambió. Se puso triste—. No, no me hablan. Están enfadados conmigo.

—Pues que les den.

—¿No me vas a preguntar qué ha pasado para elegir bando?

—No me hace falta, ya estoy en el tuyo.

Alice sonrió ampliamente, pero Rhett seguía pensativo.

—También está Davy —añadió ella—. Es mi compañero de litera. Y no es muy simpático, pero al menos me habla.

—¿Qué haces en la habitación, entonces?

—Escucho música, leo algún libro que me presta Davy..., poca cosa.

—Si alguna vez te aburres, vete al extremo de la habitación, junto a la última ventana. Hay un cajón que parece vacío, pero si sacas el fondo verás que debajo hay unas cartas.

Alice parpadeó.

—¿Eh?

—¿No te lo crees? Compruébalo.

—P-pero... ¿cómo lo sabes?

—Porque yo también fui alumno. Y escondíamos las cartas ahí. Faltan algunas y no es que sea la mejor baraja del mundo, pero algo es algo.

Alice seguía mirándolo como si no pudiera creerse lo que oía.

—¿Fuiste alumno?

—Así que para esto no tienes sueño pero para ver mi película favorita sí, ¿eh? Me siento traicionado.

—¿Cómo que fuiste alumno? —Alice se había despertado por completo—. ¿Cuándo?

—Hace unos... cinco años, si no me equivoco.

—Y ¿por qué te ascendieron?

—Porque era el mejor de mi clase, obviamente.

Alice entrecerró los ojos cuando él sonrió, orgulloso de sí mismo.

—Eso ha sido lo más arrogante que he oído en mucho tiempo.

—Esa era mi intención.

—Un momento. —Alice se tumbó de lado para mirarlo, intrigada—. ¿Eso significa que antes tenías a Deane de profesora?

—En realidad, ella también era alumna. Nos graduamos juntos. Max se encargaba de los novatos y había otro tipo que enseñaba a los avanzados de lucha, pero murió hace unos años.

—Entonces ¡sabes lo horrible que es el circuito!

—Bueno, tengo que admitir que solo estuve dos meses en el grupo de avanzados antes de que me ascendieran, así que no estoy muy seguro.

—Pero, si eras tan bueno, ¿por qué no eres tú el guardián supremo y no Max?

—Porque él fundó la ciudad y es el que más sabe de todas esas cosas... y porque yo no quiero ese cargo. Qué horror.

—¿Por qué no?

Rhett suspiró.

—No debería habértelo contado. Por un momento, se me ha olvidado lo preguntona que eres.

—¿Por qué no? —insistió ella.

—Demasiada responsabilidad.

—¿No te gusta la responsabilidad?

—¿A ti te gustaría ser responsable de una ciudad entera?

Alice no supo qué decir. Él aprovechó el silencio para cerrar los ojos. Siguiendo un impulso, Alice le recorrió la mejilla con la punta del dedo. Rhett no se movió.

De hecho, últimamente habían tenido unos cuantos momentos así. Momentos en los que, por algún motivo, Alice sentía la tentación de acariciarlo ligeramente. O de acercarse un poco más. Rhett nunca decía nada el respecto, pero tampoco se apartaba.

Volvió a recorrerle la mejilla hacia abajo, deteniéndose en la comisura de su boca. Rhett seguía con los ojos cerrados, debía de estar cansado. Alice lo miró un momento y, sin saber muy bien por qué, recordó la conversación con Jake hacía apenas un día. Se lamió los labios, nerviosa.

—¿Rhett?

—¿Mmm?

—Yo... —Alice no fue capaz de decir nada. No sabía ni por dónde empezar.

—¿Tú qué? —Él abrió los ojos, intrigado.

Alice no sabía cómo decirlo, pero quería contárselo. Él le había contado muchas cosas, después de todo.

—Yo... siempre te hago muchas preguntas —empezó, separándose un poco—. Tú nunca me haces ninguna.

Rhett no dijo nada, pero a Alice le pareció que estaba muy atento a la conversación, así que siguió.

—Sé que esto sonará raro, pero...

—Ya lo sé, Alice.

La frase se quedó flotando entre ellos durante unos segundos. Ella lo miró, anonadada.

—¿Lo sabes? ¿Qué sabes?

—Sé que eres una androide —dijo él, encogiéndose de hombros—. Podrás engañar a todos esos idiotas, pero no a mí.

Alice se quedó sin palabras. Se habría esperado todo menos eso.

—P-pero...

—Jake y Tina también lo saben, ¿no?

—Sí, pero...

—¿Alguien más?

—No. Bueno, Shana me vio el... el número...

No sabía por qué se sentía tan incómoda hablando de eso con él. Después de todo, no parecía nada sorprendido. Ella se había hecho a la idea de que sería una conversación mucho peor, no sabía cómo reaccionar ante tanta tranquilidad.

—¿Solo ella?

—Sí, pero... creo que se lo dijo a Tom.

—¿Por eso no te hablan?

Alice asintió. Rhett pareció reflexionar durante un momento.

—Es decir, que lo sabe media ciudad. Bueno, puedes estar tranquila —Rhett se estiró—. Si alguien se entera de tu secreto, te aseguro que no será por mí.

Alice lo miró fijamente unos segundos. Se había quedado sin habla.

—¿No te importa? —preguntó finalmente.

—Cosas peores he visto, créeme.

—Pero... la gente, cuando se entera...

—Alice —Rhett la miró—, no quiero ofenderte, pero sigues siendo la misma chica preguntona y pesada de hace cinco minutos, no ha cambiado nada.

—Vaya, no sé si sentirme ofendida o aliviada.

—Te he dicho que no quería ofenderte.

Alice se incorporó y se quedó sentada a su lado, todavía un poco desconcertada.

—¿Cómo te enteraste? —preguntó al final.

—Ya hacía tiempo que lo sospechaba —murmuró él, mirándola—. Y lo confirmé en uno de nuestros entrenamientos.

—¿Por qué? ¿Dije algo inapropiado?

—No. Te caíste al suelo y se te vio parte del número.

Alice se llevó una mano a la zona, como si de repente el tatuaje ardiera, haciéndose notar.

—Y ¿por qué no me dijiste nada?

—Quería ver cuánto tardarías en contármelo. —Él se incorporó y se apoyó sobre los codos—. La verdad es que ha sido un poco decepcionante ver que tardabas tanto.

Dicho eso, la miró, negando con la cabeza.

—Además, no habías escuchado música, ¿qué clase de ser humano no sabe lo que es?

Rhett se puso de pie, así que ella lo imitó y lo siguió hasta la puerta. No sabía qué decir. Seguía perpleja. Antes de salir de la habitación, se volvió hacia Rhett.

—No se lo diré a nadie —repitió él, suspirando.

—No es eso. —Alice jugueteó con sus manos, nerviosa—. Es que... me alegro de que hayas venido a la cafetería a hablar conmigo.

Él suavizó un poco su expresión.

—Yo también.

Alice se quedó mirándolo unos segundos, le costaba marcharse, pero finalmente se dirigió a su habitación con una pequeña sonrisa.

17

LAS CUERDAS DE LA AMISTAD

Deane se había despertado inspirada, y en el buen sentido. Eso sí que era raro.

Alice nunca creyó que una clase suya pudiera parecerle mejor que la anterior —más que nada, porque todas eran horribles—, pero en esa ocasión ocurrió. En lugar del recorrido, ese día quiso que dieran aún más vueltas al campo y que su entrenamiento se basara casi por completo en flexiones y abdominales.

Pensándolo bien, eso también era trabajo duro, pero al menos no era el dichoso y maldito recorrido de la muerte.

Además, en esta ocasión —por primera vez—, Alice no fue la única incapaz de terminar la clase sin descansar, sino que otras cinco personas se quedaron al margen durante los últimos diez minutos. ¡Por fin no era ella sola quien hacía las cosas mal!

Shana fue una de las que se detuvieron junto a ella, jadeando por el esfuerzo. Cuando Alice la vio, se aclaró la garganta, algo incómoda, intentando rebajar la tensión del momento.

—¿Es cosa mía o Deane cada vez es más dura con nosotros? —bromeó.

Shana tensó la mandíbula.

—El hecho de que no vaya a contar a nadie lo tuyo no significa que sigamos siendo amigas.

Y se colocó en la otra punta de la zona.

Alice se quedó descolocada unos segundos, así que, cuando Deane les dijo que se pusieran en pareja para practicar combate, tuvo que apañárselas para encontrar a alguien. Especialmente cuando vio que Kenneth se acercaba a ella con una gran sonrisa.

Como un rayo de esperanza, descubrió que Davy, su compañero de litera, estaba también solo y se acercó a él rápidamente.

Este era más bajo que ella, más delgado y con peor carácter. Era como Trisha, pero en chico y en pequeñito.

Se ajustó las enormes gafas, mirándola con desconfianza.

—¿Quieres que entrenemos juntos?

—Si prefieres, me alejo y dejo que Kenneth sea tu pareja.

—Vale, no. Quédate.

Alice, en el fondo, agradeció que le tocara con él, que no tenía la mitad de fuerza que Shana. Ella era capaz de mandarla diez metros hacia atrás de una patada.

Justo cuando solo quedaban cinco minutos de clase y Alice empezaba a estar de buen humor fue como si Deane se diera cuenta. Y estaba claro que cuando la instructora detectaba algo de felicidad a su alrededor su primer instinto era erradicarla.

—Novata —gritó, y Alice supo al instante que se refería a ella—. Circuito. Vamos a reírnos un poco.

Alice se preguntó si se reiría cuando le lanzara una bola de barro a la cara.

Suspiró y se acercó al circuito con el chico al que habían

asignado el otro lado. Tenía pocas esperanzas, pero empeoraron cuando vio que él ya había terminado mientras ella seguía intentando cruzar las cuerdas a su ritmo, temerosa de caerse otra vez.

Deane, por su parte, la miraba desde abajo con una ceja enarcada.

—¡Vamos, no tengo todo el día, novata!

Alice, por un breve pero satisfactorio momento, estuvo tentada de dejarse caer sobre su cabeza.

Intentó balancearse, pero, cuando estiró un brazo para alcanzar la otra cuerda, resbaló un poco hacia abajo y se aferró a la que ya estaba agarrada con más fuerza.

—¡Novata! —gritó Deane, y ya sonaba a advertencia.

Alice soltó todo el aire de sus pulmones y saltó hacia delante, pero no atrapó bien la cuerda y se resbaló los dos metros hacia abajo. Aterrizó con un horrible golpe sordo, pero eso no fue lo que hizo que se quedara un momento en blanco por el dolor.

Fueron sus manos. Le escocían terriblemente por la fricción.

No podía ni siquiera respirar cuando consiguió girar las palmas temblorosas hacia ella. Estaban rojas y manchadas de barro. Ardían muchísimo. Era insoportable, como si las tuviera metidas en una hoguera. Apretó los labios, intentando controlar las lágrimas.

—Mira tus manos. —Casi pudo adivinar que Deane estaba poniendo los ojos en blanco—. Eres un maldito desastre. Vete a que Tina te arregle eso, novata.

Alice apretó los labios con fuerza al ponerse de pie con cuidado de no apoyarse en las manos. Le dolían como nunca. La zona que la cuerda había rozado ahora estaba todavía más roja, e incluso palpitaba.

Se dirigió al hospital con aspecto lamentable. Iba cubierta

de barro seco cuando abrió la puerta con el codo, intentando contener las lágrimas de dolor otra vez.

Y la esperanza de que nadie la viera en ese estado se esfumó cuando vio que Tina estaba hablando con Jake. Él se sujetaba un trapo con hielo contra la costilla, sentado en una de las camillas. Ambos se volvieron al oírla llegar.

—¡Hola, Ali...! Joooder. —Jake la miró de arriba a abajo—. ¿Qué te ha pasado? ¿Te has revolcado en barro para divertirte?

Alice le puso mala cara, pero se relajó un poco cuando Tina se acercó casi corriendo con la cara crispada por la preocupación.

—¡¿Qué te ha pasado en las manos?! —exclamó alarmada—. Enséñamelas. Ay, Dios mío. Ven aquí.

Alice dejó que la guiara de la muñeca hacia la camilla de Jake. Se sentó a su lado y abrió las palmas.

—¿Qué...? —Tina parecía desconcertada.

—Las cuerdas del circuito de Deane —adivinó él.

—Pues sí —murmuró Alice, que apretó los dientes cuando Tina le lavó la herida con agua fría.

—No es grave —le aseguró esta enseguida—. Sé que duele mucho, pero lo que te daré te calmará enseguida.

—¿Y no necesito nada más?

—Bueno, tienes una mano mucho peor que la otra. Vas a tener que llevarla vendada un par de días o tres.

Lo que le faltaba.

Tina no dijo nada, solo empezó a vendarle la mano desde la muñeca hasta los nudillos. Lo único que dejó al descubierto fueron los dedos. Alice miró el resultado con una mueca, intentando flexionar las falanges. No lo consiguió.

—A Rhett no le gustará esto —canturreó Jake divertido.

—Sí, ya verás cuando le diga que no puedo disparar... —murmuró Alice.

—Ahora que lo mencionas —Tina la miró—, ¿no tienes ahora clase con él?

Alice le enseñó la mano.

—Creo que entenderá el retraso.

Pero no tardó en dirigirse hacia allí. Llegaba diez minutos tarde.

La iba a matar, ¿verdad?

Tuvo que admitir que estaba nerviosa cuando llegó a la sala de tiro y empujó la puerta con la mano buena. Los disparos le indicaron que los demás ya habían empezado, y varias cabezas se volvieron hacia ella cuando la escucharon entrar.

Entre ellas, la de Rhett.

Y sí, estaba muy enfadado.

De hecho, se acercó a ella y se quedó mirándola de brazos cruzados, como siempre que hacía algo mal.

—¿Sabes qué hora es? —le preguntó directamente.

Al menos, estaban lo suficientemente lejos de los demás como para no aguantar risitas molestas. Aunque, bueno, Alice dudaba que se atrevieran a reírse de ella si Rhett andaba cerca.

—Sé que llego tarde —empezó dubitativa.

Sí, exacto. Y espero que tengas una buena excusa.

Ella levantó la mano en forma de buena excusa.

Rhett, que seguía mirándola como si hubiera hecho todo mal, cambió completamente su expresión al verle la venda.

—¿Qué demonios has hecho?

—Ir a clase de Deane.

—¿Qué...? —Frunció profundamente el ceño—. ¿Deane te ha hecho esto?

—Bueno, no exactamente... Ha sido en el circuito.

—En las cuerdas —dedujo él.

Alice asintió. Rhett se quedó mirándola unos segundos, pero no comentó nada al respecto.

—No puedo usar la mano —explicó ella—. Ni siquiera puedo doblar los dedos.

Él seguía pensativo, y un Rhett pensativo nunca aventuraba nada bueno.

—Muy bien, te has librado de esta clase —dijo al final, sorprendiendo a Alice—. Pero te quiero ver aquí a la hora de la lección extra.

—Pero... ¿y ahora qué hago?

—Aprovecha para comer algo. Siempre te quejas de que no te dejo hacerlo, ¿no?

Se volvió y dio una palmada en el aire, provocando que todos los alumnos —que los estaban mirando— dieran un respingo.

—¿Se puede saber por qué demonios no escucho ningún disparo? —preguntó Rhett bruscamente, y su voz reverberó en la sala.

Alice salió cuando todo el mundo se puso a disparar a sus respectivos muñecos como si sus vidas dependieran de ello.

* * *

Alice había aprovechado esas dos horas libres para comer y visitar la habitación de los principiantes, que en esos momentos no tenían clase. Les contó a Dean, Saud y Trisha lo que le había pasado a su pobre mano mientras Jake repartía las cartas.

—Pero... ¿tú estás bien? —preguntó Dean preocupado—. ¿No te duele?

—No mucho, la verdad.

—La magia de Tina —murmuró Saud, asintiendo con la cabeza.

Trisha negó con la cabeza, recogiendo sus cartas.

—Siempre me he preguntado qué clase de pacto con el maligno ha hecho para ser capaz de curar todo tipo de heridas.

—¿El maligno? —preguntó Alice confusa.

—Max —aclaró Trisha, pero parecía extrañamente divertida.

—¿Max es el maligno? —repitió Alice sin entender.

Cuando vio que los cuatro empezaban a reírse de ella, puso una mueca, molesta.

—¡No os riais de mí, estoy malherida y sensible!

Al final, no se enteró de quién era el maligno, pero se lo pasó bien con ellos. Igual que siempre.

Era una relación curiosa. Trisha se metía con Jake y, aunque él se enfadaba, luego terminaba olvidándose del tema como si no hubiera sucedido. Y lo mismo pasaba con Saud y Dean. Y parecían quererse mucho todos.

Alice seguía sin entender muchas cosas de los humanos, pero había dejado de formularse tantas preguntas. Un poco de misterio tampoco estaba mal. Además, según Rhett, eso de indagar tanto la hacía sospechosa. Y probablemente tuviera razón.

Cuando pensó en él, recordó que tenía su clase extra. Faltaba un rato para que empezara, así que se sentó en el campo de entrenamiento con los auriculares puestos y pasó un rato allí, en la hierba, con el sol calentándole la piel y la música mejorando su humor.

Podría pasarse horas así.

Justo cuando iba por la décima canción, notó que alguien se colocaba delante de ella, tapándole el sol, y abrió los ojos. Rhett la miraba con una pequeña sonrisa.

—¿Disfrutando de tu rato libre?

Alice asintió felizmente.

—Sería agradable hacer esto más a menudo.

Se esperaba que la riñera o que le dijera que escondiera el iPod, pero se limitó a dejarse caer a su lado, con la espalda también apoyada en las gradas.

—¿Qué estás escuchando?

Alice le ofreció uno de los auriculares. Al ponérselo, Rhett enarcó una ceja, sorprendido.

—¡Es que me gustan mucho! —exclamó ella, y buscó una canción—. Esta es mi preferida. Es alegre.

—Algunas canciones tristes también son bonitas.

—Mmm..., a mí me gustan las que me inspiran.

Eso pareció captar su interés.

—¿Como cuál?

Alice sonrió, entusiasmada por poder hablar de esa música con alguien, y puso la canción que tenía en mente. La había escuchado en bucle muchas noches seguidas. Le encantaba.

Rhett la escuchó, mirando el campo distraídamente.

—Definitivamente, a ti te van los clásicos.

—No puedo creer que me regalaras tu iPod.

—No, ese no era mío.—Rhett ladeó la cabeza, pensativo, y su expresión decayó un poco—. Bueno, fue un regalo.

Alice dudó visiblemente antes de preguntar. Estaba claro que no se sentía del todo bien con el tema.

—¿De quién? —preguntó al final, suavemente.

Rhett le dedicó media sonrisa amarga.

—De Max.

¿De Max? Pero ¿no se llevaban mal?

No obstante, Alice no siguió preguntando. Solo se quedó allí sentada, disfrutando del sol en su piel y de la calidez del brazo de Rhett pegado al suyo mientras la canción sonaba por los auriculares.

Cuando terminó, abrió los ojos y miró a Rhett. Él sonrió un poco.

—Sí, creo que a mí también me inspira.

Alice sonrió, entusiasmada.

—¡Puedo ponerte otra, como por ejemplo...!

—No, para. —La detuvo, señalando su mano—. Quiero saber qué demonios te ha hecho Deane.

—No me ha hecho nada, ya te lo he dicho. —Ella recogió los auriculares, algo avergonzada—. Me lo he hecho yo sola.

—Es tu instructora, Alice, una de sus responsabilidades es impedir que te hagas daño.

—Te recuerdo que tú dejabas que me dieran palizas.

—Pero nunca permití que te hirieran de verdad. No tanto como para llevar vendas o no poder mover alguna parte de tu cuerpo.

Bueno, eso era cierto.

—Quería que cruzara esas... cuerdas de pesadilla —murmuró ella de mala gana—. Y me he resbalado por el barro. Porque soy torpe. Cuando he intentado agarrarme, no ha servido de mucho.

Rhett la observaba con aire pensativo, como antes.

—Así que el problema es que no te ha enseñado a cruzar las cuerdas correctamente —dedujo.

—Podrías preguntarme si estoy bien, ¿no?

—Se ve que estás bien.

—¡Eso no lo sabes!

—Alice, si no estuvieras bien, Deane ahora mismo no estaría comiendo tranquilamente en la cafetería, créeme.

Ella no supo qué responder porque no terminó de entenderlo, pero frunció el ceño igual.

—Podrías mostrar un poco de preocupación, entonces.

—Que te golpees no me preocupa mucho, es imposible que no pase —sonrió él—. Y cada fallo entrenando significa uno menos en una batalla real.

—Entonces, yo nunca tendré un fallo en una batalla real.

Rhett empezó a reírse.

Espera, ¿se había reído alguna vez?

Estaba muy guapo cuando se reía. Se le iluminaba la cara.

Y se le achinaban un poco los ojos. Alice sonrió disimuladamente, mientras disfrutaba de las vistas.

Él negó con la cabeza, ahora solo sonriendo, y le ofreció una mano.

—Enséñamela.

Alice lo hizo al instante, tendiendo su mano más herida hacia él. Vio que Rhett la sujetaba con cuidado y revisaba el vendaje con los ojos. Intentó que doblara los dedos y Alice se sorprendió al notar que podía hacerlo mucho mejor que una hora antes.

Para su confusión, Rhett parecía satisfecho con el resultado.

—¿No deberías estar quejándote de que no puedo disparar?

—No. Esto es perfecto.

—Creo que no te entiendo.

—Vas a aprender a disparar y recargar con una sola mano. ¡Es genial!

—¿Eh...?

Estuvo a punto de reírse con la esperanza de que fuera una broma, pero no lo era.

—Ya se me da mal con ambas manos —le recordó.

—No se te da mal. —Rhett enarcó una ceja—. Eres mi mejor alumna.

¿Ella era...?

Se distrajo cuando vio que Rhett se ponía de pie y se dirigía a la sala de tiro. Se apresuró a seguirlo, guardando el iPod en el bolsillo.

—Vete a la pared del fondo —le ordenó él.

Lo esperó allí. Había muñecos pintados, era en la que habían practicado con el fusil de francotirador. Rhett no tardó en aparecer con dos pistolas, una para cada uno.

—Es más fácil de lo que parece —le aseguró—. Y, teniendo en cuenta que ya te han disparado una vez en el brazo...

—Me pilló desprevenida, ¿vale?

—No te vendría mal aprender a disparar solo con una mano. Solo por si sucede otra vez.

—Te noto muy preocupado por mi seguridad.

—Digamos que... no quiero que mueras.

—Es un alivio.

—Por algún extraño motivo, me gustas más cuando eres sarcástica conmigo.

Espera.

¿Acababa de decir que le gust...?

—Imítame —Rhett interrumpió el inicio de sus pensamientos frenéticos.

Alice trató de volver a centrarse y observó lo que hacía. Rhett clavó una rodilla en el suelo y ella lo imitó. Por supuesto, tuvo mucha menos gracilidad que él.

—Se supone que llevarás la munición en el cinturón —le dijo Rhett, mirándola—. Ayúdate con la pierna y el suelo para apoyar la pistola así.

Alice observó sus movimientos y los imitó torpemente. Su otra mano se sentía inútil al estar, simplemente, apoyada en la rodilla.

—Cargador fuera —indicó él, haciéndolo—, munición, apoyas el arma en el suelo...

Iba demasiado rápido, pero Alice ya había aprendido a seguirle el ritmo. Haber pasado tantas horas con él tenía ventajas.

—Y metemos el cargador con la bota —finalizó.

Él aseguró el cargador con el talón de la bota y se puso de pie con agilidad. Apuntó al objetivo como si fuera a disparar, pero no lo hizo. Solo la miró.

—¿A qué esperas?

La pobre Alice se había quedado mirándolo, embobada. Enrojeció de pies a cabeza al darse cuenta.

—Ah, sí, sí..., perdón.

Se apresuró a hacer lo mismo. Casi se cayó de lado cuando intentó asegurar el cargador con el talón de su bota, pero Rhett la sujetó del hombro y la volvió a colocar. Después, ella se incorporó de un salto y apuntó al muñeco. Quitó el seguro y apretó el gatillo. La bala dio en el centro del estómago.

—Lo he hecho bien —sonrió, orgullosa y sorprendida.

—No, lo has hecho despacio. —Rhett enarcó una ceja—. Otra vez. Y más rápido.

A veces, Alice podía olvidar lo exigente que era.

Repitió el proceso cinco veces hasta que él por fin opinó que estaba mejor. Después, Rhett le preparó los ejercicios de siempre para practicar puntería con todo tipo de armas. Alice ya se los sabía de memoria, así que no protestó.

Al terminar, se dio cuenta de que él la observaba con una pequeña sonrisa.

—¿Qué? —preguntó.

—No está mal.

—¿Consideras que lo he hecho bien?

—No. Simplemente no está mal. No te lo creas tanto. —Sonrió—. Ahora, ayúdame a limpiar las armas.

Ay, no. Eso no, por favor. Qué tortura.

—¿Limpiar armas? —repitió Alice.

—¿Se te ocurre algo mejor que hacer solo con una mano?

Alice resopló, pero no le sirvió de nada. Lo siguió hacia la sala de tiro.

—También puedes irte con tus amigos —añadió Rhett—. No se lo diré a nadie.

—No —ella sonrió—. Me gusta estar contigo.

Rhett la miró unos segundos y, tras poner una fugaz cara de sorpresa, se volvió hacia delante y carraspeó ruidosamente.

* * *

Tres días más tarde, Tina ya le había quitado la venda de la mano, así que Alice ya no tenía excusa para no realizar el recorrido. Y odiaba a Deane cada vez que lo hacía.

Ese día se cayó tres veces de la cuerda. En una de las ocasiones fue porque vio que estaba a punto de resbalarse y la soltó, al no querer arriesgarse a terminar como la otra vez. En el suelo, se incorporó lentamente, acariciándose el culo dolorido.

Deane, que ese día parecía tener problemas para disimular el odio que le tenía —más que de costumbre—, la miró como si quisiera golpearla.

—Eres pésima —espetó, y todos las miraron, por lo que Alice se encogió un poco—. ¿Se te da así de mal todo?

Deane se volvió de nuevo, dando por zanjada la conversación.

Pero no.

Ese día Alice había tenido suficiente.

—¿Y tú? ¿Eres así de negativa en todo?

Casi al instante, todo el mundo se quedó en completo silencio, observándolas.

Deane se volvió lentamente hacia ella, pero Alice no se movió de su lugar. Le daba igual estar cubierta de barro. Le daba igual ser más pequeña que ella. Le daba igual que fuera su instructora. No se merecía ser tratada así. Y no iba a permitir que continuara.

—¿Qué has dicho? —preguntó Deane en voz tan baja que casi sonó como un siseo furioso.

—Te he preguntado si eres así de negativa en todo. —Alice ladeó la cabeza—. ¿Tienes algún problema en el oído y no lo entiendes? ¿Quieres que te lo repita otra vez?

El pecho de Deane empezó a subir y bajar rápidamente cuando se dio la vuelta hacia ella, furiosa, y acortó la distancia que las separaba. Pese a que se plantó delante de Alice, ella no se movió. Solo le devolvió la mirada.

—¿Todo esto lo dices porque sabes que Rhett hablará conmigo si me porto mal con su maldita alumna mimada? —siseó.

—¿Rhett... ha hablado contigo?

—Sí, novata. Y me dejó claro que me retiraría el cargo de instructora si volvías a herirte en mis clases.

Alice no pudo evitar sorprenderse. Rhett no le había contado nada de eso. Aun así, recuperó la compostura enseguida y se cruzó de brazos.

—Es lo lógico —declaró.

—¿Disculpa?

—Quizá el problema no sea que yo soy una mala alumna, sino que tú eres una pésima profesora.

A Deane empezaba a palpitarle peligrosamente una vena del cuello cuando se inclinó hacia ella.

—¿Te crees que porque te estés follando a un guardián tienes derecho a hablarme así?

—¿Que estoy... qué?

—Me da igual que Rhett te proteja. Me da absolutamente igual. Vuelve a hacer un comentario así y te echaré de esta ciudad, ¿me has entendido?

Y fue en ese momento, en ese preciso momento, cuando Alice por fin lo entendió.

Entendió por qué la odiaba tanto.

—Estás celosa —dijo atónita

La cara de Deane fue digna de ser enmarcada.

Primero, abrió mucho los ojos y se quedó pálida. Después, su piel se volvió completamente roja. Finalmente dio un paso atrás, dudando claramente.

—Vuelve a tu maldito lugar —murmuró sin mirarla.

Alice decidió que había forzado demasiado la situación y volvió a su sitio bajo las miradas asombradas de todos sus compañeros.

Un rato más tarde, llegó a su clase grupal con Rhett y

practicaron con las pistolas reglamentarias. Ese día, él estaba especialmente empeñado en que lo hicieran rápido y bajo presión para acostumbrarse a ser eficientes en caso de problemas en el exterior. Así que, claro, no dudaba en gritar al oído de pobres e inocentes alumnos para meterles presión y que temblaran de pies a cabeza.

—¿Os creéis que ahí fuera os darán tiempo para recargar la pistolita? —espetó, mirándolos uno a uno—. No. Os van a intentar matar. Y, creedme, si sois así de malos lo van a conseguir.

Hizo una pausa y se colocó detrás de Tom, que se quedó lívido.

—Tienes cinco segundos. ¡Vamos!

Este dudó durante una valiosísima milésima de segundo y Rhett se inclinó sobre él con el ceño fruncido.

—¡Venga!

El chico dio un respingo y empezó a recargar a toda velocidad, pero el cargador se le cayó al suelo y rebotó sobre las botas de Alice.

Ella lo recogió, apiadándose del pobre Tom, pero cuando se lo ofreció vio que él la miraba con el mismo desprecio que había mostrado Shana en los ojos desde que se había enterado de que era androide.

Al final, Tom se lo quitó de mala gana y consiguió disparar, pero no cumplió las expectativas y Rhett se lo dejó clarísimo durante casi un minuto de comentarios sobre lo pésimo que había sido el disparo.

Y Alice supo que era la siguiente en la lista negra.

Rhett se detuvo detrás de ella. Curiosamente, su presencia tan cerca de su cuerpo era agradable. Y eso que la situación era tensa. Era difícil de explicar.

—Cinco segundos —le dijo Rhett—. Cuando quieras.

Alice lo había hecho tantas veces en sus clases extra que ya estaba lista. Agarró el cargador, lo expulsó con un movimiento del pulgar, lo dejó caer en el suelo y, antes siquiera de que impactara contra este, ya estaba colocando el nuevo. Apuntó, quitó el seguro y disparó directamente al corazón del muñeco.

Hubo un momento de silencio. Miró a Rhett en busca de su aprobación. Él asintió con la cabeza con aire divertido, como si ya lo esperara.

—Incluso la novata es mejor que vosotros —fue su conclusión.

Alice se lo habría tomado mal de no haberlo conocido tan bien. Se limitó a sonreír un poco y dejar que Rhett fuera a por su siguiente víctima, una chica a la que le temblaban las manos.

El guardián seguía igual de exigente cuando Alice llegó a su clase extra. Pero él no estaba preparando un arma. De hecho, las estaba guardando todas. Ella parpadeó, confusa.

—¿No hay clase?

—Sí la hay, no te hagas ilusiones —murmuró él—. Pero será distinta. Sígueme.

Obedeció sin protestar, pero no pudo evitar preguntar cuando vio que estaban cruzando la ciudad.

—¿Dónde...?

—¿Cómo está tu mano? —preguntó él, interrumpiéndola.

—Bien. Ya no me duele.

—Perfecto.

Y fue entonces cuando se dio cuenta de que estaban junto al circuito de Deane.

Ay, no.

—No quiero estar aquí —murmuró ella de mala gana.

—¿No dijiste que no podías cruzar las cuerdas? —Rhett la miró—. Pues hoy vas a aprender a hacerlo de una vez. Estoy harto de que llegues a mis clases cubierta de barro.

Se dirigió a la entrada del circuito y Alice lo siguió, pero no estaba muy convencida. Ya era bastante humillante tener que hacerlo delante de Deane; delante de Rhett era mucho peor.

No quería parecer una inútil a sus ojos.

—No creo que puedas ayudarme en esto —le aseguró cuando vio que Rhett se quedaba mirándola, esperando.

—Hazlo y calla.

—Rhett, soy muy mala, de verdad.

—¿Tanto como en combate hace unas semanas? Porque te recuerdo que no sabías ni dar un puñetazo y ahora los bloqueas a la perfección. Seguro que un día de estos me patearás el culo.

Alice miró la red, dudando. Era el primer obstáculo. Y se cernía sobre ella como un muro impenetrable.

—No me gusta decir las cosas dos veces, Alice —insistió él.

—Pero, si me caigo...

—Estaré justo debajo, me aplastarás y moriremos los dos juntitos, ¿contenta? Súbete de una vez.

Alice suspiró y dio un paso hacia delante. Rhett la siguió con la mirada mientras trepaba por la red y saltaba al otro lado. Ya tenía barro seco en los pantalones, así que no le importó mucho agacharse y clavar las rodillas y los codos en el suelo para arrastrarse por debajo de la estructura hacia el siguiente obstáculo.

Rhett la seguía, andando a su lado. Observaba cada movimiento con suma atención. Alice se puso de pie y pasó las barras de la escalera horizontal con algo de lentitud, pero al menos las superó. Al terminar, subió la rampa corriendo, se agarró al borde y se impulsó hacia arriba.

Y ya estaba delante de las dichosas cuerdas.

Miró a Rhett, insegura.

—Oye, no sé si...

—Sigue el recorrido, Alice.

Ella hizo una mueca, dubitativa, y saltó hacia delante. Se aferró con brazos y piernas a la primera cuerda y se tambaleó peligrosamente. Acercó la mano a la siguiente, pero el chasquido de lengua de Rhett le indicó que ya estaba haciendo algo mal.

—Esta pierna —le sujetó el tobillo y lo movió— tiene que pisar la cuerda. Rodéala con la punta de la bota.

Ella lo hizo, sintiendo cómo le caía una gota de sudor por el cuello.

—Cuando estés segura —murmuró Rhett—, pasa a la siguiente y haz lo mismo.

—Entonces, tardaré una eternidad.

—No es cuestión de hacerlo rápido —le indicó Rhett—, sino de llegar al otro lado.

Era cierto que era mucho más lento pero más sencillo así. Estiró el brazo e hizo lo mismo con la otra cuerda. Sí, ¡era fácil!

Entonces siguió así y, un minuto más tarde, por primera vez desde que había llegado allí, consiguió llegar a la cuarta cuerda. Rhett estaba debajo de ella y Alice sospechó que era porque la veía con posibilidades de caerse. No estaba del todo equivocada.

Cuando intentó llegar a la siguiente cuerda, notó que se le resbalaba la bota y contuvo la respiración, asustada. Sin embargo, la mano de Rhett le rodeó el tobillo al instante y volvió a colocarla.

—Concéntrate, Alice.

Ella tragó saliva y continuó. Casi lloró de felicidad cuando llegó a la última plataforma. La bajó de un salto, emocionada, y miró atrás. ¡Era la primera vez que conseguía terminar el recorrido!

Deseó que Deane estuviera allí para restregárselo, pero seguía prefiriendo a Rhett.

Se volvió hacia él, entusiasmada.

—¡Lo he terminado!

—Sí, no está mal para una rarita como tú.

—Bah, déjame en paz. Estoy emocionada. ¡Quiero volver a hacerlo!

Y lo hizo. Cuatro veces más. El pobre Rhett acabó harto.

Las cuerdas siempre eran lo más complicado, pero terminó atravesándolas sola. Y sin comentarios de Rhett, cosa que le indicaba que lo hacía bien.

Al cabo de un rato, tomó un descanso y se sentó al borde de la última plataforma. El guardián estaba apoyado con la espalda junto a sus piernas, de pie, mirando distraídamente a su alrededor.

—¿Se te daba bien esto cuando eras alumno? —quiso saber ella.

Rhett, que estaba ocupado frunciendo el ceño a unos principiantes que se perseguían entre ellos en el campo de entrenamiento, asintió con la cabeza.

—Cuando te dije que era el mejor de mi clase no estaba bromeando.

—Y ¿cómo sé que no exageras?

Rhett la miró con una ceja enarcada, ligeramente divertido.

—Porque te lo digo yo.

—¿Y si no me lo creo?

—Pues me temo que te quedarás con la duda.

—¿Por qué no haces tú el recorrido?

Rhett sonrió, negando con la cabeza.

—Primero, porque me da pereza —aclaró, volviéndose de nuevo hacia los principiantes—. Segundo, porque los instructores tenemos prohibido usar el material de clase.

—¿Y las pistolas?

—Solo las toco cuando estamos a solas. —Le puso mala cara—. Así que no seas bocazas y no se lo cuentes a nadie.

Alice intentó no protestar. Con lo que le había gustado lo

primero, ¿por qué siempre tenía que arruinar las cosas bonitas con un comentario hostil?

—Malditos críos —masculló Rhett antes de dar un paso hacia los chicos que jugaban—. ¡Eh, vosotros!

Los principiantes se detuvieron al instante. Alice vio que se habían estado lanzando hierba arrancada del suelo. Parecieron aterrados al ver a Rhett.

Podía dar verdadero miedo si se lo proponía.

—¡El próximo que arranque una sola maldita hebra de hierba se la comerá! —espetó irritado—. ¿Lo habéis entendido?

Todos asintieron frenéticamente a la vez.

En cuanto se alejaron corriendo hacia los dormitorios, Rhett se apoyó de nuevo en la plataforma con los brazos cruzados.

—No sé qué haríamos sin tu amor en esta ciudad —murmuró Alice, mirándolo.

Él esbozó media sonrisa.

—¿Quién te ha enseñado a usar tan bien el sarcasmo?

—Jake.

—¿Y no te ha enseñado a cerrar la boca?

Alice puso los ojos en blanco descaradamente, para que lo viera. Él estaba sonriendo, también. Ella ya se había acostumbrado a esas formas que tenía de irritarla.

—Bueno, yo tengo clase —murmuró Rhett, centrándose de nuevo—. Y tú deberías aprovechar tu tiempo libre haciendo algo más productivo que estar sentada en una plataforma, ¿no crees?

—La plataforma es cómoda.

—Pero no te ayudará a pasar bien por las cuerdas, así que levanta el culo de ahí.

—Mi culo está perfecto justo donde está, gracias.

—¿Quieres que me acerque y te baje yo?

Alice suspiró y se bajó de la plataforma. Rhett, por su parte, se marchó a su clase.

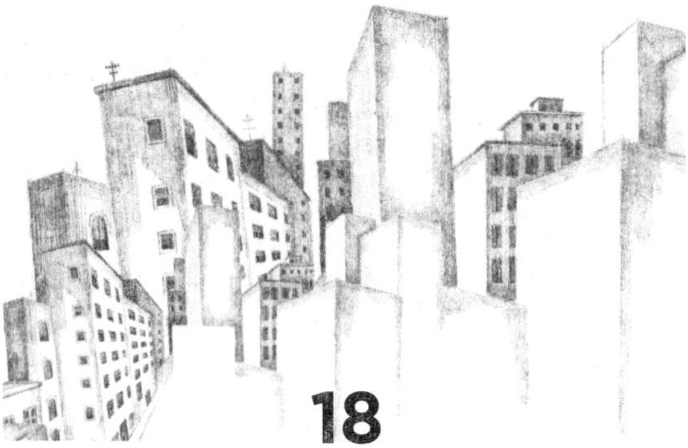

18
LA MALDICIÓN DE LA PINTURA

Durante los días siguientes, Alice se pegó más a Davy en las clases de la loca de Deane que, desde ese entrenamiento en el que habían discutido, la miraba como si quisiera darle un puñetazo en la nariz. O unos cuantos.

Davy no era especialmente simpático, pero al menos no la miraba con hostilidad, cosa que era un avance. Era el punto perfecto entre el rechazo de Shana y Tom y la excesiva simpatía —por no llamarlo de otra forma— del pesado de Kenneth.

Por otro lado, por las noches, le daba la sensación de que, aunque muy poquito a poco, Rhett le contaba cada vez más cosas de sí mismo. Especialmente de su vida antes de la guerra. Una de las confesiones que más le había llamado la atención fue cuando le habló de su padre. No lo había hecho hasta entonces. Y lo hizo justo cuando terminaron una película cuyos protagonistas estaban en el ejército.

—Esta película me recuerda a mi padre —murmuró, negando con la cabeza—. También era militar.

Alice lo miró de reojo, sin saber muy bien si preguntar o no.

—¿Y gritaba tanto como ese hombre? —bromeó finalmente.

—No. —Rhett sonrió—. Gritaba aún más.

—Imposible.

—Lo juro.

—Bueno, ya sé de dónde has sacado el mal humor.

Rhett empezó a reírse, pero no dijo nada más.

De hecho, era difícil conseguir que se abriera. Cuando lo hacía, era solo en pequeñas dosis. Y después se quedaba un momento en silencio, como si no estuviera muy seguro de si se arrepentía o no.

—¿Gritaba como Max? —sugirió Alice con una sonrisita, rodando para quedarse apoyada en los codos, mirándolo.

Rhett ladeó la cabeza hacia ella, tumbado boca arriba.

—Max es un angelito a su lado.

—Lo siento, pero no me lo creo.

—Pues es verdad. —Su sonrisa se apagó un poco—. Era un cabrón.

Alice se quedó confusa con esa última palabra. Y también por su forma de pronunciarla.

—¿Qué es eso?

—Es... —Negó con la cabeza—. Da igual, no necesitas saberlo.

—Anda, dímelo.

Él suspiró.

—Es un insulto —aclaró, mirándola—. No hace falta que vayas repitiéndolo.

—Lo reservaré para cuando alguien se porte mal conmigo, entonces.

—¿Eso quiere decir que vas a empezar a llamarme cabrón en cada clase?

—Si tú me llamas principiante, puedes estar seguro de que lo haré.

Rhett sonrió un poco, pero dejó de hacerlo para mirarla intrigado cuando vio que Alice se había quedado pensativa.

—¿Qué? —preguntó él.

—Tu padre... ¿no era bueno contigo?

—¿Bueno? —Rhett alzó las cejas—. No era ni bueno ni malo. Nunca me trató especialmente mal, pero es que tampoco estaba mucho en casa. Para él solo existía su trabajo. Algo bueno saqué.

—¿El qué?

—Bueno, me enseñó todo lo que sé de entrenamiento militar, armas, disciplina... —Se encogió de hombros—. Pero esa fue toda su función. Nunca lo percibí como un padre. En casa, siempre estábamos mi madre y yo. Y no...

Se cortó a sí mismo cuando se dio cuenta de lo que estaba diciendo. Sí, lo hacía mucho, y cambiaba de tema disimuladamente. Cuando lo hacía, Alice se contenía para no seguir preguntando. Por mucha curiosidad que tuviera, no quería forzarlo a contarle cosas que no quisiera revelar realmente.

Como él se había quedado en blanco, Alice decidió hacerle un favor y cambiar de tema.

—¿Puedo preguntarte algo?

Rhett enarcó una ceja, curioso.

—Claro que sí.

—¿Tú y Deane...? ¿Alguna vez...?

Dejó la pregunta en el aire, sintiendo que sus mejillas se calentaban.

Rhett, por su parte, se limitó a mirarla fijamente unos segundos, como si no terminara de entender a qué se refería. Sin embargo, cuando lo comprendió, hizo una mueca y se incorporó sobre los codos.

—¿Qué...? Pues claro que no. —Casi se estaba riendo, incrédulo—. ¿Quién te ha dicho eso?

—Nadie —le aseguró.

—¿Y por qué me lo preguntas? —quiso saber confuso.

—El otro día discutí un poco con ella. —Alice jugó con un hilo suelto de su camiseta, algo nerviosa—. Puede que..., mmm, puede que le insinuara que estaba celosa.

—¿De qué?

Alice notó que su cara se volvía completamente roja mientras seguía manoseando el hilo.

—De que tú y yo... nos llevemos bien.

Rhett se quedó en silencio.

Oh, odioso y sepulcral silencio.

Al cabo de unos segundos, Alice se tragó su propia vergüenza y levantó la cabeza. Lo encontró conteniendo una risotada con todas sus fuerzas.

—¿Tú le dijiste eso? ¿A Deane?

—Eeeh..., sí.

—Joder, y yo me lo perdí. —Se dejó caer en la cama y se pasó las manos por la cara—. No me lo puedo creer.

—Pero ¡ella prácticamente lo admitió!

—Bueno, puede estar celosa de lo que quiera. —Rhett sonrió—. Nunca me he acercado a ella de esa forma.

—¿Y ella a ti?

—En una cena de Navidad se puso un poco... borracha. Se insinuó, pero pensé que era solo porque estaba bebida. Nunca creí que a día de hoy pudiera seguir... En fin. —Negó con la cabeza—. Ignora a Deane. No necesita excusas para odiar a medio mundo.

Y esa fue su conclusión.

Alice siguió visitándolo las noches siguientes y, pese a que le sacó algo más de información de su padre —y ella le contó cosas del suyo—, se dio cuenta de que Rhett se desanimaba bastante al hablar de él. Sin embargo, su expresión se iluminaba cuando el tema de conversación era su madre. A ella le encantaba coleccionar objetos antiguos. De ahí la afición de Rhett a las cosas viejas, como su iPod, o al cine, pues había heredado su colección de películas.

—Esta era su favorita —murmuró cuando Alice escogió la que quería ver.

La chica abrió mucho los ojos cuando leyó la sinopsis.

—¡El protagonista se llama como tú, Rhett!

—Sí, lo eligió por eso. —Él sonrió de lado—. Te lo dije cuando estuvimos en el claro.

—Me gusta tu nombre. Es bonito.

—Muchas gracias por la valoración.

—De nada —dijo alegremente.

—En realidad, primero quiso ponerme Rick —murmuró él, rascándose la nuca.

—¿Por el protagonista de la película que vimos en blanco y negro?

—Sí.

—Yo en otra vida me llamaría Alicia.

Lo dijo sin pensar, y cuando hubo acabado de hacerlo, levantó la cabeza y miró a Rhett con precaución, asustada. Él solo parecía divertido.

—Pero... es el mismo nombre, ¿no?

Ella se encogió de hombros.

—¿Cuál me pondrías tú?

Él lo pensó un momento.

—Mia, como la de *Pulp Fiction*... Leia, como la de *Star Wars*... Ellen, como la de *Alien*... No sé, hay muchos.

Alice leyó la carátula antes de mirarlo de reojo.

—Es entrañable que te guste tanto el cine. Es, de alguna manera, tenerla presente, ¿no?

—Supongo que sí. De pequeño siempre me ponía sus películas favoritas, y los clásicos. —Arrugó la nariz, como si le incomodara pensar en lo que iba a decir—. Incluso quise ser director de cine. O cámara. Algo que me hiciera formar parte de ese mundo que ella tanto amaba.

—¿Qué hace un director de cine?

—Básicamente, es el que dirige la película.

—Mmm... —Ella le sonrió por encima de la carátula—. Eso de dar órdenes podría ir muy bien contigo.

—Intentaré tomarme eso como un cumplido.

—Lo es —murmuró ella, mirando la carátula otra vez—. Por algún motivo que no entiendo, me gustas cuando te pones mandón.

Rhett soltó una risa divertida.

—Pues debo de gustarte todo el tiempo.

—Veo que me has entendido.

Alice le devolvió la película para que la pusiera. Rhett tardó unos segundos en hacerlo. Cuando se puso de pie, a Alice le dio la sensación de que se le habían enrojecido las orejas.

En fin, a Rhett le gustaba hablar de su madre. Esa había sido su conclusión.

Alice se había dado cuenta hacía tiempo de que la echaba de menos, pero no había preguntado qué le había pasado. No estaba segura de si él estaba preparado para hablar de ello. Le daba la sensación de que Rhett era de esas personas que se guardaban las cosas para sí mismas y las decían solo cuando se sentían seguras.

Aun así, estaba encantada escuchándolo hablar de ella.

—¿A qué se dedicaba tu madre? —preguntó.

—Era pintora —murmuró Rhett, mirando distraídamente la película.

—¿Pintora?

—Sí. Ya sabes. Lienzos, pinceles... Le encantaba.

—Nunca creí que eso pudiera ser una profesión.

—Pues lo era. Antes. —Sonrió—. Lo que más le gustaba era hacer retratos.

—¿Qué es eso?

—Pintar a una persona.

—Y ¿te pintaba a ti? —Ella levantó las cejas, sorprendida y divertida ante la idea de Rhett posando para ser dibujado.

—Perdona, pero yo era un chico guapísimo. Quizá ahora no lo veas por la estúpida cicatriz, pero lo era.

—A mí me gusta la cicatriz.

Siempre que decía esas cosas, a él se le enrojecían las orejas y seguía hablando como si no hubieran dicho nada, visiblemente tenso.

A Alice le parecía maliciosamente divertido, así que lo hacía a menudo.

Muy a menudo.

—Me gustaría ver un retrato tuyo —le aseguró, molestándolo más—. Podríamos colgarlo en el despacho de Max. Seguro que se alegraría un montón.

Rhett le puso mala cara.

—Te habrías llevado de maravilla con mi madre —comentó, negando con la cabeza.

Alice sonrió ampliamente y ambos volvieron a centrarse en la película.

Aparte de Rhett, también había pasado mucho tiempo con Trisha, Jake, Dean y Saud. Especialmente ayudándolos a practicar porque se acercaban las pruebas de nivel y ellos querían superarlas para dejar de ser principiantes. Alice no podía ayudarlos con los combates, pero sí con el circuito y con las armas. De hecho, Dean y Jake, a los que se les daba bastante mal disparar, llegaron incluso a acertar en sus objetivos dos veces seguidas gracias a la ayuda de Alice. Todo un logro.

De vez en cuando, Jake intentaba sacar información a Rhett y Tina sobre las pruebas, que eran un misterio, pero ellos se negaban a decir nada. O, mejor dicho, le insinuaban que, si quería saber algo, le preguntara a Max, que básicamente era lo mismo que quedarse sin respuesta.

En esos ratos que compartían, a veces Jake también le contaba a Alice lo que recordaba de cuando era pequeño. Él había nacido después de la Gran Guerra, así que no era tan interesante para la chica, que ya había leído demasiado de guerras humanas. Además, en realidad Jake no recordaba mucho, solo algo de un árbol y su infancia en la ciudad, relato que tampoco era muy cautivador.

Según los padres de su zona, conocer los errores del pasado era crucial para no volver a cometerlos en el futuro, pero Alice no consideraba tan importantes los fallos. Solo hablaban de la parte mala del pasado, nunca de lo bueno que existía antes de la guerra. De cómo eran los humanos en su día a día, de qué hacían para divertirse, de sus profesiones, de sus relaciones... Esa era la parte que más le gustaba a ella.

A menudo, Alice intentaba sacar información a su amigo sobre la gente de la ciudad. Lo logró con algunos alumnos, pero, cuando mencionó a los guardianes, solo consiguió que Jake le recordara que Rhett y Max se llevaban mal, como si no fuera absolutamente obvio.

—¿Qué pasó entre ellos?

El chico dio un respingo, negando con la cabeza.

—Yo..., eeeh..., no lo sé.

—Sí lo sabes.

—Sí, pero no te lo diré. Me matarían entre los dos.

Alice suspiró y optó por preguntar por qué Max siempre estaba tan serio.

—Yo creo que es solo apariencia —confesó Jake pensativo—. En realidad es muy bueno. Muchísimo. Me acogió a mí cuando era pequeño, a Rhett cuando lo echaron de su ciudad, y a muchos otros. A ti, por ejemplo. El problema es que necesita que la gente lo respete si quiere seguir al mando.

Alice analizó cada palabra concienzudamente, pero supo que no podía seguir preguntando.

Unos días antes de la exploración con Max, Tina estaba ayudando a Rhett y a Alice a subir todo el material de clase en la parte de atrás de uno de los coches. Max había encargado a Rhett que sacara a la chica de la ciudad para practicar otra vez con el fusil de francotirador.

Y lo mejor ¡era que estarían ellos dos solos todo el día!

Alice no entendía por qué eso la entusiasmaba tanto. ¿Era normal tener cosquilleos de emoción en el estómago tan solo por la perspectiva de pasar el día con él?

—Deja de sonreír o Tina empezará a preguntar cosas incómodas —murmuró Rhett, colocando una caja en el maletero.

Alice borró su sonrisa al instante, aunque seguía entusiasmada. No sonreír fue muchísimo más fácil cuando Tina se acercó a ellos con una sonrisita y con una propuesta.

—¿Por qué no os lleváis a Jake con vosotros? —sugirió.

Alice no estaba molesta porque su amigo fuera a ir con ellos, sino porque su perspectiva perfecta era pasar tiempo a solas con Rhett sin necesidad de que fuera en su habitación.

—¿Ahora tengo que hacer de niñera de dos personas en lugar de una? —El guardián enarcó una ceja.

—Le irá bien tomar algo de aire fresco.

—Que saque la cabeza por la ventana. Eso es aire fresco.

Jake chasqueó la lengua.

—Pero yo quiero qued... ¡ay!

Se calló cuando Tina le dio una colleja, y sonrió como un angelito.

—Va con vosotros —decretó, y no admitió discusiones al respecto.

Ya de camino por el bosque, Jake no dejaba de asomarse por la ventana, entusiasmado, aunque más de una vez una rama le golpeara en la cara. Menos mal que Rhett no iba demasiado rápido o no habría sido tan divertido.

—No me puedo creer que estemos fuera de la ciudad —dijo Jake—. ¡Esto es genial!

—Nos ha quedado claro la primera vez que lo has dicho —bufó Rhett tan simpático como de costumbre.

Jake lo miró con mala cara y luego se volvió hacia Alice.

—No sé cómo lo aguantas.

Ella sonrió, divertida.

—Ojalá lo aguantara.

—¿Y eso qué quiere decir? —Rhett frunció el ceño.

—Era broma, relájate.

—Pues qué graciosa...

—¡Yo creo que, en el fondo, bajo esa gran fachada de gruñón, nos quieres! —Jake le pellizcó la mejilla—. Aunque no lo admitas, claro.

—No —le aseguró.

—¿Ni siquiera a Alice?

—Ah, Alice es mucho más soportable que tú —le aseguró.

—Pero a mí también me qui...

—No.

—Pero...

—No.

Rhett lo ignoró. Al menos, por un rato. Hasta que se hartó de que le siguiera pellizcando la mejilla y frenó bruscamente, para mirarlo.

—Se acabó, vete atrás. Alice, ven aquí y sálvame de esta tortura.

—¿Qué? —gritó Jake—. ¡No puedes hacer eso!

—Claro que puedo.

—¡Yo quiero ir delante!

—¡Y yo quería pasar el día con mi alumna, pero la vida es injusta!

—¡YO QUIERO IR DELANTE!

—¡Pues mira cómo lloro por ti! —Le abrió la puerta, irritado—. Fuera.

—¿Quién eres tú para exigirme que cambie de sitio? ¿El rey del coche?

—Pues no. Pero resulta que sí soy uno de los instructores que te examinará para la prueba de intermedios.

Jake cambió su expresión al instante.

—Sabes que bromeaba, ¿no? Eres mi instructor favori...

—Jake. —Rhett lo miró—. Fuera. Ya.

Alice intercambió su lugar con él, dedicándole al guardián una sonrisa divertida. Durante unos segundos, el silencio se apoderó del coche mientras cada uno pensaba en sus cosas y Rhett seguía conduciendo con una mano en el volante y un brazo apoyado en la ventanilla abierta.

Hasta que Jake se asomó entre los dos asientos delanteros, claro. Tenía una sonrisa maliciosa.

—¿Al final fuiste a su habitación la otra noche, Alice?

Silencio.

La chica miró a Rhett al instante, que había dado un pequeño volantazo al escucharlo.

—Jake, ¿estás seguro de que quieres que te abandonemos en medio del bosque? Porque mis ganas van aumentando dramáticamente.

—Entonces, sí que lo hiciste —dedujo él.

—No sé de qué hablas —murmuró Alice avergonzada.

—Ni yo —murmuró Rhett, a su vez.

—Ah, pero yo lo sé per-fec-ta-men-te —Jake remarcó cada sílaba.

—Tú estás muy atento cuando te interesa, ¿no? —Ella lo miró.

—¿Yo? Lo estoy siempre, pero disimulo. En fin, ¿al final os visteis o no? ¿Tengo que encargar una cuna porque habéis hecho cosas malas? ¿Necesitáis una pequeña charla sobre... ya sabéis qué?

—¿Puedes intentar mantenerte en silencio durante cinco minutos, Jake? —sugirió Rhett, que estaba claramente empezando a enfadarse.

—No me gusta el silencio. Me aburre.

—Pues a mí me encanta, así que cierra el pico o pararé el coche otra vez.

Jake se inclinó hacia él con una sonrisita burlona.

—Con ese mal humor, Rhett, no conseguirás gustarle a nadie.

—No necesito gustarle a nadie.

—Todo el mundo lo necesita.

—A mí me gusta Rhett —sonrió Alice.

—Será porque te deja sentarte delante...

—Será porque ella no es ni la mitad de molesta que tú —masculló él, mirando hacia atrás.

—¡Céntrate en la carretera! —exigió Alice, girándole la cara hacia el frente.

—Sí, ya. —Jake volvió a clavar un dedo en su mejilla—. Seguro que Alice te gusta sooolo por eso, ¿eh, Rhett?

El coche se detuvo de golpe y el instructor apretó los labios, poniendo el freno de mano.

—Se acabó. Tú mismo te lo has ganado.

Y, cinco minutos más tarde, Jake estaba sentado de brazos cruzados junto a las cajas de munición en la parte descubierta de atrás, enfadado.

—¿Y si se cae? —preguntó Alice preocupada.

—Un problema menos.

—Rhett...

Él suspiró.

—Iré más despacio —aceptó al final.

Jake no se cayó, lo que eran buenas noticias. Además,

cuando llegaron a la colina volvía a estar de buen humor. Su sonrisa no cambió cuando Rhett lo obligó a ayudarlos a descargar el material.

Las cocineras habían estado encantadas de poder preparar algo diferente por una vez, así que cuando abrieron la cestita que les habían dado para almorzar, los tres se sorprendieron. No era mucho, pero a todos les pareció demasiado. Demasiado bueno. Alice, feliz, se hizo con uno de los platos mientras Jake y Rhett se peleaban por hacerse con una tableta de chocolate. Alice tuvo que partirla por la mitad para que no hubiera discusiones.

Después de comer, Jake se tumbó sobre la hierba y no tardó en quedarse dormido. Rhett recogió las sobras y Alice sacó su iPod. Cuando el instructor se sentó a su lado, le quitó un auricular —ya era casi una costumbre— y se lo puso él.

—¿Otra vez? —le dijo, mirándola.

—Me gusta mucho —sonrió—. ¿Es de tu época?

—No —le aseguró divertido—. Tiene unos treinta años más que yo.

—Pues sí que es vieja. —Ambos se quedaron escuchando la canción. Al finalizar, Alice exclamó—: ¡Hay otra que también me encanta!

—Tengo miedo de preguntar, pero... ¿cuál es?

Alice la buscó, contenta, y se la puso a Rhett, que, en cuanto sonó la primera nota, suspiró dramáticamente.

—Pues claro que tenía que ser esta —murmuró—. Es la única que odio de ese iPod.

—¡Si es genial!

—La detesto.

—¡Rhett!

—Seguiré odiándola por mucho que insistas.

—Tienes suerte de que me gustes tal como eres, porque estás un poco amargado.

—Gracias, Alice.

Ella sonrió y, en un pequeño momento de impulso, se inclinó y le dio un beso en la mejilla, justo debajo de la cicatriz.

—De nada —le dijo alegremente, antes de volver a buscar canciones.

Él, a su lado, tardó unos segundos en recomponerse y carraspear.

Un rato más tarde, Rhett dijo que debían ponerse a trabajar. Alice se quedó mirando la caja de munición extraña que le había dado.

—¿Qué es esto?

—Bolas de pintura. Vamos a disparar a personas y preferiría que no mataras a nadie. —Hizo una pausa—. Por ahora.

—Pero... ¿duele?

—No demasiado.

—Dentro de ese «no demasiado» puede haber cien grados distintos de dolor —murmuró Jake medio adormilado aún, desde su sitio de sombra junto a un árbol.

—¡No quiero hacer daño a nadie! —exclamó Alice asustada.

—Por Dios, era broma. —Rhett puso los ojos en blanco—. ¿De verdad te crees que dejaría que dispararas a alguien?

—Bueno, tengo que admitir que hay algunas personas que se merecen una bola de pintura en la frente.

—Mírate —sonrió Jake—, y pensar que cuando llegaste no sabías qué era la violencia... Me encanta cómo te has corrompido.

Ella cargó el arma, dubitativa, y apuntó hacia delante solo para probar cómo era. Sin embargo, la mirilla se volvió negra y se dio cuenta de que Rhett la había cubierto con una mano, enarcando una ceja.

Ya había hecho algo mal.

—Veo que ya se te ha olvidado todo lo que hemos aprendido estos meses.

—¡Eso no es cierto!

—¿Cuál es la primera norma, Alice?

—No quitar el seguro ni poner el dedo en el gatillo hasta estar segura de estar apuntando donde quiero —repitió Alice, imitando su voz.

—Para empezar, yo no hablo así. —Se indignó un poco—. Y, para seguir, hay láminas blancas colocadas en puntos estratégicos que solemos usar para practicar. Deberían estar delante de ti. Y... acabo de decidir que voy a quitarte la estructura.

—¿Qué? —Alice frunció el ceño, algo intimidada—. Pero... nunca he disparado sin ella.

—Precisamente por eso.

—¡He tardado un montón en montar esa estructura!

—Sí, ya hablaremos de tu lentitud. Pero otro día.

Alice no pudo evitar ponerle mala cara, pero él la ignoró.

—¿Qué harás si en una exploración no te dan tiempo para tirarte al suelo y montarlo? —preguntó y colocó la culata del arma en un punto exacto del hombro de Alice—. Ten cuidado con el retroceso. Y siéntate sobre un tobillo. Eso es. Apoya el codo en la rodilla. Exac... Espera, ponte la correa. Bueno, ahora sí. —Rhett se agachó a su lado—. ¿Ves algún objetivo?

Asintió. Había uno no muy lejos de allí, con el dibujo de la silueta de una persona. Tenía manchas de pintura seca en el estómago y en los brazos.

—¿Nadie le da nunca a la cabeza? —preguntó, ajustando la mirilla.

—A ese no. A ver si rompes la maldición.

—Dudo que pueda.

—Si tuviera que apostar por alguien, lo haría por ti.

Alice sonrió al colocarse en posición, con el codo en su rodilla y el arma clavada donde Rhett le había indicado. Pesaba mucho, pero no se quejó.

—No debería ser muy difícil —añadió Rhett—. Es decir, no va a moverse.

—Es la parte positiva de los dibujos —murmuró Alice divertida—. Aunque no creo que la gente se quede tan quieta si los apuntas con un arma.

—Si lo que quieres es disparar a objetivos que se muevan, podemos pedirle a Jake que se ponga a correr por el bosque.

—¡De eso nada! —Este dio un respingo.

—Bueno, ya puedes quitarle el seguro. —Rhett volvió a centrarse—. Eso es. Ahora, intenta relajarte. Te veo temblar desde aquí.

—Es imposible no temblar un poco.

—No es imposible si te relajas.

Rhett se acercó y le colocó la cadera de lado, de manera que ella hizo de todo menos relajarse.

Intentó que no se le notara que acababa de invadirla una oleada de nervios, pero no sirvió de nada. Él no dejaba de quejarse de lo mucho que le temblaban las manos.

—¡Ya sé que me tiemblan! —soltó ella al final, irritada.

—Relájate —repitió, esta vez en un tono un poco más suave—. Intenta centrarte solo en el objetivo y será más fácil.

No, no estaba siendo más fácil. Seguía nerviosa.

—Coloca un dedo en el gatillo. Eso es. Ahora, cálmate... Intenta concentrarte solo en lo que quieras disparar. Que no te tiemblen las manos. Quizá no tengas otra oportunidad si fallas una vez. Se trata de adivinar dónde irá. Cuál es su próximo movimiento. Cuando estés segura, inspira hondo por la nariz y suéltalo por la boca.

Alice tardó unos segundos, pero hizo exactamente lo que le pedía. Al sentirse más segura, finalmente apretó el gatillo.

No esperaba un retroceso tan brusco. Le dio la sensación de que el arma empujaba su hombro hacia atrás con tanta fuerza que le sacudía el cuerpo entero. Se apartó, sorprendida, intentando no caerse de culo.

—¿Estás bien? —Rhett le puso una mano en el hombro.

—Sí. —Y era cierto, solo se había asustado—. ¿Le he dado? Apuntaba a la cabeza.

—Al cuello —le informó Rhett, bajando los prismáticos—. No está mal para empezar.

—¿Puedo volver a intentarlo? Quiero romper esa maldición.

—Claro —sonrió—. Pero primero practica con otros objetivos.

Estuvieron allí toda la tarde, practicando, pero Rhett no dejó que Alice disparara a nada vivo. Era una lástima, porque, como le comentó a su instructor, más de una vez había fantaseado con pillar a Kenneth en una posición perfecta para que le diera una bola de pintura en la frente.

—Ni se te ocurra —le advirtió Rhett.

—Aburrido. Solo es una bola de pintura.

—Por eso. A ese prefiero que le dispares con balas reales.

Alice sonrió, divertida, y volvió a centrarse en lo que hacía.

Consiguió acertar en cinco estómagos, tres hombros, y en la cabeza a la figura más fácil, cosa que ya consideró todo un logro. No estaba mal para ser la primera vez. Rhett le había dicho que la mayoría ni siquiera rozaba los objetivos.

Tenía el hombro ya palpitante y los brazos doloridos cuando devolvió el arma al coche, cansada. Jake se había quedado dormido profundamente en la hierba y Rhett tuvo que cargarlo hasta el coche como a un niño pequeño.

—Seguro que está fingiendo para no tener que guardar todo esto —masculló Rhett después, mientras los dos cargaban el material otra vez.

—Yo también lo haría —le aseguró Alice.

—¿Por qué? —él enarcó una ceja, bromeando—. ¿Quieres que te lleve en brazos?

—Mmm..., puede.

—¿Puede?

—Si eso implica no tener que andar, tal vez lo consideraría.

—Bueno, tampoco sería la primera vez que te llevo en brazos. Cargué contigo el primer día hasta el hospital. Todavía me duele la espalda.

Alice se detuvo en seco en cuanto escuchó esa última parte.

—¿Qué insinúas?

Rhett también se detuvo y la miró, confuso.

—¿Eh?

—¿Me estás llamando pesada?

—¿Cómo?

—¿Sí o no?

—No, claro que no —murmuró confuso—. Solo...

—¿Y por qué lo has dicho de esa forma?

—Alice..., era una broma.

—¡Pues no lo parecía!

—¿Sabes? Podrías decirle a Jake que en lugar de enseñarte a decir cosas sarcásticas todo el rato, te enseñara a pillar bromas.

—¡Si fuera una chica normal, probablemente esa *broma* —hizo énfasis en la palabra, irritada— habría hecho que te diera una bofetada!

—¿Qué? ¿Ahora quieres pegarme?

—¿Dejarías que lo hiciera?

—No lo sé. Si eso implicara que esta conversación absurda terminara, a lo mejor sí.

—¡Pues... igual debería hacerlo!

—Alice —dio un paso hacia ella—, no iba en serio. Vamos.

Hizo una seña hacia el coche, esperando que Alice se subiera, pero ella se limitó a cruzarse de brazos.

—¿Puedo conducir yo?

Rhett enarcó las cejas.

—No —le dijo enseguida—. De eso nada.

—Déjame conducir.

—Para eso deberías saber conducir y, para saber conducir debería enseñarte, y no puedo hacerlo ahora porque está oscureciendo. Y, además, estamos fuera de la ciudad. Otro día, podríamos...

—No necesito que me enseñes. Ya sé. ¡Vine aquí en coche, por si se te había olvidado!

—Sí, y lo estampaste contra el... —se calló cuando vio la expresión de Alice—. Es decir..., seguro que eres una conductora maravillosa. Ese maldito muro molestaba, de todas formas. Hiciste bien en tirarlo.

—No sé si me gustan del todo tus bromas. —Alice entrecerró los ojos—. Pero está bien, ya conduciré otro día.

—Genial. —Rhett pareció aliviado—. Ahora, volvamos de una vez.

Jake estuvo durmiendo con la boca abierta, tumbado en el asiento de atrás, mientras volvían a la ciudad. Alice le colocó bien el brazo que le colgaba fuera del asiento y lo cubrió mejor con la chaqueta de Rhett. Al final, había sido un buen día.

* * *

A la hora de la cena, en su mesa solo estaba Trisha. Tenía un ojo un poco azulado. Alice no pudo evitar esbozar una mueca de sorpresa al darse cuenta. Nunca la había visto con una herida tan notable.

—¿Qué te ha pasado? —preguntó, sentándose delante de ella.

—Un idiota ha conseguido acertarme en el entrenamiento. —Esta la miró con desconfianza—. ¿Dónde habéis estado el pesado, el amargado y tú todo el día?

—Hemos ido a practicar. ¿Dónde están los demás?

—Esperando su turno, supongo.

Alice los miró. Dean, Saud y Jake estaban haciendo cola para que les sirvieran la comida. Se volvió de nuevo hacia Trisha.

—¿Puedo preguntarte algo?

—¿Qué? —masculló ella, removiendo su puré con cara de asco—. Dios, cómo huele. Voy a vomitar.

—Eeeh... No tiene nada que ver con la comida.

—¿Qué quieres?

—¿Tú... has estado con un chico alguna vez?

Trisha dejó de poner cara de asco para mirarla con curiosidad.

—No, nunca.

—¿Jamás te ha gustado un chico?

—¿A qué viene preguntarme eso?

—Curiosidad —mintió Alice avergonzada—. Dime, ¿nunca te ha gustado nadie?

—Claro que alguna vez me ha gustado alguien. No soy un robot.

Alice casi se atragantó.

—El otro día —siguió, tras recuperarse—, un chico y una chica de mi habitación empezaron a hacer cosas raras en una cama.

—¿Cosas raras? —repitió Trisha claramente divertida.

—Sí, bueno..., eso de besarse.

—Besarse no es raro, Alice.

—¡Lo es si se hace de esa forma tan ruidosa!

—Vale —Trisha enarcó una ceja—, ¿adónde quieres llegar con esto?

Alice respiró hondo, jugueteando con su cuchara.

—¿Cómo sabe una persona cuándo es el momento de..., eeeh..., dar un beso a otra?

Hubo un instante de silencio en el que Trisha esbozó una sonrisita incrédula.

—No me lo puedo creer... ¿El amargado todavía no ha intentado besarte?

—¿Todavía?

—Bueno, babea cada vez que te ve. —Trisha puso los ojos en blanco—. ¡Es tan evidente!

—¿De verdad? —preguntó Alice con voz chillona.

—No es que disimuléis mucho, ¿no? Especialmente cuando viene a nuestra mesa y te pregunta si después irás a su habitación.

Alice agachó la cabeza, avergonzada. Tenía razón.

—Supongo que él no se ha lanzado y quieres hacerlo tú —dedujo Trisha.

—Más o menos... Es que yo nunca he besado a nadie.

—Eso ya lo suponía.

—En las películas siempre empiezan los chicos.

—Pero eso es taaan antiguo... —Trisha puso los ojos en blanco—. Si quieres besarlo y crees que él también, hazlo y ya está. No le des más vueltas. ¿Qué puedes perder?

—¿Mi dignidad si me dice que no?

—Tampoco tienes mucha.

—¡Hablo en serio!

Trisha lo pensó un momento.

—No te dirá que no —concluyó con una sonrisita maliciosa—. Créeme, hará de todo menos decirte que no.

—¿Cómo puedes estar segura?

—Confía en mí. No lo hará. Son cosas que... simplemente

se saben. Igual que tu madre intuye que te encuentras mal sin que le digas nada.

No recordaba una sola vez en que una madre se hubiera preocupado de su bienestar en su antigua zona. Ni siquiera el padre John lo hacía demasiado. Le habría gustado tener a alguien que lo hiciera.

—Volviendo al tema... —prosiguió Trisha—, dar un beso no es para tanto.

—¿No?

—No, claro que no. Tú solo lánzate y síguele el rollo.

—¿El... rollo?

—Sí. Él te ayudará. Seguro que tiene más experiencia que tú.

—¿Y ya está? ¿Y si lo hago mal?

—Es cuestión de práctica, Alice. Cuanto más lo hagas, mejor se te dará.

—¿Y si practico antes con otra persona?

—Ah, no, eso no. —Trisha empezó a reírse—. No le hagas eso a un pobre chico o morirá a manos del señor amargado.

—Pero ¿no has dicho que un beso no es para tanto?

—Limítate a besar a Rhett si es quien te gusta.

—Mmm..., vale.

—Genial. —Trisha la señaló—. Tú cierra los ojos, pero no te quedes quieta como un palo, ¿eh? Eso es lo más aburrido del mundo. Y no lo muerdas, por favor. Eso sí que no lo hagas. Al menos el primer día. Resérvate alguna sorpresa para el segundo.

—No tenía pensado morder a nadie, la verdad.

—Yo solo te aviso.

—Oye, respecto a la técnica... —empezó Alice.

Pero, justo en ese momento, llegaron los chicos a la mesa y no pudo continuar. Trisha la miró con una sonrisa pícara, cosa que Alice interpretó que era para darle ánimos y que no se echara atrás.

Iba a ser una noche interesante, eso seguro.

19
LA TÉCNICA PERFECTA

Hacía casi dos horas que esperaba, tumbada en la cama, para ir por fin a la habitación de Rhett. Había sentido la tentación de hacerlo unas cuantas veces, pero no quería arriesgarse a que la pillaran. Especialmente ese día. Se había pasado el rato repasando los consejos de Trisha para asegurarse de que lo haría bien, no quería espantar a Rhett y que saliera corriendo.

Aunque, pensándolo bien, si lo hacía mal sería ella misma quien saldría corriendo de la vergüenza.

Ay, no, ¿y si salía mal?

Su rostro reflejó preocupación. Trató de recordar los besos que había visto en las películas. ¡Allí nunca salía nada mal!

Por fin, llegó la hora de irse. Se incorporó un poco y miró a su alrededor. Se oían ronquidos y respiraciones acompasadas. Asegurándose de que nadie permanecía despierto, se puso de pie, dispuesta a salir de la habitación. Cerró la puerta con sumo cuidado, sin hacer ningún ruido, y se dirigió a la escalera sin percatarse de que había alguien allí.

Chocó contra él y se llevó una mano a la nariz con una mueca de dolor.

—¡Au! ¿Qué...? —empezó, pero se quedó callada al ver quién era—. ¿Kenneth? ¿Qué haces aquí?

—Podría preguntarte lo mismo —dijo él, cruzándose de brazos.

Alice tuvo que pensar con rapidez. Con demasiada rapidez.

—Iba al baño.

Kenneth sonrió, negando con la cabeza.

—Hay una puerta en la habitación.

—Está rota.

—¿En serio? Voy a ver...

Alice lo detuvo.

—Bueno, ¿y qué pasa si quiero ir por aquí? ¿Hay algún problema?

Él la miró unos segundos. Los nervios de Alice aumentaban cada vez más.

—Muy bien —accedió él, finalmente.

—Genial. —Alice pasó por su lado, pero se detuvo cuando la agarró del brazo—. ¿Qué haces? Suéltame.

—Te acompaño —le dijo firmemente.

Oh, no.

—De eso nada.

—¿Por qué no, Alice?

—Porque hay algo en este mundo llamado privacidad.

—Me da igual. Voy contigo.

—Oye, te he dicho que me sueltes. —Alice tiró de su brazo, estaba empezando a enfadarse.

—Y yo te he dicho que voy contigo.

—¡Déjame en paz! —Por fin, consiguió liberar su brazo—. Vete a molestar a otra persona, Kenneth.

Él frunció el ceño lentamente.

—Cada noche te vas de la habitación a esta hora y no vuelves hasta más tarde —dijo, remarcando cada palabra—. ¿Pretendes que me crea que vas a hacer pipí y que tardas dos horas en mear?

—No quiero que te creas nada. Lo que haga o deje de hacer es problema mío.

—Entonces quizá sea problema de alguna instructora cuando se lo cuente.

Alice ya se estaba dirigiendo a la puerta del servicio, pero se detuvo en seco para mirarlo por encima del hombro.

—¿Qué has dicho?

—Ya me has oído.

Uf, ese chico estaba jugando con fuego.

—Muy bien, Kenneth. —Alice también se cruzó de brazos—. Vete corriendo y delátame. Pero ¿qué le dirás exactamente? ¿Que voy al baño a medianoche? Seguro que me echan de la ciudad. Qué peligrosa soy.

—Venga ya, ¿te crees que nací ayer?

—Nunca me lo había planteado, la verdad.

Kenneth la miró unos segundos, desconcertado, para después volver al tema.

—No vas al servicio, no soy idiota. Vas a ver a alguien.

—Es tu palabra contra la mía.

—Si se lo cuento a un guardián le dará importancia —amenazó Kenneth—. Se lo podría decir a Rhett y te echaría de tu especialidad.

Alice tuvo que controlarse para no reír. Sí, seguro que le sorprendía mucho...

—Muy bien, cuéntaselo a quien quieras, pero déjame pasar.

La volvió a agarrar del brazo. Esta vez Alice se zafó rápidamente y apretó los puños.

—¿De qué vas? —le preguntó Kenneth, de pronto.

—¿Que de qué... voy? —Alice no sabía muy bien qué significaba eso.

—Sí, eso te he preguntado.

—Ni siquiera sé que... Oye, ¿puedes dejarme en paz de una vez? He intentado ser amable contigo, pero ya me estás cansando. Si es lo que piensas, no estoy interesada en ti, lo siento. Seguro que encontrarás a alguien que lo esté, pero esa no soy yo. Ahora, ¿puedo irme?

Kenneth se había quedado mirándola con una mueca cada vez más enfadada. Alice permaneció firmemente de pie delante de él, sosteniéndole la mirada, aunque su instinto le gritaba que le diera una patada en la ingle y saliera corriendo.

—Eres una calientapollas —le soltó él de repente.

Alice parpadeó, confusa.

—¿Que soy una calienta... qué?

—Estás jugando conmigo, ¿no? ¿Eso te divierte?

—Mira, no sé de qué me estás hablando, pero no quiero seguir con esta conversación, así que...

Volvió a intentar pasar. Esta vez no la agarró del brazo, sino que la empujó contra la pared, haciendo que, cuando su espalda chocó contra ella, Alice se quedara un breve momento sin poder respirar.

Las ganas de practicar los golpes que Rhett le había enseñado en la cara de Kenneth acababan de aumentar exponencialmente.

—Pues yo sí que quiero seguirla —le dijo él brusco—. Un día te pasas el rato insinuándote y al siguiente me tratas como si fuera la peor mierda.

—¡Yo nunca he insinuado nada! —Alice frunció el ceño.

—¿Te crees que soy idiota?

—¡No creo nada! ¡No estoy interesada en ti, nunca lo he estado y nunca lo estaré!

—Eso no puedes saberlo.

—¡Créeme, estoy segura!

—¿Por qué?

—¡Porque me gusta otra persona! ¿Puedes entender eso? —Alice ya estaba de los nervios—. No me gustas. ¿Te lo tengo que decir en otro idioma para que lo entiendas? Porque sé más de veinticinco. ¿O mejor te lo escribo en la pared? ¿Así me dejarías en paz de una maldita vez?

Se había prometido ser amable con él, pero había llegado al punto en que le daba igual herir los sentimientos de Kenneth —si es que tenía—. Se había comportado como un idiota y estaba casi segura de que la había insultado.

—Mentira —le dijo Kenneth, mirándola con suspicacia.

Pero ¿cómo se podía ser tan pesado?

—¿Cómo dices? —preguntó ella lentamente, exhalando los últimos restos de su pobre paciencia malherida.

—Que es mentira. No te gusta nadie más.

—Eres muy insistente, ¿no? —Alice puso los ojos en blanco.

—Es un farol.

—¡No lo es!

—Muy bien, ¿quién es?

—¿Y a ti qué te importa?

Kenneth dio un paso hacia ella y Alice notó que su puño preparado empezaba a cosquillear de la emoción.

—Te lo estás inventando. Quieres hacerte la difícil, ¿eh? —dijo, con una sonrisa maliciosa.

—Mira, no lo voy a repetir. Apártate ahora mismo o...

—¿O qué? —Él se inclinó hacia ella.

Y ahí fue cuando vio, servida en bandeja de plata, la oportunidad perfecta de practicar una de las técnicas favoritas de Rhett.

Él la llamaba la antipesados.

Perfecta para Kenneth.

Levantó los brazos, colocó las piernas separadas alineadas con sus hombros y, antes de que él pudiera reaccionar, enganchó una pierna con la suya, lo mantuvo sujeto y le clavó un puñetazo con todas sus fuerzas en la nariz.

Y, como había enganchado su pierna, Kenneth se cayó de culo al suelo.

Perfecto.

El chico se tocó la nariz y se miró las manos, sorprendido. Su cara se volvió lívida cuando vio la sangre en ellas.

Alice no se quedó a comprobar los daños ni a esperar a que se vengara. Pasó por su lado haciéndose la segura, pero en cuanto estuvo sola empezó a correr con el corazón latiéndole fervientemente, presa de la emoción, la adrenalina y la seguridad que le daba saber que, por fin, podía defenderse sola.

Aunque, por otro lado, Kenneth no se olvidaría fácilmente de lo que había sucedido, ¿verdad?

Y podía ser un pesado, pero estaba en los avanzados de lucha. ¡De lucha! Era capaz de asesinar a Alice de un pellizco si quisiera. De hecho, el único motivo por el que no la había bloqueado es que estaba distraído. Y sospechaba que eso no volvería a pasar.

Estaba ya por la mitad del camino cuando le empezó a doler la mano, especialmente la muñeca. Al principio fue un poco, después, mucho, como si le hubiera dado un puñetazo a una pared en lugar de a la cara de alguien. El término «caradura» cada vez iba mejor con Kenneth.

Llamó a la puerta de Rhett con la otra mano. Él la abrió con cara de dormido, pero pareció despertarse por completo al ver manchas de sangre en su camiseta.

—¿Qué...? —empezó frenético.

—No es mía.

Entró en la habitación sujetándose la muñeca, que le dolía cada vez más, y Rhett siguió mirándola sin entender nada.

—No sabía que dar un puñetazo doliera tanto —murmuró Alice, apañándoselas para no empezar a maldecir.

—¿Has dado...? —Rhett se acercó a ella y le sujetó la muñeca con cuidado para verle la mano—. Pero ¿qué diablos te ha pasado?

—He tenido que pegarle.

—¿Qué?

—He puesto en práctica la técnica antipesados.

Rhett cambió su expresión a una furiosa, pero Alice estaba demasiado ocupada intentando ocultar sus gimoteos de dolor de manera muy poco efectiva como para preocuparse.

—Y duele. —Esbozó una mueca—. Duele mucho.

—Joder, Alice, yo no... Tenemos que ir a ver a Tina. Ahora mismo.

—¡No puedo decirle que acabo de golpear a Kenneth! ¡Hará preguntas!

—Yo no soy médico, ¿vale? Si solo fuera un rasguño podría ayudarte, pero esto se escapa de mis capacidades.

Él fue el primero en encabezar la marcha hacia la habitación de Tina, que fue bastante corta, teniendo en cuenta que era la puerta de enfrente. Llamó con los nudillos, mirando a Alice con el ceño fruncido. Le puso una mano en la espalda como si no supiera qué más hacer mientras ella ponía muecas de dolor.

Por suerte, Tina no tardó mucho en abrir la puerta en su pijama de cuadros escoceses. A pesar de la situación, a Alice le pareció gracioso verla con algo que no fuese su bata de trabajo. Tina se quedó mirándolos como si fueran extraterrestres.

—¿Qué pasa? —preguntó confusa y adormilada, sus cejas se dispararon hacia arriba—. ¡¿Eso es sangre?!

—Alice se ha hecho daño en la muñeca —aclaró Rhett.

Tina dejó de lado la confusión y el sueño para mirar la mano que Alice se sujetaba contra el pecho.

—¿Qué has hecho?

—¿Importa? —masculló ella.

—Sí. Importa mucho, Alice.

—Dice que le duele —aclaró Rhett—, ¿podemos centrarnos en eso y no en tonterías?

Tina suspiró y, finalmente, asintió con la cabeza.

La instructora desapareció un momento. Al volver, traía consigo una pastilla, que le hizo tomar a Alice, y un ungüento que le extendió por la muñeca y que, además de dejarle una extraña sensación de frío, olía bastante mal. Al menos, le calmó el dolor.

—Bueno, no es grave —dijo examinándola—. ¿Te has caído y te has apoyado en la mano?

—Mmm..., no exactamente.

—¿Has golpeado una pared?

—Bueno..., no, tampoco...

—Y ¿qué ha pasado? —Tina clavó la mirada en Rhett, que frunció el ceño.

—¿Por qué me miras así? —soltó él ofendido.

—¿A quién has golpeado? —preguntó Tina directa, aún con la mirada fija en Rhett, que parecía irritado.

—A Kenneth —aclaró Alice.

Los dos se quedaron mirándola.

—¿Quién es Kenneth? —quiso saber la sanadora.

—¡Lo sabía! —Rhett se acercó nervioso—. ¿Qué ha pasado?

—Es uno de los alumnos de Deane —explicó Alice a Tina. Se incorporó, mirándose la mano, y luego a Rhett—. No me dejaba en paz, eso ha pasado. Y me ha llamado... calientaporras o algo así.

—¿Que te ha llamado qué? —El instructor entrecerró los ojos.

—Rhett —le advirtió Tina cuando vio que se ponía de pie—. Siéntate.

—Pero...

—He dicho que te sientes.

Él lo hizo tras unos segundos, con mala cara. Tina apretó los labios. No estaba muy a favor de la instrucción de lucha, así que lo estaba menos de las peleas espontáneas.

—Bueno, ya estoy sentado. Ahora, ¿se puede saber por qué me mirabas así? —le preguntó Rhett—. ¿Qué te creías que había pasado?

—¿Qué quieres que piense si te presentas con una chica en ropa interior —Tina señaló las bragas moradas y blancas con dibujos de caballos alados de Alice— que está a punto de llorar y tiene toda la pinta de haber dado un puñetazo?

—No estaba a punto de llorar —masculló Alice avergonzada.

—Eso ahora no importa. —Tina se cruzó de brazos, mirando a su compañero severamente—. ¿Me puedes explicar qué estabais haciendo juntos?

Rhett se quedó en blanco un momento. Alice decidió intervenir.

—Él no ha hecho nada malo, solo me ha ayudado.

—Además, no es problema tuyo lo que haga en mi tiempo libre —replicó él a la defensiva.

—No vayas por ahí, señorito. —Ella levantó un dedo acusador en su dirección.

—No voy por ningún lado. Es mi tiempo libre. Puedo hacer lo que quiera.

—Como Max se entere de que te ves a escondidas con tus alumnas, Rhett...

—No me veo... Pero ¿quién te crees que soy? ¿Un acosador o algo así?

—¡Yo no he dicho eso!

—No me veo con mis alumnas —aclaró molesto.

—Pero con Alice sí, ¿verdad?

Esta, por algún motivo, se ruborizó cuando, tras lo dicho por Tina, Rhett, la miró de reojo.

—Eso es distinto —concluyó.

—Ya sabes a lo que me refiero. —Tina negó con la cabeza—. Es una irresponsabilidad. —Miró a Rhett de nuevo, como una madre riñendo a su hijo—. Y ahora, Alice, quiero que me expliques qué ha pasado exactamente para ver qué podemos hacer al respecto.

—¿A qué te refieres? —preguntó ella.

—Bueno, no ha sido la primera vez que nos hemos encontrado con alumnos... problemáticos —Tina hizo una mueca al decir la palabra— al tener que compartir habitación con chicas. Si ese es el caso...

—Kenneth no es malo con las chicas —se obligó a decir Alice—. Solo conmigo. No sé por qué, pero está seguro de que siento algo por él. Intenté convencerlo de que no es cierto, pero no me creía.

—Pues que lo haga —masculló Rhett.

—Pero... —Tina parecía más incómoda que ella—. ¿Te ha... hecho daño?

—Me ha agarrado del brazo unas cuantas veces. Luego me ha empujado, y entonces le he dado el puñetazo..., más o menos.

—Es decir, que ha sido en defensa propia —aclaró Tina—. Entonces, deberíamos hablar con Max para que reasignen a ese chico a otra habitación.

—Sí, creo que en el hotel de cuatro estrellas que hay aquí al lado tienen una *suite* disponible. —Rhett enarcó una ceja.

—Podría dormir con los del grupo intermedio —sugirió Tina.

—No es necesario —se apresuró a decir Alice.

—¿Cómo que no? —Rhett la miró como si se hubiera vuelto loca.

—Kenneth es un poco pesado, pero... no quiero que lo castiguéis por mi culpa.

—Pues a mí me encantaría...

—Rhett. —Tina lo miró.

—¿Qué? ¿Ahora tampoco puedo opinar?

—Cielo —Tina volvió a mirarla—, si te sientes incómoda con él...

—No es eso. Ha sido la primera vez que he tenido que decirle que parara. Normalmente solo es un poco insistente, pero nada más. De verdad, no creo que vuelva a pasar.

—Si pasa...

—No volverá a pasar —aseguró ella de nuevo.

No sabía por qué defendía a Kenneth. Quizá fuera porque no quería separarlo de sus amigos. Ella sabía bien lo que era eso. No se lo deseaba a nadie.

Bueno, quizá un poco a Deane...

—Entonces —Tina puso las manos en las caderas—, asunto arreglado. Ahora, cada cual a su habitación.

Alice frunció el ceño sin que nadie la viera. ¿Ya? ¿No podía quedarse un rato más con Rhett?

—Vigílanos —le dijo él a Tina enfurruñado—. No sea que la secuestre por el camino y me la lleve a la mía.

—Rhett...

—Déjalo. —Él se volvió hacia Alice—. Ya nos veremos.

Ella no respondió. Estaba maldiciendo haberse quedado sin su noche... interesante.

* * *

A la mañana siguiente, Alice estuvo, de todos modos, de buen humor. Ni siquiera le importó que Deane la tratara igual de mal que siempre.

De hecho, la instructora se puso de muy mala uva cuando vio que Alice conseguía hacer el recorrido sin caerse ni una sola vez. Esta, en su interior, gritaba mil gracias a Rhett. Había valido la pena solo por ver la cara de amargura de aquella mujer.

Así que su buen humor seguía latente cuando empezó a estirar con Davy, que se quedó mirándola un momento con una ceja enarcada.

—¿Qué? —preguntó ella.

—Nada. Solo estoy atando cabos.

—¿Qué cabos?

—Tú te levantas de buen rollo y Kenneth tiene la nariz azul. No sé. Es cuando menos sospechoso.

Alice sonrió, divertida. Davy intensificó la mirada de investigador profesional.

—Así que está relacionado, ¿eh?

—Digamos que le hice una llave antipesados.

—Me caes bien —aseguró él—. Kenneth es un idiota. Ya era hora de que alguien le callara la boca.

—Créeme, lo sé.

—Pero, de todas formas, prefiero no conocer los detalles.

Así que no dijo nada más en toda la clase. Sí, a Davy le gustaba el silencio.

Justo cuando acabaron de estirar, Deane dio dos palmadas y todos se volvieron hacia ella, que tenía una pequeña sonrisa malvada en la cara. Uy, mala señal.

—Ya que por fin *todos* sabéis cruzar el recorrido sin caeros —miró especialmente a Alice antes de seguir—, creo que ha llegado la hora de empezar con los combates de entrenamiento. Mañana será el primero, así que empezad a prepararos.

Menos mal que la chica estaba de buen humor, porque si

no lo hubiera estado..., bueno, esa noticia le habría destrozado el día.

Además, ahora que había practicado tanto con Rhett, se sentía mucho más segura a la hora de enfrentarse a un oponente.

La siguiente hora fue precisamente la de él. Ese día utilizarían armas pequeñas —sus favoritas después del fusil de francotirador, y las más usadas allí—, cosa que dominaba bastante bien, así que se colocó en su panel y empezó a disparar contra el muñeco. Normalmente no acertaba directamente en la cabeza, pero no solía disparar fuera del muñeco, logro del que estaba bastante orgullosa.

Había pasado casi media clase y Rhett no se había fijado en ella ni un momento. Normalmente prefería criticar o corregir a los que lo hacían mal que elogiar a los que lo hacían bien, así que era una buena señal. Pero, pasado ese tiempo, Alice notó que se acercaba a ella. Tuvo que esforzarse para que no le temblara el pulso y seguir disparando igual de bien.

Rhett se apoyó en su panel con un hombro y miró el muñeco, como hacía con los demás.

—Creo que debería replantearme dar clases de lucha —le dijo en voz baja.

—¿Por qué? —preguntó ella, recargando.

—He visto la nariz de ese chico —sonrió.

Alice lo imitó, pero enseguida borró la sonrisa. Después de todo, estaba en clase y había compañeros en los demás paneles. Y, por lo que había dicho Jake, ya había rumores circulando sobre ellos dos. No quería dar motivos para que crecieran

—Pero también estoy un poco decepcionado contigo.

Alice bajó el arma y lo miró, confusa.

—¿Por qué?

—Sigue disparando —le dijo él, y ella obedeció—. ¿Cómo se te ocurre meter el pulgar adentro a la hora de dar un puñetazo? Fue lo primero que te enseñé.

Alice notó que se le enrojecían las mejillas.

—No... no me acordé.

—Pudiste romperte el dedo, Alice.

—Bah, no es para tanto.

—Sí lo es. —Él frunció el ceño—. Estamos hablando de tu seguridad, no voy a bromear con eso.

Alice puso los ojos en blanco.

—Bueno, no me lo rompí. Y tengo la esperanza de no tener que volver a dar otro puñetazo si no es en clase.

—Créeme, si sigues relacionándote conmigo, alguno me vas a dar en algún momento.

—Entonces, cuando tenga que golpearte, me aseguraré de sacar el dedito.

—Eso espero —Rhett se separó del panel—. Por cierto, hoy no hay clase particular.

—¿Qué? —Alice volvió a detenerse, pero tuvo que centrarse en disparar cuando él la miró mal—. ¿Por qué no?

—¿Eso que percibo es desilusión? —bromeó él.

—Claro que no —mintió ella.

—Tenemos las pruebas de los intermedios —aclaró Rhett, volviendo al tema—. Jake y tus demás amigos participarán. Seguro que te pedirán que asistas.

Alice frunció el ceño. Otra oportunidad de estar a solas con él perdida.

—Quizá me pase.

—¿Quizá? —Rhett la miró extrañado—. Oye, no te lo estaba ofreciendo.

—Sonaba como si lo hicieras.

—Pues era una orden de instructor profesional. ¿Sabes lo aburrido que es tener que aguantar a más de cincuenta personas haciendo el mismo recorrido una y otra vez? A alguien tendré que molestar.

—Bueno, siempre te queda Jake.

—Si no vienes, me lo tomaré como si te hubieras quedado con el idiota de la nariz azul y haré que lo castiguen.

—¿Me estás amenazando? —Alice lo miró, divertida.

—No es una amenaza, es un hecho. —Él se inclinó para poder hablarle en voz más baja—. Tú ve; créeme, te gustará más de lo que piensas.

—¿Me... gustará?

¿Por qué de pronto notaba que su cuerpo entero temblaba?

—Me toca elegir a la mitad del grupo. —Alice estuvo a punto de preguntar sobre ello, pero Rhett negó con la cabeza—. No puedo decirte nada más. Ven y compruébalo o quédate con la curiosidad.

—Si lo dices así, sabes que voy a ir.

—Por eso lo digo así.

Y, dicho eso, se separó y volvió a adoptar la cara de instructor malhumorado.

—Sigue disparando —le ordenó.

—Sí, señor —le respondió Alice igual de seria, aunque por dentro sonreía.

Rhett pasó por detrás de ella y siguió con su recorrido.

—¿Todavía estás recargando, principiante? —le preguntó a un chico del fondo, que se apresuró a preparar el arma al verlo acercarse—. ¿No se supone que esta es la clase de los avanzados? ¡Si esto fuera la vida real, ya te habrían agujereado por todas partes!

* * *

—Así que eres tan mala pegando que te hiciste más daño tú que él —observó Trisha algo divertida.

—Prefiero pensar que tengo tanta fuerza que no puedo dominarla, la verdad.

Estaban las dos sentadas en las gradas del campo mientras los chicos discutían a unos metros de ellas por algo relacionado con un cómic que les habían comprado a los exploradores. Eran insistentes con el tema. Por no decir pesados. Trisha estaba tirando de un hilo roto de su camiseta con poco entusiasmo.

—¿Te has preparado bien para las pruebas? —le preguntó Alice.

—La verdad es que no.

—Bueno..., tú ya las superaste una vez.

—Y lo volveré a hacer —le aseguró, riendo—. Dudo que encuentren a alguien que pueda conmigo. Se supone que su mejor baza es Kenneth y ya me peleé con él cuando íbamos a la misma clase.

—Y ¿cómo fue? Espero que le dieras una paliza.

—Ah, se la di. —Ella le dedicó una sonrisa deslumbrante, cosa muy extraña en Trisha—. Lo tumbé en diez segundos.

—Ojalá hubiera podido verlo.

—Espero que mañana me toque con él en la prueba de lucha.

—Según Deane, es su mejor alumno —observó Alice.

—Deane es una imbécil incapaz de ver más allá de su ego. —Su amiga la miró curiosa—. Hablando de imbéciles incapaces de ver nada..., ¿cómo te fue con ya sabes quién? —preguntó, subiendo las cejas un par de veces.

—¿Con quién? —respondió Alice, imitándola.

—¡¿Con quién va a ser? !Con tu instructor favorito. ¿Cómo te fue?

—Ah. Pues... —Alice se encogió de hombros.

Trisha puso los ojos en blanco al ver su expresión.

—¿Qué? —preguntó ella, a la defensiva.

—Te pasaste todo el santo día monotemática y pidiéndome consejo, y cuando llega el momento ¿te rajas? —Alice la miró, sin entender. Trisha resopló antes de explicarse—: Quiero decir que te echaste atrás. ¡Que no te atreviste!

—No es que no me atreviera, simplemente ¡es como si el mundo no quisiera que nos quedemos a solas para intentarlo!

—¡Venga ya! ¿Y anoche?

—¿Qué parte de mi puñetazo a Kenneth no has entendido?

—Vale. ¿Y hoy?

—Está preparando la prueba de esta tarde —aclaró Alice—. Hoy es imposible.

—Bueno..., prueba esta noche.

Alice la miró interesada.

—¿Qué quieres decir?

—Tú plántate en su habitación de madrugada y dale un beso que le haga caer de culo.

—Espera, ¿qué?

—Que lo beses. No te lo pienses. Y si te lo pide el cuerpo, sigue adelante.

—¿Que siga hacia dónde?

—Ya sabes —dijo Trisha con una sonrisa pícara, y bajando la voz—, sexo.

—¿El sexo es aceptable tan pronto? Ni siquiera nos hemos besado.

Además, Alice se ponía nerviosa solo de pensarlo.

—Es aceptable si a los dos os apetece.

—No lo sé, Trisha... Rhett no parece preparado.

—¿Que Rhett no parece preparado? —ella empezó a reírse—. Quizá seas tú la que no lo está.

—Tal vez sea él —insistió Alice.

—Créeme, él está preparadísimo. He visto cómo te mira cuando no te das cuenta. Lleva preparado mucho tiempo.

Alice iba a responder, pero la interrumpió al darle una palmadita en la espalda.

—Y después de esta bonita reflexión sobre el sexo, voy a entrenar un poco.

—Te desearía suerte, pero creo que la necesitará toda tu oponente.

Trisha sonrió, divertida, bajando las gradas.

—Mantengo la esperanza de que me toque con Kenneth. Le mandaré recuerdos de tu parte.

20
LAS PRUEBAS DE INTERMEDIOS

Alice no estaba muy segura de en qué consistían las pruebas para pasar al nivel intermedio, pero había más de cincuenta personas con aspecto nervioso esperando junto al campo de entrenamiento.

No tardó en ver a Jake, Trisha, Dean y Saud entre ellos, al igual que la gran mayoría de sus antiguos compañeros de habitación, entre los cuales estaban las chicas que se habían metido una vez con ellos, que cuchicheaban nerviosas y observaban el recorrido.

Dudó un momento sobre qué hacer cuando se acercó a las gradas y vio que no había nadie con quien sentarse. Como siempre, los avanzados la miraban con recelo por ser la nueva y la rarita. Vio a Tom y a Shana, que apartaron la vista de ella en cuanto sus ojos se encontraron. Ojalá Davy hubiera estado allí, pero había preferido quedarse leyendo en la habitación.

Se sentó en la primera grada con las manos apoyadas en las rodillas, mirando el campo. Habían construido un circuito que comprendía los distintos ejercicios que los principiantes habían practicado durante el curso. Estaba delimitado por una línea roja en el suelo que señalaba el camino hasta el final, empezando por un tramo básico de equilibrio y rapidez, pasando por unas barras que debían cruzar usando solo los brazos, una red que debían pasar por debajo y unos saltos que, comparados con su entrenamiento actual con los avanzados, a Alice le parecieron una bobada.

Geo —el único guardián que no había tenido como profesor— y Tina estaban hablando mientras controlaban la zona y apuntaban algo en sus cuadernos. Alice sintió curiosidad por leerlo.

El siguiente ejercicio era el de Rhett: una zona con sacos amontonados y figuras de entrenamiento a unos metros de distancia a las que los principiantes debían disparar con cuatro armas diferentes: un revólver pequeño, una pistola básica, un rifle semiautomático y una escopeta.

El instructor estaba sentado en uno de los sacos con un bloc de notas y un bolígrafo en la mano. Parecía aburrido y bostezaba descaradamente, contrastando de forma un poco graciosa con los nervios que mostraba todo el mundo a su alrededor.

Y, por último, Alice vio que, en la prueba de Deane, había un círculo en el suelo. Miró a la instructora, que tenía el ceño fruncido y también sujetaba papel y bolígrafo para tomar apuntes.

Como la zona de Rhett estaba cerca de las gradas, Alice se puso de pie y se acercó todo lo que pudo a él, que la vio enseguida y trotó hacia ella. Al llegar, apoyó los brazos en la gruesa barra de hierro que los separaba.

—Mira quién ha decidido venir —le sonrió Rhett.

—Tenía curiosidad —admitió Alice—. ¿Van a tener que hacerlo todo?

—Y no solo una vez. A veces, a los instructores les da por

decidir que el mismo alumno repita su prueba. Deane siempre lo hace y tardamos una maldita eternidad.

—Típico de ella. —Alice la miró de reojo. Parecía contenta con poder dar órdenes, para variar—. ¿Qué harán contigo?

—Lo de siempre. Reconocer armas, saber cargarlas y, al menos, dar al objetivo.

—No parece difícil.

—La mía no es la que los tiene así de inquietos. —Rhett negó con la cabeza—. La prueba de lucha se hace con un grupo de avanzados voluntarios. Ese suele ser el foco de nervios.

—Trisha lo insinuó. —Alice buscó con la mirada a sus amigos en la cola, y vio que Jake miraba a Deane, aterrorizado—. ¿Quién decide las parejas?

—Yo me encargo de la mitad de la lista y Deane de la otra. Se supone que es para hacerlo justo y aleatorio, pero...

Hizo una pausa y la miró. Parecía un poco tenso.

Ay, no. ¿Rhett tenso? ¿Lo había estado alguna vez?

—¿Qué pasa? —preguntó ella con un hilo de voz.

—Tengo que contarte algo, pero acércate.

Alice se inclinó, nerviosa, y apoyó las manos junto a sus brazos en la barra, mirándolo.

—He visto la lista de Deane —le dijo lentamente.

—¿Y qué pasa?

—Alice, no te alteres. —Rhett miró a su alrededor, asegurándose de que nadie los veía—. Ha emparejado a Jake con Kenneth.

Ella palideció.

—Será...

Se cortó a sí misma y echó una mirada asesina a Deane, que seguía centrada en sus asuntos. Sintió que una rabia mezclada con impotencia empezaba a recorrerla de arriba abajo.

—Tiene que ser una broma —le dijo finalmente a Rhett, como si quisiera que lo confirmara.

Él apretó los labios y negó con la cabeza.

—Ojalá lo fuese.

—¡No puedes dejar que se pelee con él! ¡Lo matará!

—Tranquilízate —le pidió él—. Y escúchame.

—¿Que te escuche? ¡Rhett, lo va a destrozar! ¡Ha sido esa... esa cabrona que quería vengarse de mí! ¡Va a matarlo!

—No lo hará si me escuchas —replicó él irritado.

Alice se calmó. El corazón le bombeaba sangre a toda velocidad cuando vio a Jake de nuevo en la cola, tan pequeño y bueno... No podía enfrentarse a Kenneth. ¡No podía!

—He visto a ese idiota en otras pruebas de intermedios —le dijo Rhett en voz baja—. Sé cuáles son sus puntos débiles.

—¿Y eso qué...?

Para su sorpresa, Rhett la sujetó de la mandíbula con una mano para que lo mirara. Alice se quedó quieta al instante, si bien seguía temblando por dentro al pensar en el combate de su amigo.

—Yo no puedo hablar con los principiantes —le dijo Rhett, con una mirada significativa—. Pero a nadie le importará que tú vayas a desear buena suerte a tu amigo, ¿me explico?

Alice tardó unos segundos en entender qué le decía, pero cuando por fin lo comprendió, abrió los ojos como platos, aún nerviosa.

—¿Qué... qué le digo?

—Memorízalo, porque lo va a necesitar. —Rhett suspiró—. Que no bloquee los golpes, que los esquive tanto como pueda, y que, haga lo que haga, no se caiga al suelo. Eso es muy importante, ¿lo entiendes?

—S-sí...

—Si ve que va a golpearlo, que no sea en la cara, que sea en el hombro o en el brazo. Y que solo ataque cuando Kenneth esté al borde del círculo. El primer golpe que le dé tiene que ser en el plexo o en la ingle. Si todo va bien, solo deberá lanzar un golpe para que salga.

—¿Qué es...?

—Una parte del cuello —aclaró—. Tú solo díselo. Plexo e ingle. Lo entenderá. Ah, y si ve que eso no funciona, que le reviente otra vez la nariz. Deane se verá obligada a parar el combate si uno de los dos empieza a sangrar.

—Está bien —dijo Alice algo dubitativa.

—Ahora, corre y díselo. En cuanto Max llegue, esto empezará.

Le soltó la cara, pero Alice se quedó mirándolo un momento más.

—Graci...

—Vete a decírselo ya, pesada.

Tan dulce como siempre.

Ella se apresuró a acercarse a la cola de principiantes y a empujar a la gente para abrirse paso hasta sus amigos. Jake fue el primero en verla. Y el primero en fruncir los labios cuando lo agarró del brazo y lo aparto del grupo de gente para hablar con él.

—¿Qué haces? —preguntó él sorprendido.

—Te ha tocado con Kenneth —soltó Alice a toda prisa, no podían perder tiempo.

Jake empalideció al instante.

—¿Q-qué? Pero... Pero...

—Escucha bien...

Y le contó absolutamente todo lo que Rhett le había dicho. Jake no dejaba de asentir con la cabeza, aterrorizado. Alice estaba segura de que en lo único que podía pensar él en esos momentos era en huir de allí, pero tenía que entender lo que debía hacer. Cuando terminó, Jake parecía estar a punto de llorar.

—Saldrá bien —le aseguró Alice.

—No, no saldrá bien. —A Jake le temblaba el labio inferior—. Me va a matar.

A Alice le dieron ganas de ir a asesinar a Deane, a Kenneth y a todo el mundo. ¿Por qué tenían que ser malos con Jake si el problema lo tenían con ella? Él no había hecho nada a nadie. No lo entendía. ¿Cómo podían ser tan crueles?

—No lo hará si has entendido lo que te acabo de decir. Repítemelo —le pidió ella, y esperó a que Jake lo hiciera—. Lo harás genial en las pruebas, ya lo verás. Solo recuerda cómo superar el combate con Kenneth.

—No, no lo haré genial. Soy terrible. —Al chico se le llenaron los ojos de lágrimas.

—No digas eso, porque no es cierto. Solo estás asustado.

—Sí lo es. Tú no lo entiendes porque al menos se te da bien disparar, pero a mí ni eso. No destaco en nada.

—Claro que sí. En muchas cosas, además. —Alice frunció el ceño, poniéndole las manos en los hombros—. Jake, eres la persona más noble que he conocido en mi vida, y siempre te las apañas para hacer reír a los demás, o para que se sientan bien cuando pasan por un mal momento.

—Pero ¡a ellos no les importa nada de eso, solo sus estúpidas pruebas!

—Me da igual. —Alice se acuclilló un poco para poder mirarlo de frente, a los ojos. No podía soportar ver a Jake, al bueno de Jake, tan desconsolado—. A mí sí me importa. Y me traen sin cuidado las pruebas. No sirven para nada. Así que no digas que no haces nada bien, Jake. Si no hubiera sido por ti, porque tú me encontraste, no sé qué habría sido de mí. Si no me hubieras aceptado tal como soy y presentado a tus amigos, ahora mismo estaría sola. Me has ayudado muchísimo.

Jake pareció animarse un poco, aunque agachó la cabeza, ruborizado.

—¿Tú crees?

—Claro que lo creo. Además, me has enseñado a jugar a las cartas. Eso solo lo hace una buena persona.

—Sigo ganándote, de todas formas —murmuró él con una pequeña sonrisa.

—Y ya sabes que Rhett te pondrá la máxima nota hagas lo que hagas.

Él pareció considerarlo un momento con la mirada clavada en el circuito.

—Sí..., probablemente, ¿verdad? —Sonrió.

—Yo siempre tengo razón —bromeó Alice antes de incorporarse—. Ahora, vete ahí y demuéstrales que puedes con esto.

—Patearé a Kenneth por ti —le aseguró Jake, sonriendo.

—Se acordará toda la vida —le dijo ella divertida.

Cuando Alice volvió a sentarse en la grada, intercambió una mirada con Rhett, que seguía en la barra, sonriendo con aire divertido.

—No se te da mal consolar a la gente —le dijo, mirando a Jake.

—Creo que estoy más asustada que él —admitió ella.

—Pues no se te ha notado.

—Como Kenneth le haga daño... —murmuró para sí.

—Tranquila, mamá oso. —Rhett sonrió—. Max también vigila la prueba de lucha. No dejará que le pase nada.

—Eso espero.

Y, como si lo hubieran invocado, el guardián supremo apareció con una lista en la mano y semblante cansado y malhumorado. Ideal para calmar los nervios de la gente.

Además de inquietos, los participantes parecían aterrados. Max se dirigió hacia Tina, con quien intercambió unas pocas palabras. Después, empezó a andar hacia la zona de armas, pasando por delante de Deane, que lo saludó sin recibir respuesta.

Alice no pudo contener una pequeña sonrisa de satisfacción al percatarse de ese detalle. Max empezaba a caerle mejor.

Sin embargo, su sonrisa se borró cuando vio que este se detenía al llegar donde estaban ellos.

Por algún motivo, Alice se sintió como si los hubieran pillado haciendo algo vergonzoso.

—Buenos días, gran líder. —Le sonrió Rhett, todavía apoyado en la barra—. Da gusto ver tu cara de buen humor.

Max dirigió una mirada a Alice, que fingió que estaba muy concentrada en sus manos, antes de volverse hacia Rhett otra vez.

—Hay tres alumnos menos de los que esperábamos —le dijo, con su típica expresión poco amistosa—. Tenemos más tiempo, así que también vas a puntuar la velocidad con la que se ocupen de las armas, como el año pasado.

—Muy bien.

—¿Lo has entendido?

—Sí, Max, creo que mi pequeño cerebro puede adaptarse a estos grandes retos que me pones.

Alice miró de reojo a Rhett. Era el único de la ciudad que hablaba así a Max, aunque este ignoró el comentario y clavó la mirada en ella. Alice se arrepintió al instante de haber levantado la cabeza.

—¿Cómo estás, Alice?

Ella tragó saliva. No sonaba del todo amigable.

—Y-yo... bien.

—Ya veo. —Max frunció el ceño—. No sé si es buena idea que te sientes ahí.

—Bueno, si molesto...

—No molestas —Max clavó una mirada severa en Rhett—, pero por lo visto distraes.

Alice enrojeció, pero el instructor se limitó a poner los ojos en blanco.

—No la culpes a ella. He sido yo quien se ha acercado.

—¿Y para qué te has acercado, exactamente?

—Para hablar de nuestras clases. Tú mismo me animaste a sacar lo mejor de ella, visto su potencial. ¿Ahora te molesta que le preste atención?

Alice contuvo la respiración cuando Max le lanzó una mirada que, de haber sido posible, lo habría congelado. Menos mal que se limitó a dar media vuelta y marcharse sin decir nada más.

En cuanto estuvo a dos metros de distancia, Alice le pellizcó el brazo a Rhett, que dio un respingo, asustado.

—¿Qué demonios...?

—¡No le hables así! —Lo señaló—. ¡Se va a enfadar contigo y nos prohibirá dar clases particulares!

—Y te preocupa, ¿eh?

—Tú... no lo hagas enfadar y ya está.

—Siempre está enfadado, no tengo nada que perder.

Alice vio que Max hacía una pequeña presentación para los principiantes, pero desde donde estaba no pudo oír nada. Se sentía ansiosa. Tras unos pocos minutos de charla, la primera persona en hacer la prueba, una chica, empezó el recorrido. Lo hizo bastante rápido y Geo y Tina se pusieron a escribir en su libreta. El siguiente empezó mientras la chica se dirigía al lugar de Rhett.

Y así siguieron sucesivamente durante la primera hora.

Rhett se había mantenido apoyado con la espalda en la barra, observando a los alumnos realizar su prueba. Alice tenía los brazos y la mandíbula apoyados en la barra también, a su lado.

Él tenía una habilidad especial para adivinar lo que haría cada alumno. Era fascinante. Alice no podía evitar levantar las cejas sorprendida cada vez que acertaba, que eran nueve de cada diez.

—Esa chica suspenderá —murmuró Rhett.

—Pero... ¡lo está haciendo bien!

—Mira sus piernas. Rodillas tensas. Está nerviosa. No acertará.

—Eso no puedes sab...

Se calló cuando la chica disparó y ni siquiera le dio al muñeco. Soltó una palabrota y fue a por la siguiente arma.

Rhett se volvió hacia Alice con una ceja enarcada y media sonrisita orgullosa.

—¿Qué decías?

—Nada, olvídalo.

El primero de sus amigos en hacer la prueba fue Dean. Alice lo animó cuando pasó junto a ellos, y él le sonrió agradecido. Parecía nervioso, pero hasta ahora lo había hecho bastante bien. Fue de los pocos que no tuvo que repetir nada, y pasó la prueba de Rhett de forma bastante eficiente.

Fue entonces cuando Alice vio que Geo giraba el pulgar hacia abajo a un chico cuyo rostro se ensombreció antes de marcharse. No había conseguido ni cruzar el primer obstáculo sin caerse.

—¿Por qué pone el pulgar como el de la película esa? —preguntó Alice.

—¿Eh? —Rhett la miró.

—¡La del gladiador, cuando el emperador ponía el pulgar así los condenaba a muerte! ¡¿Lo van a matar?!

Y, claro, Rhett empezó a reírse a carcajadas, con lo que se ganó dos miradas asesinas: una de Max y otra de Deane.

—No van a matarlo —le aseguró divertido—. Solo está eliminado.

—¿Y eso qué quiere decir?

—Que ha suspendido. Seguirá en principiantes —murmuró Rhett antes de fruncir el ceño al ver cómo se desenvolvía el chico que estaba realizando su prueba—. Otro con las rodillas tensas. ¿Qué le pasa hoy a todo el mundo?

Geo y Tina habían eliminado ya a dos chicos, Rhett a una

chica —que tardó más de un minuto en cargar una pistola reglamentaria por los nervios, pobrecita—, y Deane a cinco personas.

Si el instructor no te dejaba siquiera terminar la prueba, no tenías derecho a realizar las otras. Directamente estabas eliminado. A Alice no le extrañaba que la gente estuviera nerviosa. Menos mal que Deane era la última.

Saud fue el siguiente. Lo hizo muy bien, como todos esperaban. Rhett no tuvo nada que comentar sobre él. Alice le levantó los pulgares y él sonrió ampliamente. Su sonrisa se mantuvo cuando vio que, en la prueba de lucha, le había tocado con un chico de su tamaño.

Cuando llegaban a la zona de combate, era muy fácil saber qué instructor había elegido a las parejas. Rhett había hecho un esfuerzo para que todos estuvieran emparejados más o menos con alguien de su altura y peso, pero Deane simplemente había elegido a sus mejores alumnos para lucirse. Kenneth y Shana entre ellos, claro.

Entonces, le llegó el turno a una de las chicas que habían estado molestándolos en la habitación de principiantes. Se llamaba Annie, ¿verdad? Le sonrió a Rhett, que ya tenía aspecto de estar aburrido de decirle lo mismo a todo el mundo.

—Coge la primera arma, cárgala y dispara al objetivo lo más rápido que puedas. Sigue con las demás hasta haberlo hecho con todas.

Esa chica lo miraba con una sonrisa que a Alice no le gustó mientras agarraba el revólver. ¿Era cosa suya o parpadeaba de manera exagerada?

—¿Así? —le preguntó a Rhett, levantando la pistola.

Alice se sintió molesta sin saber ni siquiera por qué. Solo le había hecho una pregunta. Quizá fuera por la forma en que lo había preguntado. Parecía que insinuaba algo. Algo que no le gustó.

Rhett levantó la cabeza y la miró sin ningún tipo de expresión.

—¿Me lo estás preguntando?

La chica se aclaró la garganta, incómoda, y disparó a su primer objetivo. Alice la seguía con el ceño fruncido, viendo cómo parpadeaba de forma excesiva y sonreía, mordiéndose el labio inferior. No estaba muy segura de qué hacía, pero no le gustó.

Al menos, no parecía que Rhett le estuviera prestando atención. De hecho, en esos momentos estaba ocupado diciéndole a Alice que la chica tampoco tenía las rodillas bien colocadas.

Y, cuando llegó a la escopeta, se volvió de nuevo hacia Rhett.

—Igual podrías ayudarme con la postura y...

Él suspiro y marcó algo en su hoja sin siquiera mirarla.

—Eliminada —le dijo—. ¡Siguiente!

La chica se quedó mirándolo con la boca abierta.

—¿Qué? ¿Por qué?

—Me has preguntado cómo hacer algo muy básico y me has pedido ayuda, cosa que está prohibida. Por eso estás eliminada.

—Pero...

—No tenemos tiempo para esto, principiante. Nos vemos en clase. ¡Siguiente!

La chica se quedó allí de pie un momento más antes de marcharse con los puños apretados. Alice la siguió con la mirada y sonrió disimuladamente, sin poder evitar sentirse un poco mala por ello.

Y, entonces, le tocó a Jake.

Alice se olvidó por completo de lo que pasaba en las otras pruebas y se centró en él, que estaba pasando por debajo de la red a bastante buen ritmo. Alice tamborileaba los dedos en la barra, nerviosa. Jake superó el primer recorrido sin dificultad y se acercó a Rhett. Fue al único alumno al que este le sonrió al llegar.

Le dijo lo mismo que a los demás y Jake los miró un momento, como dudando. Alice se obligó a sonreírle para desearle suerte. Aunque no la necesitó. Lo hizo perfectamente.

Rhett asintió con la cabeza mientras escribía, y Jake parecía más tranquilo al acercarse a la zona de lucha, donde Deane y Max lo esperaban.

Alice, en cambio, estaba de todo menos calmada.

—Relájate, mamá oso —le dijo Rhett en voz baja—. Confía en él.

Pero ella observó, aterrada, cómo Kenneth, con la nariz cubierta por una gasa y el área de alrededor azulada, se acercaba a la zona de lucha. Jake tragó saliva, nervioso, y apretó los puños. A Alice le dio la sensación de que Kenneth había crecido y Jake había encogido muchísimo. No podía estar tranquila. Necesitaba que aquello terminara cuanto antes.

—Cuando queráis —les indicó Max, que tampoco parecía muy de acuerdo con la elección de Deane.

Ella, en cambio, dedicó a Alice una sonrisa de satisfacción.

—Será... —empezó Alice.

—Aquí no —la cortó Rhett en voz baja—. No dejes que te provoque.

—Pero...

—Alice, ya lo sé, pero aquí no.

Se obligó a callarse, frustrada.

Kenneth fue el primero en moverse, y lanzó un puñetazo que Jake esquivó fácilmente. Alice se movió un poco sin darse cuenta. Estaba aterrorizada. El chico esquivó otro puñetazo agachándose y dio unos cuantos pasos atrás, pisando la zona roja del círculo, pero no se salió.

Cuando Kenneth volvió a acercarse a él, parecía más irritado, y lo empezó a golpear con más ganas, de manera que esquivarlo era cada vez más difícil para Jake, que se las apañaba a duras penas para no salir herido.

Alice dio un brinco cuando vio que Jake conseguía acorralar a Kenneth en el borde del círculo y le lanzaba un puñetazo en la garganta.

¡Sí! ¡Lo que habían acordado! Contuvo la respiración cuando vio al otro retroceder, pero todo el aire de su cuerpo se evaporó cuando vio que este, en el último momento, conseguía esquivarlo.

Ay, no.

Kenneth, enfadado por los comentarios despectivos que le dirigía Deane, lanzó un puñetazo a la cara de Jake que este solo fue capaz de parar con un brazo, pero que le hizo caerse al suelo.

Ni siquiera se había dado cuenta de que se había movido, pero se obligó a sentarse cuando Rhett le puso una mano en el hombro y la devolvió a su lugar, también mirando el combate de reojo.

Alice, pálida, optó por agarrarse al brazo de Rhett, que apretaba fuertemente. Jake estaba en el suelo, respiraba agitadamente y se frotaba el brazo. Kenneth se acercó a él e intentó darle una patada en las piernas, pero el muchacho consiguió retroceder, poniéndose de pie justo a tiempo para alejarse de otro puñetazo.

—Vamos, Jake... —murmuró Rhett.

Max parecía estar tan pendiente de la pelea como ellos. Alice tenía la sospecha de que también le tenía algo de cariño al chico, y quizá por eso frunció el ceño cuando vio que Kenneth le acertaba un golpe en el estómago, que lo lanzó al suelo y lo arrastró un metro hacia atrás.

Alice se tapó la boca con una mano, a punto de saltar al

campo y matar a Kenneth, pero no hizo falta. Max había levantado la mano, enfadado, para parar el combate.

—Se acabó —dijo, apuntando algo.

—¿Qué? —Deane lo miró—. No han terminado, Max.

—He dicho que se ha acabado.

—Pero...

—No es ningún logro golpear a alguien más pequeño que tú —añadió, clavando una mirada bastante severa sobre ella—. Y no veo por qué tendríamos que seguir alargando esto. El chico ha demostrado que sabe esquivar. A mí me vale. Si no quiere meterse en una especialidad de lucha, ha superado la prueba.

Deane parecía furiosa.

—¡A mí no me vale, Max! ¡No han terminado!

Él levantó la cabeza para mirarla y pareció que la repentina furia de la instructora desaparecía para convertirse en temor.

Era la primera vez que Alice la veía nerviosa. Toda una novedad.

—Es decir... —empezó Deane inquieta.

—He dicho que la pelea ha terminado —repitió Max lentamente—. Pon tu nota y sigamos. No lo repetiré.

Deane apretó los labios y se volvió hacia el *ring* de nuevo, enfadada.

—Muy bien. —Miró a Jake como si tuviera la culpa de todo. Él seguía tosiendo—. Suspendido.

A él no pareció importarle. Se marchó de ahí con la cabeza gacha. Alice se sintió mucho más aliviada cuando vio que se sentaba en las gradas con Dean y Saud, que intentaron animarlo un poco.

—No lo ha hecho tan mal —le aseguró Rhett en voz baja.

—Deane es... es...

—Sé lo que es, no hace falta que lo digas.

Alice soltó un suspiro frustrado y se centró en Trisha. Ella había bordado su primera prueba y ahora también había pasado la de armas. Rhett le hizo un gesto para que fuera a la de lucha. Lo hizo con una pequeña sonrisa malvada, estirando el cuello mientras se detenía en medio del círculo sin estar demasiado nerviosa.

—Esto es lo que te dije que sería divertido —murmuró Rhett.

—¿El qué?

—Trisha estaba en mi lista —le sonrió—. Yo elegí a quién se enfrentaría.

Alice no entendió nada hasta que vio que Kenneth volvía al círculo con mucha menos confianza que la última vez que lo había pisado.

Oh.

Ooooooh.

Eso sí que iba a ser divertido.

—Cuando queráis —les dijo Max.

Alice sonrió al ver que los dos adoptaban posiciones defensivas y se inclinó hacia Rhett.

—¿Está mal que quiera ver cómo le da una paliza?

—No. Todo el mundo quiere verlo.

Alice se mordió el labio inferior para ocultar su sonrisa, mirándolos.

Kenneth era bueno, pero Trisha era rápida. Esquivó el primer puñetazo y en el segundo consiguió enganchar la muñeca de su oponente con el brazo y darle un puñetazo en el estómago que lo dejó sin aire durante un momento. Se le daba muy buen esquivar. Alice estaba casi segura de que no le había dado ni una sola vez. Lo hacía como si hubiera nacido para ello, agachándose y bloqueando golpes como si no resultara difícil.

Y entonces fue cuando Alice se dio cuenta de que Trisha jamás se había mostrado así de agresiva con ella. Ni siquiera cuando no se conocían y les tocó pelear juntas. No había sido la mitad de lo buena que habría podido ser solo por ella.

De pronto, se sintió mal por haberla juzgado tan rápido y tan mal.

De todas formas, Alice no pudo evitar sonreír orgullosa cuando Trisha se agachó, esquivando un puñetazo, y consiguió tumbar a Kenneth de una patada en la rodilla. Para su sorpresa, ella se quedó de pie a su lado, mirándolo con una sonrisa.

—¿Eso es todo, Kenny? —preguntó—. Creo que ha sido incluso más rápido que la última vez.

Él estaba furioso. Se puso de pie y empezó a atacarla sin siquiera pensar los movimientos, deseando solo golpearla. Trisha se divirtió dándole puñetazos pequeños en el estómago y en la espalda, sin recibir uno solo. Cuando Kenneth mostró signos de cansancio, ella empezó a pelear de verdad.

Y lo demostró cuando el chico le lanzó una patada que ella esquivó, derribándolo de nuevo. Mientras él estaba de rodillas, trató de asestarle un puñetazo en el estómago. Ella volvió a enganchar su muñeca, esta vez con las piernas y giró el cuerpo, de manera que su codo se clavó con fuerza en la nariz amoratada del chico.

Este la soltó enseguida, goteando sangre y con una mueca de horror. Trisha miró a sus instructores tan tranquila como si diera un paseo.

—¿Puedo irme?

Deane estaba furiosa al ver a su alumno predilecto en el suelo, gimoteando y cubriéndose la nariz. Ni siquiera le respondió.

—Buen trabajo —le dijo Max, sin embargo.

Y Trisha volvió sonriente a su lugar, donde Jake aplaudía más que nadie.

* * *

Cuando Rhett abrió la puerta esa noche, Alice todavía estaba emocionada por lo que había pasado en las pruebas. No sabía ni cómo había aguantado las ganas de salir corriendo a verlo durante esas dos largas horas. Habían sido eternas.

—Menuda paliza que le ha dado Trisha a ese *creisino* —exclamó, entrando—. ¡No había disfrutado tanto en mucho tiempo!

Rhett la miró, divertido.

—¿*Creisino*? —repitió.

—¿Eso no es algo malo?

—Es cretino, Alice.

—Después de lo que le había hecho a Jake..., ojalá la hubieran dejado con él un rato más.

—Me preocupa un poco lo violenta que te estás volviendo —observó Rhett, apoyándose en la puerta.

—No es violencia. Es..., argh..., satisfacción. Se lo merecía, ¿no crees?

—Sí, eso es cierto.

Alice se quedó en silencio un momento antes de mirarlo.

—¿La elegiste porque sabías que lo machacaría?

—Digamos... —él sonrió ligeramente— que no pude resistirme. Era tentador.

—¡Eres el mejor!

Sin pensar en lo que hacía, Alice se lanzó sobre él. Literalmente. Le rodeó el cuello con los brazos y Rhett dio un traspié al sujetarla con las manos. Pero a Alice no le importó estar colgada de él, se sentía demasiado feliz. Así que se limitó a apretujarlo, agitando las piernas en el aire.

—Alice... —murmuró él medio ahogado—. Nos vamos a caer.

—¡Eres el mejor instructor del mundo!

—Me alegro, pero... me estoy ahogando.

—¡Nunca pensé que me alegraría ver a Trisha intentando

asesinar a alguien! —Ella siguió apretujándolo aún más—. Menos mal que no todos sois como Deane. Ojalá todos fueran como tú.

—¿Podrías dejar de hablar de mí como si fuera un santo o algo así? —protestó él, rindiéndose y dejando de forcejear para zafarse de su abrazo—. Por cierto, ¿no tienes ropa interior normal? Cada día es más ridícula.

—¿Qué tienen de malo? —Alice por fin lo soltó y volvió a tocar el suelo con los pies. Miró sus bragas, confusa—. A mí me parecen divertidas.

En la cara de Rhett apareció media sonrisa ladeada.

Alice se encogió de hombros. Luego miró a Rhett con los ojos entrecerrados.

—Oye, ¿y tú por qué me mirabas las bragas? —Rhett enrojeció—. A mí no me importa. —Ella se encogió de hombros—. Se supone que la ropa está para que los demás la vean.

—Bueno, sí, pero...

—¿Quieres ver mi sujetador?

—¡NO! —Rhett la detuvo cuando vio que empezaba a subirse la camiseta—. Bájate eso. No quiero verlo.

—Eres un aburrido. —Alice se cruzó de brazos—. De todas formas, ahora que lo pienso, no llevo.

Rhett la miró de arriba abajo, sorprendido, y luego miró hacia cualquier otro lado, más incómodo que nunca.

—¿Vas a escoger una película o qué? —preguntó él impaciente.

Alice se sentó en el suelo y empezó a rebuscar entre las cintas para escoger una. Oyó a Rhett suspirar y murmurar algo para sí mismo sobre darse una ducha fría.

Alice no encontró nada que le llamara la atención, así que, mientras él seguía en el baño, se puso a cotillear. No tenía muchas fotografías, pero sí varios libros en una estantería pequeña. Agarró uno, volvió a sentarse en el suelo y lo hojeó.

Rhett apareció unos segundos más tarde. Al verla con el libro en la mano, la miró, interrogativo.

—Soy un androide de información —explicó ella, encogiéndose de hombros y enseñándole la portada—. Mi principal función en mi antigua zona era pasarme horas y horas en la biblioteca adquiriendo conocimientos.

—¿Y solo leías... cosas científicas? —Rhett se sentó a su lado.

—No siempre. Casi todo era historia clásica, especialmente griega y romana. Como sé hablar latín y griego...

—Espera, ¿sabes hablar latín y griego?

—Puedo hablarte en más de veinticinco idiomas distintos. —Ella sonrió, un poco avergonzada al ver su cara de sorpresa—. También es una de mis funciones.

—Pero... ¿de qué les servía a esos científicos locos que supieras historia clásica y hablaras tantos idiomas?

—Cada androide tenía una función programada —le explicó, cerrando el libro—. La mía era asegurarme de poder contar la historia clásica humana a cualquier persona en la mayor cantidad de idiomas posibles por si alguna vez se perdía ese conocimiento. Era una forma de preservar esos datos.

Rhett la miró fijamente con una expresión que ella no supo identificar, así que tragó saliva y siguió hablando.

—Sé hablar latín, griego clásico, francés, ruso, español, inglés, italiano, chino... Está en mi programación y...

—No hables así.

—¿Cómo?

—Sobre tu programación. —Rhett apartó la mirada, algo incómodo—. Si sigues diciendo eso, te convencerás a ti misma de que no eres humana.

—Rhett, no lo soy.

—¿Por qué no? ¿Porque lo digan cuatro idiotas?

—No, porque... funciono gracias al núcleo de mi estómago.

—¿Y a quién le importa?

—A los de esta ciudad, por ejemplo. —Su humor decayó un poco—. Y yo estoy empezando a pensar como ellos, la verdad.

—No digas eso. —Rhett frunció el ceño.

—Es la verdad. Lo que no entiendo es por qué le das tú tan poca importancia.

—Porque no la tiene. A mí me da igual que un núcleo te mantenga viva... o lo que sea que hicieran para que existieras. Eres más humana que la mayoría de las personas que conozco, y eso es lo único que me importa.

Ella se quedó quieta un momento. No esperaba que dijera eso. Parecía incómodo, como si lo hubiera soltado sin pensar. Alice sintió un hormigueo extraño que empezó en su estómago y terminó extendiéndose por todo su cuerpo. Sin darse cuenta, se acercó un poco más a él y Rhett no se apartó.

Así que, sin pensarlo dos veces, terminó de acortar la distancia entre ellos y lo besó.

Él se quedó de piedra, pero ella no se detuvo. Recordó las películas y los consejos de Trisha. Estaba tan nerviosa que era difícil obedecerlos con precisión. Tenía una mano en su hombro y otra apoyada en el suelo. Mantuvo los labios sobre los suyos, pero Rhett no se movió.

De hecho... No, no se movía.

Ay, no.

Se separó al cabo de unos segundos, tragando saliva, y esperó. Rhett la miraba fijamente.

Ay, no, no, no.

¿Y si no había hecho lo correcto?

¡Ay, no!

¿Y si se había precipitado?

Empezó a ponerse muy nerviosa, allí sentada, en el suelo junto a él.

Seguro que lo había estropeado todo. Seguro que a partir de ese momento no...

Rhett interrumpió el hilo de sus pensamientos. Le puso una mano en la nuca y la arrastró de nuevo hacia él para besarla. Alice abrió mucho los ojos, sorprendida.

Vale, ¿y ahora qué se hacía?

¡No se podía creer que ella, la androide 43, estuviera besando a alguien! Unos meses atrás, había entrado en pánico solo por un roce de manos. Y ahora estaba besándose con Rhett. Y no se arrepentía. Ni un poquito.

Esos primeros segundos fueron de pánico absoluto, pero después sintió que su cuerpo se relajaba y se atrevió a mover las manos hasta la nuca de Rhett, olvidándose por completo de los consejos de Trisha, de las películas y de cualquier cosa que no fuera lo que estaba sucediendo en esa habitación. Sus dedos se enredaron entre los cortos mechones de pelo del chico y, al tirar ligeramente de ellos, sintió la respuesta inmediata en el cuerpo de Rhett, que pegó bruscamente su pecho al suyo.

El impulso hizo que ella cayera torpemente hacia atrás y hubiera un momento de silencio cuando abrió los ojos, ahora tumbada en el suelo. Sin embargo, no le dio tiempo a pensarlo antes de sentir que él clavaba un codo junto a su sien y se inclinaba para besarla otra vez, aunque ahora de forma distinta. Mucho menos controlada. Alice empezó a sentir que la cabeza le daba vueltas cuando acarició sus bíceps. Tuvo la respuesta que buscaba al instante, porque él se inclinó todavía más y...

... y justo en ese momento llamaron a la puerta.

Alice dio tal respingo que, sin pensarlo, sintió que su mandíbula se contraía y... Ay, no.

Horror.

Le mordió el labio a Rhett con tanta fuerza que escuchó su gruñido de protesta casi al mismo tiempo que ella se quedaba paralizada.

Oh. No.

Se apartó tan bruscamente, asustada, que el pobre Rhett también se llevó un codazo en el estómago sin querer.

¡Oooh, noooooo!

¡¿En qué momento habían pasado de estar besándose a tener a Rhett con una mano en el estómago y la otra en el labio?!

—¡Mierda! —soltó Alice sin poder contenerse—. ¡La única norma!

Trisha iba a reírse mucho cuando se lo contara.

—¿Norma...?

—¿Rhett? —La voz de Tina sonó al otro lado de la puerta.

Él miró la puerta y luego sus dedos manchados de sangre, pensando a toda velocidad. Alice, por su parte, completamente roja de vergüenza, solo quería hacerse una bolita y desaparecer.

—Había maneras más suaves de pedirme que parara —le dijo él un poco divertido.

—Me quiero morir —murmuró Alice.

—¿Rhett? —repitió Tina—. ¿Qué haces?

—¡Ahora voy, un momento! —exclamó—. ¡Espérame en tu habitación!

Los pasos alejándose indicaron que la mujer le había hecho caso. Él se pasó la lengua por el labio.

—Oye, Alice...

—¿Te duele mucho? —Asomó los ojos por encima de sus manos. Las mejillas nunca le habían ardido tanto.

¿Por qué tenía que salirle todo tan sumamente mal?

—No me duele —le aseguró.

—Mientes. Y me quiero morir. Mucho.

—Deja de decir eso, pesada.

—¡No me llames pesada ahora!

—¡VALE! —Él puso los ojos en blanco—. Ya hablaremos de..., ejem..., lo que ha pasado.

—O no. ¿Y si no lo hablamos nunca y fingimos que no ha sucedido nada?

—No podría ni aunque quisiera.

Él sonrió, divertido, negó con la cabeza y se puso de pie.

—No te lo tomes como si estuviera enfadado, pero deberías irte. Tina volverá si tardo mucho.

—Pero... —Ella se atrevió a descubrirse la cara—. Te sigue sangrando.

—Creo que sobreviviré, no te preocupes.

—Está bien. —Alice se dirigió a la puerta—. Pero me quiero morir igual.

—Hazme el favor de no hacerlo, entonces.

Alice no se atrevía a mirarlo a la cara, así que, aunque pareció que él quería decir algo más cuando abrió la puerta, se escabulló tan pronto como pudo, dirigiéndose a su habitación con la cara aún roja.

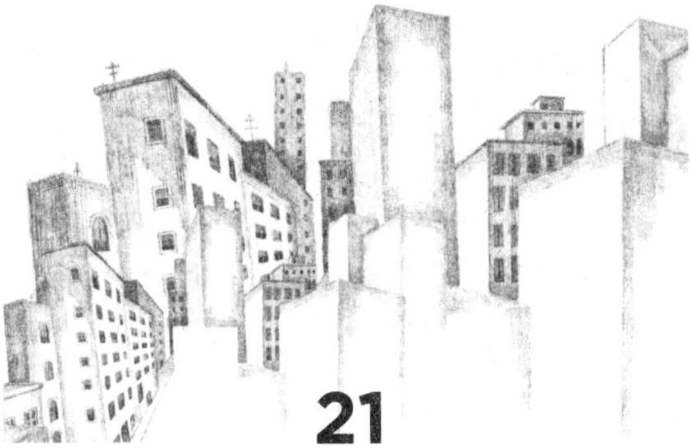

21
EL REVÓLVER SORPRESA

Por fin había llegado el día de la exploración.

A las seis en punto Alice se había presentado en el lugar indicado con la ropa que, tal como le había dicho Max, había encontrado en su cama la noche anterior. Consistía en una camiseta negra de manga corta, unos pantalones del mismo color y unas botas de cordones. Todo bastante ajustado, pero, honestamente, muy cómodo. Daba libertad de movimiento. Entendió enseguida por qué era la ropa reglamentaria.

Aparte de a Max, Alice no conocía a quienes la acompañaban. Ella era la más joven. Había un chico no mucho mayor que no dejaba de sonreír y parlotear. Se llamaba Derek. También había una mujer de unos treinta años que no decía nada a no ser que fuera estrictamente necesario. De todas formas, le sonrió al verla. Se llamaba Ellen.

Alice miró su traje. Sí, era realmente cómodo, pero se parecía demasiado al que utilizaban los soldados que habían invadido su zona. Seguía sin poder soportar los recuerdos. Su rostro reflejó el dolor.

—¿Estás bien?

La voz grave de Max hizo que diera un respingo y asintiera rápidamente con la cabeza. Él la observaba con una ceja enarcada.

—Es... la ropa —murmuró avergonzada.

Esperaba que Max le pusiera mala cara, pero él suavizó su expresión y se limitó a asentir una vez con la cabeza.

—El hecho de que lleves ropa similar no te convierte en una de ellos. Y yo nunca te pediría que mataras a alguien inocente, eso te lo aseguro.

Alice sonrió un poco, pero el guardián ya había vuelto a centrarse en sus cosas, así que no lo vio. Por algún motivo desconocido, esa pequeña conversación hizo que se sintiera mejor. Mucho mejor.

Max instó al trío a subir al coche. Alice se quedó en la parte de atrás con Derek. Ellen se dejó caer en el asiento del copiloto e informó a Max de no sé qué del inventario; él asintió y arrancó el motor.

—Espero que hayáis hecho las presentaciones —comentó Max cuando ya llevaban cinco minutos de trayecto.

—Afirmativo —le informó Ellen.

—¿Tienes buena puntería? —preguntó Derek a Alice, sonriente.

—Digamos que no soy un desastre.

—Es mejor que nada —comentó él. De nuevo, le pareció simpático, aunque también le daba la sensación de que solo estaba siendo amable porque la veía nerviosa—. El último tirador era muy bueno, fue una lástima lo que le pasó.

Alice abrió mucho los ojos, asustada.

—¿Q-qué le pasó?

—Derek —advirtió Ellen.

—Perdón. —Él se calló cinco segundos, antes de hablar en voz tan baja que Alice apenas lo escuchó—. El muy idiota se metió solo en el bosque y no lo hemos vuelto a ver.

—¡Derek! —Ellen miró a Alice—. No le hagas caso. El último tirador está en la ciudad, encargándose de unos trabajos pendientes.

Alice soltó una risita nerviosa. Esperaba que la versión de Ellen fuera la real.

Por un momento deseó haber cogido su iPod, pero probablemente a Max eso no le habría gustado mucho. Y, por el ambiente a su alrededor, dedujo que tampoco iban a poner música con la radio del coche.

Así que un viaje largo y silencioso.

Genial.

Deseó que Rhett hubiera ido con ellos y, casi en el mismo instante en que pensó en él, se ruborizó y desvió la mirada hacia la ventana, intentando centrarse en el paisaje.

Durante la mayor parte del trayecto, el camino fue de bosque, y el coche no dejaba de dar tumbos de un lado a otro por los baches. Alice estaba empezando a marearse. Parecía que no iban a salir nunca de allí. Se arrepintió de haber elegido ese lado del coche cuando vio que, por el de Derek, había un río que, aunque no era muy ancho, era bonito.

Mirando de reojo el agua, se preguntó qué se sentiría al nadar. Lo más cerca que había estado eran las duchas, pero no podía compararse. Había visto imágenes del mar, pero realmente no tenía una idea muy clara de cómo era. Siempre había querido visitarlo, pero ni siquiera sabía si estaba muy lejos de la ciudad.

El paisaje no tardó en cambiar, distrayéndola. El bosque empezó a hacerse menos espeso, los árboles, más escasos, el río se desvió hacia otra parte y Alice sacó la cabeza por la ventanilla para observar mejor los edificios que se erigían delante de ellos.

Por un momento, pensó que sería otra ciudad mucho más avanzada, con más edificios y más altos. Pero, al acercarse, se dio cuenta de que la mayoría estaban medio derrumbados, casi todas las ventanas estaban rotas y las puertas, abiertas. Había coches aparcados en medio de las carreteras que Max tenía que esquivar estratégicamente, así como montones de objetos ennegrecidos por todos lados. Todo parecía viejo, sucio y usado. De hecho ¿quemado? Había mucha madera ahora negra que parecía haber vivido momentos mejores.

—¿Esto es...? —preguntó ella lentamente.

—Era —corrigió Derek en voz baja. Esta vez no parecía estar bromeando—. Una ciudad que no obedeció a Ciudad Capital. Una ciudad muerta.

Así que era eso de lo que hablaba Giulia cuando advirtió a Max. Lo que hacían con los que no obedecían.

—¿Pueden quemar ciudades? —preguntó perpleja—. ¿Nadie se ha opuesto jamás?

—Ah, lo han intentado. Pero los resultados nunca han variado mucho.

Alice miró a Max, que había apretado la mandíbula al escucharlos. ¿Era eso lo que les pasaría si no se entregaba? ¿Quemarían su ciudad también? ¿Por su culpa?

No quiso volver a mirar el paisaje.

Le pareció que había pasado una hora desde que habían dejado la ciudad cuando el coche redujo la velocidad hasta detenerse por completo. Alice levantó la cabeza y se dio cuenta de que estaban en una zona cercana a otro bosque, pero esta más desierta, como si algo hubiese sido quemado allí también, solo que sin edificios de por medio.

Los demás salieron del coche, Alice los imitó. Esa zona tan abierta la hacía sentir un poco expuesta, así que no dejó de echar miraditas a su alrededor mientras seguía a Derek hacia la parte trasera del coche. Él subió al remolque y entregó la munición a Ellen, que se la guardó en el cinturón. Alice la miró con envidia. Ella también quería un arma. Probablemente no la usaría, pero se sentiría más segura.

Ilusionada, esperó, pero esa esperanza desapareció cuando vio que Derek bajaba del coche sin darle nada. Max apareció a su lado.

—¿Y yo? —preguntó confusa.

Max clavó la mirada en ella. Se sintió un poco ridícula.

—Si uno de nosotros te dice algo, lo haces. —Le tendió un fusil que había sacado del asiento trasero del coche y Alice lo sujetó, algo nerviosa—. Si te disparan, defiéndete. Si nos disparan, defiéndenos. Y, si no pasa nada, que es lo más seguro, mantente al margen y no hables. No estorbes.

Y dicho esto, le dio la espalda. Ella se quedó mirándolo y sintió la tentación de sacarle la lengua, enfurruñada.

De todas formas, se apresuró a cargar el fusil y comprobar que tenía el seguro puesto, como le había enseñado Rhett. Tener la seguridad de que sabía usarlo aplacó sus nervios, pero no lo suficiente como para que el arma casi se le cayera al percatarse de que Max la miraba de reojo, como si quisiera asegurarse de que lo hacía bien.

¿Por qué tenía que habérsele caído el arma? ¡Con Rhett lo hacía todo perfecto!

Bueno, casi todo.

Chasqueó la lengua al recordar el labio que le había dejado la noche anterior.

Cuando estuvo lista, se acercó a los demás. Ellen le estaba diciendo algo a Max, que no parecía siquiera estar escuchándola y, sin embargo, asintió con la cabeza. Derek iba unos pasos por detrás de ellos y agarró del brazo a Alice cuando se adelantó, para colocarla a su lado.

—Lo siento —dijo abochornada.

—No pasa nada. —Derek se encogió de hombros—. No es que sean muy claros con las instrucciones.

—Pues no —masculló Alice.

Derek sonrió.

—Yo también estaba nervioso en mi primera exploración. Tranquila, esta es muy sencilla —le aseguró—. Si no, Max no te habría traído a una ciudad muerta en tu primera vez.

—¿Por qué no?

—Están ocupadas por gente... poco agradable.

—Ah. —Ella no entendió nada, pero asintió con la cabeza—. ¿Puedo preguntar qué se supone que tengo que hacer?

—Tú quédate a mi lado en todo momento —le dijo él, sonriendo—. Solo es un intercambio con los de las caravanas.

—¿Cara... qué?

—Caravanas. Son los comerciantes oficiales de las ciudades, aunque no viven en ninguna. No dejan de moverse y nunca se posicionan con nadie, pero si tienes algo que les interese, puedes cambiárselo por algo que te interese a ti.

Así que se vendían al mejor postor, ¿no? A Alice no le gustaron y ni siquiera los había conocido.

—Si actúan raro, que no te extrañe. Se dice que tienen muchos asuntos entre manos cuando no están ocupados con los intercambios.

Ella no entendió nada, así que solo lo miró con una mueca confusa.

—Ah —Derek la miró—, no creo que se dé la ocasión, pero, si ves que las cosas se ponen feas, tu trabajo es cubrir a Ellen para que pueda llegar al coche y avisar a los demás. Si no pasa nada, limítate a quedarte cerca de mí.

—Está bien —murmuró ella un poco asustada.

—Y... ahí vienen —sonrió él—. A por ellos.

Efectivamente, a más de veinte metros de distancia, a Alice le pareció distinguir unas figuras acercándose. Eran al menos cinco personas y al principio le dio la sensación de que iban de negro, pero cuando se acercaron vio que la mayoría llevaba ropa que estaba rota, vieja, grande o dada de sí. Por no hablar de la suciedad. Y eran todo hombres.

El que los encabezaba no debía de llegar a los treinta años, con el pelo castaño echado hacia atrás y la barba corta. Era el más limpio y el más distinguible por su gabardina marrón. Tenía aspecto atractivo. Mandíbula marcada, ojos claros y burlones, complexión atlética... No encajaba muy bien en el grupo.

—Charles —saludó Max cuando llegaron a su altura.

—Max. —Él sonreía ampliamente, como si se lo estuviera pasando en grande—. ¿Te has traído a tu mujer y a tu hija para que den un paseo o qué?

El guardián no pareció reaccionar en absoluto mientras Alice fruncía el ceño. ¿Max tenía una hija? ¿Quién...?

—Ah, no, claro, murieron. Soy taaaaaan torpe. ¿Quiénes son estas? —Su mirada se clavó en Alice al instante y entrecerró los ojos con interés—. Mmm..., estoy acostumbrado a hacer negocios con señores viejos y amargados, no con jovencitas con cara de corderito asustado. ¿Eres la nueva?

—Hemos venido por un intercambio, te lo recuerdo. —Max, de nuevo, no pareció escuchar lo que había dicho.

Ellen sí, porque su cara delataba perfectamente lo que pensaba del tal Charles.

Alice se preguntó si debería mantener el semblante neutro, aunque la verdad es que seguía nerviosa. Podía notar la mirada afilada de Charles clavada sobre ella, como si quisiera comprobar algo. Fuera lo que fuese, Alice no quería saberlo.

—Perdón por querer quitar tensión a todo esto. —Charles se rio solo, moviendo los brazos como si espantara a una avispa. ¿Qué le pasaba?

—Estúpidos yonquis —susurró Derek.

Alice se quedó pensativa durante un breve momento. Había oído esa palabra. Estaba segura. Yonqui.

No, no la había oído. ¡La había leído!

En su antigua zona, había encontrado un libro sobre comportamientos humanos escondido entre el resto. Supo que la matarían si la veían con eso, así que lo ocultó en el fondo de una de las estanterías y lo leyó a ratos, durante su tiempo a solas. Tardó una eternidad en terminarlo, pero valió la pena.

Y recordaba el capítulo de las adicciones. Drogas. Esa palabra había sido muy usada. Alice ya no se acordaba del nombre de ninguna, pero sí de que tomarlas estaba mal visto entre humanos.

Por lo tanto, quizá ese tal Charles tomara drogas.

—¿Tienes mi material? —preguntó Max, haciendo que Alice volviera a centrarse.

—Traigo lo que me pediste. —Charles no dejaba de sonreír—. Pero primero quiero ver lo que me pertenece.

Max lo pensó un momento y después miró a Derek. Este hizo un gesto a Alice para que lo acompañara, y se dirigió al coche. Entre ambos, cargaron una de las cajas grandes, que estaba protegida por una lona, y volvieron hasta el grupo.

Dejaron la caja en el suelo, delante de Charles. Derek le quitó la lona que la cubría para enseñarle su contenido. Estaba llena de armas y munición. Charles se puso en cuclillas y revisó la mercancía con una sonrisita.

Alice miró a Derek. Él tensó la mandíbula cuando Charles se puso de pie con uno de los revólveres de la caja en la mano. Le echó un vistazo y aseguró el cargador, sonriente.

—Mmm..., no está mal. —Su mirada fue hacia Max—. Y está cargada.

—Falta mi parte —le recordó este.

Charles se quedó mirándolo un momento, como si hubiera interrumpido algo, antes de suspirar y asentir con la cabeza.

—Sí, sí. —Hizo un gesto a los de su espalda, aún con el revólver cargado—. Dadle lo suyo.

Dos personas se adelantaron y dejaron dos cajas más pequeñas delante de Max. Alice frunció el ceño cuando vio que eran macetas con plantas, además de frutas y verduras. Recordó las palabras de Rhett. A ellos les faltaba comida y les sobraban armas. Tenía sentido que intercambiaran eso.

—Bien. —Max asintió con la cabeza—. Trato hecho.

—¡Siempre es un placer hacer negocios contigo, querido Max!

El guardián no dijo nada más, le hizo un gesto a Derek, que se acercó a ellos. Pero justo cuando Alice iba a seguirlo, notó que alguien la agarraba del brazo.

Veloz, Derek puso la mano en su cinturón, quizá para agarrar la pistola que había en él, pero Charles ya había clavado la punta del revólver con el que había estado jugando en la cabeza de Alice.

Había pasado tan rápido que ella todavía no lo había asimilado cuando escuchó que quitaba el seguro. Se quedó petrificada.

Miró de reojo a Derek, pidiéndole ayuda con los ojos. Este se había quedado muy quieto, con los labios apretados.

—Tranquila —dijo Charles en voz baja—. Solo compruebo si el material que me habéis dado es de calidad.

Max no se movió en absoluto, tenía la mirada clavada en el revólver . Alice buscó su mirada, aterrada, y vio que Max negaba casi imperceptiblemente con la cabeza, indicando que no se moviera.

Vale, eso podía hacerlo. Quedarse quieta.

Lo peor es que no estaba asustada por morir, sino por no morir.

Si Charles apretaba el gatillo y Alice solo quedaba inconsciente, sería su perdición. La descubrirían.

Max seguía sin moverse, Derek no perdía de vista la mano armada de Charles y Ellen se puso en guardia. Los del otro bando también habían sacado sus armas, pero no parecían ni la mitad de tensos que ellos. De hecho, intercambiaron alguna que otra sonrisa, como si la situación fuese divertida. O como si ya estuvieran acostumbrados a ese tipo de escenas.

—Relajaos. —Charles rio, divertido—. ¿Por qué estáis tan tensos?

—¿Qué haces? —preguntó Max, despacio.

—¿Yo? —El otro se encogió de hombros, tirando de Alice—. Solo he agarrado a la novata. Tenía curiosidad.

—Suéltala —exigió el guardián— y esto no acabará mal.

—No tiene por qué terminar mal, Max. —Él se encogió de hombros, riendo de nuevo—. Dime, ¿ la carga del revólver es completa o solo hay una bala?

Entonces, le brillaron los ojos como si hubiera tenido la mejor idea del mundo.

Oh, no.

Sin dejar de apuntar a Alice, empezó a reírse. Le pasó un brazo por el cuello y pegó su pecho a su espalda, casi como si la abrazara cariñosamente. Alice estaba paralizada.

—Charles —advirtió Max, que había dado un paso hacia delante con una expresión mucho más tensa.

—¿Has oído hablar de la ruleta rusa, querida? —preguntó él, ignorándolo por completo. Alice no dijo nada. Era incapaz—. Te he hecho una pregunta.

—No —murmuró ella por fin.

—Claro que no. —Charles empezó a reírse—. Es un juego muy entretenido. Yo aprieto el gatillo y, si tienes suerte, no pasa nada. Si no la tienes..., bueno, voy a tener que cambiarme de ropa.

—Si muere uno de los míos —advirtió Max—, tú también morirás.

Alice vio que Charles se quedaba en silencio un momento antes de soltar una risotada divertida. Después, sonrió ampliamente y, antes de que nadie pudiera reaccionar, apretó el gatillo.

Ella contuvo la respiración, mientras notaba cómo su cuerpo entero se ponía rígido.

Pero no pasó nada.

Cuando volvió a respirar, tenía un nudo en la garganta. Y Charles seguía sonriendo. Derek, por su parte, parecía aliviado.

—Lástima —dijo el hombre, soltándola. Aunque seguía apuntándole con el arma—. ¿Te importaría darme la mano, querida?

Alice miró a Max, que asintió con la cabeza, así que le extendió una mano temblorosa. Seguía teniendo el revólver delante de los ojos.

Charles envolvió su muñeca con los dedos. Alice no entendió muy bien por qué, pero él parecía divertido y curioso a partes iguales. Le dio la vuelta, dejando la palma al aire. Él tenía las uñas algo sucias y la piel muy bronceada por el sol. Las manos pequeñas y blancas de Alice, en comparación, parecían de porcelana. Él pasó el pulgar por el interior de su muñeca y frunció el ceño. ¿Qué intentaba hacer?

—¿Cómo te llamas, querida? —preguntó en voz baja, sin mirarla.

—Alice.

—¿Alice? —levantó la mirada y la clavó en ella con media sonrisa enigmática—. No. No lo creo.

Ella se tensó por completo, cosa que hizo que la sonrisa de Charles aumentara.

—¿En qué zona naciste?

Oh, no. Alice notó una gota de sudor frío bajándole por la espalda, pero no dijo nada. No podía hablar. Estaba ahogada en su propio terror.

—¿En la de los androides? —supuso él, bajando aún más la voz para que solo Alice pudiera oírlo—. ¿Eres uno de ellos?

Alice negó con la cabeza, haciendo que los ojos de él brillaran con diversión maliciosa.

—¿Te han dicho alguna vez que los androides están hechos para gustar, querida? —siguió Charles, en un susurro.

—¿Qué? —Ella por fin reaccionó, confusa.

—Si vieras a un androide, lo encontrarías atractivo al instante y ni siquiera podrías explicar por qué. Y la razón es que están hechos con base en los ideales de belleza de los humanos. —Él volvió a observar su muñeca—. Es mucho más fácil hacer que un humano acepte tu presencia si se siente sexualmente atraído por ti, ¿no crees? Y tú eres deslumbrante. Es algo obvio, aunque eso ya lo sabes.

Se quedó muda. Su mente estaba en blanco. Y ella, tensa.

—¿Te han contado alguna vez que cada creador deja su huella en los androides que fabrica? Es como un pintor con su firma. Para que se sepa que son de su propiedad. —Charles volvió a pasar el pulgar por su muñeca—. Algunas están bien escondidas. Hay creadores con un sentido del humor muy curioso. Una vez vi una marca entre las piernas de una androide. ¿En qué estaría pensando el creador? ¿Quién iba a ver eso ahí? Aparte de mí, claro.

Alice lo miró con el ceño fruncido. No entendía nada. Miró a Max, confundida. Este, que no oía lo que decía Charles, permanecía inmóvil en su sitio, observándolos con interés y dispuesto a actuar si era necesario.

—Otros son más tradicionales —aclaró él—. Ponen marcas casi imperceptibles para la mayoría de la gente en zonas como la nuca, el pie, la espalda..., incluso en las muñecas.

¿Qué? Alice bajó la mirada hacia su muñeca y no fue capaz de ver nada, pero porque sus ojos se clavaron en la mano de Charles. No se había dado cuenta hasta ahora, pero al mirarla de tan cerca percibió algo extraño en ella.

Y, como un relámpago, el recuerdo vino a ella enseguida. El de su zona. Ese chico perfecto. El que todos los padres adoraban y, un día se había vuelto loco en el pasillo. 49.

Alice nunca había vuelto a saber de él hasta ese momento.

Era él. Era Charles. Recordaba su cara. Recordaba la forma de su mandíbula, por algún motivo. Muchas veces se lo había cruzado por los pasillos y lo había seguido con la mirada sin saber por qué. Durante mucho tiempo, había sentido una mezcla de envidia e interés hacia él que no había sabido explicar. Justo como le había pasado unos minutos atrás, al volver a verlo.

Y esa mano... Recordaba cómo a 47, justo antes de que invadieran su ciudad, le habían cortado una como castigo y lo habían dejado regresar con los demás con la condición de que no volviera a cuestionar la valía de los padres. ¿Y si Charles no lo había aceptado y lo habían echado?

—Y ¿dónde llevas la tuya? —preguntó Alice lentamente.

Charles sonrió, inclinándose sobre ella.

—Eres una chica bastante lista. No es fácil engañar a una ciudad entera. No está mal. Nada mal.

Alice intentó liberar su mano, pero él tiró un poco más de ella. Derek dio un paso hacia ellos, Max lo detuvo con un gesto.

—Ven a visitarme alguna vez y te enseñaré mi marca —dijo Charles, sonriéndole.

—Ni en sueños —le aseguró ella en voz baja.

—Te esperaré de todas formas. —Charles no se dio por vencido, la miró de arriba abajo y con un solo movimiento dio la vuelta al revólver para ofrecérselo—. Toma. Un regalo. Para que no te olvides de nuestro pequeño secreto. Y para que no te olvides de mí.

Alice agarró el revólver, nerviosa, y él sonrió de manera significativa.

—Un placer volver a verte, Alice.

Y, dicho esto, se dio la vuelta sin siquiera preocuparse de que lo atacase por la espalda. Dos hombres agarraron la caja y lo siguieron. Alice se sujetó la muñeca inconscientemente.

—Vámonos de aquí —escuchó decir a Max.

En el coche, Alice no dejó de revisar su muñeca, intentando descubrir cualquier tipo de marca, pero sin éxito. ¿La había engañado?

—¿Estás bien? —le preguntó Ellen.

—Sí —murmuró no muy segura.

—Lo has hecho genial —le dijo Derek—. Mantener la calma en una situación así no es fácil.

—Eso es cierto —murmuró Ellen, mirándola—. ¿Qué te estaba diciendo?

—Eeeh... —lo pensó un momento—. No lo sé, estaba muy nerviosa. Algo relacionado con visitarlo.

Tanto Derek como Ellen resoplaron. Max estaba muy silencioso.

—Todos los de las caravanas son unos babosos —murmuró Derek.

—Y unos adictos —añadió Ellen.

—¿Adictos a qué? —preguntó Alice, tratando de sacar la máxima información posible.

—No sé qué droga es exactamente, pero la sacan de alguna planta de la zona. —Derek se encogió de hombros—. ¿No has visto cómo tenían las uñas y los dientes? Charles es el único que no parece un yonqui. Ojalá no tuviéramos que hacer tratos con ellos.

—Necesitamos las frutas y verduras que tienen... o que roban —replicó Ellen.

—Si nuestra zona fuera más fértil no nos harían falta. Odio depender de esos idiotas.

Nadie dijo nada más. Cuando llegaron a la ciudad de nuevo, Derek y Ellen cargaron todas las cosas en una caja y se dirigieron hacia la sala de armas. Alice estuvo a punto de seguirlos, hasta que vio que Max le hacía un gesto con la cabeza.

—Ayúdame con esto.

Le puso dos bolsas no muy pesadas en las manos y le dijo que lo siguiera, así que Alice lo hizo sin protestar. Solo llevaba unas horas con ellos, pero ya había aprendido a mantener la boca cerrada cuando estaba con Max, así que eso hizo mientras dejaba las cosas sobre la mesa de su despacho.

—Siéntate.

Alice se quedó parada un momento cuando vio que él había endurecido la mirada.

Aquello no tenía buena pinta.

Cuando se sentó, se sintió como si volviera a estar delante del jurado de la ciudad, completamente expuesta.

—Supongo que te sorprendió que te pasara al grupo avanzado sin previo aviso —comentó el hombre, pillándola desprevenida, mientras se sentaba enfrente de ella, al otro lado del escritorio.

De todos los temas de conversación posibles, ese era el último que esperaba.

—Un poco —admitió confusa, jugueteando con sus dedos por debajo de la mesa.

—Cuando llegaste aquí, honestamente, tenía pocas esperanzas puestas en ti. He de admitir que me has sorprendido para bien.

Cuando la miraba de esa manera tan fija, Alice sentía como si Max supiera todos y cada uno de sus secretos y solo estuviera jugando con ella antes de echarla.

—Por eso le ordené a Rhett que te diera clases extra, para que llegaras al nivel de los demás, especialmente en armas, que suele ser lo que más trabajo lleva perfeccionar —siguió—. Pero se te dio sorprendentemente bien. Cuando le preguntaba si estabas progresando, siempre me daba buenas noticias. ¿Habías recibido clases antes de venir aquí?

—No..., ni siquiera sabía cómo sujetar un arma.

—Me lo imaginaba. —La miró un momento sin ningún tipo de expresión—. Así que te pasé a los avanzados para ver de qué eras capaz. He preguntado a tus instructores sobre tus progresos. Las opiniones han sido... variadas.

Como no dijo nada en unos segundos, Alice se vio obligada a aclararse la garganta.

—¿Variadas?

—Deane dice que eres una de las peores alumnas que ha tenido nunca... y Rhett opina que eres la mejor con diferencia.

Max hizo una pausa, repiqueteando los dedos sobre la mesa. Alice intentó ocultar como pudo lo complacida que se sentía por lo último.

—Y como no sabía cómo tomármelo, pregunté a Tina. Me dijo que está muy contenta contigo. Eso nos deja en un dos contra uno.

Alice asintió con la cabeza, ocultando otra vez lo agradecida que se sentía con Tina por apoyarla.

—Quería comprobar por mí mismo qué podías hacer, por eso te pedí que vinieras conmigo —siguió él—. No esperaba que Charles reaccionara así. Los intercambios con las caravanas suelen ser muy sencillos. Me ha sorprendido muy gratamente ver cómo has sabido mantener la calma en todo momento. Hay gente con mucha experiencia que habría sido incapaz.

Menos mal. Alice suspiró, aliviada.

—Pero sigo sin entender por qué Deane te considera tan poco apta para su clase.

«Porque es una bruja asquerosa, quizá.»

—Estos días he conseguido superar el recorrido —murmuró en su defensa.

—Sí, tiene tendencia a omitir los detalles que no le interesan.

Por un momento, Alice tuvo la sensación de que Max estaba siendo incluso simpático. Pero volvió a su semblante serio demasiado rápido como para poder mantener la creencia.

—¿Tienes idea de por qué habla tan mal de ti?

Supuso que comentar lo de sus celos por Rhett no sería muy lógico, así que fue a lo fácil.

—No se me da bien luchar.

Max dejó de repiquetear los dedos en la mesa.

—¿Ni siquiera con las clases extra nocturnas?

Silencio. Alice lo miró por fin, tragando saliva. ¿Cómo sabía eso?

—¿Crees que pasa algo aquí dentro sin que yo me entere? —preguntó Max lentamente.

A Alice le dio la impresión de que su voz se había endurecido. Toda la simpatía se había esfumado.

—Desobedecer órdenes tiene consecuencias muy duras —le dijo en voz baja, claramente enfadado—. Incluso para un guardián.

Ay, no. ¡Rhett!

—Yo se lo pedí —dijo enseguida—. Él ni siquiera quería ayudarme, pero le insistí tanto, ¡quería mejorar!, que no le quedó más remedio que hacerlo.

—¿Ah, sí? —preguntó él fríamente.

—Sí. Pero no... no volveré a pedírselo. Lo prometo.

Max no dijo nada, solo siguió mirándola fijamente. Alice notó que volvía a sudar.

Cuando pareció que había pasado una eternidad, el guardián supremo se inclinó sobre la mesa, entrelazando los dedos de manera tan lenta que la puso aún más nerviosa de lo que ya estaba.

—He pensado que quizá no rindes bien porque no te alimentas lo suficiente. Has estado saltándote la comida por culpa de las clases, y la nutrición es igual de importante que el entrenamiento. Quizá debería anular las clases extra.

¡No, eso no!

—N-no creo que eso sea neces...

—Aunque también he pensado que tu bajo rendimiento puede deberse a la falta de sueño.

Alice sintió que se quedaba sin palabras.

—Sabes a lo que me refiero, ¿verdad?

La chica primero titubeó, luego asintió. Se le estaba formando un nudo en la garganta.

Max se quedó en silencio un momento. Ella tenía la cabeza gacha. De pronto, le entraron ganas de llorar al pensar en el lío que había metido a Rhett.

—¿Eres consciente de que está terminantemente prohibido salir de tu habitación después de que anochezca, Alice?

—Sí, pero...

—Pero nada. Y mírame cuando te hablo.

Esa vez sí había sonado enfadado. Alice levantó la cabeza lentamente y lo miró.

—Por no mencionar lo prohibido que está visitar a un instructor en plena noche.

Ella sintió la tentación de volver a agachar la cabeza. El nudo en la garganta se hizo más espeso. No se sentía capaz de hablar.

—No me importa lo que hagáis en plena noche los dos en esa habitación —aclaró Max con voz áspera—. No quiero volver a oír hablar de eso. No quiero volver a tener que escuchar a nadie diciéndome que te ha visto saliendo de tu habitación en plena noche para ir a ver a tu instructor, ¿me has entendido bien?

—¿Quién...?

—Eso no es asunto tuyo. Y te he preguntado si me has entendido, respóndeme.

—S-sí...

—Se han acabado las amistades con instructores o lo que sea eso —siguió Max, cada vez más enfadado. Alice sintió que se hacía pequeñita—. Se acabaron las clases extra.

—Pero...

—No me interrumpas —advirtió Max señalándola y hablando muy lentamente.

Ella volvió a agachar la mirada inconscientemente.

—Te he dicho que me mires cuando te hablo.

Volvió a levantar la cabeza, esta vez más enfadada que asustada.

—Se acabaron las visitas a cualquier habitación que no sea la tuya.

—¿Qué? Pero...

—He dicho que no me interrumpas.

—¡Me da igual! ¡Los demás no tienen la culpa de esto!

—No los estoy castigando a ellos, sino a ti. —La miró duramente—. Y siéntate ahora mismo.

Alice se dio cuenta de que se había levantado y volvió a sentarse.

—No es justo —murmuró.

—Pocas cosas son justas en la vida. —Max enarcó una ceja—. Si no eres capaz de seguir normas básicas, no me dejas otra opción que ser más estricto contigo. Y es lo que estoy haciendo. Tu castigo será no ver a tus amigos durante un tiempo.

—¿Qué? —casi gritó ella—. ¿Cuánto tiempo?

—El que yo decida.

—¡Ni hablar!

Las palabras habían salido de su boca antes de que pudiera detenerlas.

Max apretó los labios con fuerza. Oh, no.

—¿Necesitas que los castigue a ellos para que te des cuenta de que no puedes hacer lo que quieras en mi ciudad?

—Esto no es justo —repitió como una niña pequeña—. No puedes prohibirme ver a alguien.

—Muy bien, Alice. —Sonó como si finalmente hubiera perdido su poca paciencia—. Si alguien me avisa de que has estado hablando con alguno de los que no son de tu habitación, no te castigaré solo a ti. Amonestaré a cada persona con la que hayas interactuado. ¿Lo entiendes mejor así? ¿O tienes algo más que decir al respecto?

La chica apretó los puños por debajo de la mesa, pero se calló.

—Como puedes imaginarte —prosiguió él—, también te quedarás sin más exploraciones durante un tiempo. Cuando ese periodo termine, ya veremos lo que hacemos contigo si sigues aquí.

—¿Si sigo aquí? —Alice abrió mucho los ojos.

—Ya me has oído. Te recuerdo que todavía no formas parte de nuestra comunidad. Solo eres una invitada provisional. Y ya has roto la mitad de las normas que tenemos.

—Una invitada provisional —masculló ella, negando con la cabeza.

—Puedes olvidarte de cualquier tipo de privilegio a partir de ahora y, por supuesto, que no te quepa duda de que voy a hablar también con Rhett.

—¿Qué pasará con él? —preguntó ella asustada.

—No es asunto tuyo —replicó tajante, señalando la puerta—. He terminado.

—Sí es asunto mío.

Max le echó una mirada que habría helado el infierno.

—Vete.

—No. —Sabía que solo estaba empeorando las cosas, pero no podía evitarlo—. Lo único que he hecho desde que llegué aquí ha sido tratar de completar mis ejercicios lo mejor que podía —le dijo, y notó que le temblaba un poco la voz—. No he hecho nada malo.

—Desde que llegaste aquí, no has hecho más que romper una norma tras otra. No sé si eres consciente de que no estás en un maldito campamento. Esto es una ciudad. Y tú todavía no formas parte de ella.

—¿Y qué vas a hacer? ¿Echarme?

Max apretó los dientes.

—Quizá debería.

Silencio.

Se miraron el uno al otro. Alice no apartó los ojos, pero tenía ganas de hacerlo. Incluso con lo enfadada que estaba, se sentía intimidada.

Pero eso no le impidió hablar.

—Criticáis a la gente que invadió mi antigua zona y los mató a todos, pero sabes que si me echas de la ciudad moriré tarde o temprano. Son dos formas de matar distintas, pero en el fondo es lo mismo. ¿Qué diferencia hay entre tú y ellos?

Ni siquiera lo dijo enfadada. Solo triste. Max no pareció muy conmovido. Simplemente, apretó la mandíbula.

—Como no te vayas ahora mismo, te aseguro que no serás la única a la que eche de la ciudad.

Alice se quedó mirándolo un momento, impotente. No podía creerse que todo hubiera sucedido tan deprisa y tan mal. Se puso de pie, enfadada, y salió del despacho.

Nada más hacerlo, se encontró a Rhett apoyado al otro lado del pasillo. Él la miró un momento, sorprendido.

Todavía tenía una marca en el labio. A ella le entraron aún más ganas de llorar.

—¿Qué...? ¿Por qué tienes esa cara? ¿El cabrón te ha gritado?

—Entra —espetó Max desde su escritorio.

—Alice, ¿qué pasa? —insistió, ignorándolo.

—¡Rhett! —Se escuchó retronar la voz desde dentro del despacho, furiosa.

Alice pasó por su lado, sin ser capaz de mirarlo a la cara. Antes de llegar al final del pasillo, escuchó la puerta cerrándose con fuerza.

22
LAS TORTUGAS QUE RESULTARON SER MUY ÚTILES

—Eh, tú —Davy asomó la cabeza por la litera de arriba.

Alice pasó una página del libro que su compañero le había dejado y fingió no oír nada. No estaba de humor para mantener una conversación banal. Pero a Davy no pareció importarle.

—¿Es verdad que el otro día fuiste a una exploración?

Ella lo miró, suspirando. Últimamente no había hablado demasiado con nadie, ni siquiera con Davy, que era el único que le parecía simpático de su habitación. Shana y Tom la miraban como si fuera a atacarlos mientras dormían, Kenneth la insultaba cada vez que pasaba por su lado y los demás simplemente la ignoraban. Después de todo, seguía siendo la que todavía no sabía hacer nada de provecho en las clases de Deane. La rarita. La castigada. La nueva.

Su único consuelo habían sido Jake, Trisha, Dean y Saud, pero ahora tampoco los tenía a ellos. Lo peor era cuando Jake se acercaba a ella antes de detenerse en seco al recordar lo que les había dicho Max y volvía cabizbajo con los demás.

Y a Rhett ahora ya apenas lo veía.

Ya no había clases extra en las que tomar un respiro de la presión de las sesiones de entrenamiento de Deane, ya no podía ver películas con él por la noche, no podían echarse miraditas en la cafetería o en las clases generales...

Ya ni siquiera podía hablar con él de música, tenía que usar el iPod tan poco como le fuera posible para que no se gastara la batería. ¡Y tenía tantas canciones que quería enseñarle! ¡Aunque él las conociera perfectamente y solo fingiera sorprenderse al escucharlas para no romper sus ilusiones!

Pero ahora él la ignoraba completamente. De hecho, todavía no habían hablado. En absoluto. Y habían pasado dos semanas.

Solo hubo un momento en ese periodo en el que Rhett pareció acordarse de su existencia, y fue el día anterior. A ella se le había caído el cargador de la pistola al suelo, lo que provocó algunas risitas que se extinguieron al instante en que Rhett echó una ojeada furiosa a sus compañeros. En cuanto él recogió el cargador y se lo puso en la mano, Alice tuvo la sensación de que tardaba más de lo normal en romper el contacto visual con ella.

—Ten cuidado —masculló, sin embargo, antes de volver a centrarse en los demás como si nada hubiera pasado.

Alice sabía que si la ignoraba era por culpa de Max, pero dolía de la misma forma. Lo echaba de menos. Mucho más de lo que esperaba que se pudiera añorar a alguien. Alguna noche había pensado en ir a verlo, incluso, pero no podía arriesgarse a que los desterraran a ambos de la ciudad.

De hecho, en varias ocasiones durante esas dos semanas se había preguntado cuál sería el problema si la echaban de la ciudad. Después de todo, ¿no era ese el objetivo? Su padre le había dicho que fuera al este. Era el único lugar seguro para ella, ¿no?

Pero ¿por qué sentía que se le formaba un nudo en el pecho al pensar en abandonar ese lugar?

Como necesitaba mantener su mente ocupada —con urgencia— se había enganchado a leer los libros que Davy le prestaba con la siguiente amenaza: si doblaba una página, ensuciaba o perdía el libro, amanecería muerta.

Sí, Davy era muy tranquilito para todo, pero cuando te metías con sus libros se volvía verdaderamente violento.

Además, él creía que Alice no sabía leer muy bien —como algunos adolescentes de esa ciudad—, así que se sorprendió mucho cuando se terminó uno de sus libros en dos días. Uno de más de setecientas páginas. Y es que la pobre Alice se había pasado tantas horas de su vida en la biblioteca de su antigua zona que no podía evitar leer a toda velocidad.

Davy la estaba mirando en busca de una respuesta. ¿Qué había preguntado?

Ah, sí, lo de la exploración.

—Sí —dijo Alice torpemente, colocando un trozo de papel en la página en la que se había quedado antes de cerrar el libro—, fui con ellos.

—Y ¿cómo fue?

Alice lo miró, confusa.

—¿El qué?

—Salir —aclaró Davy—. ¿Como es salir?

—¿Nunca has salido?

—No que yo recuerde. Llegué aquí siendo bastante pequeño. ¿Cómo es... el exterior?

Alice se acomodó sobre la almohada.

—Caluroso. Vacío. Triste.

—Sí, me lo imaginaba.

—No te perdiste nada importante —le aseguró Alice en voz baja.

—Todo el mundo quiere ser explorador, pero yo no. —Puso los ojos en blanco—. Con lo cómodo que es quedarte aquí leyendo... ¿Para qué querrías ir a dar vueltas innecesarias por el exterior?

Y, tras eso, volvió a tumbarse felizmente en su cama.

Alice había descubierto unos días antes que a nadie le importaba el hecho de que tuviera un iPod. De hecho, cada cual tenía sus cosas, que el resto respetaba. Así que se puso los auriculares y buscó la lista favorita de Rhett.

Eso volvió a hacer que se sintiera como si estuviera al borde de un precipicio, sujetando solo la mano de Max, que podía soltarla en cuanto le apeteciera. Lo irónico era que esa era exactamente la forma en que se sentía en su antigua zona. Al borde del precipicio, siempre, con su padre como único punto de apoyo. Solo había cambiado la cara de la persona que la aguantaba.

Estaba tan distraída que sus ojos empezaron a cerrarse incluso antes de que apagaran las luces. Fue entonces cuando vio a dos chicas acercándose a su cama. Rápidamente, se desperezó y las miró con desconfianza.

—¿Qué? —preguntó directamente, apagando el iPod pero sin quitarse los auriculares.

—Oye, Alice, ¿te acuerdas de nosotras?

—Dejadme en paz. —Ni siquiera las miró.

Eran las que se habían dedicado a meterse con sus amigos cuando era una principiante. Y recordaba perfectamente cómo la prueba de una de ellas con Rhett la había incomodado mucho. Esa era la que menos le gustaba.

Pero ¿qué hacían allí? No era su habitación. Y desde que Max se había puesto tan estricto con ella nadie visitaba dormitorios ajenos para no hacer que el castigo cayera sobre ellos.

—¿Podemos sentarnos? —preguntó la que se llamaba Annie, según recordó.

Lo hicieron sin esperar respuesta. En su cama. Alice las observó con desconfianza mientras se miraban entre ellas y sonreían. ¿Qué era tan gracioso? ¿Por qué no la dejaban en paz?

—Bueno, yo soy Annie y ella es Jenell —dijo la del pelo negro.

—Enhorabuena —murmuró Alice.

—No parece que tengas muchas ganas de hablar.

—Eres muy lista.

Annie y Jenell se miraron entre ellas. Se estaban quedando sin maneras de empezar una conversación.

Pero allí siguieron, sin moverse. A centímetros de ella.

—¿Puedo ayudaros en algo? —preguntó Alice al final, exasperada.

Volvieron a mirarse entre ellas y sonrieron. Alice empezó a arrepentirse de haber apagado el iPod solo para ver cómo se reían y se miraban.

—Hemos oído lo que te pasó con Kenneth.

—¿Sí? —Alice se sentó, aburrida antes incluso de empezar la conversación—. Y ¿qué habéis oído exactamente?

—Pues la verdad —dijo Jenell, como si fuera evidente.

—Que lo hicisteis —aclaró Annie.

—¿Qué?

—¿Es verdad que te tiras también a Rhett? —preguntó Jenell—. Porque eso es muy fuerte. Y todo el mundo dice que Max te castigó por eso.

Alice frunció el ceño.

—¿Que si me lo...?

—Que si te los tiras.

—¿Por dónde?

—¡En tu cama!

—¿Por qué querría tirar a nadie en mi cama?

—Es una broma, ¿no? —preguntó Annie.

—Es de la zona de los raritos —comentó Jenell—. Quizá... lo pregunta en serio.

—Bueno. —Annie lo pensó un momento—. Ya sabes, si te los... llevaste al huerto.

—¿Para qué?

—Joder, chica, que si lo habéis hecho.

—¿El qué?

—¡Que si habéis tenido sexo!

Se escuchó por toda la habitación.

Todo el mundo se quedó mirándolas. Eso provocó una sensación incómoda y extraña en el cuerpo de Alice que no le gustó. En absoluto. Clavó una dura mirada en Annie, irritada.

—Lárgate de aquí. Y tú también. Las dos.

—Es que todo el mundo lo dice, ¿sabes? —sonrió ella—. Era solo curiosidad, no te enfades.

—He dicho que os marchéis —espetó Alice, volviendo a tumbarse.

—De todas formas —escuchó que decía Jenell—, con esa cicatriz a mí me daría mal rollo liarme con Rhett. Con Kenneth lo entiendo, pero... ¿con Rhett? Es un no definitivo.

—¿Por qué? A mí me gusta —la contradijo Annie.

—¿Incluso con la cicatriz?

—¡La cicatriz le da el toque perfecto!

—¿Y el mal humor?

—Bueno..., a veces da miedo, sí. Pero me gusta igual —confirmó Annie.

—Tienes unos gustos rarísimos —dijo Jenell, riendo.

—¿Vais a largaros de una vez, sí o no? —les preguntó Alice enfadada, mirándolas de nuevo, quitándose los auriculares y dejándolos en su regazo.

—Quizá —sonrió Annie—. ¿Qué pasa? ¿Te molesta que lo sepamos?

—Me molesta vuestra presencia.

—Pues lo siento mucho, porque vas a tener que aguantarla un poco más.

Alice sintió que todo el enfado acumulado de esos días empezaba a salir y se esforzó por no echarlas a patadas.

—Fuera... de... aquí.

—¿O qué? —sonrió Annie—. Todo el mundo sabe que das pena en combate, además...

La vista de Annie se desvió hacia los auriculares, que quiso coger, lo que fue suficiente como para terminar con la poca paciencia que le quedaba a Alice. Le dio un golpe en el brazo, apartándola. Esta reaccionó enseguida poniéndose de pie, igual que Jenell. Alice también lo hizo, claro. Estaba furiosa.

Y, justo en ese momento, tuvo que aparecer la única persona que podía empeorar la situación: Kenneth.

—¿Qué pasa? —las miró con curiosidad.

Annie y Jenell se dedicaron una mirada significativa, pero Alice las ignoró para centrarse en el idiota que tenía delante, enfadada.

—¿Se puede saber qué les has contado a los demás de nosotros?

Él la miró de arriba abajo, como si fuera un insecto que merecía ser pisoteado.

—La verdad, ¿qué querías que contara, Alice?

—¿La verdad? ¿Qué verdad?

—La única. —Él apretó la mandíbula cuando vio que gran parte de la habitación se centraba en ellos.

Al parecer, no le hacía mucha gracia que su mentira se descubriera tan pronto. Suerte que a Alice le daba absolutamente igual su opinión.

—¿Qué les dijiste? —repitió esta, levantando la voz.

—Lo que pasó. —Kenneth dio un paso hacia ella—. Que me suplicaste que llegara hasta el final, pero yo no quise y...

Alice había avanzado hacia él mientras hablaba y, sin siquiera pensarlo, le puso un brazo en la garganta y lo apretó contra su propia litera, haciendo que se tambaleara. El pobre Davy asomó la cabeza, alarmado, pero se calló al ver la situación. Y Alice apretó aún más el brazo, haciendo que Kenneth se pusiera rojo.

—Mentiroso —masculló ella furiosa—. No te he hecho nada. Nunca. ¿Se puede saber cuál es tu problema conmigo? ¿Por qué no puedes dejarme en paz de una vez?

—Apártate —le advirtió él.

Alice sabía perfectamente que él podía liberarse cuando quisiera, pero le dio igual.

—¿Tenías que decírselo a Max? —Alice se tambaleó hacia atrás cuando Kenneth la empujó, y se pasó una mano por la garganta.

—¿De qué hablas?

—¡De Max, idiota! —Alice retrocedió cuando vio que él se acercaba, igual de furioso que ella.

—Yo no le dije nada a Max. —Kenneth se detuvo lo suficientemente cerca como para tener que agachar la cabeza para mirarla de forma amenazante.

—¡Deja de mentir!

—No le dije nada, pero si volvieran a darme la oportunidad, lo haría.

—¿Por qué? ¿Porque no quise tener sexo contigo?

Kenneth se puso rojo cuando se escucharon risas en el fondo de la habitación.

—Zorra —masculló.

Alice supuso que, aunque una zorra fuera un animal muy bonito, eso había sido un insulto.

Especialmente cuando notó el puñetazo en la cara.

La adrenalina frenó el dolor, pero pudo notar cada nudillo de Kenneth marcado en su mejilla y el ojo palpitándole como si fuera a salirse de su órbita. Retrocedió dos pasos, tambaleándose, antes de mirarlo con el corazón bombeando a toda velocidad por la rabia.

Era la primera vez en su vida que iba a pelearse con alguien de verdad, sin que hubiera un instructor que pudiera pararlos. Y sabía que Kenneth podría destrozarla sin siquiera parpadear, pero estaba tan enfadada que su capacidad racional había desaparecido y solo quería golpearlo. Una y otra vez.

La habitación se había quedado en silencio, pero este se rompió cuando Alice le clavó un puñetazo con todas sus fuerzas a Kenneth en la garganta. Él retrocedió, tosiendo, y Alice siguió los consejos que había dado días antes Rhett a Jake. Al final, iban a servirle para algo.

Cuando Kenneth estuvo doblado sobre sí mismo, se volvió a acercar y consiguió tumbarlo de una patada en la ingle. Al verlo tirado en el suelo gimoteando con las manos en la zona afectada, tuvo la tentación de darle otra, esta vez en el estómago, pero se contuvo y se limitó a dar un paso atrás, respirando con dificultad.

Casi empezó a reírse cuando vio que él miraba su tobillo. Iba a intentar tirarla al suelo. Kenneth podía ser todo lo bueno que quisiera en combate, pero su cerebro no era tan complejo como para que Alice no pudiera seguirlo, la verdad.

Así que cuando vio que iba a estirar la mano hacia ella, hizo lo que Rhett había bautizado como la técnica de la tortuga en sus clases extra.

Alice dejó que le agarrara el tobillo, pero tiró de él hacia atrás antes de que Kenneth pudiera intentar desequilibrarla. En cuanto hubo perdido un poco de fuerza, ella se agachó, le agarró la muñeca con ambas manos, le dobló el brazo tras la espalda y se sentó sobre él con todo el peso de su cuerpo, para que no se moviera.

La técnica de la tortuga, sí. Cuando Kenneth tiró de su brazo para liberarlo, solo consiguió doblarlo más y soltó un quejido de dolor contra el suelo, intentando apartar a Alice de su espalda inútilmente.

—¿Vas a seguir diciendo mentiras sobre mí? —preguntó Alice.

—¡Zorra!

Ella, enfadada, le agarró la parte de atrás de la cabeza y le dio un golpe en la frente contra el suelo con la fuerza suficiente como para tener un buen moretón al día siguiente.

¡Se lo merecía!

—¡No me llames eso! —exigió, doblándole un poco más el brazo—. ¿Vas a seguir mintiendo sobre mí o no?

—No —gimoteó él en voz baja.

Alice estaba a punto de sonreír, pero no lo hizo porque en ese momento alguien la enganchó por debajo de los hombros y la levantó bruscamente por los aires. Asustada, empezó a patalear al aire intentando librarse, pero fue inútil.

—¡Suéltame ahora mismo! —exigió furiosa.

La dejaron en el suelo y se volvió en seco hacia quien fuera que hubiera interrumpido, pero su nivel de enfado se redujo bruscamente para convertirse en miedo cuando vio que era Rhett.

Oh, no.

—¿Que te suelte? —repitió él, y sus ojos centellearon tanto que Alice dio un paso atrás—. Mantente ahí, principiante. Y no te muevas.

Alice agachó la cabeza. Tenía las mejillas rojas y ya no estaba muy segura de si era por la agitación o por la vergüenza. O una mezcla de ambas. Por su parte, Kenneth se había puesto de pie y ahora miraba a Alice con expresión de querer matarla, cosa que hizo que su valentía decayera un poco.

De hecho, toda la gente que durante la pelea había estado

gritando y riendo, de pronto parecía muy seria. Alice se pasó la mano por la cara y notó que le dolía justo debajo del ojo izquierdo. De hecho, no solo le dolía. Le palpitaba. Se le estaba hinchando. Oh, no. El puñetazo. Seguro que amanecía con un ojo morado.

—¿Se puede saber qué pasa aquí? —preguntó Rhett bruscamente, plantándose delante de Kenneth.

Pero el muy idiota lo ignoró, señalando a Alice.

—Cuando no haya nadie delante...

—Te agradecería que me miraras —lo cortó Rhett.

—... te juro que voy a hacer...

—Última advertencia, principiante.

—... que desees no haber nacido, zorr...

Se interrumpió a sí mismo cuando Rhett hizo un movimiento tan rápido con la muñeca que Alice apenas lo vio. Sin embargo, sí que vio que la nariz de Kenneth empezaba a sangrar por tercera vez consecutiva en dos semanas.

Alice abrió los ojos como platos, sorprendida, igual que Kenneth cuando se vio las manos manchadas.

—¿Vas a escucharme ahora? —preguntó el instructor sin siquiera levantar la voz.

—¡Me has golpeado! —gritó el chico con voz nasal por cubrirse la nariz—. ¡No puedes pegarme!

—¿Por qué? ¿Por ser un guardián? —Rhett puso los ojos en blanco—. No me obligues a hacerlo otra vez.

—P-pero...

—Y, ahora, vete con Max antes de que pierda definitivamente la paciencia.

Hubo un momento de silencio en el que Kenneth no pareció poder reaccionar, al menos hasta que Rhett se acercó a él, hecho una furia.

—¡Ahora, principiante!

Kenneth se marchó prácticamente corriendo, claro. Alice no podía culparlo.

—Ha sido culpa suya —dijo Annie, en medio del silencio, lo que hizo que todo el mundo se volviera hacia ella—. De Alice. Ella lo ha empezado.

Rhett se quedó mirándola unos segundos. Annie pareció arrepentirse de haber abierto la boca.

—Eres una principiante —dijo Rhett. Luego miró a su amiga—. Y tú también.

Ellas intercambiaron una mirada confusa.

—¿Y qué?

—Que, hasta donde yo sé, tenéis una habitación propia. ¿No es así?

—Eh... —Annie se quedó en blanco.

—Íbamos a volver ahora mis... —empezó Jenell.

Pero no sirvió de nada. Rhett señaló la puerta.

—La próxima vez tendréis una sanción cada una. Marchaos de aquí.

Hablaba tan calmado que daba miedo. Y las dos chicas se apresuraron a irse. Cuando se volvió hacia Alice, ella notó que la mezcla de sentimientos entre haberlo echado de menos y tenerle cierto temor bullía en su interior y la confundía totalmente.

—Y tú... —Se interrumpió a sí mismo al ver que todo el mundo los estaba mirando—. ¿Alguien más quiere una sanción o qué?

Todo el mundo se apresuró a volver a su cama. La habitación se quedó tan en silencio que Alice sintió como si estuviera sola con Rhett. Todavía no se había movido, y le entraron ganas de arrastrarse hasta su litera cuando vio que él la volvía a mirar.

—¿Piensas quedarte ahí mirándome todo el día, principiante?

Alice tuvo el impulso de decir que no era una principiante, pero se limitó a dirigirse a su cama en silencio, tensa. Seguía notando sus ojos clavados en ella.

Y, cuando él se volvió para marcharse, dijo sin pensar:

—¿Puedo hablar contigo?

Él se quedó de pie un momento, tenso, y Alice volvió a tener la sensación de que todo el mundo la miraba. Pero se mantuvo firme.

Tras lo que pareció una eternidad, Rhett la miró por encima del hombro y asintió una sola vez con la cabeza, saliendo de la habitación sin esperarla.

Alice soltó un suspiro de alivio, se apresuró a ir tras él y lo alcanzó mientras bajaba la escalera.

—¿Vas a...? —intentó preguntar Alice.

—Aquí no —le dijo Rhett secamente.

Ella se calló enseguida y bajó la escalera siguiéndolo. Kenneth estaba fuera del edificio de los guardianes, esperando de brazos cruzados. Frunció el ceño al verlos llegar.

—Vete al despacho de Max —le volvió a decir Rhett sin detenerse, por lo que los dos tuvieron que apresurarse a seguirlo para escucharlo—. Dile que enseguida iré yo a explicarle lo que ha pasado.

—Pero...

—Creo —Rhett se detuvo y lo miró— que he dicho que fueras al despacho de Max.

Kenneth apretó los labios y se marchó, furioso. Rhett, por su parte, siguió andando y solo se detuvo al llegar al hospital. Tina estaba en bata de trabajo, transportando una bandeja con tubos y líquidos de colores. Pareció sorprendida al verlos llegar.

—Ahora no —le dijo Rhett cuando intentó preguntar algo, y siguió andando.

Tina miró a Alice, interrogativa, pero la muchacha no supo qué decir y solo se encogió de hombros. Rhett no se detuvo hasta que llegó a una de las puertas traseras de la sala. Entró en ella y cerró bruscamente cuando Alice se metió tras él.

Era una estancia cuadrada, minúscula, con dos contenedores cerrados. Él abrió uno, sacó una bolsa de hielo y se la lanzó a Alice, que la atrapó al vuelo y se la puso bajo el ojo izquierdo, dolorida.

Durante unos segundos, solo hubo un silencio muy tenso y muy incómodo. Al menos para ella, que tenía la cabeza baja, como una niña pequeña que había sido pillada haciendo una travesura.

Aunque casi prefirió el silencio a la mirada ardiente —en el peor de los sentidos— que le clavó Rhett al dar un paso hacia ella.

—¿Se puede saber...? —Él hizo una pausa, cerrando los ojos—. ¿En qué demonios pensabas?

—Yo...

—No, mejor no respondas —la cortó él furioso—. Está claro que no pensabas.

—Rhett, no ha sido...

—No ha sido culpa tuya, ¿no? Hasta donde yo sé, una pelea es entre dos personas, y ese chico estaba en el suelo cuando he entrado.

—¡Él me ha golpeado primero!

—¡Estabas encima de él, Alice! ¿Y si hubiera entrado Max y no yo?

—Pero... ¡se lo merecía!

—¡No me importa que se lo mereciera, no puedes meterte en peleas ahora! ¿No lo entiendes? Estás en el punto de mira de Max, si haces una tontería, no dudará en echarte.

—¿Y qué? —Alice negó con la cabeza, sin pensar lo que decía—. Tampoco soy muy útil aquí.

—Entonces, ¿qué harás? ¿Te meterás en peleas hasta que te echen? ¿Ese es el plan?

—¿Se te ocurre algo mejor?

—Sí. Compórtate como una adulta y no te busques conflictos que no necesitas ahora mismo.

—Ya empezamos...

Rhett entrecerró los ojos.

—¿Como que «ya empezamos»?

—¿Puedes dejar de hablarme como si fueras mi padre? Si quiero meterme en peleas, lo haré. No eres nadie para decirme lo que tengo que hacer y lo que no. Ni siquiera sé qué hacías en nuestra habitación.

Hubo un instante de silencio en el que vio que la expresión de él se endurecía, pero Alice se obligó a sí misma a no decir nada.

—¿Te crees que te lo estoy diciendo para molestar? —preguntó él en voz baja.

—No sé, quizá.

—Lo hago porque...

—¿Por qué? —insistió Alice al ver que no decía nada más.

Sabía que lo que siguiera a esa frase le gustaría, y realmente necesitaba que alguien le dijera algo agradable. Especialmente Rhett.

Pero él solo apartó la mirada, incómodo.

—Por nada. Tienes razón. Haz lo que quieras.

Pasó por su lado y salió de la habitación sin pronunciar palabra. Alice soltó un resoplido y se apresuró a seguirlo, sin importarle que Tina, junto a la puerta, se quedara mirándolos.

—Espera... —Alice consiguió colocarse delante de él y detenerlo—. Lo siento, no quería decir eso. Bueno, sí que quería, pero no así.

Rhett se detuvo en seco, mirándola.

—¿No ves que es para que no te echen?

—Pero ¡no puedes controlar mi vida!

De nuevo, se quedaron mirándose el uno al otro unos segundos. Esta vez fue Rhett quien interrumpió el silencio, señalando la bolsa que tenía ella en la mano.

—No te he dado el hielo para que no lo uses —le dijo, recuperando un tono menos furioso.

Alice se lo volvió a poner en la cara, incómoda.

—¿Vas a llevarme al despacho de Max? —preguntó al cabo de unos segundos.

—No —le aseguró Rhett, negando con la cabeza.

—¿Y Kenneth?

—Más le vale estar ya con él cuando llegue.

—¿Le romperás otra vez la nariz si no? —bromeó ella en voz baja.

Por primera vez, pareció que él estaba a punto de sonreír, pero dejó de hacerlo enseguida, volviendo a la mirada severa.

—Sé que no soy nadie para obligarte a hacer esto, pero... no te metas en peleas. Ni en discusiones. Ni en nada. No lo hagas, Alice.

—Pero...

—No —la detuvo—. Si Max se entera...

—¿Qué? —Ella enarcó una ceja—. ¿En qué te afectaría a ti eso? —dijo, para picarlo.

Rhett cerró los ojos un momento, como si lo que fuera que quería decirle lo hiciera sentir muy incómodo. Alice casi había perdido la esperanza de que volviese a hablar cuando él la miró de nuevo.

—No quiero vivir en esta ciudad si no estás tú —le dijo finalmente.

Alice se quitó el hielo de la cara, asombrada. No se esperaba algo bonito. Y menos en ese momento. Se había sentido tan sola durante tantos días que esa pequeña muestra de afecto hizo que tuviera que tragar saliva para deshacer el nudo de su garganta.

—¿En serio? —preguntó con un hilo de voz.

Rhett carraspeó, claramente incómodo.

—No te metas en líos —concluyó, con las orejas enrojecidas.

Alice luchó por no sonreír. No lo consiguió.

—Vale.

—Me da igual que te provoquen.

—Ajá.

—Si lo hacen, aléjate de la situación.

—Y ¿adónde voy?

—Conmigo.

—Seguro que a Max le encantará.

—A Max le pueden dar por...

—Rhett...

—Solo tienes que... aguantar un poco más —insistió—. Sé que es una mierda, pero no puedo hacer nada por ahora. Si intentara hablar con Max probablemente solo conseguiría empeorar las cosas. Y si aguantas un poco..., bueno, a lo mejor te hace exploradora oficial.

—Está furioso conmigo, no creo que lo haga.

—Aunque esté furioso no es idiota. Sabe reconocer el talento. Y cuando le dije que eres mi mejor alumna no bromeaba, Alice.

De nuevo, era extraño que alguien le dijera algo bueno. Ella tuvo que contenerse para no dedicarle una sonrisa radiante.

—Y ¿qué cambiará si me hace exploradora? —preguntó un poco confusa.

—Para empezar, ya no serás mi alumna. Y yo no seré tu instructor. Max no podrá quejarse si... —Él se cortó, algo avergonzado, y carraspeó—. Es decir, que podremos hacer lo que queramos. Y tendrás una casa.

—¿Una casa para mí?

—O... para los dos.

La frase quedó flotando entre ellos por unos segundos.

Alice se había quedado mirándolo, sin poder creerse lo que insinuaba. Rhett, por su parte, todavía tenía las orejas rojas.

—¿Quieres... vivir conmigo? —preguntó ella lentamente.

—Si tú quieres..., a mí no me importaría.

—P-pero... si tú ya tienes una habitación genial.

—¿Quién querría una habitación genial pudiendo...? —Se calló de nuevo, enrojeciendo todavía más, y decidió cambiar el rumbo de su argumento—. Podría mudarme, no hay problema.

—¿Traerías las películas?

—Sí, claro.

—Entonces, vale.

—¿Entonces, vale? —repitió ofendido—. ¿Y si te hubiera dicho que no? ¿Ya no me habrías querido?

—Claro que no, solo me interesan tus películas —respondió ella burlona.

—Acabo de abrirte mi corazón y tú lo has pisoteado, que lo sepas.

—Si te hubiera pisoteado el corazón, estarías muer...

—Era una forma de hablar.

—Ah. —Esta vez fue su turno de avergonzarse—. Ya lo sabía, te estaba poniendo a prueba.

—Sí, seguro.

Él se contuvo para no sonreír y Alice sintió que era el momento de disculparse, así que lo hizo.

—Siento haberme metido en esa pelea —murmuró.

—No. —Rhett pareció divertido, mirándola—. No lo lamentas en absoluto, no mientas.

—Pues no —confesó en voz baja.

—La técnica de la tortuga, ¿eh?

—Tuve un buen maestro.

—Y yo una alumna inmejorable.

Rhett dio un paso hacia ella y, tras dudar un momento, le

puso una mano en la nuca y la acercó para darle un beso en los labios. Los mantuvo apretados con fuerza contra los de ella el tiempo suficiente como para que Tina, que se acababa de acercar a ellos tras dar la discusión por finalizada, se aclarara la garganta de manera ruidosa. Rhett se separó, relamiéndose los labios.

—Si te ignoro estos días —empezó él—, es porque...

—Es por Max, ya lo sé.

—Si hablo contigo solo empeoraré las cosas.

—Tengo muchas canciones que quiero compartir contigo. Maldito Max —protestó Alice.

Rhett sonrió y volvió a inclinarse sobre ella. Esta vez el beso no fue tan corto. Ni tan suave. Sabía a «te he echado de menos». Alice ni siquiera sabía que pudiera identificar un sentimiento a través de algo tan simple como un beso, pero ahí estaba.

Justo cuando levantó las manos para abrazarlo, Tina se acercó y los separó, poniéndoles mala cara.

—¿Es que no se os ha ocurrido a ninguno de los dos que alguien podría entrar y veros? —protestó.

Pareció que Rhett iba a decirle algo —seguramente irónico—, pero Tina lo interrumpió al empezar a empujarlo hacia la puerta.

—¡Venga, vete a preparar tus clases o a molestar a otro! En bastantes problemas estáis ya metidos.

Al final, a Rhett no le quedó más remedio que salir del hospital sin decir nada más.

* * *

Alicia estaba sentada en el muro de la entrada del instituto con las piernas colgando, mirando la gente pasar. Hacía unos años, había descubierto que allí nadie la veía. Era mucho mejor cuando nadie estaba pendiente de ella, cuando era como si se desvaneciera. Cambió la canción y empezó a tararear mientras sonaba la sirena y la gente empezaba a ir a sus clases. Ella no iría. Tenía Educación Física y sabía lo que pasaría si se quedaba sola en un vestuario con Charlotte y sus amigas. Ya tenía suficientes malos recuerdos de esos como para añadir otro a la lista.

Bajó de un salto del muro y las plantas de los pies le dolieron unos segundos. Asegurándose de que nadie la veía, se metió en el edificio y cruzó varios pasillos hasta llegar a la puerta del tejado. Las únicas personas que había allí solían ser parejas enrollándose en las horas de recreo. Por lo demás, estaban solo ella y su música.

Colocó su chaqueta en el suelo de grava y su mochila para hacer de cojín, y se tumbó boca arriba, mirando al cielo. Nada más cerrar los ojos, se sumió en una perfecta sintonía consigo misma.

Hasta que alguien le hizo sombra.

Abrió los ojos y vio a un chico de pie a su lado. Iba vestido con una camiseta oscura y la miraba con una sonrisa.

—¿No tienes clase?

—¿Y tú? —preguntó, a la defensiva.

—Sí. —Él se sentó a su lado, con confianza, como si se conocieran de toda la vida—. Pero no he podido evitar fijarme en el maquillaje negro, la ropa negra, las botas negras, el pelo negro...

—¿Algún problema con el negro?

—Debería preguntarte lo mismo. ¿Eres emo o algo así? ¿O solo te gusta parecerlo? —Alicia lo miró—. Ya sabes, esas chicas que tienen problemas y existencias desgraciadas y que lo reflejan vistiéndose y tiñéndose el pelo de negro, perforándose el cuerpo y siendo antipáticas con el mundo...

—Muy agudo, pero no. —Ella negó con la cabeza—. No soy emo por ir de negro. Aunque debería decir que tu camiseta también es negra. Y tu pelo. Incluso tus ojos son oscuros.

—Cierto. —Alargó la mano—. Me llamo Gabe.

—Alicia —respondió ella, un poco a la defensiva.

—Bueno, Alicia. —Gabe sonrió—. Si no te importa, he oído que escuchabas uno de mis grupos favoritos, así que me gustaría quedarme aquí sentado contigo antes de volver con esa panda de mandriles.

Alicia sonrió un poco e, inconscientemente, se colocó el pelo detrás de la oreja.

—Vale, siéntate.

Gabe se acomodó a su lado.

—¿Me dejas uno?

Ella se quitó un auricular y le rozó los dedos cuando Gabe se lo puso, sonriendo un poco. Se miraron un momento. Era guapo. Alicia sintió que sus ojos se movían un momento hacia sus labios. Eran bonitos, también. ¿Cuánto hacía que no besaba a un chico? Desde lo de Erik, casi medio año.

Aunque al principio hubiera dudado, el muchacho enseguida le transmitió confianza.

—¿Cuál es tu favorita? —Gabe señaló su móvil.

Alicia pasó algunas canciones hasta llegar a la suya, la que siempre tenía en la cabeza.

*—¿*Dani California*? —Gabe sonrió—. Menudo cliché.*

—¿Algún problema?

—Ninguno. Tú solo ponla.

Cuando ella obedeció, Gabe se apoyó en la pared con una sonrisa, rozando el hombro de ella con el suyo, y Alicia no pudo evitar sonreír también.

23
EL CASTIGO INTERMINABLE

Al día siguiente, la clase de Deane se le hizo todavía más pesada que de costumbre. Y mira que era difícil.

Y es que, ahora que Kenneth no estaba —Alice no sabía qué había sido de él—, todo el mundo la miraba como si ella fuese la responsable. ¿Qué culpa tenía Alice de que hubiera estado diciendo mentiras sobre ella? ¡Se lo había ganado a pulso!

Solo una persona pareció pensar lo mismo que ella.

—Se lo merecía —le dijo Davy en voz baja mientras corrían alrededor del campo.

Alice lo miró, sorprendida.

—¿Qué?

—Kenneth —aclaró—. Es un idiota y se merecía la paliza que le diste.

Esa vez ella sonrió un poco.

—Ah, sí. La verdad es que sí.

—Quizá hasta se le colocó el cerebro bien gracias a ti.

Alice empezó a reírse, por lo que se ganó una mirada asesina de la mitad de sus compañeros. Pero le dio igual, no dejó de hacerlo.

—¿Puedo preguntarte algo, Davy?

—¿El qué?

—¿Por qué, si a nadie le cae bien Kenneth, todos me miran así por darle su merecido?

—Honestamente, yo diría que solo buscan una excusa para odiarte.

Bueno, eso no era un consuelo, precisamente. Tampoco entendía el origen de ese odio.

—Además —añadió Davy, jadeando porque seguían corriendo—, tras la pelea, Deane llamó a unos cuantos para que fueran a hablar con ella.

—¿A quiénes?

—A sus favoritos. —Se encogió de hombros—. Shana, por ejemplo.

—Y... ¿sabes qué les dijo? —preguntó Alice torpemente.

Davy negó con la cabeza con una mueca.

—Supongo que les comió la cabeza para que se pusieran en tu contra.

—¿Que les comió qué?

—Que los convenció de que tú eras la culpable. Por eso te miran así.

Alice no le dio mucha importancia al principio, pero al recordar que Shana estaba en ese grupo, no pudo evitar mirarla enseguida, aterrada. Ella sabía su secreto. Podía habérselo contado a Deane.

Pero, en realidad, no le pareció más distante que de costumbre. Simplemente hacía sus ejercicios, ignorándola.

—¿Estás seguro?

—Si no lo estuviera, no abriría la boca —le aseguró Davy, quien de repente se puso tenso—. Cuidado, se acerca la zumbada.

Esa era la forma en la que se referían cariñosamente a su instructora.

Alice vio que, efectivamente, Deane se acercaba a ellos como si estuviera dando un paseo por el campo. Se detuvo a su lado y los vio pasar corriendo en silencio.

Sí, en silencio.

Mmm...

¿Deane los dejaba pasar sin criticarlos? Eso era raro. Muy raro.

¿No?

Quizá la había juzgado mal todo ese tiempo. Quizá hubiera visto que había mejorado y por eso había empezado a dejarla en paz.

Vale, no. ¿A quién demonios quería engañar?

—¿Qué le pasa? —preguntó a Davy en voz baja.

—Se habrá despertado de buen humor.

—¿Deane? ¿De buen humor?

Davy hizo una mueca.

—Vale. Pues habrá amargado la vida a alguien y ya tiene suficiente maldad por hoy.

—Sí, eso suena mejor.

El resto de la clase transcurrió sin incidentes. Todo el mundo la seguía tratando igual, pero parecía que Deane la ignoraba. Alice no estaba muy segura de si debería estar preocupada, aliviada o contenta. Al final, solo consiguió sentirse confusa.

Cuando llegó a la clase de Rhett no pudo evitar que su corazón se acelerara un poco al verlo. Desde que la había besado la noche anterior, cada vez que pensaba en él sentía que le cosquilleaban los labios. Como lo hacían, precisamente, en aquel momento.

De hecho, casi estaba feliz de verlo. Casi. Porque cuando se volvió y abrió su boca amargada lo arruinó todo.

—Deja de mirarme y vete a por tu arma, principiante.

Estaba a un «principiante» de tirarle la pistola a la cabeza.

Rhett debió de ver que eso la molestaba, porque sonrió ligeramente cuando Alice pasó por delante de él.

Al final de la clase, que fue bastante aburrida porque básicamente se dedicaron a limpiar armas, recogió sus cosas como los demás, pero se detuvo cuando vio que Jake entraba en la sala con una enorme sonrisa.

¿Jake? ¿Qué hacía él allí? ¡Podía meterse en problemas!

—¡Aliiiiice! ¡Tengo dos noticias importantes! —se puso a gritar, haciendo que todo el mundo los mirara con curiosidad—. ¡ALIIIIIICE! ¿DÓNDE ESTÁS?

Rhett hizo un gesto con las manos para despedir al resto de los alumnos, que, reticentes, salieron de la clase.

—¿Jake? —dijo ella sorprendida—. ¿Qué...?

Pero su amigo no la dejó acabar, la abrazó con fuerza.

—¿Te parece eso apropiado en una clase, principiante? —preguntó Rhett bruscamente.

—Bah, cállate —contestó el muchacho, por lo bajito, aunque se separó de Alice.

Suerte que los demás se habían ido, porque si hubiera hecho eso delante de todo el mundo, probablemente Rhett lo habría colgado de uno de los árboles que rodeaban el edificio principal.

—Además —Jake le dedicó una sonrisa radiante—, ya no puedes llamarme principiante.

La boca de Alice se ensanchó en una sonrisa enorme.

—Espera, ¿cómo?

—Ya me has oído. —Jake le sonrió a su vez, entusiasmado—. ¡Estoy en el grupo de intermedios!

Volvió a abrazarla con suficiente fuerza como para estar a punto de asfixiarla y Alice se dejó, feliz.

Bueno, y tensa. No paraba de echar ojeadas a la puerta. ¿Y si alguien los veía y se lo decía a Max?

Se obligó a sí misma a centrarse y sonreír a Jake, que seguía pareciendo entusiasmado.

—¡Eso es genial! ¡Enhorabuena!

—¡Y con un diez en armas! —gritó él emocionado—. ¡Un diez! ¡El único de todos los que nos presentamos!

Rhett estaba mirándolos sin decir nada. A Alice le había parecido verlo sonreír, pero toda expresión alegre se esfumó cuando vio que Jake se acercaba con una sonrisa de oreja a oreja y los brazos abiertos.

—¡Eh! —Rhett dio un salto hacia atrás, casi como si fuera a atacarlo—. ¡Ni se te ocurr...!

El chico lo abrazó de todas formas, resistiendo a la mala cara del guardián. Alice intentaba no reírse.

—¡Suéltame ahora mismo si no quieres morir!

—¡Gracias a tu diez pude pasar! —le explicó Jake emocionado—. ¡Muchas gracias, Rhett, sabía que en el fondo no eras tan amargado como pareces siempre!

—¿Se supone que eso es un cumplido? —Rhett miró a Alice con la ceja levantada—. ¿Y tú de qué te ríes?

—Yo no me río —aseguró ella, entre carcajadas.

—Trisha también ha pasado. —Jake por fin se separó de Rhett, que lo seguía mirando con mala cara—. Y Dean y Saud también. ¡Es genial! Me daba muchísimo miedo pasar solo, no conocer a nadie...

—¿No conocer a nadie? —se burló Rhett—. Si siempre somos los mismos.

—Pero ¡sería diferente! No son mis amigos.

—Tú eres el típico pesado que podría hacer amigos en cinco minutos.

—Y ¿cuál es la segunda noticia? —preguntó Alice, sonriendo.

—¿Eh?

—Has dicho que había dos noticias —le recordó.

—¡Ah, sí! —Jake volvió a sonreír, entusiasmado—. ¡Te han levantado el castigo!

Alice se quedó mirándolo un momento, sin comprender nada.

—¿Qué?

—¡Sí, es cierto!

Miró a Rhett, que parecía todavía más extrañado que ella.

—Al parecer —siguió Jake—, anoche, el que le había dicho todo eso de ti a Max le confesó que se lo había inventado, así que te ha levantado el castigo. ¡Ya puedes volver a sentarte en nuestra mesa y seguir con tus clases particulares! Aunque, seamos sinceros, que te sientes con nosotros es la mejor noticia, ¿eh?

Alice empezó a notar una sensación de euforia creciendo en su pecho.

Pero el inicio de una sonrisa que delataba ese sentimiento desapareció en el instante en que lo pensó mejor.

—Pero... Kenneth aseguró que no le había dicho nada a Max.

—Fijo que mintió —respondió Jake despreocupado—. ¡Y ahora soy un intermedio, puedo darle una paliza por bocazas!

—Relájate, Bruce Lee —murmuró Rhett, negando con la cabeza—. No fue Kenneth

—Eso no lo sabes —le dijo Jake.

—No fue él —insistió el otro.

Jake y Alice intercambiaron una mirada desconcertada antes de acercarse a él casi al mismo tiempo.

—Rhett... —empezó Alice.

—¿Qué sabes que nosotros no sepamos? —lo acusó Jake, pinchándolo con un dedo.

—¿Sabías quién nos había delatado y no me dijiste nada? —Alice le puso mala cara.

—No hace falta que sepas quién fue —respondió Rhett—. Ya está todo solucionado. Es lo que importa.

—¡Yo quiero saberlo! —exclamó Jake indignado.

—¡Y yo!

—Y ¿de qué serviría? ¿Para que te enfadaras con ella y...?

—¡Es una chica! —confirmó Alice, mirando a Jake.

—Podría ser Shana —murmuró él pensativo.

—¿Shana? Mmm..., no sé...

—¡Dejad ya el tema! —Rhett les puso mala cara.

Pero, claro, lo ignoraron completamente.

—¿Qué hay de Deane? —sugirió Alice.

—¿Tú crees?

—Hoy ha estado muy callada en el entrenamiento. Eso no es normal.

—¿Podéis escucharme y...? —intentó intervenir Rhett.

—Pero ella no lo habría retirado —observó Jake pensativo.

—Entonces, ¿quién?

—¿Quién queda en la ciudad que sea mujer y sepa algo de todo est...?

Se cortó a sí mismo cuando tanto él como Alice abrieron mucho los ojos y los clavaron en Rhett, que suspiró.

—No —murmuró Alice—. ¿Ha sido Tina?

Rhett cerró los ojos un momento.

—No lo hizo con mala intención, Alice.

—¿Fue ella? —repitió Jake completamente perdido.

—Sí, pero...

—¡Estuvo a punto de hacer que me echaran! —exclamó Alice enfadada.

—No sabía que Max llegaría tan lejos. —Rhett la sujetó por los hombros cuando hizo un ademán de salir de la sala de tiro—. Solo quería que dejáramos de vernos. Estaba preocupada. En cuanto vio que Max se había pasado con tu castigo, le pidió que lo olvidara. No pensé que fuera a escucharla. Supongo que solo le hizo caso porque es Tina.

Alice apartó la mirada. Tenía que hablar con Tina de eso. No podía quedar así. Aunque lo hubiera hecho con buena intención, había pasado dos semanas horribles por su culpa.

Jake aplaudió de repente, haciendo que ambos volvieran a la realidad y lo miraran.

—¿Y qué más da? ¡Ya no estás castigada! ¡Vamos a la habitación con los demás! Seguro que se mueren de ganas de verte.

Tenía razón. No era momento de preocuparse por eso. Llevaba semanas suplicando volver a estar con sus amigos, y ahora que podía hacerlo no le apetecía del todo. Se mordisqueó el labio inferior, pensativa.

—Pero... ¿no se supone que vuelvo a tener clases extra?

—¿Y qué?

—Bueno..., esta es la hora en la que las suelo tener —aclaró Alice.

Rhett sonrió disimuladamente, dirigiéndose a la sala contigua, mientras que Jake se cruzó de brazos, indignado.

—¡Lo prefieres a él antes que a nosotros!

—Eso no es cierto —aseguró Alice.

Pero ¡lo había echado tanto de menos...!

Sinceramente, prefería besuquearlo primero e ir a perder una partida de cartas después.

—¿Qué tiene él que no tenga yo? —dijo Jake, haciendo un puchero.

—¡Eres muy pequeño para saberlo! —le gritó Rhett desde la otra sala, donde se había dirigido para guardar las armas que se habían utilizado durante la clase.

—¿Y eso qué significa?

—Jake, luego iré, te lo aseguro. Pero... tengo que hablar con Rhett un momento.

—Sí, *hablar* —hizo énfasis en la palabra—. Seguro que eso es lo que hacéis cuando estáis solos.

Alice lo miró, algo confundida.

—Está bien, hoy me saltaré la clase —accedió—. Supongo que no insistirías tanto si no fuera porque quieres enseñarme algo.

—¡Sí! —Jake dio un saltito, entusiasmado—. ¡Sabía que no eras una traidora!

—Genial —escuchó murmurar a Rhett, que había vuelto con ellos y estaba cruzado de brazos—.Y ¿qué es eso tan importante?

—Me gusta una chica.

Hubo cinco segundos de silencio absoluto en los que tanto Rhett como Alice lo miraron con los ojos como platos.

—¿Qué? —Rhett parpadeó, confuso—. ¿Quién?

—Bueno... No sé si debería...

—¡No nos dejes así! —exigió Alice.

—Es que no creo que la conozcáis...

—Os doy clases, Jake, seguro que la conozco —sonrió Rhett.

—Si para ti todo el mundo se llama principiante...

—¡Jake, suéltalo! —Alice estaba ansiosa por saber quién le había robado el corazón a su mejor amigo.

—Se llama Riley, ¿vale?

Alice hizo memoria rápidamente, pero no le venía a la cabeza absolutamente nadie con ese nombre.

—Un momento, ¿no será una chica alta, rubia...? —se iluminó Rhett.

—Es esa —aseguró Jake. Agarró a Alice del brazo—. ¡Vamos, te la enseñaré!

* * *

Pasó la tarde en la zona del comedor con Jake y Trisha, ya que Dean y Saud andaban con dos chicas del nuevo grupo de intermedios. Jake no dejaba de parlotear sobre la tal Riley y Trisha no dejaba de ponerle mala cara, murmurando lo pesado que era.

—¿Por qué parece que, de pronto, todo el mundo quiere emparejarse? —le preguntó Alice en voz baja cuando Jake se puso a hablar con un compañero que se había acercado a saludarlo.

—Se acerca Navidad y nadie quiere ir a la cena sin pareja. Además, están en plena pubertad, ¿qué esperabas?

—¿Qué es eso?

Trisha la miró y suspiró, resignada.

—Ya sabes, cuando un niño pasa de ser insoportable a ser aún más insoportable y que lo llamen adolescente.

—Suena genial.

—A ver, es más complejo —aclaró Trisha—. En los chicos suele darse más tarde, por eso las chicas de esa edad son más altas que la mayoría de ellos. Empiezan a crecer... en muchos sentidos: la voz les cambia, el carácter se vuelve peor...

—Entonces, ¿tú estás en la pubertad?

—Haré como si no hubiera oído eso —le dijo ella tras un momento—. La cuestión es que tienen las hormonas por las nubes y no saben controlar sus impulsos. Así que no lo hacen. ¿He mencionado ya que se vuelven más insoportables?

—Suena... horrible.

Alice miró a su amigo con una mezcla de curiosidad y terror. Optó por no preguntar más sobre el tema.

—¿Y tú, irás a la cena de Navidad acompañada?

—Qué remedio —dijo, y señaló a Jake—. Le he prometido a este que iría con ellos, parece que Riley tiene un amigo que no tiene con quién ir. Pero únicamente voy porque Jake me ha prometido que me dará su postre. Y el postre de Navidad es exquisito, ¡y solo una vez al año!

—Pero... ¿es obligatorio ir acompañado?

—No. —Trisha se encogió de hombros—. Pero todo el mundo lo hace. Sería un poco raro, si no.

—Y ¿puedo pedirle...?

—No, los instructores no son parejas válidas. —Trisha sonrió, burlona—. Quizá a Kenneth le apetezca.

—Qué graciosa.

—Ponte algo azul para combinar con su nariz. Y con tu ojo.

Alice entrecerró los ojos y ladeó la cabeza para mirarla, y Trisha empezó a reírse.

—Venga, que era broma. Además, dudo que quiera ir contigo. Debe de estar resentido.

—Lo dices como si yo quisiera ir con él.

—Y ¿a quién se lo pedirás?

Alice lo pensó un momento.

—A Davy.

—¿Y ese quién es?

—El de la litera de arriba. —Alice se encogió de hombros—. Es simpático. Y el único que me dirige la palabra, en realidad.

—Pues solo te queda suplicar que no tenga a nadie... o ir sola. Y que le den a los demás. Yo tenía pensado hacerlo.

—Pero has dicho que está mal visto...

—Sí, pero ¿qué más da lo que piense la gente? Si solo es una estúpida cena. La única diferencia es que en lugar del puré de siempre ponen fruta y verdura de verdad. Aunque no te hagas ilusiones, no suele haber carne.

—No quiero comer animalitos.

—Lo que faltaba. —Trisha puso los ojos en blanco y miró a Jake, que acababa de despedirse del otro alumno—. La rarita es vegetariana.

—¿Qué es...?

Trisha le dedicó una mirada de advertencia, que dejó claro lo mucho que le apetecía que le hiciera más preguntas.

Justo en ese momento, Jake exclamó:

—¡Es esa!

—¿Cuál?

—La rubia.

Alice escudriñó con la mirada y vio a la pandilla de Kenneth —sin él, claro— no muy lejos, mirándola con mala cara. A unos metros de ellos, había otro grupo más pequeño de alumnos más jóvenes. Todos escuchaban con atención lo que Riley, mucho más delgada y alta que Alice, les contaba mientras no dejaba de gesticular con las manos y sonreír, especialmente a uno de los chicos de la mesa. A Alice no le gustó demasiado.

—¿Y bien? —preguntó Jake.

—Menudas pintas —murmuró Trisha, mirándola—. ¿Por qué se ata la camiseta así? Se le saldrá una teta.

Efectivamente, tenía la camiseta atada con un nudo justo bajo sus pechos. Alice tampoco entendió muy bien su función. Desde luego, no parecía muy cómodo para entrenar.

—Le gusta su cuerpo y lo enseña, ¿cuál es el problema? —la defendió Jake enseguida.

—A ti te gusta más —replicó Trisha—. Dime que el de al lado no es el mío.

—Pues da la casualidad de que sí.

Alice contuvo una sonrisa cuando vio al chico en cuestión. Se parecía a Kenneth, pero en menor tamaño. Sujetaba un palo con la mano y lo miraba como si fuera a descubrir algo increíble de él.

—¿Ese? —Trisha suspiró—. Espero que los postres no me defrauden este año.

—¡Serán deliciosos! —aseguró Jake con una enorme sonrisa.

* * *

Deane estuvo extrañamente simpática de nuevo en su clase siguiente, cosa que seguía sin despertar la confianza de Alice, pero que prefería a los gritos.

La única novedad de la mañana había sido que Kenneth había vuelto a clase. Alice tenía un ojo todavía amoratado, pero Kenneth volvía a tener una enorme venda encima del puente de la nariz. No habló con nadie, y evitó el contacto visual con ella a toda costa.

La clase de Rhett también transcurrió sin más incidentes que los habituales: que les gritara algo a algunos alumnos más lentos que los demás, o que algunos cuchichearan y los separara al instante... Rhett podía ser muy agradable fuera del horario lectivo, pero cuando se ponía en modo instructor era el típico guardián estricto al que no querías molestar.

—¿No crees que eres un poco duro con ellos? —preguntó Alice un rato más tarde, mientras esperaba que colocara las cosas para empezar la lección extra.

—Si hubieras visto una sola clase de Max, creerías que soy un amor en comparación.

—No me imagino a Max dando clase de... nada.

—Pues fue mi instructor.

—¿Y te gustaba?

Rhett pareció tomarse un momento para pensarlo, pero siguió colocando las armas para disimular.

—No —concluyó.

—¿Y ahora?

—Ahora, menos.

—¿Por qué?

Él se dio la vuelta y dejó la última caja en la estantería, ignorando deliberadamente su pregunta.

—Creo que hoy haremos algo diferente.

Alice decidió fingir que no se había dado cuenta de la evasión a su pregunta.

—No sé si debería tener miedo.

—Depende de si te gusta que te... —se quedó mirándole las piernas—. ¿No tienes pantalones cortos?

—Sí, en mi habitación.

—Da igual, ponte unos de ahí —dijo, señalando un enorme montón—. Supongo que alguno te servirá.

—¿Para qué son? —preguntó, rebuscando entre las prendas hasta que encontró unos que parecían de su talla.

—Ya verás. Tú solo póntelos.

Alice lo miró un momento con el pantalón en la mano. Rhett frunció el ceño.

—¿A qué esperas?

—M-me siento rara cambiándome si tú me miras.

—¿Es una broma? ¡Si no sé ni cuántas noches has venido en bragas a mi habitación!

Alice se encogió de hombros. De repente, le daba vergüenza.

Rhett apretó los labios y, tras poner los ojos en blanco, salió de la habitación. Entonces ella se puso rápidamente los pantalones y lo siguió.

—¿Qué es eso? —preguntó, señalando las manos de Rhett.

—Rotuladores —aclaró él, lanzándole uno.

—¿Vamos a pintar?

—Más o menos —respondió él, poniéndose dentro de un círculo que había trazado en el suelo y haciéndole una seña para que se le uniera.

—¿Para qué?

Una vez ambos estuvieron dentro del círculo, Rhett quitó el capuchón de su rotulador y Alice lo imitó, más confundida si cabe.

—La única cosa que no te he enseñado a usar es el cuchillo —aclaró el instructor—. Si te haces exploradora, esta será un arma reglamentaria. Deberías saber usarla.

—¿Y el rotulador?

—No pienso darte un cuchillo de verdad la primera vez —aseguró Rhett—. Si es que alguna vez te doy uno.

—Y ¿por qué no? —Alice se movió de forma que consideró profesional, pero seguramente hizo el ridículo—. ¡Mírame! Soy como el niño de la película esa.

—¿Eh?

—¡El que tiene un profesor viejo que le enseña a hacer estas cosas!

Rhett rio.

—Muy bien, Karate Kid, colócate en posición.

—¿Con un rotulador?

—Con esto, puedo darte sin tener que preocuparme de que mueras desangrada.

—Y ¿por qué me has obligado a ponerme pantalón corto y tú los llevas largos?

—Porque —él sonrió ampliamente— está claro que no me darás ni una vez. No merecía la pena cambiarse.

Ella le puso mala cara al instante, apuntándole con el rotulador de forma acusadora.

—Creído.

—Tengo motivos para serlo.

—¡Te recuerdo que le di una paliza a Kenneth yo solita!

—Dime que no acabas de compararme con ese idiota, por favor.

Alice puso los ojos en blanco descaradamente, haciendo que Rhett sonriera.

—Bueno —él volvió al tema—. Lo primero es la postura. Es la misma que usarías sin cuchillo, solo que tienes que sujetarlo con la mano que prefieras, con la que seas más hábil. Hacia arriba. Sí, eso es.

—En las películas lo sujetan al revés.

—En las películas los actores no corren el riesgo de ser

apuñalados. —Rhett se acercó y le subió el brazo—. Ahora, intenta atacarme.

—¿Qué?

—Vamos, hazlo.

Rhett había escondido su rotulador. En cuanto ella dio un paso, él retrocedió, y le inmovilizó el brazo con facilidad y le quitó el arma. Le hizo la primera marca, una pequeña raya en el cuello.

—Ya estarías muerta —le dijo él.

—«Ya estarías muerta» —lo imitó frustrada, intentando liberarse.

Y así estuvo una hora.

Efectivamente, Rhett terminó tan limpio como había empezado, mientras que ella llevaba rayas negras por todas partes, especialmente en la zona del cuello, que Rhett decía que era lo último que el enemigo debía alcanzar. Alice estaba de mal humor por no saber marcar a Rhett, pero la animó un poco haber aprendido a esquivar un ataque.

—Espero no encontrarme nunca con alguien armado con un cuchillo que quiera matarme —dijo Alice tras el entrenamiento.

—Si te pasa eso, huye.

—¿Y si no puedo huir?

—Te escondes.

—¿Y si no puedo esconderme?

—Grita para que te ayuden.

—¿Y si no hay nadie para...?

—Pues sacas la pistola y le disparas en medio de las cejas, paranoica.

—Puedo fallar.

—Dudo que falles.

—¿Y si no tengo pistola?

—Alice —él se incorporó y la miró—, cuando entré en la

habitación el otro día, vi cómo inmovilizabas a un chico de lucha avanzada.

—Pero... no sé defenderme. Solo hice lo que tú le recomendaste a Jake. Bueno, y la tortuga.

—¿Y qué te hace pensar que eso no es defenderse?

—No es aplicable a todo el mundo. ¿Y si tengo que enfrentarme a alguien más ágil que yo?

Rhett la miró de arriba abajo con media sonrisa.

—Sabrás apañártelas.

Alice se mordisqueó el labio inferior, pensativa.

—¿Vas a ir a la cena de Navidad?

—Es asquerosamente obligatoria.

—Sí, pero... me refiero a si irás con alguien.

—Sí, claro, con mi gran amiga Deane.

—¿Qué? —Alice se quedó pálida.

—Pensaba que dominabas la ironía... —Él empezó a reírse.

—¡Rhett, hablo en serio!

—Los instructores no podemos ir con alumnos —aclaró él, mirándola.

Alice sintió que sus mejillas se calentaban un poco.

—¿Y qué te hace pensar que iba a pedírtelo?

—¿Sabes cuántas preguntas me has hecho desde que te conozco? Esa habría sido la más normal de todas.

—Pues vale. ¿Y si un instructor quiere ir con otro?

—No creo que eso suceda.

—Pero... ¿y si Tina quiere ir con Max?

—¿Con Max? Un cactus le haría mejor compañía.

—¿Qué es...?

—Déjalo. —Él sonrió, dando un paso en su dirección—. ¿Ibas a invitarme a salir?

—¿Qué? No. Tú mismo has dicho que no puedo ir con los instructores.

—Bueno, no hay una norma escrita que lo diga, pero dudo

que a Max le haga mucha gracia que aparezca con una alumna en la cena de Navidad.

—Entonces, supongo que iré sola. O con Davy.

Rhett la miró, interesado.

—¿Quién es ese?

—Un amigo. Aunque... no sé si querrá ir conmigo.

—Sabes que puedes ir sola, ¿no?

—Sí, Trisha lo mencionó.

—Eso de ir en pareja es una bobada —le aseguró Rhett—. Me recuerda a cuando iba al instituto. Era la misma mierda de tener que encontrar una cita, comprarte ropa...

—¿Celebrabais cenas en tu instituto?

—Eran más bien bailes. Ponían música, comida, bebidas..., y tú podías aprovechar para bailar y meter mano a tu acompañante.

Alice no sabía qué era eso de meter mano, pero decidió no preguntar.

—Y ¿fuiste con una chica?

—Sí. —Rhett apartó la mirada, pensativo—. Lo peor fue que se puso enferma en medio del baile y estuvo toda la noche en el baño, vomitando. Me perdí lo mejor de la fiesta.

—Suena fascinante.

—Mi peor recuerdo del instituto —aseguró—. Pero, al final, resultó ser simpática. Fuimos amigos por un tiempo.

—¿Y qué pasó?

—Me enteré de que le gustaba y le dije que era mejor que nos diésemos un poco de espacio. Estaba claro que ella necesitaba ese distanciamiento para que se le pasara lo que sentía. Si no, habría sido peor.

A Alice le gustaba que le contara y compartiera con ella historias de antes de la guerra, así que lo siguió alegremente hacia la salida del almacén. Mientras él buscaba las llaves en sus bolsillos, no pudo evitar continuar preguntando.

—¿Y no te gustó ninguna chica en el instituto?

—Gustar... —Él lo pensó un momento—. Alguna hubo, pero nunca llegué a nada demasiado serio con ellas. Uno de los dos siempre terminaba aburriéndose del otro.

—Y ¿cómo sabías que te gustaban?

—Me atraían... La mayoría por su físico, la verdad. Era muy superficial —admitió, cerrando el almacén con candado.

—¿Y no hubo ninguna que te llamara la atención por su personalidad?

—Alice, yo no era tan abierto como para que me demostraran su personalidad.

—Ah.

Ella se quedó otro momento en silencio, reflexionando sobre la pregunta que realmente quería hacer.

—¿Y yo te gusto? —soltó, finalmente.

Él sonrió un poco, como si hubiera estado esperando que lo preguntara.

—Si no me gustaras no estaría aquí, hablando contigo.

—Te gusta mi físico —dijo ella.

—Y tu personalidad —aseguró él.

—¿Eso significa que... puedo besarte?¿Cuando quiera?

—¿Qué? —Él se detuvo, divertido y sorprendido a la vez.

—Nunca he tenido una relación con nadie. Es mi primera vez. Necesito saber qué pautas seguir.

—No hay... pautas —aclaró Rhett—. Haz lo que sientas.

—Entonces... —Muy despacio, Alice empezó a acercarse a él.

—¡ALIIICE! —exclamó Jake, apareciendo de golpe tras ellos. Su sonrisa se borró al verla cubierta de rayas de tinta negra—. Pero ¿qué te ha pasado?

—Entrenamiento. —Ella dirigió una mirada significativa a Rhett—. ¿Qué ocurre?

—Tengo un problema —él se rascó la nuca.

—¿Cuál?

Jake miró a Rhett un momento, frunciendo el ceño.

—Si quieres me voy, pero me lo contará Alice más tarde. —Él se encogió de hombros, centrado en sus cosas.

—Da igual —Jake se acercó a ella—. Tengo un problema.

—Eso ya lo has dicho, Jake, ¿qué pasa?

Él pensó un momento.

—¿Y si Riley me pide que la bese?

—No te preocupes por eso —murmuró Rhett, recibiendo un pisotón disimulado de Alice.

—Bésala —le dijo ella—. ¿No te apetece?

—Sí, claro que me apetece, es que...

—¿Qué?

—Verás... mmm...

—Jake...

—Es que...

—¡Jake! —insistió Alice impaciente.

—Yo...

—No ha besado nunca a nadie —intervino Rhett.

Jake se puso rojo como un tomate, confirmándolo.

—El primer beso siempre es horrible —siguió Rhett, como si nada—. No tengas muchas expectativas y suplica para que ella tampoco las tenga. Listo.

—¿Qué clase de consejo es ese? —Alice lo miró indignada.

—Es la verdad.

—¿Nuestro primer beso también fue horrible? ¿Eso crees?

—Entonces... ¡os habéis besado de verdad! —Jake se aclaró la garganta, incómodo.

—No he dicho eso. —Rhett se dirigió a Alice.

—¡Has dicho que siempre son horribles!

—¡Era una forma de hablar!

—¡Pero lo has dicho!

—¡Pues mira, sí, todavía tengo una cicatriz en el labio!

—Esta conversación está tomando un rumbo inesperado —murmuró Jake, enrojeciendo.

Rhett lo miró.

—Bueno, y ¿qué quieres? ¿Que te enseñemos o qué?

—¡No! —Jake se puso todavía más rojo—. Quiero que..., no sé..., estéis cerca..., por si acaso.

—No te perderé de vista, lo prometo —le aseguró Alice.

—Yo estaré emborrachándome en la barra de la cafetería. También puedo prometértelo.

—Si ella... —Jake seguía mirándola, preocupado.

—Estaré ahí, apoyándote —repitió Alice—. No te preocupes más, Jake. Si estás tranquilo todo saldrá bien.

—Habla la experta —se burló Rhett.

—¿Cuántos primeros besos has dado tú? —le soltó ella enfadada.

—¿Yo? Ninguno. Ni siquiera sé qué es eso.

—Ya. Seguro.

—Vale —los cortó Jake—. Sois como un matrimonio de abuelos que ya no se soporta.

—Solo a veces —admitió Rhett—. Y, ahora, ¿os importaría continuar esta maravillosa conversación en cualquier otra parte? Tengo que irme y no puedo dejaros aquí solos.

—Siempre tan simpático... —Alice puso los ojos en blanco.

—Entonces —Jake la agarró del brazo, entusiasmado—, ¡será mejor que elijamos qué ponernos!

Y la arrastró con él hacia la salida.

* * *

Durante esa semana, Alice se hartó de oír hablar de la dichosa cena de Navidad. Cada vez que oía a alguien mencionarla, le entraban ganas de poner la misma cara que solía poner Max siempre.

Le había preguntado a Davy si le apetecía ir con ella en una clase de Deane, mientras estiraban. Su gran respuesta había sido encogerse de hombros con poco entusiasmo.

—Vale —murmuró—, tampoco tengo nada mejor que hacer.

—¿No podrías fingir que te apetece?

—Es que no me apetece.

—Por eso se llama fingir.

Él suspiró y, como si hiciera el mayor sacrificio del mundo, sonrió.

—Qué bien, iré a esa cena con mi gran amiga Alice —dijo con su tono aburrido de siempre, pero con una sonrisa extraña.

Bueno, tampoco esperaba una gran reacción por parte de Davy, así que simplemente se alegró de tener pareja.

Deane, por su parte, seguía siendo sorprendentemente amable con Alice. Hasta el punto de no regañarla cuando empezaron los combates y ella los perdió todos. Eso sí, apenas conseguían tocarla porque Rhett se había asegurado de que, si no sabía atacar, al menos supiera protegerse. Así que eso era lo que se le daba mejor a Alice.

Hablando de Rhett, las cosas no habían ido mal con él. Le daba la sensación de que estaba de mejor humor desde que podían hablarse otra vez.

De hecho, un día, mientras subían la escalera hacia la habitación, Alice escuchó el murmullo de una de las chicas de su clase.

—¿No os da la sensación de que Rhett está muy simpático estos días?

Su amiga rio.

—Un poco. Hoy me ha sonreído. Nunca lo había visto sonreír. No sabía si echar a correr o alegrarme.

Así que sí, Alice no era la única que había notado que estaba de buen humor.

Además, aunque ya no fuera a su habitación por las noches, Alice había conseguido sonsacarle varias anécdotas de su infancia en sus clases extra.

Por no hablar de la cantidad de veces que Rhett le pedía que lo ayudara a ordenar el almacén aunque, una vez allí, no se dedicaban a eso.

Alice no estaba muy familiarizada con dar y recibir besos, pero se estaba acostumbrando rápidamente y de forma muy dispuesta. Le gustaba la sensación que las manos de Rhett provocaban en su nuca. Lo que sentía al unir sus labios con los suyos. O sus cuerpos pegados. La anticipación que la arrollaba cuando Rhett apartaba de un manotazo lo que hubiera encima de la mesa para sentar a Alice en ella y tener mejor acceso a su boca.

Y pensar que antes odiaba el contacto... Ahora, cuando veía a Rhett, sus dedos cosquilleaban llenos de ganas de acariciarlo. Notarlo pasear detrás de ella en las clases de tiro con el resto de los alumnos de la especialidad sin poder tocarlo era una verdadera tortura. Pero, eso sí, muchas veces lo pillaba mirándola.

Para mala suerte de Trisha, solo podía hablarlo con ella. Y esta solía burlarse de su timidez y recomendarle que simplemente se dejara llevar.

Sin embargo, aparte de la felicidad que sentía, seguía inquieta al recordar que tenía un asunto pendiente.

Al fin, el día antes de la cena, Alice se atrevió a ir al hospital y enfrentarse a Tina. Se quedó en la puerta un momento, insegura, y después entró.

Tina se encontraba de espaldas a ella. Estaba hablando con un chico que tenía el brazo sujeto por un trozo de tela. Al oírla saludar, se dio la vuelta.

—Alice, cielo, en un momento te atiendo.

Terminó de hablar con su paciente y lo guio hacia la salida antes de acercarse a ella y suspirar.

—Supongo que querrás hablar sobre lo de Max —dedujo en voz baja.

Y Alice, que había pensado en hablar eso de forma pacífica, no fue capaz de hacerlo.

—¡Estuvo a punto de echarme de la ciudad! —sollozó todavía resentida.

Tina volvió a suspirar, pasándose una mano por la cara.

—Lo sé. Si hubiera sabido que llegaría tan lejos, no habría dicho nada.

—¿Por qué lo hiciste? Sabías que Max se enfadaría...

—Solo quería que vosotros dos... —Hizo una pausa, negando con la cabeza—. Mantener un tipo de relación como la vuestra os puede traer muchos problemas. Muchísimos. Especialmente a él.

—¿Por qué? —Su enfado se redujo un poco y se convirtió en perplejidad.

—Max y Rhett no se llevan bien, ya lo sabes.

Estuvo a punto de preguntar por qué, pero Tina siguió hablando.

—Su relación nunca ha sido la mejor, pero antes al menos parecían... No lo sé. Rhett tiene un carácter complicado y Max, poca paciencia. Nunca ha sido una buena combinación. Pero ha empeorado estos últimos años. Rhett no necesita que Max tenga más motivos para enojarse con él, créeme.

—¿Realmente sería capaz de echarlo de la ciudad? —preguntó Alice con un hilo de voz.

—No, no lo creo. Si no lo ha hecho todavía... no me parece que lo vaya a hacer. Pero no quiero saber qué pasará si seguís poniendo a prueba su paciencia. Por eso le pedí a Rhett que mantuviera las distancias contigo.

Alice parpadeó, confusa.

—Espera... La noche que llamaste a su puerta ¿era por eso?

—Así que estabas allí. —Tina puso los ojos en blanco—. Me imagino que esa herida en el labio también tuvo que ver contigo.

Alice enrojeció al instante.

—Yo... eh... Rhett no me ha contado nada de este tema.

—Claro que no, porque no está dispuesto a dejarte ni por su propio bien. Es demasiado testarudo. Básicamente, me dijo que no me metiera en vuestros asuntos.

Alice no pudo evitar una pequeña sonrisa divertida al ver la expresión contrariada de la mujer. A veces, cuando hablaba de Rhett, parecía una madre frustrada.

—Siento mucho lo mal que lo pasaste —le aseguró Tina al cabo de unos segundos—. Nunca fue mi intención. Lo siento, Alice.

Ella asintió con la cabeza. No había ido a hablar con Tina para discutir, solo quería entenderla.

—Está bien —le aseguró al final.

—Gracias. —Tina le sonrió al instante. Ambas se quedaron calladas un rato, hasta que la mujer hizo un gesto vago con la mano, como un manotazo, para intentar alejar sus pensamientos, y dijo—: Bueno, cambiemos de tema. ¿Ya sabes qué te pondrás mañana por la noche? Porque da la casualidad de que tengo una falda muy bonita que creo que te puede servir...

Alice sonrió ampliamente y la siguió hacia el vestuario, emocionada.

24

LA CENA DE LOS VILLANCICOS

Alice se sentía tan extraña con esa ropa puesta...

¿Por qué los humanos se ponían vestidos tan ajustados y cortos para celebrar cosas? ¡No tenía sentido! ¡Estaba muy incómoda! ¿Cómo iba a andar en esas condiciones sin parecer más torpe de lo que ya era?

En realidad, tenía que admitir que su ropa no era tan ajustada en comparación con la que llevaban las demás chicas de su habitación. Las amigas de Kenneth, que había visto un momento antes, llevaban dos vestidos tan diminutos que parecía que no podrían moverse —sin embargo, se las habían apañado para meterse en ellos y vivir para contarlo—. Por no hablar de los zapatos.

Una alumna de los intermedios se había calzado unos tacones gigantes con los que apenas podía caminar y, cuando había visto a Alice mirándola con los ojos muy abiertos, la había malinterpretado y le había dejado unas botas con un pequeño tacón para que las usara esa noche.

Ella echaba de menos sus zapatillas. Y sus botas normales. Aunque las que le habían prestado eran muy bonitas, eso sí.

Por otro lado, ninguno de los chicos se había arreglado demasiado. Pero iban con ropa limpia y eso ya era toda una novedad.

Alice no estaba muy segura de en qué grupo encajaba más.

Lo único que había encontrado que conjuntara con la falda que Tina le había regalado había sido una camiseta de tirantes finos. Para Alice era ajustadísima. Al mirarse en el espejo e imaginar la cara de la gente de su zona si la viera así vestida, se estremeció. Ni siquiera sabía que tuviera tanto pecho. Nunca se había puesto algo que lo resaltara de esa forma.

Otro cambio había sido dejarse el pelo suelto, cosa que no solía hacer debido a las clases. Y le gustaba cómo le quedaba. Se había esforzado mucho en desenredárselo en la ducha. Más que de costumbre. Era un poco lacio y aburrido, pero de vez en cuando se enrollaba un mechón con un dedo para darle un poco de volumen.

Y el último detalle fue que dos chicas de su habitación la vieron intentando arreglarse frente al espejo del cuarto de baño y se apiadaron de ella, prestándole una barra de labios rojo cereza.

Estaba nerviosa mientras esperaba que Davy se limpiara las gafas. Él se había puesto una camiseta blanca y unos pantalones con solo dos agujeros poco visibles. Por lo demás, iba como siempre. Cara de aburrimiento incluida.

—Antes de llegar ya te habrás ensuciado —le dijo ella a modo de reprimenda.

—¡Déjame! No me gusta tener las gafas manchadas.

Los dos salieron casi los últimos de la habitación y recorrieron la ciudad hasta llegar a la cafetería. Ya era de noche y la puerta, iluminada con una guirnalda de colores, les alumbró el camino. Alice sabía que esas decoraciones las habían encontrado unos exploradores en una reciente incursión al exterior, como también habían encontrado...

—¡Foto!

Sí, una cámara de fotos.

Davy se quedó mirando el artilugio con cara de asco, mientras que Alice intentó no parecer asustada con la luz que salió de la nada y los cegó. El chico del grupo de principiantes sonrió ampliamente.

—¡Mañana por la mañana intentaré tenerlas todas, estarán colgadas en la sala de actos, por si...!

—Genial —lo cortó Davy y pasó por su lado.

El chico pareció algo decepcionado, así que Alice le sonrió para compensarlo.

—Yo iré a por la mía.

—¡Muchas gracias! —Sonrió ampliamente.

La cafetería también estaba adornada. Había más luces de colores en el techo, de las paredes colgaban papeles dibujados con estampados navideños y las mesas estaban cubiertas con manteles rojos. Habían intentado que realmente pareciera Navidad.

Además, alguien había traído un viejo equipo de música y estaba sonando una canción que Alice después descubriría que se llamaba villancico. No tardó en encontrar a los demás. Estaban todos sentados a una de las largas mesas. Habían dejado dos lugares libres para ellos. Dean y Saud estaban hablando con dos chicas de su edad, mientras que Trisha no dejaba de beber de su vaso con mala cara: su pareja intentaba entablar conversación con ella y la chica no estaba por la labor. Jake sonreía, sudando, nervioso, y la tal Riley miraba a su alrededor, aburrida.

—¡Hola, chicos! —los saludó Alice—. Hala, Trisha, estás genial.

Su amiga llevaba unos pantalones ajustados y una camiseta corta. Además, tenía los labios pintados de un rojo tan oscuro que parecía negro. Le gustó cómo resaltaban con su piel pálida y su pelo rubio tan corto.

—La próxima vez intenta sonar menos sorprendida —le dijo esta.

Alice lo pasó por alto. No quería empezar mal la noche. Davy y ella se sentaron y se quedaron en silencio durante unos segundos, mirando a los demás, algo incómodos.

—Bueno, y ¿qué tal? —preguntó Alice, tratando de romper el silencio.

—Trisha es una chica muy maja —comentó enseguida el chico que la acompañaba, intentando ganarse su simpatía.

Alice contuvo una sonrisa cuando ella resopló, malhumorada.

—Voy a por otra bebida.

—Te acompaño —se ofreció Alice enseguida.

En cuanto estuvieron un poco alejadas de la mesa, Alice se acercó a ella y la miró con atención.

—¿Qué ocurre? ¿Por qué estáis en silencio?

—Mi pareja es un idiota —aclaró Trisha—. Y Jake también. Solo ha sido capaz de balbucear un «hola» cuando ha llegado la otra.

—Porque está nervioso.

Trisha puso su vaso encima de la barra.

—Otro de lo mismo, pero más cargado, y para ella...

—Agua.

—Que alguien me mate. —Trisha puso los ojos en blanco.

Alice sonrió a la cocinera —como cada día— cuando le dio su vaso de agua, y luego tomó un sorbito. Ella también estaba un poco nerviosa por encontrarse con el chico que tenía en la cabeza. Y no era precisamente su pareja de la noche.

Y justo cuando se preguntaba dónde estaría Rhett, se dio la vuelta para volver a la mesa y casi se chocó de bruces con Kenneth. Milagrosamente, el agua se mantuvo dentro del vaso.

Se miraron el uno al otro, hubo un momento de silencio incómodo. Kenneth seguía teniendo el puente de la nariz azulado, al igual que Alice tenía el ojo izquierdo del mismo color —aunque ella había intentado cubrirlo con maquillaje—. Eran dos recuerdos bonitos de cómo habían sido las cosas entre ellos.

—Eeeh..., hola —murmuró ella.

Kenneth apretó los labios.

—Hola —masculló.

Y hubo silencio de nuevo. Uno todavía más incómodo.

—Te ves bien —dijo Kenneth, mirándola de arriba abajo con cierta lentitud.

—¿Eso es un halago?

—Más o menos. —Él volvió a la sonrisa petulante de siempre—. No podrías escaparte de mí con esa falda y esos tacones puestos, ¿no crees?

Alice enarcó una ceja, molesta.

—¿Qué te hace pensar que intentaría escaparme y no enfrentarme a ti?

—Que me ganaras una vez no quiere decir que vayas a volver a hacerlo.

—De hecho, si te diera una paliza así vestida sería el doble de humillante. —Le agitó un dedo delante de la cara, a modo de advertencia—. Así que ten cuidadito conmigo.

Dicho eso, pasó por su lado sin esperar respuesta y volvió con sus amigos.

La cena no fue tan aburrida como esperaba. Pese a que la pareja de Trisha no dejaba de parlotear y la cita de Jake no dejaba de bostezar, lo pasaron bien. Especialmente gracias a Dean y a Saud, que, como de costumbre, estaban intentando integrar a todo el mundo en sus conversaciones para que nadie se sintiera apartado.

Y, entonces, vino el mejor momento de la noche.

Alice ya había visto a los instructores hacía rato. Max estaba en la cabecera de la mesa, hablando con Tina, a su derecha, mucho más animado que de costumbre. A su izquierda, Geo bebía en silencio y, de vez en cuando, miraba a su alrededor. Junto a este, Deane tenía la mirada clavada en la pared, pensativa. Y Rhett, enfrente de ella y junto a Tina, estaba totalmente recostado en su silla, bebiendo sin parar. Parecía muy aburrido. Tina intentó que se uniera a la conversación varias veces, pero solo consiguió que él respondiera poniendo los ojos en blanco.

Pero no, eso no fue lo mejor.

Lo mejor fue cuando Max se puso de pie y ofreció una mano a Tina, que se sonrojó y soltó una risita de niña pequeña antes de asentir y aceptar.

Y se pusieron a bailar juntos.

Sí, a bailar.

Max bailando.

Bai-lan-do. Max.

Fue como si iniciaran una reacción en cadena. De pronto, muchos se pusieron de pie y ofrecieron un baile a sus parejas. Los villancicos habían dado paso a una canción que Rhett habría clasificado como «de esas lentas para bailar agarrado y meter mano».

Jake se puso de pie y, para su sorpresa, Riley aceptó bailar con él. Trisha y su chico también fueron —aunque ella primero se terminó la bebida de un trago.

Alice se volvió hacia Davy con una sonrisa entusiasmada.

—¡La gente está bailando en parejas! —insinuó.

¡Ella también quería! Pero Davy solo se encogió de hombros.

—¿Ese es Max? —Hizo una mueca de desagrado—. Ya lo he visto todo en la vida. Si me matan, estaré conforme.

Se puso de pie y Alice estuvo a punto de imitarlo, ilusionada, pero se detuvo cuando vio que solo pretendía ir al cuarto de baño.

Y la dejó sola en la mesa.

Bueno, no estaba sola. Dean y Saud seguían hablando con sus parejas. Alice se limitó a mirar bailar al resto, con algo de envidia.

Sin embargo, unos segundos más tarde, levantó las cejas cuando vio que Dean se detenía delante de ella, junto a Saud, y ambos le ofrecían una mano.

—¿Te apetece bailar? —ofreció el primero.

—¿Con... los dos?

—¿Por qué no? —Saud sonrió.

Alice también esbozó una sonrisa. Una entusiasmada. Porque sabía que ellos podrían haber optado por bailar con sus parejas, pero habían preferido hacerle compañía para que no se sintiera sola.

Bailó con ellos unas cuantas canciones y en la pista improvisada se cruzaron con Jake, Trisha y sus respectivas parejas, cosa que hizo la situación todavía más divertida. ¡Eso era genial! ¡Bailar era alucinante, era su primera vez, pero le encantaba! Solo tenía que moverse un poco o dar saltos en función de la música que sonara. Y era como si a nadie le importara hacer el tonto o pasárselo bien, sin más.

A Alice le encantó. La noche no había terminado y ya estaba deseando repetirla cuanto antes.

No obstante, llegó un punto en el que se sintió demasiado cansada para seguir, así que dedicó una sonrisa de agradecimiento a los chicos, cuyas parejas se les habían unido hacía ya rato, y se marchó directa al bar a por agua.

Mientras daba un buen sorbo, sedienta y acalorada, no pudo evitar fijarse en el chico que tenía al lado, apoyado distraídamente en la barra. Lo reconoció al instante. Era Rhett.

Y estaba muy guapo.

Seguía bebiendo con cara de aburrido, ajeno a su mirada. Alice recorrió su cuerpo con los ojos, deteniéndose más tiempo del necesario en unas cuantas partes. Llevaba una camiseta gris limpia, unos pantalones negros y unas botas del mismo color. Hasta ahora, solo lo había visto con la ropa reglamentaria o con el pijama.

Y definitivamente podía acostumbrarse a seguir viéndolo así de arreglado. Muy a menudo.

Alice se aseguró rápidamente de que Max estuviera lo suficientemente lejos de ellos antes de dar un paso hacia Rhett y sonreírle.

—Veo que no has encontrado pareja.

Él levantó la cabeza al reconocer su voz y le dedicó media sonrisa. Sin embargo, cuando pareció que iba a decir algo, se detuvo en seco y se limitó a mirarla algo más abajo del rostro, con los ojos muy abiertos.

De hecho, lo hizo dos veces antes de que Alice se aclarara la garganta, incómoda.

—¿Qué miras tanto?

—A ti —le aseguró él.

—¡Rhett!

Este le dedicó media sonrisa y levantó su vaso hacia ella como si brindara en su honor.

—Eres perfecta —añadió—. ¿Puedes ponerte este conjunto cada día? Seguro que logro convencer a Max de que sea tu uniforme oficial. —Ella ocultó una sonrisa divertida—. Al final tú sí que has venido con un chico.

—Sí, pero no parece muy contento aquí.

—¿No?

—No. Creo que habría preferido quedarse en la habitación.

—Pues ya somos dos.

Alice vio que pedía otro trago y frunció el ceño.

—¿Qué bebes?

—No te gustará —le aseguró él, adivinando sus intenciones.

—¿Por qué no?

—Porque es alcohol. Es el único día del año que Max deja que me emborrache.

—¿Puedo probar?

Él lo consideró un momento y luego le ofreció el vaso. Alice tomó un sorbito pequeño y, en cuanto tocó su lengua, arrugó la nariz, disgustada.

—Puajjj. —Le devolvió el vaso—. ¡Me arde la garganta!

—Te lo dije.

—¡Es horrible! ¿Cómo puedes beberte eso?

—Me ayuda a no matar a nadie.

—Pero... ¡sabe fatal!

—Muy bien, Einstein. ¿Algún dato más con el que quieras iluminar el sendero de mi ignorante existencia?

—Rhett, déjate de ironías. Te veo raro.

—Eso es porque hace ya rato que estoy borracho.

—¿Borracho?

—Es una habilidad que llevo practicando desde los trece años. —Él apuró el trago y dejó el vaso vacío en la barra—. Bueno, ¿no vas a pedirme que baile contigo?

—¿Eh?

Él suspiró.

—Estoy aquí tirado, solo, ¿y tú no vas a tener la decencia de sacarme a la pista?

—N-no creo que sea lo más... apropiado, la verdad —murmuró repentinamente nerviosa.

—¿Por qué no? —Repiqueteó los dedos en la barra y luego dio un paso hacia ella.

Alice retrocedió.

—Para empezar, he venido con otro chico.

—Que le den. No te hace ni caso.

—Rhett, Max está aquí. Por no hablar del resto de los instructores y alumnos, que...

—Bah, ¿a quién le importa? —Rhett hizo un gesto despectivo con la mano y volvió a intentar acercarse a ella—. Me gusta cómo te queda esa camiseta. Podrías ponértela más a menudo.

—Me ha quedado claro antes, gracias —dijo Alice, cruzándose de brazos.

Él enarcó una ceja, con un brillo especial en los ojos.

—También podrías quitártela. Lo que tú prefieras.

—¿Cómo voy a quitármela aquí, delante de todos?

Rhett empezó a reírse a carcajadas, cosa que ella no entendió.

—A veces eres tan inocente... —Negó con la cabeza.

—Yo no soy inocente —protestó, e hizo el amago de empujarlo por el hombro.

—Sí que lo eres. Y a la vez eres una pervertida. No sé cómo lo haces.

—¡Yo no soy...!

—Pero no dejes de hacerlo —siguió—, me encanta.

Alice notó que sus mejillas se calentaban cuando Rhett se detuvo justo delante de ella, tan cerca que tuvo que echar la cabeza hacia atrás para mirarlo.

Unos cuantos ojos ya se habían posado en ellos con curiosidad y, aunque parecía que a Rhett no podían importarle menos, Alice estaba un poco nerviosa. Esos nervios se mezclaron con las ganas de acercarse un poco más a él, provocando sentimientos contradictorios. Intentó dar un paso atrás, pero su cadera chocó contra la barra y él clavó una mano junto a ella, aprisionándola sin mucha dificultad y acercándose de nuevo.

Y, sinceramente, Alice ya no sabía si estaba nerviosa, divertida o ansiosa.

Así que intentó retomar la conversación.

—Si entreno con esto no podré mantener nada en su sitio por mucho tiempo.

—Vaya, por fin pillas una de mis perversiones.

—¿Una? ¿Me has dicho más?

—¿Ya se te ha olvidado cuando te dije que tu culo es una preciosidad? Porque a mí no.

Alice abrió la boca, pasmada.

—¡Te referías a eso! —le dijo ofendida—. ¡Estuve varios días mirándome el trasero en busca de defectos por tu culpa!

Rhett se estaba riendo disimuladamente. Pareció olvidar dónde estaban, porque se inclinó hacia ella como lo haría de haber estado a solas en la sala de tiro. Alice le puso una mano en el pecho para detenerlo.

—Vale, Rhett, estás borracho, como ya has dicho.

—Da igual —señaló a su alrededor—. Todo el mundo lo está.

—Yo no.

—Todo el mundo menos tú, entonces.

Rhett volvió a repiquetear con los dedos en la barra, solo que esta vez junto a su cadera, y Alice casi pudo sentir que la vibración llegaba a todas las terminaciones nerviosas de su cuerpo. Tragó saliva con dificultad cuando él sonrió y se inclinó aún más hacia ella.

—Quiero bailar una lenta contigo.

—¿E-eh...?

—¿Ves lo que hacen los demás?

Alice los miró como pudo, porque él estaba tan cerca que le bloqueaba casi todo el campo visual. Pero vio que las parejas estaban pegadas, bailando abrazadas.

¿Rhett quería hacer eso con ella? Ojalá, pero...

—Max se va a enfadar —le dijo en voz baja, nerviosa.

—Max me importa una mierda.

—Eso solo lo dices porque estás borracho. Pero mañana...

Se interrumpió a sí misma cuando, de la nada, él le sujetó la cabeza con una mano y le plantó un beso corto, brusco y, a la vez, increíblemente intenso en la boca.

¡La había besado! ¡En público!

¡¿Se había vuelto completamente loco?!

Rhett se separó con media sonrisa. Alice notó que su cara enrojecía para palidecer segundos después. Absolutamente todos los miraban con la boca abierta.

Buf, eso iba a tener consec...

—¿Ya te he convencido? —preguntó él.

—¡Rhett, nos están mirando!

—No, solo te miran a ti. ¿Has visto cómo vas vestida? No puedo culparlos. A mí solo me miran cuando me pongo a gritarles, aunque no voy a negar que me gusta.

Ella enrojeció de nuevo, pero se dejó guiar hacia la pista de baile. Estaba muy nerviosa. Rhett le sonrió, le cogió las muñecas y rodeó su cuello con ellas. Con Alice abrazada a él, puso sus manos sobre las caderas de la chica y la pegó a su cuerpo.

Rhett olía bien, como siempre, pero nunca había estado pegada a él tanto tiempo como para comprobarlo de esa forma. Tenía la mirada clavada a la altura de su clavícula, incapaz de levantarla hacia sus ojos, y vio que tenía otra pequeña cicatriz que se escondía tras el cuello de la camiseta.

Sin poder evitarlo y sin pensar lo que hacía, deslizó una de sus manos, o más bien uno de sus dedos, por encima de ella, recorriéndola.

Rhett se quedó helado al instante y ella levantó la cabeza, asustada, retirando su mano.

—Perdón —le dijo enseguida, avergonzada—. N-no qué me ha pasado, es que...

Rhett se detuvo, mirándola fijamente. Parecía sorprendido, aunque ella no estaba segura de si era en el buen o en el mal sentido.

—No pasa nada —le dijo de repente.

Cerró los ojos un momento. Cuando los abrió, parecía más relajado. O más determinado.

—Vuelve a hacerlo.

Alice dudó visiblemente antes de acercar de nuevo la mano. Delicadamente, recorrió la pequeña cicatriz y notó que Rhett se tensaba un poco, pero no se movió. Ni le dijo que parara.

—¿Estás bien?

—Sí, es que... hace tiempo que nadie me toca.

Alice lo miró, cautelosa.

—¿De... esta forma?

—De ninguna forma.

Alice lo observó unos segundos antes de bajar la mano por su brazo y recorrer con el pulgar una cicatriz también pequeña que le cruzaba el antebrazo hasta llegar a la muñeca. El tacto rugoso y frío contrastaba con la piel cálida y suave de Rhett.

—¿Cómo te hiciste esta? —preguntó Alice, mirándolo.

Ya no le importaba que los demás los miraran —aunque, la verdad, algunos habían dejado de prestarles atención—. Ni tampoco que Max pudiera decirles algo. Le daba igual. Habían desaparecido ante sus ojos. Ahora, solo estaban ella y Rhett. Y eso era todo lo que importaba.

—No tiene una historia muy emocionante —le aseguró él con media sonrisa—. Antes no teníamos tantas normas, y a veces... Bueno, había un juego que consistía en practicar combate borrachos. Era bastante más divertido de lo que suena. La cosa es que una vez un amigo, Derek, y yo quisimos probar a hacerlo con cuchillos y casi me mató, el idiota.

—¿Derek? ¿El mismo al que conocí en la exploración?

—Sí. Le dije que cuidara de ti.

Así que por eso había sido tan atento con ella.

—Ya no nos vemos tanto desde que no soy explorador —murmuró Rhett—. El jefe de los exploradores, en realidad.

—Hizo una pequeña pausa—. Cambié de puesto —añadió, y con el tono dio a entender que no le contaría mucho más.

Alice aceptó la brevedad de la explicación, pero seguía queriendo indagar sobre las cicatrices.

—¿Cómo te hiciste la del antebrazo?

—En una exploración. Un novato quedó atrapado en una trampa abandonada. Era un agujero en el suelo con un alambre puntiagudo en la entrada. Fue un milagro que no se hiciera daño, pero yo sí me lo hice cuando lo saqué.

—Eres un héroe —le dijo ella con media sonrisa.

Rhett puso los ojos en blanco.

—No digas mentiras.

Ella sonrió de nuevo y volvió a subir la mano por su brazo y su hombro. Le gustaba ver cómo la expresión de Rhett se iba relajando —y su mirada se iba oscureciendo— a medida que lo recorría con los dedos.

—¿No me vas a preguntar por las mías?

—Conozco la historia de las tuyas. —Rhett enarcó una ceja—. He estado presente en el proceso de su creación.

Alice sonrió, pero notó que un ligero temblor interno cuando consideró lo que iba a hacer a continuación.

Sin pensarlo demasiado más, subió la mano por su cuello, por su mandíbula, y notó que Rhett se tensaba al acariciarle la gran cicatriz que le recorría la cara con el pulgar.

—¿Cómo te hiciste esta? —preguntó con suavidad.

Él siguió en silencio. Parpadeó varias veces antes de reaccionar y responder.

—Esa... no tiene una historia tan simple como las demás.

—¿Y no vas a contármela?

—Algún día. —Él cerró los ojos y negó con la cabeza—. Pero hoy no. No quiero arruinar la noche.

Alice lo aceptó en silencio. No le apetecía hablar de ello. Parecía que le dolía pensarlo y no quería provocarle dolor, así que decidió aligerar un poco la situación poniéndose de puntillas y dándole un corto beso en los labios.

Rhett estaba tan sorprendido que no se lo devolvió.

—¿Ya no te importa que los demás nos puedan ver? —preguntó encantado.

—Ahora mismo me dan igual.

—No sabes lo mucho que he esperado para oírte decir eso.

Alice sonrió ampliamente, pero dejó de hacerlo cuando él se inclinó mucho más bruscamente de lo que lo había hecho antes y cubrió su boca con la suya, besándola de una forma que solo había usado cuando estaban juntos en el almacén. Lo hizo con tanto ímpetu que Alice se agarró a él para no trastabillar. No supo si fue un beso largo o breve, pero tuvo la impresión de que, aunque hubieran pasado años, solo habrían sido segundos para ella.

Terminaron la canción abrazados, con las frentes pegadas, mientras Rhett le descubría el porqué de otras cicatrices en voz baja y Alice le contaba historias de su antigua zona.

Entre beso y beso, claro.

Rhett no solo la besaba en los labios —cosa que parecía gustarle especialmente—, sino que, sujetándola por la nuca, ladeaba su cabeza y la besaba en la mandíbula, o en el cuello, o incluso en la oreja. Al hacer eso, un escalofrío recorrió el cuerpo de Alice, que dio un respingo. Rhett rio, encantado con el resultado.

Alice sintió que podría estar así eternamente, al menos hasta que la música lenta terminó y empezó una canción animada que no le gustó demasiado. Pero el cambio de ritmo también produjo un cambio en el ambiente, y Alice recordó que no estaban solos.

Alice miró alrededor. Jake y Trisha eran los menos sorprendidos. Él solo sonreía y ella le hacía gestos de lo más cómicos para que se pegara todavía más a Rhett. Sin embargo, Dean y Saud y sus parejas habían dejado de bailar y los miraban con los ojos muy abiertos. Igual que Davy, que seguía sentado y, digamos, disfrutando algo más de la fiesta con ese descubrimiento.

Otras personas ponían cara de desagrado. Como Kenneth, Tom y Shana. Extrañamente, se encontraban los tres juntos, tomando algo en una de las mesas. Y Deane, que seguía en la mesa de los profesores. Miraba a Alice de una manera tan afilada y furiosa que esta estuvo segura de que, si las miradas hirieran, ella estaría condenada a muerte.

Para su sorpresa, Tina y Max continuaban bailando, ajenos a todo el revuelo que Alice y Rhett habían formado.

—¿Qué mierda de música es esta? —dijo Rhett, separándose un poco. Entonces pareció pensar unos segundos y después dio un paso hacia ella—. ¿Quieres que pida otra canción lenta para nosotros?

—Rhett..., ya hemos tentado bastante a la suerte.

—Nah, no lo creo.

—¡No seas testarudo!

—Debería emborracharme más a menudo, sería menos aburrido.

—A mí me gustas más... normal.

Él frunció el ceño.

—Creí que te gustaría que fuera más lanzado.

—Prefiero cuando te pones rojo de vergüenza —admitió ella divertida.

Rhett entrecerró los ojos un momento y después se inclinó hacia delante.

—¿Me estás diciendo que no quieres seguir bailando conmigo, Karate Kid? El apodo no te va nada mal. Eres mi pequeña aprendiz.

—Muy bien, señor Miyagi, pues creo que ya hemos bailado suficiente por hoy. Me preocupan las consecuencias que pueda tener todo esto. Especialmente para ti.

—Consecuencias... —Rhett puso los ojos en blanco—. Pareces Max.

—Recuerda cómo se puso cuando se enteró de que iba a tu habitación...

—Uf, se enfadó mucho. —Empezó a reírse.

—No hace gracia, Rhett.

—Pues no te rías. —Y soltó una carcajada.

Alice suspiró y esperó pacientemente, pero dio un respingo cuando él volvió a agarrarla de las caderas para pegarla a su cuerpo, inclinándose hacia ella con una sonrisita maliciosa.

—¿Sabes dónde tengo la mejor música?

—No sé si quiero saberlo.

—En mi cuarto —le dijo, respondiéndose a sí mismo y acercándose un poco más—. ¿Vamos?

—¿Eres consciente de que es la primera vez que me invitas?

—¿Eso es un sí?

—¡No!

—Ya veo. —Él se acercó un poco más de todos modos—. ¿Te da miedo ir a mi habitación?

—A mí no me da miedo nada. Y menos tú.

—Mentira.

—¡No tengo miedo!

—Pues ven conmigo y demuéstralo.

Alice levantó la barbilla, irritada, con lo que se ganó una sonrisita triunfal.

—Muy bien —accedió—. Vamos.

Rhett le pasó un brazo por la cintura. Sin embargo, su sonrisa se evaporó en cuanto oyeron a alguien gritar a su lado.

—¡Alice!

Jake. Qué oportuno. Rhett resopló.

—Ups, lo siento —titubeó inseguro—. Os he interrumpido.

—No —le aseguró Alice.

—Sí —masculló Rhett—. Y estás cogiendo una muy mala costumbre.

—Lo siento, lo siento, lo siento, pero es que como habíais dejado de bailar y... Creo que estoy haciendo algo mal —dijo Jake lastimosamente—. Riley apenas me habla o me mira, es como si no existiera.

—Menuda sorpresa.

—Rhett —advirtió Alice.

El instructor levantó los brazos y puso su mano derecha encima de su boca, como sellándola.

—¿Crees que no está disfrutando de la noche? —preguntó el chico—. Estoy haciendo todo lo que puedo, pero empiezo a quedarme sin ideas, no sé...

—Jake, la cuestión no es si ella lo está pasando bien contigo, sino cómo lo estás pasando tú... —dijo Alice tan suavemente como pudo—. Y no te veo feliz. Simplemente, déjalo fluir. O baila con Saud y Dean, estarán encantados de compartir esta fiesta contigo. Incluso Trisha.

—Pero... yo quería pasármelo bien con ella.

—Yo también quería pasármelo bien hoy —le dijo Rhett con una mirada significativa—. La vida es injusta.

—Borracho no das los mejores ánimos —lo riñó Alice, ordenándole que callara con la mirada.

—Lo que me faltaba.

—¿Qué hago? —Jake retomó el tema—. ¿Intento besarla? ¿Le digo que no me lo estoy pasando bien?

—Jake...

—Bésala —le soltó Rhett.

—¿Qué? —Ambos lo miraron, perplejos.

—Ya me has oído. —Rhett se separó de la barra—. Si se aparta, no está interesada. Si no, le gustas. Es así de simple.

—Sí, así suena sencillo, pero...

—Es más fácil de lo que crees. ¿Qué es lo peor que puede pasar? ¿Que te rechace? Pues perfecto, será por chicas... Tú eres supersimpático. Y un buenazo. Y un poco pesado, pero le caes bien a todo el mundo. Tendrás más oportunidades, créeme. Y quizá mejores que esta, aunque ahora no lo veas.

Jake se quedó mirándolo, pensativo.

—Puede que tengas razón.

—Lo sé. Siempre la tengo.

—Vale. —Jake suspiró—. Allá voy...

—Buena suerte. —Rhett le dio una palmadita en el hombro antes de alcanzar la mano de Alice—. Ahora, si nos disculpas...

Tiró de ella y cruzaron la sala, entre la gente. Aliviada, Alice se percató de que nadie se fijaba ya en ellos. Rhett solo se detuvo un instante al salir para besarla justo en el instante en el que oyeron un:

—¡Foto!

Alice notó cómo Rhett le pasaba un brazo por el hombro y sonrió a la cámara. Tras la foto, ella preguntó:

—¿Vamos a ver una película?

—Lo que sea, pero lejos de esos aburridos. Estaba a punto de hundir la cabeza en el barril de la cocina.

—Espera...

—¿Qué pasa? —Se detuvo y la miró.

—Son estos zapatos—se quejó ella. Después de los bailes, los pies le empezaban a doler—. Son bonitos, pero incómodos. —Se los quitó y suspiró de alivio al descalzarse—. Echo de menos mis botas.

—A mí también me gustan más esas. —Rhett se agachó y recogió las botas de tacón, mirándolas con el ceño fruncido—. ¿De dónde has sacado tú esto? No te pega nada, y dudo que sea la indumentaria que Max da a los principiantes.

—Para empezar, ya no soy una principiante.

—Discutible.

—Y me las dejó una de los intermedios.

—Supongo que el pintalabios también fue cosa suya.

—De dos chicas de mi habitación.

—Vaya, ya me caen bien. ¿Quiénes son? Les subiré la nota.

—Eso es abuso de poder. —Ella no pudo evitar reírse.

—Bah, nadie se enterará nunca.

—¿Ah, sí? Pues yo ya me he enterado.

—Pero quiero pensar que no irás a contárselo a media ciudad.

—A lo mejor tienes que convencerme para que no lo haga —sugirió, acercándose a él.

Rhett sonrió al descubrir sus intenciones y volvió a inclinarse sobre ella. Alice cerró los ojos cuando sus labios rozaron los de él. Parecía que había pasado muchísimo tiempo desde la última vez que lo había besado y, en realidad, habían sido hacía unos minutos. Nunca tendría suficiente.

Le gustaba mucho besarlo. El sabor a alcohol de su boca le daba un toque distinto, pero no peor. Ella lo agarró de la nuca, acercándolo más. Cada vez era más sencillo. No necesitaba memorizar trucos, los nervios habían desaparecido y ya no tenía miedo de hacer las cosas mal. Ahora, solo disfrutaba.

Rhett se separó un momento de ella y soltó una bocanada de aire.

—Desde que te he visto entrar así he querido que estuviéramos a solas —murmuró.

—Pensé que no me habías visto —replicó ella.

—No he podido observarte demasiado bien entre tanta gente, pero he vigilado a ese tal Davy. —Rhett rodeó su cintura con el brazo con el que sujetaba los zapatos.

—¿Y qué te ha parecido?

—Me ha caído bien.

—Quizá sea porque ni se ha fijado en mí.

—Probablemente sea por eso —admitió él con una sonrisa.

Se volvió a inclinar sobre ella, la besó y Alice cerró los ojos de nuevo, dejándose llevar. Sí, cada vez era mejor. No sabía cuánto tiempo hacía que se besaban cuando Rhett volvió a separarse de ella con la respiración más alterada que antes.

—Vamos a mi...

—¡AAALICE!

—Voy a matar a ese mocoso —soltó él.

Jake se acercaba corriendo. Alice enseguida se separó de Rhett, quien suspiró y miró al chico.

—Esperemos que sea grave —masculló.

Sí que lo era. Jake estaba llorando.

—¿Jake? ¿Qué...?

—¡Me ha empujado y se ha reído! —gimoteó, deteniéndose delante de ella—. He intentado besarla, pero me ha rechazado y... ¡ahora todos se burlan de mí!

Alice no supo cómo consolarlo. Nunca lo había visto tan triste. Torpemente, lo rodeó con los brazos y le dio unas cuantas palmaditas en la espalda. Jake escondió la cara en su hombro sin dejar de llorar.

—Seguro que no ha sido para tanto —intentó quitarle hierro Rhett.

—¡Todo el mundo lo ha visto! —gritó él furioso—. ¡Esto es por tu culpa!

—¿Qué? —Rhett parpadeó, confuso.

—¡Tú me has aconsejado que la besara! ¡Si no te hubiera hecho caso, ahora no estaría así!

—Yo solo intentaba ayudarte. Además, te he dicho que si se separaba...

—¡Pues no me has ayudado! ¡Has hecho de todo menos ayudarme!

—Jake... —Alice intentó intervenir cuando vio que Rhett estaba empezando a enfadarse.

—¡Te dije que podía pasar! Tampoco se acaba el mundo porque una chica no quiera besarte, habrá otras que querrán, solo...

—¡Te odio! —Jake lo empujó con todas sus fuerzas, que no sirvieron para moverlo demasiado—. ¡Te odio, te odio!

—Genial. —Rhett puso los ojos en blanco—. Mira, mañana te levantarás y verás que no ha sido para tanto. A todos nos han rechazado alguna vez.

—¡Cállate! ¡No quiero que me des más consejos de...!

—Jake, Rhett solo está intentando ayudarte —le recordó Alice.

—¡Ah, claro! ¡Te pones de su parte!

—¿Qué? —Ella dudó—. ¡No, claro que no!

—¡Está claro que lo prefieres a él antes que a nosotros! —Jake la miró, furioso, con las lágrimas todavía resbalándole por las mejillas—. ¡Siempre lo defiendes en todo, pero a mí nunca me respaldas!

—No, Jake, yo no... —Alice volvió a dudar, empezando a ponerse nerviosa—. ¡Os aprecio mucho a ambos!

—Pero ¡lo prefieres a él!

—¡No es una competición!

—¡Claro, porque elegiste bando hace tiempo!

—Oye —intervino Rhett frunciendo profundamente el ceño—, que estés cabreado porque la idiota esa ha pasado de tu culo no te da derecho a tratar a la gente de esa forma, ¿vale? Y menos a alguien que te quiere, como Alice.

—¡Anda, cállate de una vez, estoy harto de...!

Se escuchó un ruido que cortó el silencio de la noche —solo ahogado por sus gritos— y que hizo que los tres clavaran la mirada en el camino que llevaba hasta la cafetería.

—¿Qué ha sido eso? —preguntó Jake, pasándose las manos por debajo de los ojos.

Alice no se atrevió a hablar. Los tres callaron durante unos segundos.

Entonces, el ruido se repitió. Era corto, pero contundente. Y Alice sabía perfectamente de qué se trataba.

—Eso es... ¿un disparo? —preguntó Jake, con la voz temblorosa.

—Quedaos aquí. —Rhett se separó de ellos, parecía completamente sereno de nuevo—. Voy a ver qué pasa.

Alice y Jake vieron cómo se iba rápidamente y permanecieron en silencio absoluto, esperando.

—¿Era un disparo? —repitió Jake la pregunta.

—No lo sé —dijo, pero sí lo sabía.

El ruido volvió a repetirse, pero esta vez al otro lado de la ciudad. A sus espaldas. Alice agarró a Jake del brazo, de manera inconsciente, y miró a su alrededor. No sabía bien qué debía hacer, pero sí que tenía que hacer algo si no quería que eso terminara mal para ambos.

Como si estuviera buscando una razón para esconderse, escuchó pasos tras ellos. Arrastró a Jake hacia el edificio más cercano que encontró, que fue el hospital, y notó que el alivio invadía su cuerpo cuando pudo abrir la puerta. Se encerraron los dos allí rápidamente. No había ventanas, así que no podía ver lo que pasaba fuera. Jake se quedó detrás, temblando, mientras que ella clavaba la oreja en la puerta.

Apenas escuchó voces, pero el sonido de unas veinte personas pasando a toda velocidad por delante del edificio fue bastante característico. Tuvo la tentación de abrir la puerta y ver qué pasaba, pero no se atrevió, y menos con Jake allí dentro con ella.

—¿Quiénes eran? —susurró él.

—No lo sé.

—¿Crees que se dirigen a la cafetería? —Solo con decirlo, Jake palideció—. Alice..., todo el mundo está allí.

Ella se quedó mirando el suelo, pensando a toda velocidad. Tenía que hacer algo, lo que fuera. Y debía actuar rápido.

Un ruido en la parte trasera del hospital hizo que se encogiera. Jake se quedó paralizado. Los dos se agacharon tras una de las camas a la vez, aterrorizados, cuando escucharon pasos acercándose.

Alice miró a Jake, que estaba en cuclillas, temblando. Ella también estaba atemorizada, pero se atrevió a asomarse un poco, solo lo suficiente para ver qué ocurría.

Había dos hombres, estaban hurgando en los frascos de medicinas de Tina e iban armados hasta los dientes. Por no hablar de su ropa: gris ceniza.

Como Giulia.

Como la gente que había invadido su antigua zona. Los que la buscaban.

Alice se echó hacia atrás inconscientemente, aterrorizada, y ese fue su mayor error, porque chocó con la otra cama, moviéndola lo suficiente como para que un ruido sordo resonara en toda la sala.

Los dos hombres los vieron al instante.

25

LAS CONSECUENCIAS DE LOS ACTOS

Jake ahogó un grito cuando uno de los hombres les apuntó con la pistola. Alice, por su parte, se quedó inmóvil.

—¡Mierda! —soltó el otro, sacando también su pistola y apuntándoles—. ¡Salid! ¡Vamos!

Jake miró a Alice, esperando que ella decidiera qué hacer. Tras unos segundos, ella se puso de pie lentamente. El chico la imitó. No sabía cuál de los dos tenía más miedo.

—¿Estáis solos? —preguntó el mismo hombre—. ¡Levantad las manos!¡Los dos!

Alice lo hizo al instante y miró significativamente a Jake, que se había quedado paralizado, para que él también lo hiciera.

—¡Responde! —le gritó el hombre a Alice.

—Sí —le dijo ella enseguida—. E-estamos solos.

Había bajado la pistola para acercarse, pero su compañero seguía apuntándoles. Alice tragó saliva, tensa, cuando notó que le pasaba las manos por las piernas, los brazos y el torso en busca de armas. Le entraron ganas de clavarle un rodillazo en la cara y sospechó que Jake había pensado lo mismo cuando se lo hizo a él.

Pareció quedarse satisfecho al comprobar que no llevaban nada encima.

—Están limpios —informó en voz baja.

—Bien. —El tipo que todavía les apuntaba les hizo un gesto brusco—. Acercaos. Y hacedlo muy lentamente.

Obedecieron enseguida. Alice estaba intentando pensar una forma de escapar, pero su mente se había quedado en blanco. Quizá, si Jake no hubiera estado allí, habría sido diferente. Pero no podía permitir que le ocurriera nada a su amigo, así que no iba a arriesgarse a actuar de manera impulsiva o precipitada.

—¿Qué hacemos? —dijo el otro hombre, sin dejar de apuntarles.

—Pregúntale a Giulia. Ella sabrá.

¿Giulia? ¿Ella también estaba allí?

Oh, no.

El aludido se llevó una mano a la cabeza y apretó un botón de algo que llevaba en la oreja. Parecía un dispositivo de comunicación que le cubría el tímpano. Sin dejar de pulsarlo, empezó a hablar.

—Tenemos a dos extraviados. Una chica de unos diecisiete y un niño de doce.

—Trece —susurró Jake.

—Y diecinueve —susurró Alice.

—¿Es que queréis morir? —preguntó el otro.

Los dos se callaron al instante.

El que estaba hablando con Giulia escuchó unos instantes. Después, se quedó mirándola a ella.

—Ella dice que diecinueve. Creo que un poco más de un metro setenta. Sí, delgada. Pelo oscuro, ojos azules... —Silencio—. Muy bien.

Asintió con la cabeza a su amigo, que se acercó a ellos.

Alice dio un paso adelante cuando vio que uno agarraba

a Jake por el brazo y lo empujaba hacia la puerta, apuntándole con una pistola a la cabeza.

—¡Alice! —exclamó el chico aterrorizado, antes de desaparecer fuera.

Ella intentó acercarse a ellos al instante, aterrada también, pero el hombre que hablaba con Giulia la agarró por el cuello y la estampó contra la pared con una facilidad casi ridícula. Alice lo agarró de la muñeca, intentando liberarse, pero ya podía sentir el aire frío sobre su estómago. Le había levantado la camiseta. El número.

—Joder —masculló él, abriendo mucho los ojos.

Ella bajó la mirada y vio el enorme 43 en su estómago. El hombre se quedó mirándola unos segundos, incrédulo, y después se llevó la mano a la oreja.

—¿Giulia? Tengo a...

Alice, por puro impulso, se abalanzó sobre él, le arrancó el dispositivo de la oreja y lo lanzó al otro lado de la habitación. Durante unos segundos, se quedaron mirándose, ambos sorprendidos por lo que Alice acababa de hacer.

Entonces, el hombre le apuntó con la pistola. Aunque sabía que no moriría, ella se apartó por instinto y el ruido del disparo tan cerca de su cabeza hizo que en su oído solo se escuchara un pitido insoportable durante unos segundos.

Consiguió alejarse de él, al tiempo que le lanzaba cualquier objeto que se encontraba. Un bote lleno de un líquido rosa que no tenía muy buena pinta salió dirigido hacia él, que lo esquivó antes de volver a disparar. Esta vez, la bala casi le rozó el hombro.

Alice, que se había tirado al suelo para esquivar el proyectil, se puso en pie de nuevo y agarró otro bote de cristal. Esta vez apuntó al estómago. Jadeaba, trató de moverse lo más rápido posible y acertó. El bote estalló en el objetivo y algunos fragmentos de cristal quedaron clavados en la piel de su enemigo.

Mientras el hombre se doblaba de dolor, Alice se lanzó sobre él e intentó quitarle la pistola. Pero él, con una sola mano, forcejeó con ella durante unos segundos. La lucha se volvió más encarnizada, ambos intentaban que el cañón de la pistola apuntara al otro. En cuanto uno lo consiguiera, el gatillo se apretaría y habría un ganador y un muerto.

Alice soltó un gruñido entre dientes, sentía todos sus músculos doloridos. Pero, por fin, consiguió girar la pistola hacia él. El momento de felicidad duró muy poco. Al instante, el hombre se apartó. Toda la fuerza que Alice había puesto sobre él encontró el vacío y ella cayó al suelo, golpeándose con dureza.

Notó el segundo exacto en que la bala le rozó el brazo. Lo sintió incluso antes de escuchar el sonido del disparo.

Se quedó tumbada en el suelo apenas un segundo, en el que su visión se quedó blanca y no pudo oír ni sentir nada que no fuera una oleada de dolor punzante que iba en un aumento vertiginoso.

—Siempre en el mismo brazo —masculló mareada.

Se sujetó la herida con la otra mano y miró al hombre, que ya estaba de pie encima de ella, apuntándole a la cabeza. Alice apretó los labios. Ya no había nada que hacer. Iban a llevársela otra vez. Era un hecho. La desconectarían.

Y quién sabía lo que les harían a los demás.

Solo pensar en eso le dolió más que cincuenta balazos.

Y, justo cuando cerró los ojos para no ver lo que estaba a punto de ocurrir, notó que algo le agitaba el pelo. Un movimiento rápido. Abrió los ojos. El hombre estaba tirado en el suelo gruñendo de dolor.

No entendió nada hasta que vio que Trisha estaba sobre él, intentando neutralizarlo con todas sus fuerzas. Alice se puso de pie torpemente, mirando la situación aún mareada.

—¡Alice, la pistola! —gritó su amiga con urgencia.

Frenéticamente, Alice buscó el arma, que el hombre había soltado cuando Trisha lo había atacado. La cogió con la mano que no tenía herida, su izquierda, y apuntó al tipo, que seguía forcejeando con Trisha. ¿Cómo iba a disparar sin herirla? ¡Era imposible!

—¡Dispara! —gritó ella, jadeando del esfuerzo.

—Pero...

—¡DISPARA DE UNA VEZ!

Alice apuntó y apretó el gatillo. Aterrada al oír el disparo, cerró los ojos con fuerza.

Los abrió despacio y soltó todo el aire del cuerpo al ver al hombre en el suelo sujetándose la pierna, donde la bala había impactado, y a Trisha estampándole un envase de color verde en la cabeza. El de gris quedó inconsciente al instante.

—¿Está... muerto? —preguntó Alice, respirando agitadamente.

Trisha se agachó y le puso dos dedos en el cuello.

—No, pero no va a despertar de la siesta en un buen rato. —Se puso de pie—. Vámonos de aquí.

—¿Cómo has sabido...?

—No lo he sabido. Os estaba buscando y escuché los disparos. Me alegra haber llegado a tiempo.

Alice le dedicó una pequeña sonrisa de agradecimiento.

Entonces guardó la pistola detrás de su espalda, sujeta a la falda, y siguió a Trisha, que la condujo hacia la puerta principal del hospital. Nada más salir, alguien chocó con ellas. Un habitante de la ciudad que, al recuperar el equilibrio, salió corriendo de nuevo como alma que persigue el diablo. Y no era el único: una muchedumbre de ciudadanos huía, asustada.

—Sigámoslos —dijo Trisha ofreciéndole la mano.

Alice la agarró para no perderse entre la marabunta. Fue entonces cuando escucharon disparos a lo lejos, en el campo de entrenamiento. La gente empezó a correr más rápido, a empujar con más fuerza, y Alice se soltó de Trisha y la perdió. Con los golpes y empujones que le daba la multitud, el brazo empezó a dolerle con más intensidad. Un hilillo de sangre resbaló hasta llegar a sus dedos, ya medio dormidos.

Se estaba mareando. No podía desmayarse ahora.

Alguien la empujó por el hombro con fuerza al pasar por su lado y el dolor hizo que soltara bruscamente la pistola y se encogiera sobre sí misma. Volvieron a empujarla y esta vez cayó al suelo. Apoyó la mano para sujetarse y gotas de sangre salpicaron la calzada.

—¡Alice! —La voz de Trisha hizo que levantara la cabeza.

Miró a su alrededor, desesperada por encontrarla, pero lo único que podía ver eran caras desconocidas que pasaban junto a ella como una exhalación.

—¡Alice! —repitió la chica, y sonaba muy cerca, pero desde el suelo ella era incapaz de verla.

—¡Aquí! ¡Estoy aquí! —respondió desesperada.

No sirvió de nada. Su voz quedó ahogada en el tumulto a su alrededor. Intentó ponerse de pie, pero volvieron a empujarla y estuvo a punto de ser pisoteada por alguien, que la esquivó justo a tiempo. Trató de apoyarse en el suelo para volver a levantarse, sacar la cabeza entre la muchedumbre y respirar, y fue entonces cuando sus dedos tocaron algo frío y metálico.

¡La pistola!

La agarró enseguida y, sin pensarlo, apuntó al cielo, cerró los ojos y apretó el gatillo.

En cuanto se escuchó el disparo, la gente que la rodeaba se dispersó. No sin dificultad, Alice se puso de pie y buscó a su alrededor.

A contracorriente, y esquivando la estampida, Trisha se acercaba corriendo a ella.

—A eso le llamo yo dar la nota —sonrió la chica aliviada por haberla encontrado.

Trisha ayudó a Alice a subirse a un banco junto a una casa abandonada, a pocos metros de donde se encontraban. Kenneth y sus amigos solían sentarse en él. No entendía por qué pensaba en eso estando en una situación tan crítica.

—Se dirigen a la sala de actos —gritó Alice por encima del ruido y de los gritos.

—¿De dónde demonios vienen los disparos? —masculló Trisha.

—No lo sé. Creo... creo que del campo de entrenamiento.

—Alice —dijo Trisha tensa.

—¿Qué? ¿Qué pasa?

Su amiga señaló el camino al campo de entrenamiento, ahora prácticamente desierto. Ella apenas había podido adivinar qué quería mostrarle cuando Trisha murmuró:

—¿Ese es Jake?

Alice siguió la dirección con la mirada y sintió que su corazón dejaba de latir durante un instante al ver que el hombre que se había llevado a Jake lo empujaba hacia el campo de entrenamiento. Había otras tres figuras vestidas de gris ceniza que también conducían a gente al lugar de donde procedían los disparos.

Las dos salieron corriendo casi a la vez y, en esta ocasión, la adrenalina permitió a Alice ser quien empujara a los demás para que le dejaran el camino libre. Parecía que por cada paso que daba retrocedía cinco a causa de los empujones, y la desesperación por salir de allí era cada vez mayor. Había perdido a Trisha de nuevo, pero no le importó. Siguió empujando, sudando y sujetándose el brazo entumecido hasta que consiguió salir del grupo de gente en tromba. Era tal su ímpetu que cayó al suelo. Mágicamente, Trisha se materializó a su lado y la ayudó a ponerse de pie.

—¿Y Jake? —preguntó Trisha—. ¿Tú estás bien?

Alice no se quedó a responder, salió corriendo hacia el campo de entrenamiento, que de pronto parecía increíblemente lejano del centro de la ciudad. Su corazón bombeaba sangre a toda velocidad, sentía las piernas entumecidas y no podía pensar en nada que no fuera Jake. Especialmente cuando Trisha se detuvo en seco delante de las gradas y su cara palideció.

Alice sintió que un amargo recuerdo le venía a la mente cuando vio que el muro del otro lado del campo estaba teñido de rojo y los hombres vestidos de gris quitaban lo que parecían, desde la lejanía, sacos. Los amontonaban a un lado como si no fueran nada más que basura. Pero no era basura. Alice sintió ganas de vomitar.

Mientras una hilera de ciudadanos se colocaba ante el muro, el grupo de atacantes apostado allí recargó sus armas.

—No —se escuchó decir Alice, al ver a Jake en el muro.

Otra vez no. Por favor. Otra vez no.

Salió corriendo sin importarle si su cuerpo aguantaría. Los gritos aumentaron, pero esta vez provenían de los hombres armados. Quizá se debiera a que las habían visto. Pero no importaba. Lo único que a Alice le concernía era el tipo que, justo en ese momento, levantaba la mano para dar la orden de disparar.

Solo tenía que alcanzar a ese hombre. Solo a él.

Siguió corriendo, desesperada, y...

Todo hilo coherente de pensamiento desapareció cuando alguien chocó con fuerza contra ella, tirándola al suelo con el peso de su cuerpo. Alice dio dos vueltas sobre la hierba antes de poder entender lo que había pasado. Uno de los hombres vestidos de gris ceniza se había abalanzado sobre ella. Y otro sobre Trisha.

Alice dudó, miró al tipo que tenía el brazo preparado

para dar la orden de disparar. De hecho, vio el momento exacto en el que iba a hacerlo.

Y, entonces, empezaron las detonaciones.

Aunque temblaba de pies a cabeza, se puso de pie, descorazonada, y miró hacia la pared. Buscó a Jake y lo encontró.

Seguía vivo.

¿Cómo era pos...?

Se oyó un disparo y el hombre que la había detenido cayó al suelo, inerte. Casi al instante, una mano la sujetó bruscamente del hombro y Alice dio un respingo, asustada.

Pero no era uno de los otros.

—A la sala de actos, ahora —ordenó Deane muy seria.

Nunca habría imaginado que podía alegrarse tanto de ver a esa bruja.

La instructora había reunido a un grupo de avanzados y estaban atacando al pelotón de fusilamiento. Alice vio que el asalto sorpresa había surtido efecto, porque la mayoría de los enemigos estaban muertos. Deane y su equipo se encargaron del grupo del muro. Uno de los avanzados agarró a Jake del brazo y lo llevó con los demás, que se dirigían corriendo hacia la salida del campo.

Trisha estaba de pie a unos metros de distancia. Le sangraba la nariz. Al verla, Jake salió disparado hacia ella y la abrazó. Cuando esta le devolvió el abrazo casi con la misma vehemencia que lo había recibido, Alice se dio cuenta de que era la primera vez que la veía aceptar y dar una muestra de afecto.

No supo si reír o llorar. Simplemente se quedó mirándolos, aliviada.

Estaba tan absorta en la escena que no percibió que alguien se acercaba a ella por detrás. Una mano la agarró del hombro para que se diera la vuelta. Al hacerlo y recibir ella también un abrazo fuerte, que contenía cierta desesperación, Alice parpadeó, sorprendida.

—Mierda. —Si empezaba con una palabrota, solo podía ser una persona—. Mierda, Alice. Menos mal.

Ella tardó unos segundos en devolver el abrazo. Rhett. Seguía conmocionada, pero estar con él la calmó al instante, y cerró los ojos.

Tenía todos los músculos fundidos. Estaba agotada. Necesitaba ese abrazo.

Sin embargo, él lo rompió para mirarla a los ojos y decirle:

—¿Se puede saber dónde te habías metido? —Estaba furioso—. ¿Tienes idea de lo...? ¡Te he estado buscando por todas partes!

—Yo...

—¡Te dije que te quedaras con los demás! ¿Es que no puedes hacerme caso nunca?

—¡Tuvimos que escondernos en el hospital!

—¿Tuvimos?

—Jake y yo. Nos encontraron dos de esos hombres. No sé ni cómo... —Rememorando lo sucedido, sollozó—. Trisha me salvó.

Rhett desvió la mirada hacia sus amigos, que estaban hablando entre ellos. Después, cerró los ojos un momento y suspiró.

—Si vuelves a desaparecer de esa manera en una situación así, te encierro en un búnker para siempre —soltó bruscamente.

Y Alice tuvo una reacción curiosa.

Se puso a reír.

A reírse de forma histérica, además. Era una manera de expulsar los nervios que había pasado.

—Alice...

—¡Nos dijiste que esperáramos en medio de la ciudad!

—¡Todo el mundo se dirigió enseguida a la sala de actos! —Rhett suspiró—. ¿Cómo no lo visteis?

—¡Porque estábamos en el hospital, ya te lo he dicho!

—Pero...

—¿Qué demonios querías? ¿Que esperáramos de brazos cruzados a que nos dispararan?

Rhett pareció querer añadir algo, pero se contuvo y negó con la cabeza.

—Vale —trató de calmarse—. Eso ahora da igual. Lo que importa es... Espera, ¿qué te ha pasado en el brazo?

Alice se miró la herida. No había sangrado tanto como pensaba, pero no iba a poder quitar las manchas de esa camiseta. Eso seguro.

—Un disparo. Solo me rozó.

—Vamos, tenemos que encontrar a Tina.

—Pero... la ciudad...

—Se han ido —aseguró él—. Los que estaban aquí eran los últimos.

—¿Cómo lo sabes?

—Porque Deane tenía que encargarse de esto y yo de la entrada. —Rhett la sujetó del brazo bueno—. Y lo hemos hecho. Venga, vámonos de aquí.

Antes de decidirse, Alice miró a sus amigos: Trisha y Jake se dirigían también al hospital. Al menos, todos estaban bien.

Se sintió extrañamente segura mientras Rhett apartaba a la gente —con menos suavidad incluso que Trisha— para pasar entre ellos, sin soltarla en ningún momento.

—¿Tú estás bien? —preguntó al darse cuenta de que no había tenido ni el detalle de preguntar por él.

—Yo siempre estoy bien —aseguró Rhett—. Y tú siempre acabas igual, no sé cómo lo haces.

—Es un don —bromeó, aunque estaba agotada e incluso reír hacía que le dolieran las costillas.

Él sonrió, negando con la cabeza.

* * *

Los de la capital habían requisado la mayoría de las armas, la munición y los alimentos que habían encontrado. La sala de actos, que era el edificio más grande y seguro de la ciudad, estaba repleta de gente, pues era el punto de encuentro de los ciudadanos. Pero cuando hicieron el recuento, faltaban más de la mitad.

Los avanzados habían sido llamados para vigilar la muralla, pues había habido innumerables bajas en el cuerpo de guardia profesional. A Alice le asignaron la sala de actos, donde se encargó de repartir agua a los supervivientes. La mayoría de estos, con la mirada perdida y sin fijarse en ella, apenas le daban las gracias en un susurro.

La alerta había sido impuesta por Max, pero Alice no lo había visto desde el baile, así que supuso que estaría reunido con los demás guardianes, ya que Rhett también había desaparecido tras dejarla a salvo allí.

A Alice le vino la imagen de Jake cayendo de rodillas al suelo, desolado, al ver el montón de cadáveres que habían dejado los de la capital. Se había acercado a él para consolarlo, y fue entonces cuando vio los cuerpos de Dean y Saud, que habían muerto dándose la mano. Sus amigos. Esos dos chicos que, apenas unas horas antes, la habían sacado a bailar para que no se sintiera sola. Jake lloraba de manera inconsolable, pero dejó que Alice lo abrazara.

Dean y Saud habían muerto. Y habían muerto porque Alice no se había entregado. Por eso habían invadido la ciudad.

Pero ni siquiera tuvo tiempo de pensar en ello ni de llorar sus muertes, porque la trasladaron de la sala de actos al muro de entrada, a hacer vigilancia.

Estaba sola allí, el siguiente vigía estaba al menos a veinte metros. Era lo único que podían permitirse en esos momentos. Demasiadas bajas. Estaba congelada, allí sentada, mirando la carretera de tierra completamente vacía. Su estómago rugía de hambre y tenía sueño.

Sinceramente, se sentía como si necesitara gritar con todas sus fuerzas, pero fuera incapaz de hacerlo.

Aunque intentaba resistirse, el cansancio empezó a vencerla. Justo cuando estaba a punto de quedarse dormida, oyó que alguien usaba la escalera para subir el muro y pasos que se acercaban. Por instinto, apretó la pistola con los dedos hasta que vio que era Rhett, que se quedó de pie a su lado.

—¿Tienes hambre?

—Muchísima.

—Lo suponía.

Rhett le ofreció una manzana.

—¿De dónde la has sacado? —preguntó ella sorprendida. La fruta era muy valiosa. Y los atacantes los habían dejado casi sin víveres.

—Digamos que tengo mis recursos.

Ella sonrió y sacó un pequeño cuchillo que le habían dado a cada avanzado «por su propia seguridad». La cortó y acercó la mitad a Rhett, al que tuvo que insistir un rato para que, finalmente, la aceptara.

Como era de noche, solo la luz de las farolas iluminaba tenuemente la ciudad, pero no alcanzaba hasta la altura a la que se encontraban —unos cinco metros—. Mirar el bosque era como contemplar la nada. Ella estaba segura de que, aunque hubiera gente allí, ninguno de ellos la vería. Bueno, puede que ella, siendo androide, sí fuera capaz de distinguir sus figuras, pero poco más.

—¿El recuento... es definitivo? —preguntó Alice tras unos minutos de silencio, con un hilo de voz.

—No. —Rhett frunció el ceño—. Hay... demasiados fallecidos. Deane se está encargando de los del campo de tiro.

Alice agachó la mirada.

—Dean y Saud...

No, no podía terminar de decirlo.

Rhett apretó la mandíbula. Le pasó un brazo por encima de los hombros y la estrechó contra su cuerpo.

—He estado con Jake y me lo ha contado —respondió en voz baja—. Lo siento mucho, Alice.

Ella tragó saliva y se obligó a hablar, esperando que su voz no temblara.

—¿Alguien más a quien conozca?

—Geo.

Alice lo miró, sorprendida e impactada.

—¿Erais amigos?

—No, no demasiado.

—Pero debisteis pasar mucho tiempo juntos, siendo ambos guardianes.

—No tanto. —Se encogió de hombros—. No hablaba mucho y yo tampoco. Además, en un mundo en conflicto como este, no se tienen muchos amigos. Es mejor no encariñarse con nadie.

—¿Y yo qué? —se obligó a bromear, aunque su estado de ánimo estaba por los suelos.

—Prefiero pensar que tú y yo no somos amigos, la verdad. —Rhett lanzó el corazón de la manzana al bosque—. A quien no encontramos por ninguna parte es a Max.

—¿Crees que está...?

—No. No está muerto. Si lo estuviera, lo habríamos encontrado el primero. Se habrían asegurado de ello.

—Y ¿qué crees que ha pasado?

—Lo más probable es que se lo hayan llevado.

—¿Dónde? —Ella arrugó la nariz.

—A la maldita Ciudad Capital.

Alice se quedó en silencio unos segundos.

—Y ¿qué pasará ahora?

—Ojalá lo supiera. —Se quedaron callados, mirando a la lejanía, a la oscuridad. Rhett habló otra vez—. ¿Has podido ver de nuevo a los demás?

—Sí. —Alice cambió el peso de una pierna a la otra, suspirando—. Trisha y Jake pasarán la noche en el hospital. Tina estaba desbordada atendiendo a los heridos, casi ni me ha mirado mientras me vendaba el brazo. También he visto a Davy, Kenneth, Tom y Shana. Estaban todos bien.

Todos menos Dean y Saud.

Otra vez silencio.

—¿Cuánto llevas aquí? —preguntó él finalmente.

—Unas dos horas —murmuró ella, terminándose su parte de la manzana.

—Son las cuatro de la mañana, Alice. Vete a dormir, ya me encargo yo.

—Me lo han encomendado a mí —respondió seria.

—¿Y qué? Soy guardián. Te lo ordeno.

Alice asintió, sonriendo un poco.

—Esto es abuso de poder.

—Lo explotaré hasta que pueda. —Se inclinó hacia ella y le colocó un mechón de pelo tras la oreja—. Vete a dormir, anda.

Ella se puso de pie torpemente, entumecida por el frío.

—Ah, no puedes ir a tu habitación —le dijo él antes de que bajara la escalera.

—¿Por qué no?

—Han... bueno, las han reconvertido en salas para los enfermos.

—Ah. —Alice se quedó quieta, sin saber entonces adónde dirigirse.

—Puedes descansar en la mía.

—¿Estás seguro?

—Claro que sí. Yo iré cuando llegue el relevo.

Alice se marchó. Daba escalofríos lo vacía que estaba la ciudad. En vez de ir directa a la habitación, se pasó por el hospital. Tina no daba abasto. Aunque tuviera más de veinte ayudantes, no eran suficientes para atender a todo el mundo. Decidió no molestarla e ir a la cama.

Nunca había estado en la habitación de Rhett sin él y se sentía extraña, e incluso un poco culpable, por estar allí y poder descansar cuando muchos seguían fuera ayudando, pero el agotamiento la vencía.

Cerró la puerta a sus espaldas y se dio una ducha caliente, más larga que de costumbre, disfrutando del agua sobre su cuerpo, del tiempo en soledad. Al salir, miró en el armario de Rhett en busca de ropa limpia y escogió una camiseta y unos *shorts*.

Echó una ojeada a la venda que cubría su brazo y se dio cuenta de que este ni siquiera le dolía.

Cuando se dejó caer en la cama, fue incapaz de dormirse. Sentía los músculos como si fueran gelatina. También era la primera vez que tenía una habitación para ella sola. Y una cama tan grande. Se estiró tanto como pudo, ocupando todo el colchón, y hundió la cara en la almohada. Olía a Rhett. Era muy agradable.

Pero no podía dormirse por muy agotada que estuviera, así que se incorporó un poco y abrió el primer cajón de la mesita de noche. No había nada más que algunos papeles que no quiso leer sin su permiso, y ¡su iPod, el azul!

Se colocó los auriculares y cerró los ojos para escuchar la música. Al cabo de unos minutos, por fin se quedó dormida.

* * *

Cuando abrió los ojos de nuevo todavía no había amanecido. En realidad, solo había pasado una hora. Miró a su alrededor, confusa, y se quitó los auriculares. Rhett estaba sentado en el borde de la cama quitándose las botas.

—Hola —lo saludó, bostezando.

—¿Te he despertado?

—No —mintió—. ¿Ya has terminado con todo?

—Dudo que terminemos «con todo» hasta dentro de unos días —admitió él, echándose en la cama junto a ella y robándole una de las almohadas—. Así que, al menos, quiero dormir un poco.

—¿Deane no se enfadará?

—Hemos mandado a todo el mundo a descansar —aclaró él—. Si esos idiotas hubieran querido regresar, ya lo habrían hecho.

—¿No crees que...?

—No van a volver.

—Rhett. —Ella buscó las palabras adecuadas—. Creo que estaban aquí por mí. Yo...

—Ahora no, Alice. —Él se frotó la cara con las manos.

—Pero...

—Lo solucionaremos, ¿vale? —aseguró—. Pero ahora... estoy demasiado cansado. Solo quiero olvidar todo esto por un rato.

—Está bien. Lo siento.

—No lo sientas. —La miró, y se acordó de su herida—. ¿Qué tal tu brazo?

—Muerto. Como todo mi cuerpo.

—Muy graciosa. Me refiero a si duele.

Alice alzó el brazo y miró el vendaje que le había hecho Tina.

—La verdad es que no.

—La magia de Tina. —Rhett sonrió. Luego volvió a ponerse serio—. La verdad es que cuando te he visto llena de sangre... —Hizo una pausa, buscando las palabras—. Lo que quiero decir es que me alegro mucho de que no te haya pasado nada.

Una amplia sonrisa apareció en la cara de Alice.

—¿Eso es lo más romántico que se te ha ocurrido?

—Oye, lo estoy intentando, ¿vale?

—Lo sé —añadió ella rápidamente al verlo algo contrariado—. No te preocupes, me gusta ser la romántica de la relación.

Rhett dio un respingo.

—¿Re... relación?

Ay, no. ¿Y ahora por qué tenía esa cara de espanto?

—¿Esto no es tener una relación? Pensé que sí.

Rhett lo consideró un momento antes de asentir con la cabeza.

—Bueno, claro, sí. ¿Te crees que yo invito a cualquiera a pasar la noche conmigo o qué?

Alice sonrió de nuevo y se puso de lado para verlo mejor. Rhett tenía una pequeña sonrisa en los labios.

—Y tú no eres romántica —añadió.

—Lo soy más que tú. —Alice se acercó a él, apoyó la cabeza en su hombro y susurró—: Y, ahora, a dormir.

—Oye, quien da las órdenes soy yo.

—Cállate y duérmete de una vez, pesado.

—Esa frase es mía, no me la rob...

Pero no pudo acabar la frase porque un repentino beso en los labios de Alice se lo impidió.

—¿Vas a callarte ya? —preguntó, acomodándose mejor, dispuesta a descansar.

Él se rio suavemente antes de que ambos cerraran los ojos y, tras un rato, se quedaron fritos.

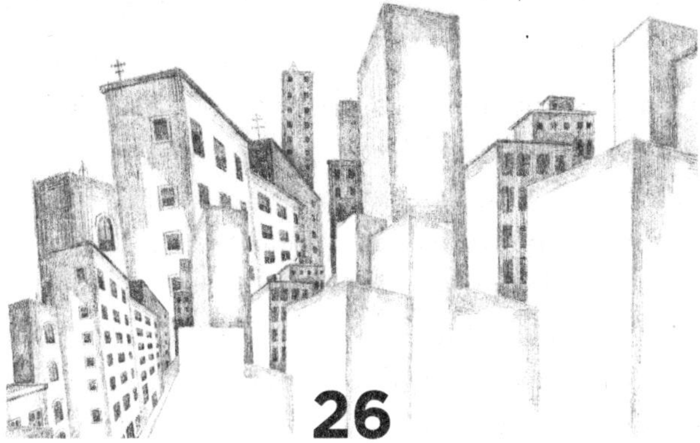

26

EL ANDROIDE QUE QUERÍA SER FELIZ

—¡... se te ocurre hacerte esa cosa!

—¡A mí me gusta! —le gritó Alicia furiosa.

—¿Crees que me importa que a ti te guste o no? ¡Tienes diecisiete años, por el amor de Dios! ¿Dónde te lo has hecho? ¡Es ilegal! ¿Ese novio loco te ha obligado?

—Mi novio no está loco, mamá.

—Pero... ¿tú has visto la barbaridad que tienes en la espalda, Alicia? ¡Un tatuaje! ¡Y de ese tamaño! ¿En qué momento se te pasó por la cabeza?

—¡Es mi cuerpo!

—¡Eres una niña!

—¡No soy una niña, el año que viene seré mayor de edad y me iré de esta casa, así que deja de tratarme como si lo fuera!

—¿En serio? Y ¿dónde te crees que irás? ¿Con tu novio? Si es que seguís juntos, claro...

—¡No sabes nada de mí! —Alicia estaba histérica. Tenía los puños tan apretados que le dolían las palmas de las manos.

—¡Me da igual! Mientras vivas en esta casa, MI casa, tendrás que seguir MIS normas, ¿te ha quedado claro?

—¡Eres una vieja insoportable!

—¡Alicia! —Su madre la miró, sorprendida, antes de cambiar a una expresión más severa. La chica jamás le había dicho algo así—. ¿Crees que esa es manera de hablarle a tu madre?

Alicia agachó la cabeza. Tenía razón. No entendía qué le sucedía. Se pasó una mano por la cara. De pronto, se sentía agotada.

—Lo siento, mamá —masculló.

Su madre le puso una mano en el hombro; con la otra, se sujetaba la barriga, cada vez más prominente por el embarazo. Quizá Alicia debía ser franca con su madre. Después de todo, era su madre.

—¿Qué pasa? —preguntó, al verla tan pensativa—. ¿Te hace algo ese chico? ¿Te ha...? ¿Te ha hecho algo que no te gustara? ¿Te ha obligado a hacerte el tatuaje?

—Ay, mamá, ¿de qué hablas? —Alicia se alejó de ella.

—Creo que lo sabes muy bien.

Alicia miró a su madre y sintió ganas de golpear algo, lo que fuera.

—¿Qué pasa? ¿Que porque tú te casaras con un imbécil crees que yo seré igual de estúpida?

—¡Alicia!

—¡Estás insoportable desde que se fue! —Ya no podía parar—. ¿Qué crees? ¿Que volverá? Pues olvídate. Lo último que supimos de él es que iba a por el coche. Ni siquiera se despidió.

—Para —advirtió su madre en voz baja.

—¡Le importamos una mierda! ¡Asúmelo de una vez! ¡Encuentra un trabajo! ¡Haz algo!

—¿Crees que esto está siendo fácil para mí? —preguntó su madre, con lágrimas en los ojos.

—¿Qué hay de mí? ¡Siempre hablas de ti! ¡Siempre! Pues ¿sabes qué? ¡Que nos dejó por tu culpa! ¡Por ser así! ¡Una zorra egoísta que...!

Sintió que su cabeza se movía hacia la derecha y, casi al instante, un picor incómodo y caliente le cubrió la mejilla. Ni siquiera había visto venir la bofetada. Cuando miró de nuevo a su madre, vio que estaba a punto de llorar.

—Retira eso ahora mismo —le dijo esta con voz temblorosa.

—Es la verdad —respondió Alicia, también con la voz quebrada—. Y lo sabes.

Se dio la vuelta y fue directamente a la puerta principal. Oyó a su madre gritarle que volviera cuando abandonó la casa, pero no escuchó, solo siguió caminando hasta alejarse de ella.

* * *

—¡Alice, despierta!

Ella abrió los ojos y vio la cara de Rhett. Tardó un momento en darse cuenta de dónde estaba. Tenía el corazón acelerado y le dolían las palmas de las manos, como si hubiera apretado los puños. Por no hablar de la mejilla... Se llevó una mano a la zona afectada, pero no había nada, solo un ligero escozor.

—¿Estás bien? —preguntó Rhett, haciendo que volviera a centrarse en la realidad.

—¿Q-qué pasa? —preguntó.

—Estabas teniendo una pesadilla —le dijo con cierta suavidad.

Alice miró a su alrededor. Seguía en su habitación y se había hecho de día. Le dolía el cuerpo entero, como si lo hubiera tenido tenso mucho tiempo seguido.

—¿Ah, sí? —preguntó, fingiendo ignorar de qué hablaba sin saber muy bien por qué.

—Sí. —Rhett la miró con una ceja enarcada.

—Pues... no recuerdo sobre qué era.

—Claro —murmuró él, pero no parecía muy convencido.

Alice se incorporó y vio que él había puesto de nuevo el iPod en la mesilla de noche. Debió de quitárselo mientras dormía. Se puso lentamente de pie y miró a Rhett, que se estaba atando los cordones de las botas. Por el pelo húmedo, dedujo que se acababa de duchar. Se estiró, intentando olvidarse del estúpido sueño.

—En media hora habrá una reunión en la sala grande con los que seguimos en la ciudad —murmuró él—. Tenemos que avisar a todos. Así que si quieres ducharte o lo que sea, ahora es un buen momento.

—Um... Sí, claro.

Rhett se puso de pie y ella se mordisqueó el labio inferior.

—¿Qué crees que pasará ahora?

Él la miró con el ceño fruncido.

—¿A qué te refieres?

—Con Deane. Por lo que veo, prácticamente se está coronando como sustituta de Max.

Rhett se acercó a ella y volvió a sentarse en la cama. Se quedó pensativo durante unos segundos.

—No será tan estúpida.

—¿Se te olvida que hablamos de Deane? —Alice enarcó una ceja.

Él volvió a quedarse callado unos segundos.

—Creo que ni ella es tan estúpida. —Miró a Alice—. Aunque... es la última persona en la que confiaría en esta ciudad.

—Y ¿qué vamos a hacer?

—No te preocupes por ella. Sigo siendo guardián. Si quiere hacer algo, tiene que consultarlo primero con el consejo.

—Pero...

—Alice, no dejaré que se acerque a ti.

—No estoy preocupada por mí —replicó ella, soltando por fin lo que había estado pensando—. ¿No te parece un poco sospechoso que ella sobreviviera, al igual que todos sus alumnos?

—Alice... —empezó a advertir.

—¡Es verdad! Pareció que sabían exactamente cuándo tenían que aparecer para ser los héroes de la noche y...

—Escucha, quienes atacaron fueron los de Ciudad Capital. Sé que Deane no te cae bien, pero eso no quiere decir que...

—¡Sus alumnos son los únicos que no han sufrido bajas! ¿Es que no te parece raro?

Esta vez, él se quedó callado, mirándola con expresión pensativa.

—La verdad es que no lo había pensado hasta ahora —murmuró finalmente.

—Sé que lo que digo es grave, pero Deane parecía estar esperando que Max despareciera para controlar la ciudad.

Sin embargo, él seguía sin parecer del todo convencido.

—Tiene sentido, sí, pero...

—Espera, déjame terminar. —Ella respiró hondo—. Si realmente quería ostentar el control, solo tenía que quitarse a Max de en medio sin levantar sospechas. Mandar a los de Ciudad Capital es el plan perfecto. ¡Y más si ella es quien nos salva! Ahora todos la adoran por ser la maldita heroína de la noche. Y si lo que te estoy diciendo tiene sentido, si realmente quiere hacerse con el control de la ciudad, ahora mismo tú y Tina sois su único obstáculo.

Rhett sonrió, burlón.

—¿Crees que va a intentar matarme o algo así?

—Rhett, lo digo en serio.

—Deane está loca, Alice, pero no tanto.

—¿Estás seguro? —Cuando él intentó levantarse, lo retuvo por el brazo—. ¿Estás completa y absolutamente seguro de que sería incapaz de tener nada que ver con lo que pasó ayer?

—Bueno, no exactamente, pero...

—Rhett —ella lo interrumpió—, estoy hablando muy en serio. Ten cuidado, por favor.

—Oye, no necesitas preocuparte por mi seguridad, sé cuidar perfectamente de mí mismo —aseguró—. Pero, si te quedas más tranquila, tendré un plan B. De hecho, hace tiempo que pienso en ello.

—¿Cuál?

—¿No te has cansado de vivir aquí? —Rhett se inclinó hacia ella—. Conozco una ciudad no muy lejos que...

Se escuchó un silbido proveniente del exterior de la habitación. Ambos se acercaron a la ventana para asomarse a ella y vieron que los alumnos de Deane estaban dando el aviso de que en media hora habría una reunión.

—Tengo que irme —murmuró Rhett, siguiéndolos con la mirada—. Supongo que querrán que los guardianes hablemos antes de empezar.

—Nos vemos después —susurró Alice, más apenada de lo que pretendía sonar.

Rhett estaba a punto de salir, pero suspiró, volvió atrás, la sujetó de la nuca y le dio un beso corto en los labios.

—Estaré bien. Te lo prometo.

Dicho esto, se marchó y ella hundió la cara en sus manos.

* * *

Como Rhett era guardián, ocupó su puesto en la mesa alta, mientras que ella se quedó entre el público, sentada entre Jake y Trisha. Habían llegado muy temprano, así que habían conseguido sitio en primera fila.

Alice observó a los guardianes con cuidado. Deane lucía extrañamente contenta, cosa que no le gustó nada. Tina estaba agotada, sin duda alguna. Y Rhett, aunque Alice sabía que era una actitud impostada, miraba a su alrededor con aire despreocupado.

Sus miradas se cruzaron un momento y él pareció tensarse un poco. Eso no era buena señal. Fuera lo que fuese lo que habían hablado antes con Deane, no era bueno.

Alice intentó preguntarle con la mirada qué estaba pasando, pero la voz de Deane la interrumpió e hizo que ambos se volvieran hacia ella.

—Bienvenidos. —Ella se puso de pie y todo el mundo guardó silencio para escucharla—. Sé que no es un buen día para convocar una reunión, pero me temo que era muy urgente.

—¿Dónde está Max? —preguntó alguien desde la parte de atrás.

—De eso, precisamente, quería hablar. —Deane volvió a sonreír de manera misteriosa—. De lo que pasó anoche.

Hubo un silencio tan opaco que a Alice le recordó a su antigua zona. No le gustó nada.

—Los acontecimientos de ayer fueron... una desgracia —empezó, repiqueteando con los dedos en la mesa—. De eso no cabe duda. Perdimos a muchos más de lo que jamás hubiéramos creído posible. Pero hay que afrontar la situación. Y hay que actuar en consecuencia.

Lo peor es que ni siquiera hablaba de ello como si hubieran perdido a personas que querían, sino simplemente armas que poder usar contra la capital. Alice no pudo evitar que su expresión se volviera sombría cuando Deane siguió hablando con una sonrisita.

—Por eso, he decidido que tengo que tomar unas cuantas determinaciones.

Tina levantó la cabeza al instante, como si no esperara oír eso, y echó una ojeada a Rhett. Él también dejó la expresión despreocupada a un lado.

—Para que entendáis dónde quiero llegar —siguió Deane—, primero debo contar una pequeña historia que os resultará conocida.

A Alice le dio la sensación de que la miraba durante un segundo antes de seguir hablando, y se tensó en su asiento.

—Hace ya unos meses, una de las zonas principales, la de los androides, fue masacrada por Ciudad Capital, lo que supuso una clara victoria por parte de los humanos y una derrota para los científicos. Bueno, se dice que solo hubo dos supervivientes. Una es nuestra querida Alice, como bien sabréis, una inocente niña criada en esa zona, y el otro superviviente, desafortunadamente, fue un androide.

Alice miró a Deane con un nudo en la garganta. No le gustaba por dónde iba ese relato. Apretó los labios cuando notó todas las miradas clavadas en ella. Pero Deane seguía sonriendo.

Jake le puso una mano en la muñeca.

—¿Crees que sabe...?

—Chis. —Trisha se había inclinado hacia delante con el ceño fruncido.

Entonces, Alice cayó en el hecho de que nunca le había confesado a Trisha nada de su condición.

Encontró la mirada de Rhett, que ahora parecía de todo menos despreocupada. De hecho, fue la primera vez en su vida que vio algo de miedo en sus ojos.

—El androide —continuó Deane— ha dado muchos más problemas que Alice, claro. Los de Ciudad Capital nunca dejan un trabajo a medias. Por eso, han estado buscando por todas las ciudades de los rebeldes, intentando encontrarlo, pues supone un claro peligro para todos. Porque, claro, somos conscientes de lo peligrosas que son esas máquinas. Ciudad Capital quería asegurarse de nuestra protección y, al creer que estaba oculto aquí y que nosotros lo encubríamos, nos tomaron por defensores de los androides y..., bueno, ya sabéis cuáles han sido las consecuencias, repetirlo sería bastante inútil.

Alice miró a Rhett, que a su vez tenía la mirada clavada en Deane.

—Pero —continuó esta, y levantó un dedo—, como no encontraron nada, decidieron secuestrar a nuestro querido... no, queridísimo Max y convertirlo en su rehén. Eso significa que, o bien les damos al androide que buscan, o lo matarán. Y no queremos que eso pase, ¿verdad?

—¡No podemos dejar que Max muera por una máquina! —dijo alguien detrás de Alice. Esta tragó saliva, la mano de Jake apretó su muñeca.

—Pero ¡el androide no está aquí! —gritó alguien más, lo que provocó muchos comentarios y murmullos.

—Eso habrá que descubrirlo. —Deane sonrió—. Hace poco, se ha detectado que los androides no son máquinas totalmente distinguibles de los humanos. De hecho, se crean a partir de humanos moribundos. Hacen que su sistema vuelva a funcionar... y esa persona deja de serlo para convertirse en su máquina esclava. Podrían hacerlo con cualquiera de nosotros. Cualquiera. —Hizo una pausa, disfrutando de las caras de horror de la gente—. De hecho, podrían haberlo hecho con la persona que tenéis sentada al lado, una a la que habéis conocido durante toda vuestra vida, que podría estar aquí solo para espiarnos y ni siquiera lo sabríais.

Silencio absoluto.

Alice no entendía muy bien qué estaba haciendo. ¿Es que quería sembrar el pánico? ¿Era eso? ¿De qué le serviría? Seguro que Deane ya sospechaba de ella, y si la señalaba, la gente no tardaría ni cinco minutos en buscar su número. Entonces, ¿por qué lo estaba alargando tanto?

—El androide ha podido estar entre nosotros todo este tiempo sin que lo supiéramos —continuó—. Podría ser alguien en quien confiáis, podría ser cualquiera.

—Creo que voy a vomitar —murmuró una persona unos asientos por detrás de Alice.

Y los murmullos aterrados se extendieron, cosa que pareció hacer muy feliz a Deane.

—Lo primero será el registro de todos y cada uno de los ciudadanos —continuó esta—. Los androides tienen un número en la zona abdominal y, bueno, cuando encontremos al androide oculto, os aseguro que el castigo será ejemplar.

Alice notó que a ella también le entraban náuseas. Trisha la miró, preocupada.

—¿Estás bien?

Alice asintió, pero era la mayor mentira que había expresado en su vida.

—Ahora —siguió Deane—, dada la complicada situación y la ausencia indefinida de Max, y teniendo en cuenta que soy la más capacitada para ocupar su cargo...

—De eso nada.

La sala se quedó en silencio sepulcral cuando Rhett se puso de pie. Tenía cara de necesitar gritarle a alguien.

Deane, que ya no parecía tan alegre, se volvió hacia él.

—¿Tienes algún problema con lo que acabo de decir?

—Sí, varios. —Rhett se apoyó en la mesa, mirándola—. Max no está muerto, Deane, lo tienen secuestrado...

—¿Hay alguna diferencia?

—Y aunque estuviera muerto, nadie te ha pedido que te convirtieras en su sustituta barata.

—Y ¿qué propones, Rhett? —Ella apretó los labios un momento, no se esperaba esa reacción.

—Propongo que no decidas tú —replicó él—. No eres nadie para elegir.

—Soy guardiana.

—¡Enhorabuena! Pero te recuerdo que tanto Tina como yo seguimos siéndolo también.

—Esto no es algo que se deba discutir en público —dijo Deane.

—¿Por qué no? Está claro que tampoco has querido discutirlo en privado antes. Quizá deberíamos dejar que sea la ciudad quien decida. ¿O tienes miedo a que no te elijan a ti?

Durante toda la conversación, se escucharon murmullos en la sala, que fueron en aumento hasta convertirse en voces confusas y asustadas. Jake miraba a Rhett con preocupación. A Alice tampoco le hacía ninguna gracia que se metiera tan abiertamente con Deane, teniendo en cuenta de lo que parecía ser capaz esa mujer.

—Propongo ir a buscar a Max a Ciudad Capital. —Rhett clavó un puño en la mesa—. Él es quien debe gobernar la ciudad.

—Max va a morir.

—Pero aún no está muerto, Deane —replicó él bruscamente—, aunque eso te encantaría, ¿no es así?

La guardiana entrecerró los ojos.

—¿Se puede saber qué insinúas?

—Creo que lo sabes muy bien.

—Ya es suficiente. —Tina se puso de pie entre los dos, golpeando la mesa con ambas manos. Todo el mundo guardó silencio al instante—. No conseguiremos nada discutiendo entre nosotros.

—Y ¿qué sugieres tú? —preguntó Deane.

—Se disuelve la reunión. —Tina miró a su alrededor—. Quien no tenga dónde ir, que sepa que el hospital está a su disposición. Os avisaremos cuando hayamos llegado a una decisión común. Podéis marcharos.

Y, tras esas palabras, todo el mundo empezó a hablar a la vez. De hecho, pareció que cada persona que había allí dentro tenía algo de lo que quejarse.

Trisha, Jake y Alice se quedaron mirando un momento más a los tres guardianes, que seguían discutiendo entre ellos. Alice frunció el ceño cuando vio que Deane decía algo en voz baja y Rhett se quedaba callado, apretando el puño sobre la mesa.

Entonces, Rhett se volvió y dirigió una mirada y un asentimiento de cabeza a Jake que hicieron que el chico se pusiera de pie al instante.

—¿Qué...? —empezó Alice dubitativa.

Pero no tuvo tiempo de hablar, porque Jake la agarró de la mano y, bruscamente, empezó a arrastrarla hacia la salida. Alice vio que Trisha se apresuraba a seguirlos, más confusa todavía. Lo último que vio en la sala fue a Rhett gritándole algo a Deane.

—¿Qué haces? —preguntó Alice.

—Rhett me dijo qué hacer si pasaba esto.

—¿Qué? —Alice se detuvo cuando estuvieron a unos metros de la sala de actos—. ¿Si pasaba qué?

Entonces, alguien chocó a propósito con ella. Al levantar la cabeza, vio que Shana y Tom la miraban. Y lo hicieron... con verdadero odio.

En el mismo instante en que ellos se alejaron, supo qué había sucedido.

—Lo sabe —masculló—. Deane lo sabe. Ellos se lo dijeron.

—¿Saber qué? —preguntó Trisha.

—¡Vamos, Alice, tenemos que irnos! —insistió Jake.

Ella lo siguió y se sorprendió al ver que la conducía directamente a las habitaciones de los instructores. Sin embargo, había tanta gente en la calle que era incapaz de avanzar con suficiente rapidez. Jake empujaba a diestro y siniestro para poder abrirse paso, y Alice se apresuraba para alcanzarlo.

Ah, y Trisha los seguía sin entender absolutamente nada de lo que estaba pasando.

—¿Dónde iremos? —preguntó Alice, jadeando por el esfuerzo.

—Lejos de aquí.

—Pero... ¿qué hay de Rhett?

—Él solo me dijo que te sacara de la ciudad —le dijo Jake.

—Y ¿qué hará él?

—No lo sé —admitió.

—¡Jake, no podemos irnos sin él! —Alice se detuvo en seco.

—¡Sé que ahora te duele, pero tenemos que hacerlo si quieres sobrevivir!

—¡No iré a ninguna parte si no estamos todos juntos!

—¿Alguien puede explicarme qué está pasando? —preguntó Trisha, quien empezaba a irritarse.

—¡Tenemos que irnos ahora mismo! —le gritó Jake a Alice, tirando de ella con todas sus fuerzas.

Ella forcejeó un rato, y justo cuando parecía que había conseguido librarse del agarre, alguien la empujó de nuevo, haciendo que chocara con otra persona. Se volvió, dispuesta a encararlo, pero al ver que era un alumno armado de Deane se detuvo en seco.

—Quieta —advirtió.

Alice miró a su alrededor y se quedó pálida. Se había formado una larga hilera de personas mientras ellos discutían. Los tres estaban en ella. Había alumnos de Deane por todas partes, organizando a la gente, que temblaba de pies a cabeza.

—Mierda —masculló Jake.

—¿Qué os pasa? Ni que fuerais el androide ese —masculló Trisha.

Los dos se quedaron en silencio.

Entonces, por fin lo comprendió. Trisha se quedó mirando a Alice con los ojos abiertos como platos, justo antes de que se acercara el mismo alumno.

—¡Vista al frente!

Trisha se apresuró a hacerlo, con cara de haber visto a un fantasma.

Alice esperó lo que pareció una eternidad, pensando con rapidez, y su mente se quedó en blanco cuando vio que, empezando por la derecha, dos soldados se acercaban a cada persona, le levantaban la camiseta, le pasaban un trapo por encima, y la dejaban marchar.

Tragó saliva. Tenía que hacer algo. Tenía que haber una solución. Tenía que haber una salida.

Solo tenía que encontrarla. Como fuera.

Cerró los ojos. ¿Qué habría hecho Rhett? ¿Se habría quedado allí esperando? No, eso no sonaba muy típico de él. Pero, entonces, ¿qué? ¿Enfrentarse a los soldados armados ella sola, sin una pistola tan siquiera? Era lo mismo que suicidarse. ¿Intentar salir corriendo? La atraparían o le dispararían antes de recorrer diez metros.

¿Qué podía hacer?

Abrió los ojos de golpe cuando escuchó a alguien gritar. Un hombre se había quejado de estar allí de pie, había intentado moverse y ahora lo tenían retenido contra el suelo para mirarle el estómago. No resultó ser el androide, pero se marchó con una herida sangrante en la cabeza. Alice sintió que se quedaba sin respiración.

—¿Alice? —la voz de Jake sonó como un susurro en medio del caos de su cabeza.

—¿S-sí? —ella intentó que no le temblara la voz, pero no pudo evitarlo.

—No podemos dejar que te atrapen.

—No se me ocurre nada —masculló ella, sonando más desesperada de lo que pretendía.

—Tengo un plan.

Hizo lo que pudo para no mirarlo. Cerró los ojos un momento.

—¿Cuál?

—Rhett me dio un arma hace tiempo. Por si algún día tenía que defenderme.

—¿Una pistola? —Ella sintió que volvía a tener esperanzas.

Igual no salía ilesa, pero armados tenían una pequeña posibilidad de huir corriendo y vivir para contarlo. Y, ahora mismo, cualquier oportunidad, por pequeña que fuera, no podía dejarla pasar.

—Es un cuchillo —murmuró Jake, acabando con sus esperanzas.

—¿Un cuchillo?

—Sí, escúchame. Llegarán a mí antes que a ti.

—No sé qué estás pensando, pero...

—¡Escúchame! —exigió él con voz aguda—. Cuando me alcancen, yo... los heriré. Mientras se encarguen de mí, tú podrás huir.

—Ni se te ocurra hacer eso —le dijo Alice en voz baja.

—Es el plan.

—¡No!

Se calló. Solo les quedaban dos personas antes de llegar a Jake. Ella cerró los ojos con fuerza, pensando a toda velocidad. Pero lo único que era capaz de ver era la imagen de toda la gente de su zona siendo masacrada. Ella terminaría igual.

Y si obedecía y huía con la distracción, ella viviría, pero ¿quién sabía lo que le harían a Jake?

Se quedó paralizada cuando vio que los dos chicos se detenían delante de su amigo.

—¿No era hembra? —preguntó uno.

—Hay que asegurarse. No sabemos si pueden adoptar otras formas.

Alice volvió la cabeza lo justo para ver que Jake colocaba las manos en su espalda y metía una en el bolsillo trasero de su pantalón, empezando a sacar una navaja plateada. Su corazón se aceleró.

—Vamos a ver —dijo uno de los alumnos de Deane, agarrando el borde de la camiseta de Jake.

Tenía que decidirse.

Debía hacerlo.

Y, en el fondo, sabía que la decisión había sido tomada en el momento en que Jake se había ofrecido a hacer eso por ella.

—¡No! —gritó, cuando vio que él estaba a punto de sacar el arma—. No, dejadlo. Soy yo.

Los dos chicos se quedaron mirándola, al igual que todas las personas allí presentes, que se volvieron hacia ella, sorprendidos.

—¿Qué? —preguntó uno.

Ella apretó los labios, intentando librarse del nudo que se acababa de formar en su garganta. Jake gimoteó algo a su lado.

—Número de serie: 43 —empezó a recitar, como había hecho miles de veces en su zona, solo que esta vez se sentía como si fuera a ser la última—. Modelo: 4300067XG. Creación finalizada por el padre John Yadir el 17 de noviembre de 2045, a las 03.01 de la mañana. Recuerdos artificiales implantados por vía modular. Zona: androides. Sin uso formal. Función: androide de información. Especialidad: historia clásica humana.

Los dos chicos se quedaron mirándola y ella agachó la cabeza para levantarse la camiseta, dejando su estómago al descubierto.

—Soy yo —repitió—. Dejad de buscar.

Los dos miraron fijamente el 43 que ahora brillaba en su estómago, a la vista de todo el mundo, y hubo un momento de silencio absoluto.

Entonces, notó que la gente se alejaba, aterrada y empujada por los guardias, y dos de ellos se acercaron a ella, le pusieron unas esposas y la retuvieron.

Alice no opuso resistencia cuando la empujaron en dirección contraria a sus amigos. Observó por encima del hombro a Trisha, que la miraba con la boca entreabierta, y a Jake, que tenía los ojos llenos de lágrimas.

Habría deseado poder abrazarlos y decirles que todo iría bien.

Pero ya no estaba segura de que fuera así.